FUNDAMENTOS Y MODELOS DEL ESTUDIO PRAGMÁTICO Y SOCIOPRAGMÁTICO DEL ESPAÑOL

FUNDAMENTOS Y MODELOS DEL ESTUDIO PRAGMÁTICO Y SOCIOPRAGMÁTICO DEL ESPAÑOL

Susana de los Heros

y

Mercedes Niño-Murcia, editoras

GEORGETOWN UNIVERSITY PRESS

Washington, D.C.

LIBRARY OF CONGRESS CATALOGING-IN-PUBLICATION DATA

Fundamentos y modelos del estudio pragmático y sociopragmático del español / edited by Susana de los Heros and Mercedes Niño-Murcia.
    p.   cm.
Includes bibliographical references and index.
ISBN 978-1-58901-936-2 (pbk. : alk. paper)
1. Spanish language—Discourse analysis.   2. Pragmatics.   3. Spanish language—Social aspects.
I. Heros Diez Canseco, Susana de los.   II. Niño-Murcia, Mercedes.
PC4434.F86   2012
460.1'45—dc23

                                                                          2012007850

15   14   13   12   9 8 7 6 5 4 3 2   First printing

CONTENIDOS

PARTE IV. LENGUA Y COMUNICACIÓN

INTRODUCCIÓN

SUSANA DE LOS HEROS Y
MERCEDES NIÑO-MURCIA

En las últimas décadas el campo de la pragmática se ha interconectado con el de la sociolingüística de tal manera que a veces es difícil desligarlos. Esto se debe a la toma de conciencia del proceso de interpretación significativa textual y discursiva como inextricablemente ligado tanto al contexto en donde aparece, como a la sociedad en la que ocurre. Estos enlaces sociopragmáticos han permitido un fructífero desarrollo intelectual en el que los teóricos e investigadores en el campo de la lingüística hispánica han proporcionado datos empíricos sobre Análisis de la conversación (CA 'Conversational analysis'), Análisis del discurso (DA 'Discourse analysis') y Análisis crítico del discurso (CDA 'Critical discourse analysis'). Otros campos innovadores han sido los que tratan del uso y manipulación de la lengua para expresar la (des)cortesía y las relaciones del uso lingüístico en los campos de educación, política, periodismo y propaganda comercial, entre otros.

Este texto se enmarca dentro de lo que denominamos sociopragmática, es decir, una perspectiva que incluye diversas ramas o disciplinas que han contribuido al desarrollo de una definición más inclusiva de lo que debe considerarse en el análisis de las interacciones o prácticas discursivas. Por ello la pragmática abarca parte del campo que antes era sociolingüístico, por ejemplo el estudio del impacto de factores extralingüísticos tales como clase social, género, edad, registro de formalidad del habla en las interacciones discursivas. Todo esto sin dejar de lado la idea que la comunicación humana tiene una base inferencial. Asimismo, el ejercicio del poder es factor definitorio de las prácticas sociales.

Los manuales existentes sobre la pragmática en lengua española enfatizan ya sea el aspecto sociolingüístico o el pragmático, pero carecen de una visión de conjunto. Este libro ha sido diseñado como un recurso escrito en español con ejemplos de distintas metodologías usadas en el campo.

Los múltiples ejemplos citados a lo largo del texto y, en cierta medida, los textos mismos de los autores constituyen un mosaico de variedades lingüísticas. De ahí que los capítulos de este libro no muestren la uniformidad que suelen presentar otros. Esto responde a la inquietud de las editoras por mostrar al lector la variedad del mundo de habla española y además, exponerlo a sus variados usos. Como se trata de desarrollar un mayor dominio de las sutilezas y diferencias en las prácticas discursivas en comunidades de habla tanto peninsulares como latinoamericanas hemos visto en esta diversidad una contribución mayor.

A esto se agrega el hecho que cada capítulo aporta ejercicios prácticos que permite a los estudiantes/lectores acercarse a los textos y discursos con herramientas de análisis y comprobar que los pueden analizar. Está dirigido a una audiencia de estudiantes en niveles avanzados que quieran profundizar su dominio de la lengua y orientarse en el campo de la pragmática en español.

El libro está dividido en cuatro secciones. La primera parte que consta de dos capítulos sirve como una introducción al estudio pragmático para lo cual describe y explica su compleja relación con la semántica. Una segunda sección la componen distintos modelos de análisis lingüísticos en donde pueden ser aplicados a distintas temáticas. En un tercer apartado se presentan una serie de temas sociopragmáticos que se examinan desde distintas perspectivas metodológicas y teóricas. Un cuarto y último apartado expone temas mediáticos tecnológicos importantes para comprender los procesos de comunicación en la vida contemporánea.

PARTE I

NOCIONES BÁSICAS DEL ESTUDIO PRAGMÁTICO

1

SEMÁNTICA Y PRAGMÁTICA

El significado de las palabras vs. el significado del hablante

SARAH E. BLACKWELL

Reflexiones preliminares

1. ¿La palabra *manzana* puede tener más de un significado?
2. En el enunciado "La guerra mata a la gente", ¿el significado de *guerra* es literal? Explica por qué sí o no.
3. Analiza el enunciado siguiente: "Se ha fundido una bombilla en el cuarto de baño". ¿En qué situaciones se escucharía? ¿Qué mensaje(s) puede comunicar el hablante al decirlo?

1.1 INTRODUCCIÓN

El significado del lenguaje humano se estudia desde dos subcampos lingüísticos: el de la semántica y el de la pragmática. La semántica se ocupa de analizar el significado de las palabras, frases y oraciones sin tomar en cuenta el papel que juega el contexto de emisión, las intenciones comunicativas del emisor y otros factores externos; en cambio, la pragmática se dedica a estudiar el significado intencional del emisor y el mensaje que los interlocutores infieren de lo que se dice, es decir, de los enunciados.

En este capítulo intentamos trazar los lindes entre la semántica y la pragmática al examinar algunas definiciones de estos dos campos lingüísticos para luego enfocarnos en conceptos de la semántica, como son el significado denotativo versus el figurado y el connotativo; los rasgos semánticos que permiten el análisis componencial de las palabras; y distintos tipos de implicación semántica, entre ellos, los entrañamientos semánticos y las presuposiciones.

Para entender mejor la división entre el significado semántico y el significado pragmático, analicemos el verbo *anda*. Este puede formar un enunciado completo por sí solo donde significa literalmente "una persona camina". Ahora, cuando esta unidad lingüística se emite con distintas entonaciones en contextos diferentes, puede comunicar otros significados, como observamos en los ejemplos siguientes:

➤ EJEMPLO 1.1

1.1.a ¡Anda! ('¡Qué sorpresa!')
1.1.b ¡Anda! ('¡Qué tontería! Que no te creo.')
1.1.c Anda. ('Date prisa que nos vamos.')
1.1.d ¡Anda! ('¡Qué alegría!')

Para distinguir entre semántica y pragmática también podemos fijarnos en el tipo de preguntas que hacemos. En los estudios pragmáticos, algunas preguntas frecuentes son: ¿Qué hace la gente cuando usa el lenguaje? ¿Qué mensaje quiere comunicar el hablante? ¿Cómo calculan los destinatarios ese mensaje? ¿Qué papel juega el contexto en la desambiguación de un enunciado? Y ¿cuáles son las condiciones necesarias para el uso apropiado de una expresión? En resumen, la pragmática trata del uso del lenguaje y los procesos por los que lo producimos e interpretamos, mientras la semántica trata del significado de las palabras mismas sin tener en cuenta las actitudes, intenciones y suposiciones de los participantes en el intercambio comunicativo.

➤ EJERCICIO 1.1

Analiza los siguientes diálogos y enunciados. ¿Cuál es el significado semántico (literal) de cada uno? ¿Cuáles son los posibles significados que puede comunicar un hablante al usar estos enunciados en un contexto específico? Describe las condiciones o factores contextuales necesarios para que se comunique cada uno de los significados posibles.

1.1.a Pepe: ¿Quién estropeó la tele?
       Lola: En boca cerrada no entran moscas.
1.1.b Tú sí que eres un genio.
1.1.c Jorge: ¿Le has pedido a tu padre el coche para nuestro viaje de fin de curso?
       Pedro: Todavía no. El horno no está para bollos.

1.2 LA SEMÁNTICA FRENTE A LA PRAGMÁTICA O VICEVERSA

Hay muchas posibles definiciones de *semántica* dependiendo de la posición filosófica que uno adopte. Una, que proviene de la filosofía del lenguaje, se basa en la noción de las condiciones veritativas. Como apunta Blakemore (1992, 41), la semántica veritativa se basa en la idea que "saber el significado de una oración es una cuestión de saber cómo tendría que ser el mundo para que [la oración] fuese verdadera.[1]" Según esta definición, el significado de la oración *Los tigres comen hierba* requiere saber que la oración es verdadera si y solamente si los tigres comen hierba (Blakemore 1992, 41–42). Asimismo, dentro de esta concepción de la semántica "[n]o importa que no se sepa si de hecho los tigres comen hierba. Lo fundamental es saber el significado de la oración para asignarle un valor veritativo dependiendo de cómo es el mundo[2]" (Blakemore 1989, 42).

Green (1989) discute el significado basándose en las condiciones de verdad e indica sus limitaciones utilizando el ejemplo en inglés, 'He fell down' ('[Él] se cayó'). La interpretación de esta oración según la semántica veritativa-condicional sería que una entidad animada masculina pasó de un lugar alto a uno más bajo en algún momento del pasado (1996, 8), aunque quizás no sea la interpretación intencional del hablante.

Una de las metas de la semántica veritativa-condicional es tratar de explicar las condiciones bajo las cuales una frase se interpretaría como verdadera. Sin embargo, ciertas oraciones no pueden interpretarse como "verdaderas o falsas" sino "apropiadas o inapropiadas" o "adecuadas o inadecuadas". Así, en una locución como ¡Qué lindo día! si solamente nos centramos en las condiciones veritativas, no conseguimos dar cuenta del significado del interlocutor al decir estas tres palabras en la interacción, que podría ser comunicar su bienestar, por ejemplo.

➤ EJERCICIO 1.2

¿Se puede asignar condiciones veritativas a las siguientes oraciones sin más información? ¿Qué información se necesita para interpretar su significado?

1.2.a Llegamos ayer y salimos mañana para la casa de nuestros abuelos.
1.2.b Eso está demasiado caliente.
1.2.c Lo siento mucho. Fue sin querer.
1.2.d Al pan pan, y al vino, vino.

Claramente para asignar condiciones veritativas a los ejemplos en el Ejercicio 1.2 hace falta información no lingüística. Por ejemplo, tenemos que saber a quiénes se refiere el sujeto implícito del verbo *llegamos* en (1.2.a), y a qué se refiere el demostrativo *eso* en (1.2.b). En el caso de (1.2.c), el hablante, además de decir "Lo siento mucho", cambia la situación en el mundo real, pues cumple el acto de arrepentirse. Este enunciado no se puede juzgar como verdadero o falso, sino como felizmente conseguido y adecuado o no exitoso y por tanto inadecuado. Considerando algunos de estos problemas, Gazdar (1979) propone delimitar la pragmática en relación a la definición de semántica veritativa-condicional resumiéndola con la siguiente fórmula (1979, 2; véase también Levinson 1989 [1983] y Kempson 1988): Pragmática = Significado – Condiciones Veritativas. Entonces, desde esa perspectiva, la semántica trataría del significado que puede elucidarse mediante condiciones veritativas, mientras que la pragmática abarcaría "aquellos aspectos del significado de los enunciados que no pueden ser explicados mediante una referencia directa a las condiciones veritativas de las oraciones enunciadas" (Levinson 1989, 10; 1983, 12).

1.3 SEMÁNTICA LÉXICA

La cuestión de dónde y cómo marcar los límites entre el dominio de la semántica y el de la pragmática sigue siendo debatida por los lingüistas. Sin embargo, cuando nos limitamos al estudio del significado de las palabras y lo que denotan en el mundo real, se trata del subcampo semántico llamado semántica léxica. La semántica léxica distingue entre el significado denotativo versus el figurado y el connotativo; la polisemia, la homonimia y otras relaciones semánticas como la hiponimia, la sinonimia y la antonimia; la ambigüedad y la indeterminación lingüística; y los rasgos semánticos que permiten el análisis componencial de las palabras.

> EJERCICIO 1.3

Explica las diferencias entre los valores denotativos de las siguientes palabras en inglés y español.

1. *hot* / caliente	4. *china* / china
2. *fresh* / fresco	5. *room* / cuarto
3. *paper* / papel	6. *country* / país

Las palabras son signos lingüísticos que podemos definir como una combinación de significante y significado. El "significante" se refiere a la forma lingüística, o la secuencia de fonemas (consonantes, vocales) que forman morfemas (unidades mínimas que tienen significado) combinados para formar palabras. El "significado", en cambio, es el referente correspondiente en el mundo real o conceptual. Los referentes pueden ser, por ejemplo, ideas o conceptos intangibles (por ejemplo, "política") o entidades tangibles ("puerta", "ventana"); seres humanos o animados ("el presidente", "el león"); acciones o procesos ("caer", "envejecer"); atributos ("paciencia", "rapidez") o características ("paciente", "rápido"). Sin embargo, como señalan Hualde, Olarrea, Escobar y Travis (2010), no puede suponerse una equivalencia entre el referente (o la "referencia") y el significado puesto que hay varios tipos de significado además del significado denotativo—o lo que estos autores llaman el significado referencial; por ejemplo,

> [e]l significado de una palabra incluye más que el mero referente. Es factible que Pedro, mi hermano y el presidente de México tengan el mismo referente (es decir, que sean la misma persona), pero las tres expresiones no comunican el mismo mensaje. Si yo me refiero a mi hermano utilizando el título el presidente de México le muestro cierto respeto y enfatizo su papel oficial; si digo mi hermano destaco nuestra relación familiar; y si uso su nombre lo presento como un individuo. A pesar de la correspondencia del referente, estas expresiones no tienen el mismo significado. (Hualde et al. 2010, 341)

De lo dicho hasta aquí se puede concluir que el significado denotativo de una palabra no es muy útil a la hora de interpretar el significado de expresiones como las siguientes:

► EJEMPLO 1.2

1.2.a Es mi media naranja.
1.2.b Beatriz es una zorra.
1.2.c A cada cerdo le llega su San Martín.

Mientras *naranja*, *zorra* y *cerdo* denotan, según su definición en el diccionario, "fruta esférica . . .", "mamífera carnívora . . ." y "mamífero doméstico grueso . . .", necesitamos tener otros conocimientos que van más allá del significado denotativo de estas palabras para poder interpretar su sentido, puesto que no es literal sino figurado o metafórico y cultural. El significado léxico de las palabras en (1.2) se desvía del literal por una asociación de ideas basadas en nuestros conocimientos históricos, socioculturales y del mundo. Por lo tanto la expresión *media naranja* se refiere a la idea de que los seres humanos tratamos de buscar a una persona semejante con la que unirnos y hacernos más "completos". En (1.2.b) el significado de la palabra *zorra* tampoco es literal, pero al buscarla en el *Diccionario de la lengua española de la Real Academia Española* encontramos ocho acepciones de las que tenemos que elegir la más probable entre las dos más lógicas: "prostituta" o "persona astuta y solapada" (www.rae.es). Y con respecto al refrán en (1.2.c), "A cada cerdo le llega su San Martín", aunque muchos nativos del español entenderán su sentido, pocos sabrán que este dicho proviene de la fiesta anual de San Martín celebrada el día 11 de noviembre, que coincide con la matanza de los cerdos en muchos pueblos de España. Dada esta tradición española, el refrán se suele usar con un tono despectivo para referirse a un castigo (como la muerte del cerdo) que no puede evitarse. Cabe destacar aquí que palabras como *cerdo* y *perro*, además de tener sus respectivos significados denotativos, también se pueden usar con un sentido figurativo que a la vez conllevan connotaciones (es decir, valores secundarios asociados con las palabras) que son negativas. Por ejemplo, *perro* puede referirse a "un hombre malvado, servil o despreciable"; y como adjetivo, se usa para describir algo malo, por ejemplo, "He llevado una temporada perra" o "de perros" (Moliner 1998, 649). Del mismo modo, *cerdo* se emplea como sustantivo o adjetivo con el sentido de "grosero", o para referirse a un hombre despreciable o "una persona sucia . . . o que procede con falta de delicadeza o sin escrúpulos" (Moliner 1998, 588).

> ➤ EJERCICIO 1.4

¿Cuál es el significado literal de los siguientes refranes? ¿Qué valor figurado (metafórico) tienen? ¿Cómo explicarías la relación entre el sentido figurado y el literal? ¿En qué contextos usarías estas expresiones?

1.4.a Hay moros en la costa.
1.4.b Al que madruga, Dios le ayuda.
1.4.c A buen hambre, no hay pan duro.
1.4.d Aunque la mona se vista de seda, mona se queda.

Aunque muchas veces se excluyen de los diccionarios acepciones figurativas o simbólicas de las palabras, con frecuencia se incluyen definiciones y sinónimos, es decir, palabras que tienen el mismo referente en el mundo real. Sin embargo, es posible que una definición o un sinónimo no nos aporte toda la información necesaria para saber el significado de una palabra. Además, la utilidad de los diccionarios depende en gran parte del conocimiento léxico del usuario. El hecho de que un sinónimo no siempre ayude para aclarar el significado de una palabra se demuestra con la siguiente conversación que tuvo lugar entre una estudiante de español como segunda lengua (E) y una señora que era hablante nativa del español (S):

> ➤ EJEMPLO 1.3

E: ¿Qué significa "por supuesto"?
S: Pues . . . "desde luego".
E: Y ¿qué significa "desde luego"?
S: Pues . . . "por supuesto".

E: ¿Pero qué quiere decir "por supuesto"? . . .
S: Ya te he dicho: "desde luego".

➤ EJERCICIO 1.5

Discute las siguientes preguntas con un(a) compañero/a y justifica tus respuestas con ejemplos.

1. ¿Por qué no es siempre muy satisfactorio buscar el significado de palabras en el diccionario?
2. ¿Los diccionarios suelen incluir todos los significados posibles de una palabra, incluso el argot y las jergas sociales y regionales?
3. ¿Existen dos palabras que significan exactamente lo mismo?

El significado denotativo de una palabra es el más básico e indica el referente en el mundo real; pero como hemos visto, una palabra también puede conllevar un significado secundario "connotativo" que depende del contexto sociocultural en el que se emplea. Las connotaciones son el conjunto de asociaciones culturales y sociales que atribuimos a una palabra por encima de su sentido denotativo. Sin embargo, no todos los miembros de una comunidad de hablantes asocian las mismas connotaciones con el uso de una palabra—estos significados secundarios varían ya que se basan en las experiencias y los valores del hablante. Por ejemplo, las palabras *criada* y *señora de la limpieza* tienen el mismo significado denotativo, pero sus connotaciones son diferentes: *criada* connota un sentido de servidumbre que *señora de la limpieza* no conlleva.

➤ EJERCICIO 1.6

¿Cómo matizan las palabras en la columna B (de manera positiva, negativa o valorativa/evaluativa) al significado denotativo de las palabras correspondientes en la columna A?

	A	B
1.	perro	chucho
2.	trabajar	currar
3.	monedas	chatarra
4.	grupo	pandilla

El valor connotativo de una palabra puede variar según las personas que la usen. Por ejemplo, las connotaciones asociadas con las palabras *liberal*, *socialista*, *militar* y *nacionalismo* adquieren connotaciones o bien positivas o bien negativas dependiendo de las actitudes políticas de los usuarios de estos términos. De la misma manera las connotaciones asociadas con ciertas expresiones pueden cambiar según la zona geográfica donde se escuchen por razones culturales e históricas, como apunta Azevedo: "En ciertas regiones de Hispanoamérica, por ejemplo, palabras como *indio* o *madre* tienen connotaciones negativas, y por eso se prefiere *indígena* o *mamá*" (1992, 244, itálicas de la autora). En estos casos no hay diferencias al nivel de la denotación, pero su significado connotativo puede cambiar según el contexto de uso, la época, las condiciones de la sociedad y la cultura y las características de los hablantes.

➤ EJERCICIO 1.7

Explique los significados connotativos de las siguientes palabras en español e inglés. ¿Qué se asocia con cada una? ¿Qué circunstancias pueden haber motivado las connotaciones asociadas con estas palabras?

1.7.a republicano / *Republican*
1.7.b suburbio / *suburb*
1.7.c la comida (Esp.) / *lunch*

Ahora busque dos palabras en español e inglés con significados connotativos positivos y otras dos con connotaciones negativas. ¿Qué significados (sociales/culturales) adicionales se asocian con estas palabras?

Aunque dos palabras (o más) tengan el mismo significado denotativo, en el uso existen factores contextuales que determinan distintas connotaciones. Por ello, para elegir las palabras apropiadas para nuestros fines comunicativos debemos tener en cuenta la formalidad de la situación, la relación social entre el hablante (o escritor) y el destinatario y el medio de comunicación (por ejemplo, una carta, una conversación, etc.). Estas variables contextuales determinan si el registro lingüístico es, por ejemplo, informal, formal, profesional o técnico, y por tanto el estilo comunicativo apropiado. Elegimos las palabras según la situación y para comunicar distintos matices. Por ejemplo, un viajero en un lugar público de España podría preguntar *¿Dónde está el servicio?*; un invitado que desconoce la casa preguntaría *¿Dónde está el baño?*; y un estudiante que llega a un hostal en Madrid para pasar la noche puede preguntarse *¿Dónde estará el váter?* Los términos *servicio*, *baño* y *váter* tienen el mismo sentido referencial (o denotativo) y sin embargo estilísticamente no son intercambiables. De la misma manera no se suele usar las palabras *niño/niña* y *varón/hembra* en los mismos contextos.

➤ EJERCICIO 1.8

Las palabras *casa*, *hogar* y *domicilio* tienen el mismo sentido denotativo y sin embargo no se usan en los mismos contextos. Termina las siguientes frases con la palabra apropiada para el contexto: *casa*, *hogar* o *domicilio*. ¿Cuáles son las condiciones contextuales que determinan el uso apropiado de estas palabras?

1. "La revista EL MUEBLE te ofrece cientos de ideas para la decoración de tu _____".
2. "Telepizza. Comida a _____ . . . Madrid, Barcelona . . ."
3. "Me voy a _____".
4. "Nombre y _____, por favor".
5. "Hace unos quince años que compramos nuestra _____".
6. "Bienvenidos al Cuidado del _____. Colgate: Tu fuente de productos de calidad del cuidado del _____, de marcas que conoces y confías".

¿Puedes pensar en otras expresiones que tienen los mismos significados denotativos pero distintos matices estilísticos?

1.4 LOS RASGOS SEMÁNTICOS Y EL ANÁLISIS COMPONENCIAL DE LAS PALABRAS

Los semanticistas proponen rasgos semánticos que nos permiten hacer un "análisis componencial" de las palabras y unidades léxicas en términos de características universales, es decir, rasgos que intentan definir y distinguir los elementos léxicos de todos los idiomas humanos. Un concepto básico del análisis componencial es el de la "oposición" o la noción de que una palabra puede ser distinguida de otras en términos de la presencia o ausencia de un número finito de rasgos semánticos pertinentes.

Distintas palabras pueden tener ciertos rasgos en común por lo que pueden agruparse en campos léxicos. Por ejemplo, las palabras *caballo*, *yegua*, *potro* y *potra* comparten los rasgos [+ animado] y [+ equino] pero se distinguen entre sí por los rasgos [+/− sexmasc] (presencia/ausencia del rasgo "sexo masculino") y [+/− adulto] como vemos en la Figura 1.1:

Figura 1.1

Rasgo	caballo	yegua	potro	potra
Animado	+	+	+	+
Equino	+	+	+	+
Sexmasc	+	–	+	–
Adulto	+	+	–	–

➤ EJERCICIO 1.9

Analiza las siguientes palabras relacionadas semánticamente entre sí:
ganado, toro, vaca, ternero, novillo, vaquilla

¿Qué rasgos semánticos son necesarios para distinguir cada una de estas palabras de las demás? Identifica los rasgos y construye un cuadro de matrices (parecido al de la Figura 1.1) para ilustrar tu análisis.

Algunos rasgos semánticos generales que usamos para la clasificación de los seres vivos son "humano," "animado," "sexo masculino" y "sexo femenino." Así, las palabras *hombre* y *niño* comparten los rasgos [+ humano] y [+ sexmasc], mientras *mujer* y *niña* se distinguen de estos términos por tener el rasgo "sexo femenino", es decir, [+ sexfem] y por tanto [− sexmasc] (Azevedo 1992, 247). A la vez *hombre* y *mujer* se distinguen de *niño* y *niña* respectivamente por el rasgo "adulto": los primeros se clasifican como [+ adulto] y los últimos como [−adulto]. La clasificación de palabras según sus rasgos semánticos puede ser útil, sobre todo si se trata del análisis del significado denotativo de palabras aisladas. Sin embargo, esto puede causar problemas al darnos cuenta del significado de palabras usadas en un contexto, como nos demuestran los siguientes ejemplos de Azevedo (1992, 247):

➤ EJEMPLO 1.4

1.4.a Los hombres no son superiores a las mujeres.
1.4.b Todos los hombres son mortales.
1.4.c Juan tiene cincuenta años pero todavía es un niño.
1.4.d ¡Mujeres y niños primero!

> ➤ EJERCICIO 1.10

Analiza los ejemplos en (1.4). ¿Por qué es problemático analizar las palabras *hombre*, *mujer*, *niño* y *niña* en términos de rasgos semánticos como [+/− humano], [+/− sexmasc], [+/− sexfem] y [+/−adulto]? ¿Por qué decimos que "El perro es el mejor amigo del hombre" y no "La perra es la mejor amiga de la mujer"?

Vemos que el análisis componencial de las palabras tiene sus limitaciones, pues no capta las diferencias de significado entre el uso de *hombres* en (1.4.a) y (1.4.b) ni tampoco entre los sentidos distintos de *niño* y *niños* en (1.4.c) y (1.4.d).

1.5 RELACIONES SEMÁNTICAS LÉXICAS

1.5.1 Polisemia y homonimia

En un mundo lingüístico ideal habría una sola palabra (un "significante") para cada significado y viceversa. Sin embargo, en las lenguas existen la polisemia y la homonimia. En la polisemia, una misma palabra tiene dos o más significados relacionados entre sí. Se trata, pues, de una palabra que por razones contextuales, sociales o históricas ha llegado a tener más de un significado. Estos significados siempre mantienen algún rasgo o elemento semántico en común. Por ejemplo, según Gutiérrez Ordóñez (2002), en el caso de la palabra *cabeza*, el significado originario contenía rasgos de "esfericidad" y "prioridad" (sin que estos fueran rasgos distintivos de una semántica de clases). A partir de estos dos rasgos se producen las siguientes extensiones de significado (de Gutiérrez Ordóñez 2002, 361):

> ➤ EJEMPLO 1.5

cabeza de familia
cabeza de ajo
cabeza de pelotón
cabeza de cerilla
cabeza de lista
cabeza de alfiler

Otro ejemplo de polisemia es *planta*: puede tener el sentido de "flora", "planta del pie", "planta baja" o "planta industrial". Para las palabras polisémicas la entrada en el diccionario ofrece distintas acepciones (los distintos significados relacionados entre sí). Frecuentemente los diversos significados de una palabra son el resultado de una derivación o "extensión" metafórica donde una expresión lingüística se utiliza para referirse a un objeto (persona, concepto) al que la expresión no denota literalmente. Así, se sugiere que el objeto comparte algún rasgo semántico con el significado básico (denotativo) de la expresión. Por ejemplo, se le llama *cerdo* a un hombre sucio (rasgo asociado con los cerdos); y una abuela le dice "¡*Reina mía!*" a su nieta de siete años, no porque la niña sea una reina de verdad, sino porque la considera la más importante, la mejor o la más bella (rasgos típicamente asociados con una reina).

La homonimia se distingue de la polisemia con respecto al origen de las palabras: mientras que las palabras relacionadas por polisemia tienen el mismo origen/ etimología, las palabras homónimas tienen etimologías distintas y por tanto no comparten ningún rasgo semántico en común. Además, pueden ser homógrafas (palabras ortográficamente iguales) como las palabras *como* "del modo o la manera que" y *como* "del verbo comer"; o pueden ser únicamente homófonas como en el caso de *hola* y *ola*. Gutiérrez Ordóñez (2002) nos provee el siguiente caso de homonimia en el que las acepciones son tan alejadas que posibilita la existencia de tres signos distintos (2002, 336–337):

▶ EJEMPLO 1.6

/mono/ 'simio', /mono/ 'traje de faena', /mono/ 'lindo'

Otros homónimos son: /bote/, escrito "bote", 'lancha/barco', 'salto', 'lata', y vote, 'imperativo de votar'; y "don", 'tratamiento deferencial que se antepone al nombre propio' ('señor'), y "don", 'cualidad buena' o 'talento' (por ejemplo, 'tiene el don de lenguas'). En resumen, los homónimos son dos o más palabras con la misma forma lingüística (aunque no necesariamente la misma ortografía) pero con significados totalmente distintos y su similitud en forma es una mera coincidencia.

▶ EJERCICIO 1.11

Las formas fonológicas siguientes representan dos o más significados. Identifica las palabras y sus respectivos significados y decide si se trata de una relación de polisemia u homonimia (o tal vez las dos). En los casos de palabras polisémicas, ¿qué rasgos semánticos tienen en común?

1. /órka/	4. /bóta/	7. /túbo/	10. /gáto/
2. /dádo/	5. /fálda/	8. /áma/	11. /bánko/
3. /máno/	6. /kárta/	9. /bíno/	

1.5.2 Sinonimia, antonimia e hiponimia

Cuando hay dos o más palabras que tienen el mismo significado referencial se trata de la sinonimia. Los sinónimos pueden ser totales (absolutos) o parciales. Mientras que los sinónimos totales son sustituibles el uno con el otro en todos los contextos (y son apropiados e inapropiados en los mismos contextos), los parciales no lo son. De hecho la sinonimia completa es rara y la parcial es mucho más frecuente. Además, el que dos palabras se consideren completamente sinónimas puede depender de la variante dialectal de los usuarios y/o el contexto de uso. Por ejemplo, un peruano dirá *castellano* para referirse a la lengua española en su totalidad, mientras que en una clase de lingüística española, el término *castellano* se refiere a la variante del español hablada en el centro y norte de España. También las palabras sinónimas pueden tener diferencias de "grado" o "intensidad" o pueden comunicar distintos matices de significado. Este es el caso citado por Azevedo de *bonito* y *bello*. Según este autor, "bonito es 'menos' que bello" (1992, 248). Finalmente, en un mismo grupo de sinónimos los miembros pueden clasificarse como "marcados" (menos frecuentes y, generalmente, más complejos) versus "neutros" o no marcados (más generales, más frecuentes en su uso y, generalmente, lingüísticamente más sencillos). Por ejemplo, *coche* (en España) y *carro* o *auto* (en América Latina) son sinónimos neutros de *automóvil*, que es de uso menos frecuente y estilísticamente más formal.

> ## ➤ EJERCICIO 1.12

Busca sinónimos de las siguientes palabras y decide si se tratan de sinónimos totales o parciales. Si se trata de sinónimos parciales, describe los contextos en los que usarías cada palabra.

1. esposo	3. chico/a	5. contento	7. caminar
2. dinero	4. trabajo	6. escuela	8. televisión

Las palabras con una relación de oposición, o significados "opuestos", se denominan *antónimos*. Hay distintas clases de antónimos. Uno de los más conocidos son los antónimos absolutos o binarios cuyos significados son completamente opuestos y mutuamente exclusivos y, por tanto, complementarios, como *vivo/muerto*, *presente/ausente*, *blanco/negro* y *dentro/fuera*. Lógicamente uno no puede estar vivo y a la vez muerto, y tampoco puede haber pintura blanca que es a la vez negra, pues el ser de un color elimina la posibilidad de ser del otro. No obstante, muchas relaciones de oposición son de tipo gradual y no complementario. Estos se distribuyen a lo largo de una escala desde grados extremos hasta grados mínimos. Algunos ejemplos de antónimos graduales son *frío/caliente*, *alto/bajo*, *grande/pequeño* y *rubio/moreno*. A diferencia de los antónimos absolutos, los graduales permiten modificadores de grado (por ejemplo, *muy*, *bastante*, *tan*, *demasiado*) y construcciones comparativas:

> ## ➤ EJEMPLO 1.7

1.7.a   Pepe es más alto que Jorge.
1.7.b   *Pepe está más muerto que Jorge.

Cabe señalar que en ciertos contextos los antónimos binarios (absolutos) permiten modificaciones de grado. Por ejemplo, un equipo de fútbol "está muy vivo" después de ganar un partido y pasar a la final del campeonato de la liga; asimismo un futbolista puede lamentar haber perdido un partido importante al decir "Quedamos muy fuera de todo".

Otras oposiciones semánticas son recíprocas en la medida que el significado de una palabra implica, por necesidad, la existencia del significado de la otra, y las dos palabras pueden describir la misma situación. Así, en el caso de *comprar/vender*, si se compra algo, se supone que ese algo se vende; por tanto podemos describir la misma situación con los términos opuestos: Carlos le compró el barco a Luis—Luis le vendió el barco a Carlos. También hay oposiciones de acciones o procesos reversos con respecto a su direccionalidad, como por ejemplo *ir/venir* y *subir/bajar*, aunque para llevar a cabo una de estas acciones, no es necesario llevar a cabo la otra.

> EJERCICIO 1.13

Decide si las siguientes relaciones de oposición se tratan de antónimos absolutos (binarios, complementarios), graduales, recíprocos o reversos.

1. abrir / cerrar	4. limpiar / ensuciar	7. legítimo / ilegítimo
2. triste / alegre	5. dulce / salado	8. atar / desatar
3. gordo / delgado	6. hombre / mujer	9. liberal / conservador

La hiponimia se refiere a una relación entre elementos léxicos en la que uno, el hipónimo, tiene todos los rasgos semánticos o semas de otro elemento léxico más general denominado el *hiperónimo*. Así, *manzana*, *pera*, *uva* y *naranja* son hipónimos del hiperónimo llamado *fruta*; *coche* (Am. Lat. *carro*, *auto*), *camión*, *furgoneta* y *motocicleta* son hipónimos de *vehículo*; y *descapotable*, *monovolumen*, *todoterreno* y *deportivo* son hipónimos de *coche*. Se trata de una relación de inclusión entre conjuntos y subconjuntos léxicos donde el significado del hipónimo está incluido en el significado del hiperónimo, pero no viceversa.

Los hipónimos pueden corresponder a un solo término más general o pueden formar una taxonomía jerárquica. Por ejemplo *árbol* es hipónimo de *planta* (igual que lo son *flor*, *arbusto*, etc.); pero a la vez, *árbol* tiene sus propios hipónimos: *encina*, *chopo*, *pino*, *roble*, *sauce*, etc. Asimismo *encina* es hiperónimo de *encina verde alcornoque* y *encina verde mediterránea*, pues todas las clases de encinas son al fin y al cabo "encinas"; y *flor* puede ser, a un nivel, hipónimo (de *planta*) y, a otro nivel, hiperónimo de *rosa*, *margarita*, *clavel*, *orquídea*, etc. Por otra parte, la clasificación de hipónimos puede darse según diferentes parámetros o criterios. Por ejemplo, en el caso de *planta*, podríamos identificar los hipónimos por su tamaño o por ser plantas con flor versus plantas sin flor; y si fuéramos botánicos, nuestra taxonomía podría basarse en, por ejemplo, la forma de reproducirse.

➤ EJERCICIO 1.14

¿Cuáles son los hipónimos de los siguientes términos léxicos? ¿Qué rasgos permiten su inclusión bajo estos términos semánticamente más generales?

1. idioma	3. familia	5. mueble
2. día	4. color	6. ropa

1.6 IMPLICACIONES LÓGICAS: LOS ENTRAÑAMIENTOS SEMÁNTICOS

Una relación semántica que puede obtenerse entre dos expresiones o proposiciones lingüísticas es el del *entrañamiento semántico*. Como apunta Portolés (2004), hay que distinguir este tipo de implicaciones de las implicaciones inferenciales que Grice (1975) denominó *implicaturas conversacionales*. Las implicaturas conversacionales no pueden considerarse semánticas por ser basadas en condiciones contextuales y suposiciones relacionadas con la aplicación de máximas conversacionales y la presunción de cooperatividad de parte de los participantes en una conversación. Por lo contrario como nos explica Portolés, "[u]n entrañamiento es una relación entre dos proposiciones, donde la verdad de una proposición implica la verdad de la otra por el significado de las palabras relacionadas; así, *María anda* [entraña semánticamente] 'María se mueve', ya que quien anda necesariamente se ha de mover" (2004, 127).

Y, según Levinson, *entrañamiento* puede definirse en términos de la asignación de la veracidad y falsedad como sigue: "A entraña semánticamente B (escrito A |- B) si, y sólo si, en cada situación donde A es verdadero, B es verdadero (o: en todos los mundos donde A es verdadero, B es verdadero")". (1989, 165; 1983, 174)

La identificación de los entrañamientos de una proposición produce implicaciones que son válidas desde el punto de vista de la semántica veritativa-condicional pero suelen ser implicaciones triviales. Green ofrece el siguiente ejemplo: "Jack tiene cinco hijos. Por tanto Jack tiene más de cuatro hijos[3]" (1989, 78). Otros ejemplos de entrañamientos son (de Portolés 2004, 127):

➤ EJEMPLO 1.8

1.8.a   Esto es una rosa |- 'Esto es una flor'.
1.8.b   Luis está vivo |- 'Luis no está muerto'.
1.8.c   Vargas Llosa ha escrito una novela |- 'Vargas Llosa ha escrito algo'.

Portolés ilustra cómo los entrañamientos pueden explicar por qué ciertos enunciados son contradictorios con los ejemplos siguientes (2004, 128):

► EJEMPLO 1.9

1.9.a En el equipo juegan dos hermanos gemelos de distinta edad.

1.9.b La madre de Juan no tiene hijos.

1.9.c El último año fueron catorce meses de penalidades.

1.9.d Este ratón ha puesto un huevo.

Como nos explica este autor, surgen contradicciones debido a las siguientes relaciones de entrañamiento (2004, 128):

► EJEMPLO 1.10

1.10.a Son hermanos gemelos |- 'Tienen la misma edad'.

1.10.b Es madre |- 'Al menos ha tenido un hijo'.

1.10.c Dura un año |- 'Dura doce meses'.

1.10.d Es un ratón |- 'Es vivíparo'.

Se ha identificado el entrañamiento semántico como una de las restricciones sobre las relaciones anafóricas, es decir, las relaciones de "correferencia" permitidas entre dos expresiones lingüísticas referenciales (Huang 1994). Los siguientes ejemplos demuestran cómo el entrañamiento puede promover o cancelar la correferencia (de Blackwell 2003, 44; las relaciones correferenciales/no correferenciales están indicadas con subíndices):

► EJEMPLO 1.11

1.11.a Juan habló con su esposa$_i$. La mujer$_{i,j}$, le dio un beso.

1.11.b Juan habló con la mujer$_i$. Su esposa$_j$ le dio un beso.

En (1.11.a) su *esposa* entraña semánticamente a *la mujer* puesto que *la mujer* no contiene más información semántica que su antecedente, *su esposa*; por consiguiente, *la mujer* puede interpretarse como referencia anafórica a *su esposa* siempre y cuando el enunciado se emite en un contexto que promueva una interpretación correferencial entre estos dos sustantivos y no otra interpretación. En cambio, en (1.11.b) el primer sintagma nominal, *la mujer*, no entraña semánticamente a *su esposa* y por tanto la correferencia entre estas dos expresiones nominales no es posible (véase Blackwell 2001). La relación de entrañamiento semántico también da cuenta de casos de correferencia donde las expresiones correferenciales son casi sinónimas, como ocurre en el caso siguiente en el que la hablante usa *el chico* para referirse anafóricamente a *el chiquillo* ya que *el chiquillo* entraña *el chico*:

➤ EJEMPLO 1.12

No he comprendido . . . si era el señor quien tenía de peón al chiquillo₁ para llevarle las peras, o el chico₁ aprovechó de llevárse un cesto . . . (Blackwell 2003, 189)

Del mismo modo podemos decir que los términos *señor* y *agricultor* entrañan *hombre* porque en todos los contextos posibles "un señor es un hombre" y también "un agricultor es un hombre", como vemos en los siguientes pasajes de narrativas orales: *el señor* (1.13.a) y *el agricultor* en (1.13.b), entrañan la expresión referencial *el hombre* y por tanto *el hombre* puede ser interpretada como correferencial con los antecedentes *el señor* y *el agricultor*:

➤ EJEMPLO 1.13

1.13.a El chiquillo$_j$ eeh llega hasta el pie casi del árbol donde están las cestas, y *al señor*$_i$ Ø$_j$ le$_i$ roba una. Por lo- allí es donde deduzco que *el hombre*$_i$ o es tonto o Ø$_i$ es sordo porque Ø$_j$ tira la bicicleta y el *hombre*$_i$ ni se inmuta. (Blackwell 2003, 238)

1.13.b Entonces estos tres niños$_j$ pasan con sus$_j$ tres peras comiéndosela por el sitio donde estaba el el el agricultor$_k$ cogiendo sus$_j$ peras. Y el *señor*$_k$ los$_j$ ve . . . (Blackwell 2003, 240)

La noción de entrañamiento semántico se relaciona con la de hiponimia puesto que una expresión semánticamente más específica puede entrañar a otra expresión menos específica y, generalmente, más usual y sencilla. Tomemos como ejemplos *rosa* y *flor* y *ejecutar* y *matar*: *rosa* entraña semánticamente a *flor* porque en todas las situaciones en las que uno se refiere a una rosa, también se refiere a una flor aunque no viceversa; y, cuando uno ejecuta, también mata pero no necesariamente al revés.

➤ EJERCICIO 1.15

Explica las relaciones de entrañamiento semántico entre los siguientes pares de enunciados.

1.15.a Hace fresco. / Hace frío.
1.15.b Esta sopa es excelente. / Esta sopa es buena.
1.15.c Alicia tiene un siamés. / Alicia tiene un gato.
1.15.d Muchos estudiantes se han ido. / Todos los estudiantes se han ido.

1.7 IMPLICACIONES CONVENCIONALES: IMPLICATURAS CONVENCIONALES Y PRESUPOSICIONES

Los entrañamientos son inferencias deductivas provocadas por el significado semántico de las palabras mismas y no por las asunciones contextuales de los participantes y los principios que regulan la conversación. Hay otras dos clases de implicación que se derivan convencionalmente del significado semántico de ciertas expresiones lingüísticas, aunque las dos se consideran pragmáticas: las implicaturas convencionales y las presuposiciones.

Grice (1975) distinguió las implicaturas convencionales de las conversacionales por ser las convencionales inferencias guiadas directamente por el significado semántico ("convencional") de ciertas expresiones lingüísticas. En las siguientes oraciones de Portolés (2004, 129) las expresiones en itálicas provocan implicaturas convencionales:

► EJEMPLO 1.14

1.14.a Alicia es turolense y, *sin embargo*, es simpática.
1.14.b Alicia es turolense y, *por tanto*, es simpática.

Luego, Portolés nos explica cómo surgen estas implicaturas: "De [1.14.a] debo inferir convencionalmente, esto es, por el significado del marcador discursivo *sin embargo*, que para el hablante 'Ser turolense' se opone a 'Ser simpática'; mientras que de [1.14.b], por el significado del marcador discursivo *por tanto*, debo inferir que ahora 'Ser simpática' es una consecuencia de 'Ser turolense'". (2004, 129)

También surgen implicaturas convencionales por el uso de las expresiones léxicas *luego*, *hasta* y *con todo* (de Portolés 2004, 129):

► EJEMPLO 1.15

1.15.a Arturo es vasco, *luego* cocinará bien.
      Implicatura convencional (guiada por *luego*): los vascos cocinan bien.
1.15.b *Hasta* Manolo ha aprobado el examen.
      Implicatura convencional (guiada por *hasta*): Manolo es aquel que tenía menos probabilidades de aprobar.
1.15.c Marta sabe tres idiomas y, *con todo*, no ha conseguido trabajo.
      Implicatura convencional (guiada por *con todo*): que Marta no haya conseguido trabajo es una conclusión no esperada a partir del hecho de que sepa tres idiomas.

Como subrayan Reyes, Baena y Urios (2000, 16), las implicaturas convencionales son significados lingüísticos que "no pueden determinarse por la tesis de las condiciones de verdad, es decir, que escapan a esta teoría, y por lo tanto no se pueden estudiar desde una perspectiva semántica". Esto se comprueba al comparar el uso de las conjunciones *y* y *pero* en las siguientes oraciones:

➤ EJEMPLO 1.16

1.16.a Es pobre y honrado.
1.16.b Es pobre pero honrado.

Según Reyes et al., estas oraciones "tienen las mismas condiciones de verdad ya que para que esos enunciados sean ciertos deben cumplirse las mismas condiciones, es decir, que alguien tenga dos cualidades: ser pobre, ser honrado" (2000, 17). Lógicamente, al cumplir estas dos condiciones veritativas debemos concluir que las dos oraciones son semánticamente equivalentes. No obstante, sabemos que (1.16.a) y (1.16.b) no significan lo mismo: la conjunción *pero* añade el significado de "oposición" o "contradicción" entre las dos cualidades a diferencia de la conjunción *y*. Así, al decir *pero* inferimos que el contenido del segundo predicado contrasta con el del primero debido al significado convencional asociado con esta conjunción.

➤ EJERCICIO 1.16

¿Qué implicaturas convencionales surgen del uso de los siguientes enunciados? ¿Qué expresiones lingüísticas las provocan?

1.16.a Todavía no hemos terminado de cenar.
1.16.b Luisa es muy inteligente, pero saca malas notas.
1.16.c Sergio nació en México. En cambio su esposa y sus hijos son estadounidenses.
1.16.d También me hice una pedicura.
1.16.e Ana y Luis todavía viven en Miami.

A diferencia de las implicaturas conversacionales, las convencionales se derivan directamente del significado de las palabras. De este modo, están "atadas" o "ligadas" a las expresiones lingüísticas mismas y no dependen de factores contextuales o situacionales ni se generan por la intervención de principios conversacionales; se consideran implicaciones pragmáticas por ser inferencias que van más allá del significado basado en condiciones de verdad.

Las presuposiciones son también significados implicados convencionalmente por ciertas expresiones lingüísticas, denominadas "activadores presuposicionales" ('presupposition-triggers'). Green (1989) define la noción de la presuposición brevemente como proposiciones cuya veracidad se da por supuesta al enunciar una expresión lingüística. Y aunque las presuposiciones están estrechamente ligadas a la estructura lingüística, no pueden considerarse puramente semánticas porque las suposiciones de fondo y los conocimientos previos de los hablantes las influyen.

El estudio de la presuposición fue un tema central de la semántica filosófica de gran parte del siglo XX. Al intentar explicar las presuposiciones dentro del marco teórico de la semántica veritativa-condicional surgieron varios problemas, y uno de los más notables era "cómo dar cuenta del hecho de que oraciones que carecían de referentes propios . . . podían poseer significado" (Levinson 1989, 162). Esta cuestión se ilustra con el clásico ejemplo de *El rey de Francia es calvo* (Atlas 2004, 42). De acuerdo a la semántica lógica, al enunciar cualquier nombre propio o expresión definida se presuponía la existencia del referente. Entonces en *El rey de Francia es calvo* se presupone la existencia de un rey de Francia que en mundo real no existe.

La solución propuesta para este tipo de problemas era distinguir entre la presuposición semántica, que nace de las relaciones entre oraciones, y la presuposición pragmática, caracterizada como un tipo de inferencia sensible al contexto y a la relación entre el hablante y el destinatario. Según Levinson, la presuposición semántica se ha definido de la siguiente manera (1989, 166; 1983, 175):

► EJEMPLO 1.17

Una oración A presupone semánticamente otra oración B si, y sólo si:

1.17.a en todas las situaciones donde A es verdadera, B es verdadera
1.17.b en todas las situaciones donde A es falsa, B es verdadera.

Existen pruebas lingüísticas que podemos aplicar para comprobar la existencia de las presuposiciones. Tal vez la más conocida es la de "constancia bajo negación" ('constancy under negation') cuya aplicación ilustramos con las siguientes oraciones de Reyes (2003, 45):

► EJEMPLO 1.18

1.18.a Gutiérrez dejó de llamarme.
1.18.b Gutiérrez no dejó de llamarme.

Como se puede observar, tanto la oración afirmativa como la negativa producen la misma proposición presupuesta: Gutiérrez me llamaba. Esta presuposición, que es

SEMÁNTICA Y PRAGMÁTICA | 23

generada por el uso de la construcción *dejar de* + infinitivo, subsiste o "sobrevive" incluso cuando se niega la oración en (1.18.b).

➤ EJERCICIO 1.17

¿Qué presuposiciones surgen de las siguientes oraciones y a la vez se mantienen aun cuando se niegan? ¿Las presuposiciones son constantes bajo otras circunstancias además de la negación?

1.17.a Juan dejó de fumar.
1.17.b Ana lamenta que Juan no haya dejado de fumar.
1.17.c ¿Sabes si ha dejado de fumar Juan?
1.17.d Tal vez Juan haya dejado de fumar.

Portolés (2004, citando a García Murga 1998) agrupa las presuposiciones en tres clases: presuposiciones existenciales, presuposiciones léxicas y presuposiciones focales. Examinaremos algunos ejemplos a continuación.

Las presuposiciones existenciales "están ligadas a expresiones referenciales . . . y dan por sentada la existencia de lo denotado en una representación mental—no en la realidad—que se encuentra accesible en la memoria" (Portolés 2004, 131). Los activadores para esta categoría de presuposiciones son expresiones nominales definidas o descripciones definidas. Analicemos el siguiente ejemplo de Bertuccelli Papi (1996, 226):

➤ EJEMPLO 1.19

Susana está en el jardín cogiendo las rosas estropeadas.

De esta oración podemos presuponer 1) que existe un referente que se llama Susana; 2) que existe un jardín con rosas estropeadas; y 3) que existen rosas estropeadas. Según Portolés (2004), lo que se da por supuesto es la existencia de la entidad en nuestra memoria, es decir, en una representación mental. De esta manera, dice Portolés, "si digo *El rey de Francia es calvo* lo que hago es presentar como prominente en la mente de mi interlocutor >> 'La existencia del rey de Francia' y en ningún caso muestro la existencia real de un rey en Francia" (2004, 131).

La segunda clase de presuposiciones son las léxicas que se producen por el significado de distintos tipos de verbos y otras expresiones léxicas que funcionan como activadores presuposicionales. Dentro de este grupo están los verbos y predicados factivos que presuponen la veracidad de la proposición expresada en su complemento aun cuando esta se niega. Algunos ejemplos de verbos y predicados factivos son: *lamentar, darse cuenta, saber* y *conocer* (excluyendo la primera persona), *descubrir, sentir, alegrarse de, echar de menos, ser extraño/lástima/una pena/bueno/malo que*, etc. Como veremos, la negación de los verbos y predicados factivos no afecta la presuposición de la veracidad de lo dicho en la cláusula subordinada. Examinemos la siguiente oración:

► EJEMPLO 1.20

1.20.a Juan se dio cuenta de que María tenía coche. >> María tiene coche.
1.20.b Juan no se dio cuenta de que María tenía/tuviera coche. >> María tiene coche.

Al negar (1.20.a), todavía damos por supuesto el hecho de que María tiene coche. Los verbos y predicados factivos también se pueden usar con complementos que no sean cláusulas con *que*:

► EJEMPLO 1.21

1.21.a Lamento no haberle dicho la verdad. >> No le dije la verdad.
1.21.b No lamento no haberle dicho la verdad. >> No le dije la verdad.

► EJEMPLO 1.22

1.22.a María echa de menos a sus padres. >> María ha dejado a sus padres.
1.22.b María no echa de menos a sus padres. >> María ha dejado a sus padres.

Otro tipo de verbos presuposicionales son los implicativos: cuando estos se afirman, implican la creencia de la veracidad de la proposición representada en el complemento; así, se entraña la veracidad del complemento pero solamente cuando la oración se afirma (véase Karttunnen 1971). Algunos verbos implicativos son *anunciar, conseguir, informar, molestarse* y *recordar*. Al negarlos en la cláusula principal no se presupone la veracidad del complemento, sino que más bien resulta en una interpretación ambigua:

► EJEMPLO 1.23

1.23.a Recordé que ayer fue tu cumpleaños. >> Ayer fue tu cumpleaños.
1.23.b. No recordé que ayer era/fuera tu cumpleaños. (Ambigüedad).

También hay verbos implicativos que, en su forma afirmativa, presuponen la negación del complemento, como es el caso de *evitar, olvidar* y *fracasar* (Portolés 2004, 131):

► EJEMPLO 1.24

Evitó recibir el golpe. >> No recibió el golpe.

Por último, el uso de verbos de juicio y de cambio de estado activa presuposiciones como observamos a continuación:

► EJEMPLO 1.25

1.25.a Sara criticó a Ramón por no haber guardado la leche. >> Ramón no guardó la leche.

1.25.b Sara no criticó a Ramón por no haber guardado la leche. >> Ramón no guardó la leche.

Otro tipo de presuposiciones denominadas *focales* se producen por el uso del énfasis prosódico y cambios en el orden sintáctico de los elementos que componen el enunciado. El término *foco*, desde el punto de vista de la lingüística formalista, se refiere a la parte de la oración que no está presupuesta (Zubizarreta 1998) o que presenta la información nueva. Según Zubizarreta (1998), en las lenguas entonacionales (por ejemplo, el español), el foco corresponde a la parte de la oración que recibe la prominencia prosódica. Como apunta Portolés (2004), al decir el siguiente enunciado con énfasis en *Ana* (indicado abajo por letras mayúsculas), se presupone que "alguien ha dicho que alguien tiene calor" (Portolés 2004, 131):

► EJEMPLO 1.26

ANA tiene calor. >> Alguien ha dicho que alguien tiene calor.

Las presuposiciones se distinguen de otros tipos de implicación por pertenecer tanto al dominio de la semántica como al de la pragmática puesto que están claramente ligadas a ciertas estructuras y expresiones lingüísticas por su significado semántico, pero a la vez, pueden depender del juicio de los hablantes mismos e inferencias basadas en sus creencias de fondo y su conocimiento del mundo. Este hecho se confirma con oraciones como las siguientes (de Levinson 1989, 195; 1983, 204):

► EJEMPLO 1.27

Sue cried before she finished her thesis, Sue lloró antes de acabar su tesis

► EJEMPLO 1.28

Sue died before she finished her thesis, Sue murió antes de acabar su tesis

► EJEMPLO 1.29

Sue finished her thesis, Sue acabó su tesis.

Mientras que la presuposición indicada en (1.29) se produce por el uso de *antes* ('before') en (1.27), no ocurre lo mismo en el caso de (1.28) porque la presuposición *Sue acabó su tesis* no es consistente con nuestro conocimiento del mundo, específicamente de la muerte y del acto de acabar una tesis.

► EJERCICIO 1.18

Analiza las siguientes oraciones y especifica qué presuposiciones surgen y qué elemento léxico o prosódico las activa.

1.18.a   Mi tía se molestó por el comportamiento de sus vecinos.
1.18.b   Olvidé mi cartera en el coche.
1.18.c   Conozco el problema.
1.18.d   MI MADRE llamó.

1.8 CONCLUSIONES

En este capítulo hemos intentado caracterizar el campo de la semántica y distinguirlo de la pragmática. Partimos de la idea de que la semántica se enfoca en el significado denotativo de las palabras sin tener en cuenta el contexto de uso ni tampoco los conocimientos, experiencias e intenciones de los hablantes que las usan. Por otro lado, la pragmática se dedica al estudio del significado enfocándose en el papel que juegan los factores contextuales extralingüísticos en el acto de comunicación. Para distinguir el dominio de la semántica del de la pragmática nos hemos centrado en conceptos fundamentales de la semántica como las condiciones veritativas y el significado basado en condiciones de verdad.

También hemos trazado la distinción entre la denotación o el significado literal por un lado y la connotación y el lenguaje figurado por otro. Después examinamos el uso de rasgos semánticos el cual puede ser útil para el análisis del significado de palabras aisladas pero problemático para el análisis del significado de palabras en contextos específicos. Luego distinguimos la polisemia de la homonimia: una palabra polisémica tiene dos o más significados que tienen algún rasgo semántico en común y el mismo origen; en contraste, la homonimia trata de palabras con la misma forma lingüística pero con significados y orígenes distintos.

Identificamos la sinonimia como un concepto básico de la semántica léxica pero a la vez matizado: puede haber sinónimos absolutos, es decir, dos palabras intercambiables en todos los entornos, y sinónimos parciales, los cuales no son sustituibles el uno con el otro en todos los contextos. Definimos los antónimos como palabras con significados opuestos pero con distintas relaciones de oposición ya que hay antónimos absolutos (*encendido/apagado*), graduales (*delgado/gordo*), recíprocos (*dar/recibir*) y reversos (*entrar/salir*).

Hemos caracterizado la hiponimia como una relación de inclusión léxica en la que todo el significado del hipónimo (por ejemplo, *manzana*) está incluido en el significado del hiperónimo (por ejemplo, *fruta*) pero no viceversa. Entonces asociamos la relación de hiponimia con el entrañamiento semántico, un tipo de implicación o consecuencia lógica. Así pues, la palabra *rosa* entraña semánticamente *flor*, porque en cada situación donde la expresión *rosa* es verdadera, la expresión *flor* también es verdadera, o sea, en todos los contextos una rosa es una flor.

Hemos contrastado las implicaturas convencionales con las conversacionales. Las convencionales son inferencias guiadas o derivadas directamente por el significado semántico ("convencional") de ciertas expresiones lingüísticas; y aunque se consideran implicaciones pragmáticas por no basarse en las condiciones de verdad, tampoco dependen de factores contextuales ni tampoco de principios conversacionales. Finalmente, las presuposiciones también se identificaron como significados implicados convencionalmente por ciertas expresiones lingüísticas. No obstante, hemos notado que no son puramente semánticas por ser sensibles a las asunciones y conocimientos previos de los hablantes.

Al examinar varios conceptos relacionados con la semántica, nos hemos dado cuenta de que tratar el tema del significado al nivel estrictamente semántico excluye gran parte de la totalidad del significado comunicado por los hablantes. Para entender la naturaleza del significado del lenguaje no podemos fijarnos exclusivamente en el significado semántico de las palabras sin tener en cuenta el significado pragmático de los hablantes—ni viceversa.

Obras citadas

Atlas, Jay David. "Presupposition." En *The Handbook of Pragmatics*, editado por Laurence R. Horn y Gregory Ward, 29–52. Malden, MA: Blackwell Publishing, 2004.

Azevedo, Milton M. *Introducción a la Lingüística Española*. Upper Saddle River, NJ: Prentice Hall, 1992.

Bertuccelli Papi, Marcella. *Qué es la Pragmática*. Barcelona: Ediciones Paidós Ibérica, 1996.

Blackwell, Sarah E. "Testing the neo-Gricean pragmatic theory of anaphora: The influence of consistency constraints on interpretations of conference in Spanish." *Journal of Pragmatics* 33.6 (2001): 901–941.

————. *Implicatures in Discourse: The Case of Spanish NP Anaphora*. Amsterdam: John Benjamins, 2003.

Blakemore, Diane. *Understanding Utterances: An Introduction to Pragmatics*. Oxford, UK: Blackwell, 1992.

Chafe, Wallace L., ed. *The Pear Stories: Cognitive, Cultural, and Linguistic Aspects of Narrative Production*. Norwood, NJ: Ablex, 1980.

García Murga, Fernando. *Las Presuposiciones Lingüísticas*. Bilbao: Universidad del País Vasco, 1998.

Gazdar, Gerald. *Pragmatics: Implicature, Presupposition and Logical Form*. New York: Academic Press, 1979.

Green, Georgia M. *Pragmatics and Natural Language Understanding*. Hillsdale, NJ: Lawrence Erlbaum, 1989.

Grice, H. Paul. "Logic and conversation." En *Syntax and Semantics 3: Speech Acts*, editado por Peter Cole y Jerry L. Morgan, 41–58. New York: Academic Press, 1975.

Gutiérrez Ordóñez, Salvador. *De Pragmática y Semántica*. Madrid: Arco Libros, 2002.

Hualde, José Ignacio, Antxon Olarrea, Anna María Escobar, y Catherine E. Travis. *Introducción a la Lingüística Hispánica (2 edición)*. Cambridge, UK: Cambridge University Press, 2010.

Huang, Yan. *The Syntax and Pragmatics of Anaphora: A Study with Special Reference to Chinese*. Cambridge: Cambridge University Press, 1994.

Karttunnen, Lauri. "Implicative verbs." *Language* 47.2 (1971): 340–358.

Kearns, Kate. *Semantics*. Basingstoke, Hampshire, UK: Palgrave Macmillan, 2000.

Kempson, Ruth. *Mental Representations: The Interface between Language and Reality*. Cambridge: Cambridge University Press, 1988.

Levinson, Stephen C. *Pragmatics*. Cambridge: Cambridge University Press, 1983.

————. *Pragmática* (Versión castellana de Levinson [1983] traducida por África Rubiés Mirabet). Barcelona: Teide, 1989.

Moliner, María. *Diccionario de Uso del Español (2 edición)*. Madrid: Gredos, 1998.

Ocampo, Francisco. "On the notion of focus in spoken Spanish: An empirical approach." *Theory, Practice and Acquisition: Papers from the 6th Hispanic Linguistics Symposium and the 5th Conference on the Acquisition of Spanish and Portuguese*, editado por Paula Kempchinksy y Carlos-Eduardo Piñeros, 207–226. Somerville, MA: Cascadilla Press, 2003.

————. "The place of conversational data in Spanish syntax: Topic, focus, and word order." *Studies in Hispanic and Lusophone Linguistics* 3.2 (2010): 533–543.

Portolés, José. *Pragmática para Hispanistas*. Madrid: Editorial Síntesis, 2004.

Reyes, Graciela. *El Abecé de la Pragmática (6 edición)*. Madrid: Arco Libros, 2003.

Reyes, Graciela, Elisa Baena, y Eduardo Urios. *Ejercicios de Pragmática (I)*. Madrid: Arco Libros, 2000.

Zubizarreta, Maria Luisa. *Prosody, Focus, and Word Order*. Cambridge, MA: The MIT Press, 1998.

Notas

1. Traducción de la autora.
2. Traducción de la autora.
3. Traducción de la autora.

2

DECIR Y DAR A ENTENDER

El proceso inferencial en la comunicación

GONZALO MARTÍNEZ CAMINO

Reflexiones preliminares

1. ¿Qué es la comunicación?
2. ¿Qué es una inferencia?
3. ¿Qué relación hay entre *lo explícito* y *lo implícito*?

2.1 INTRODUCCIÓN: LAS INFERENCIAS Y SU PAPEL

Vamos a imaginarnos un diálogo (a partir de ahora diálogo 1):

1. Manolo: ¿Te vienes al concierto?
2. Pepita: Uff . . . Mañana tengo examen.
3. Manolo: Vale, de acuerdo; otra vez será.

Manolo le propone a Pepita ir a un concierto; su pregunta (1 del diálogo 1) requiere un "sí voy" o un "no voy"; sin embargo, ella le habla de su examen (2 del diálogo 1). Ahora bien, su respuesta nos resulta adecuada porque, a partir de sus palabras, Manolo puede concluir fácilmente que no irá al concierto. Este diálogo es un ejemplo de que, cuando hablamos, intentamos comunicar bastante más de lo que decimos (Horn 2006, 3). Lo hacemos porque pensamos que nuestros interlocutores van a ser capaces de inferir lo que les damos a entender. Así pues, Pepita no dice que no irá al concierto, pero Manolo lo infiere. ¿Qué es una *inferencia*? Un proceso lógico-cognitivo que crea un supuesto, una representación mental de la realidad ("Pepita no irá al concierto") a partir de otro ("Pepita tiene un examen mañana").[1] En este capítulo, vamos a estudiar cómo nos comunicamos no sólo mediante palabras (lo que se dice;[2] significado lingüístico de la expresión), sino también haciendo inferencias (lo que se quiere decir; el significado que los interlocutores le dan a las palabras).

> ➤ EJERCICIO 2.1

Imaginemos que Manolo prepara durante horas una cena especial para Pepita. La cena termina y Pepita no hace ningún comentario sobre su calidad. Tras un silencio un poco embarazoso, esta comenta: "ha sido . . . interesante".

2.1.a ¿Qué quiere decir Pepita?
2.1.b ¿Está dando a entender más de lo que dice?
2.1.c ¿Está justificado que Manolo piense que Pepita da a entender más de lo que dice?
2.1.d ¿Qué significa "interesante" en esta situación?

2.2 LA PROPUESTA DE GRICE

Un filósofo de la Universidad de Oxford, Herbert Paul Grice (1989), propone, entre los años cincuenta y los setenta del pasado siglo, una explicación que es uno de los puntos de partida para el desarrollo de la pragmática. Según este autor, la comunicación humana se basa en el reconocimiento de intenciones. Así pues, cuando Manolo, en el diálogo 1, oye las palabras de Pepita, piensa que, si le contesta, es que quiere cooperar, pues, de lo contrario, se callaría. Reflexionemos sobre esto. Cada vez que uno de nosotros usa el lenguaje verbal, independientemente del contenido de las palabras del mensaje, lo primero que trasmitimos es nuestra voluntad de comunicarnos; así pues, cuando Pepita contesta a Manolo, le deja claro que su intención es colaborar en el desarrollo del intercambio. Manolo oye a Pepita y piensa: "yo le he preguntado si quería ir al concierto y ella me contesta que mañana tiene un examen. Ni acepta ni rechaza mi invitación, pero, si me contesta, será que querrá decirme algo". Las palabras de Pepita (2 del diálogo 1: "Uff . . . Mañana tengo examen") no son una respuesta directa, pero trasmiten su intención comunicativa. Una vez que Manolo la ha reconocido, es lícito que se pregunte qué será lo que quiere decir (~2: "esta noche no voy a ir al concierto contigo porque tengo que estudiar para el examen"). Ahora Manolo tiene que pasar de lo que Pepita dijo en (2 del diálogo 1) a lo que quiso decir (~2). ¿Cómo lo hace?

2.2.1. El Principio de Cooperación y las Cuatro Máximas Conversacionales

Grice entiende que este viaje es una empresa racional guiada por un Principio de Cooperación y cuatro Máximas:

Principio Cooperativo (a partir de ahora PC): Haga su contribución tal como se requiere, en la situación en la que tiene lugar, a través del propósito o dirección aceptados en el intercambio hablado en el que está comprometido.

1. Máxima de Calidad: trate de que su contribución sea verdadera, específicamente: 1. no diga lo que crea que es falso, 2. no diga algo de lo cual carezca de pruebas adecuadas.
2. Máxima de Cantidad: 1. haga su contribución tan informativa como exigen los propósitos actuales del intercambio. 2. no haga su contribución más informativa de lo requerido.
3. Máxima de Relevancia: haga contribuciones relevantes.
4. Máxima de Manera: Sea perspicuo y específicamente: 1. evite la oscuridad en la expresión, 2. evite la ambigüedad. (Grice 1989, 26)[3]

Imaginémonos otro ejemplo donde un amigo de Pepita y Manolo, Ramón, tiene un accidente de coche. Cuando Manolo llega al hospital, se encuentra con Pepita, que sale de ver a Ramón. Manolo le pregunta a Pepita por Ramón. Esta le contesta: "Tiene la clavícula rota".[4] A partir de esta información, Manolo piensa que Ramón no está muerto. Sin embargo, romperse la clavícula no es incompatible con estar muerto. Entonces, ¿por qué Manolo infiere que Ramón no está muerto? Para salvar el PC y su máxima de la cantidad. La teoría de Grice asume que los interlocutores interpretarán los mensajes de forma racional y buscarán, guiándose por estos principios, la eficacia comunicativa. En consecuencia, si a Ramón le ha ocurrido algo más grave que romperse la clavícula y Pepita se ha limitado a comunicarle a Manolo que su amigo se ha roto la clavícula, su contribución no sería tan informativa como exigen los propósitos actuales del intercambio. En ese caso, Pepita no se estaría comunicando de una forma eficaz. Por lo tanto, Manolo tiene que inferir (i) que lo más grave que le ha ocurrido a Ramón es que se ha roto la clavícula y (ii) que, en consecuencia, no está muerto.

Antes nos preguntábamos cómo Manolo llega de (ii) a (~ii). La respuesta de Grice es que lo hace a partir de ciertos presupuestos de carácter universal, el PC y las máximas que lo especifican, que son un conjunto de asunciones envolventes o líneas directrices para el uso eficaz del lenguaje en la conversación (Levinson 1989, 93). Su fin es guiar el comportamiento comunicativo de los interlocutores con el objeto de que, juntos, cooperen en la construcción de un conocimiento común. El resultado final no tiene por qué ser agradable ni constructivo ni positivo; por ejemplo, un divorcio o una guerra son resultados desagradables y conflictivos; ahora bien, para que los interlocutores lleguen a saber que están divorciados o en guerra, deben cooperar en la comunicación de ese conocimiento: después del fracaso de las negociaciones y la declaración, ya sabemos que estamos en guerra; asimismo, después de un procedimiento legal, ya sabemos que estamos divorciados. En definitiva, la función del PC y sus máximas es (i) guiar a los comunicadores para que *lo que dicen* (lo explícito) sea eficaz y rentable y, si no lo es, (ii) los receptores puedan inferir los contenidos necesarios (*implicaturas conversacionales; lo implícito*) para que lo sea.

Nuevamente debemos detenernos a reflexionar. De lo dicho hasta aquí, concluimos que, cuando Grice habla de cooperación, no se refiere a una cuestión moral o política; no está pensando en que las personas deban ser agradables o comprensivas o tolerantes cuando se comunican, no está pensando en que colaboren y compartan bienes e informaciones, no está pensando en que deban ser desinteresadas y estar dispuestas a ceder y llegar a compromisos por un bien mayor. Cuando Grice habla de cooperación, se refiere a una gestión racional de los recursos comunicativos.[5] En consecuencia, si el comunicador *incumple* claramente el PC o alguna de sus máximas, su audiencia no desfallece ni piensa que el otro se ha vuelto loco, sino que busca otros contenidos que se añadan a los ya explicitados; de esta manera, el intercambio comunicativo vuelve a ser eficaz y rentable.

> ➤ EJERCICIO 2.2

Volvamos al ejercicio 2.1. Si nos limitamos a la interpretación literal de las palabras de Pepita, ¿su mensaje resulta cooperativo? ¿Por qué no? Trata de explicarlo siguiendo el PC y sus máximas.

2.2.2 Las implicaturas conversacionales

Volvamos al diálogo 1. Cuando Pepita emite (2 del diálogo 1), no contribuye tal como se requiere, a través del propósito o dirección aceptados en el intercambio, pues no es ni tan informativa ni tan relevante como pudiera serlo y, al no serlo, Pepita no es todo lo clara que podría ser; introduce oscuridad y dificulta la interpretación. Sin embargo, Manolo ha reconocido, gracias a sus palabras, que Pepita tiene intención comunicativa; por lo tanto, habrá de completar lo que ha explicitado para que siga respetando el PC y sus máximas, sólo que en un nivel más profundo.[6] Por eso, lo que Manolo hace al oír la respuesta de Pepita (2 del diáogo 1: "Uff . . . Mañana tengo examen") es inferir varias proposiciones (2: "esta noche no vendrá al concierto conmigo porque tiene que estudiar para el examen") "de cuya veracidad depende que [la respuesta de Pepita] se haya atenido a las pautas de cooperación habituales que se dan entre los hablantes" (Núñez y Teso 1996, 83). Esto es, solo si es verdad que Pepita no irá al concierto con Manolo porque tiene que estudiar esa noche para un examen (~2), su respuesta (2 del diálogo 1) resultará cooperativa, eficaz y adecuada. A estas proposiciones inferidas por la audiencia, a partir de lo dicho por el comunicador, Grice las llama *implicaturas conversacionales*.

En consecuencia, debemos interpretar el término *cooperativo* en el sentido de que ambos interlocutores usan el lenguaje de acuerdo con un mismo principio universal que asegura comportamientos racionales y, por lo tanto, previsibles y eficaces. "Sucede que no sólo atribuimos al emisor la intención de informarnos y asumimos como verdadero todo lo que sea necesario para que su mensaje efectivamente tenga carga informativa; además, suponemos que el emisor intenta informarnos de la mejor manera posible, facilitándonos el trabajo de la descodificación y cooperando con nosotros" (Núñez y Teso 1996, 83). Dadas estas condiciones, los interlocutores pueden trabajar juntos e intercambiar información no sólo por *lo que dicen* (lo explícito), sino también por lo que *dan a entender* (lo implícito). Imaginémonos otro ejemplo. Manolo le tira a Ramón un café por encima. Ramón exclama: "¡Me encanta!". De acuerdo con Grice, Manolo seguiría la siguiente línea de pensamiento:

1. Cuando yo le tiro el café por encima, Ramón expresa una opinión altamente favorable (p).
2. Al expresarse verbalmente, muestra su voluntad de comunicarse y, por lo tanto, de cooperar.
3. No hay ninguna razón para pensar que Ramón no está observando las máximas, o, por lo menos, el principio de cooperación.
4. Sin embargo, dado que no parece probable que a nadie le guste que le tiren un café por encima, parece que Ramón se salta la máxima de la calidad y dice algo que parece que cree falso.
5. Por lo tanto, para que Ramón diga p y al mismo tiempo observe el PC y sus máximas, debe existir algún tipo de información que quiere transmitirme q. Debo buscar q. ¿Qué es q?
6. La proposición que parece adecuarse a un uso eficaz del lenguaje de acuerdo con el PC y sus máximas, la más cooperativa parece ser aquella que da a entender justo lo contrario de lo que se dice.
7. Ramón debe saber que los dos sabemos (conocimiento mutuo) que debe suponerse q para que se interprete que él está cooperando.
8. Ramón no ha hecho nada para impedirme a mí, su audiencia, que crea q.

Por lo tanto, tengo la impresión de que Ramón quiere hacerme saber que se encuentra muy afectado por el hecho de que le haya derramado el café por encima y lo hace diciendo p, que infringe ostensivamente la máxima de calidad, pero implicando conversacionalmente q.

➤ EJERCICIO 2.3

Volvamos ahora a los ejercicios 2.1 y 2.2. Si en el ejercicio 2.2 has concluido que la respuesta de Pepita no es cooperativa,

1. ¿Podrías describir el cálculo que Manolo ha tenido que seguir, de acuerdo con el patrón que acabamos de ver, para hacerla cooperativa?
2. ¿Las implicaturas a las que llegas significan justo lo contrario de lo que Pepita ha dicho ("ha sido . . . interesante")?

2.2.3 Propiedades de las implicaturas

En el capítulo 1 se hizo una distinción entre el significado de las palabras y el del hablante. Entonces se definió la palabra como la asociación entre un significante y un significado, es decir, la asociación entre una secuencia de fonemas, /kabáλo/, y una amalgama de rasgos semánticos, " + animado, + equino, + sexmasc, + adulto". Esta asociación es de carácter convencional: no hay ninguna razón natural por la que estos contenidos deban estar asociados a estos fonemas; esto ocurre porque así lo codifica la lengua española. Por lo tanto, el significado de las palabras es convencional y la tarea de la audiencia sería simplemente conocer el código y descifrar el mensaje que ha cifrado el comunicador: ambos deben conocer la regla convencional que impone el código. Así, como Manolo es hispanohablante, cuando oye a Pepita pronunciar /eksámen/, sabe que esa secuencia de fonemas está asociada al contenido: "prueba que se hace para comprobar o demostrar el aprovechamiento en los estudios"; con este desciframiento ha terminado su tarea para averiguar el significado de la palabra. Ahora bien, en español no hay nada ninguna regla que indique que "Uff . . . Mañana tengo examen" signifique que Pepita no irá al concierto. Como hemos visto, Manolo llega a esta conclusión mediante un cálculo inferencial acerca de lo que Pepita querrá decir (significado del hablante).[7] El resultado es una implicatura conversacional que, como todas las de su clase, tiene las características de ser un contenido *no convencional y calculable*.

La implicatura conversacional, al no tener un carácter convencional, no resulta afectada porque digamos lo mismo con otras palabras. Así, por ejemplo, en el diálogo 1, Pepita utiliza la palabra "examen" pero podría haber utilizado expresiones como "actividad de evaluación" o "prueba" y Manolo habría inferido igualmente que no irá al concierto. De esta manera, hemos comprobado que las implicaturas conversacionales *no son separables* ('non-detachability') de la representación mental de ciertos conceptos, no importa las palabras exactas con las que las formulemos.

➤ EJERCICIO 2.4

Observemos la siguiente conversación entre Pepita y Manolo:
  Pepita: ¿Ramón y su hermano son idénticos?

Manolo: Muy similares.

1. ¿Necesita Pepita calcular alguna implicatura conversacional para que el uso que Manolo hace del lenguaje sea eficaz?
2. Si la respuesta es afirmativa, ¿cómo sería ese cálculo?
3. Reformula el mensaje de Manolo de tal manera que se sigan infiriendo las mismas implicaturas que acabas de calcular.

Al contrario que el contenido semántico de una palabra, las implicaturas conversacionales de un enunciado *pueden ser canceladas* ('defeasibility' o 'cancellability') si son inconsistentes con ciertos aspectos del contexto en el que se emiten. Veamos un ejemplo. Volvamos a la conversación que tiene Manolo con Pepita en el hospital cuando esta sale de ver a Ramón, que ha tenido un accidente. Manolo le preguntaba a Pepita por el estado de Ramón. Esta le contestaba: "tiene la clavícula rota". A partir de esta respuesta, Manolo infería conversacionalmente que Ramón no estaba muerto. Ahora imaginémonos que, acto seguido, Manolo le dice a Pepita que va a subir a la habitación a verle. Entonces Pepita reacciona, comprende su error comunicativo y le informa que no puede porque, dado que está muerto, están trasplantando su corazón a otro paciente. Automáticamente Manolo cancela la inferencia conversacional de que está vivo y piensa que Pepita podría hacer un uso más eficaz del lenguaje. Al cambiar el contexto, Manolo acaba de cancelar la implicatura conversacional de que Ramón estaba vivo.

Reformulemos este ejemplo a fin de ver en qué consistiría una información no cancelable. Imaginémonos que, cuando Manolo le pregunta a Pepita por Ramón, esta le contesta que no ha podido verle porque, en ese momento, están trasplantado su corazón a otro paciente. En este caso, Pepita no le dice a Manolo que Ramón está muerto, pero Manolo puede inferirlo. Esta inferencia no es conversacional porque no es cancelable: siempre que sea verdad que (i) los médicos están trasplantando el corazón de Ramón a otro paciente, será verdad que (ii) está muerto; el hecho de que los médicos estén trasplantando el corazón de Ramón entraña semánticamente su muerte, es la consecuencia lógica que se puede deducir del significado convencional de las palabras que componen (i).[8]

➤ EJERCICIO 2.5

Observemos la siguiente conversación entre Ramón y Manolo:
    Ramón: ¿Quieres conducir mi Audi?
    Manolo: Yo sólo conduzco Rolls Royces.

A partir de esta contestación, Ramón calcula las siguientes inferencias:
1. Manolo no conduce otro coche que no sea un Rolls Royce.
2. Manolo no va a conducir mi coche.

3. Manolo conduciría mi coche si comprara un Rolls Royce.
4. Manolo es un presuntuoso.

1. ¿Cuáles son entrañamientos?
2. ¿Cuáles son implicaturas conversacionales? Razona tus respuestas.

2.2.4 Usos no cooperativos

¿Qué ocurre si nuestros mensajes incumplen el PC y sus máximas? Nuestra audiencia buscará implicaturas conversacionales que le den sentido a *lo que hemos dicho*. ¿Qué ocurre si fracasan, si no pueden hallar contenidos implícitos en nuestros mensajes que los vuelvan cooperativos? ¿Qué pasa si Pepita le dice a Manolo que el álgebra es muy difícil? Pepita sigue queriendo que Manolo entienda que no va al concierto y por qué no, lo mismo que pasaba cuando le decía que tenía examen. ¿Qué es lo que ha cambiado? Con esta nueva formulación de (2 del diálogo 1) es mucho más complicado y costoso llegar a (3). Manolo debe recorrer más pasos. Pepita se ha limitado a decir que el álgebra es muy complicado. Será muy costoso para Manolo inferir, a partir de las palabras de Pepita, que tiene un examen mañana y que, como es una materia que a ella le plantea problemas, necesitará la noche para prepararse. En esta hipotética reformulación de (2 del diálogo 1), Pepita no haría un uso eficaz del lenguaje y es improbable que Manolo pudiera entender lo que quiere decirle.

Ejemplos como este son muy frecuentes. En la vida cotidiana los malentendidos son innumerables. Veamos otro ejemplo. Imaginémonos que Pepita sí va al concierto con Manolo y, allí, inspirados por la música, la adrenalina y la serotonina, se hacen novios. Pasan los años y se casan. El tiempo sigue pasando. Van a celebrar su décimo aniversario. Un día salen de paseo y llegan al escaparate de una tienda y, como quien no quiere la cosa, Pepita le dice a Manolo: "¡Oye! ¿Te has fijado qué bolso más bonito?" Varios días después, cuando el aniversario está ya encima, Manolo le pregunta a Pepita si le apetece algún regalo en particular. Ella asegura que nada y que, además, hay que ahorrar dinero. Llega el gran día y Manolo, siguiendo las instrucciones de su esposa, se presenta en casa sin regalo alguno. Pepita monta en cólera y Manolo no entiende nada.

Ahora bien, ¿qué ocurre si no se trata de un error puntual sino de que el estilo comunicativo de una persona es poco eficaz? Es decir, ¿qué le ocurriría a Pepita si soliese emitir mensajes costosos de interpretar o cuya interpretación fuese infructuosa? Al cabo de un tiempo, Manolo se cansaría de su compañía y la rehuiría. Además, el PC y sus máximas tienen un carácter universal, pero cada cultura desarrolla modos distintos de usarlo; por ejemplo, en todas las culturas hay que hacer la contribución tan informativa como requiera el propósito del intercambio; sin embargo, ciertas culturas son más reservadas y otras, más abiertas, así que es probable que, dependiendo de nuestra procedencia cultural, entenderemos de forma distinta esto de hacer la contribución tan informativa como requiera el propósito del intercambio: en una cultura en la que prevalece un estilo comunicativo abierto, la reserva generará desconfianza; en cambio, en otra, donde prime la contención, será la charlatanería la que lo haga. Así pues, cuando viajamos a otra cultura, no sólo debemos aprender la gramática y el vocabulario de su lengua o lenguas, sino también las características de su estilo comunicativo.[9]

Obviamente, también podemos violar el PC y sus máximas a propósito con el fin de engañar o desorientar a nuestro interlocutor. Evidentemente estas inobservancias deben pasar desapercibidas para que nuestra audiencia no lleve a cabo las inferencias pertinentes y podamos inducirles a una interpretación errónea. Imaginémonos que tanto Pepita como Ramón quieren ser delegados de curso y le piden su voto a Manolo. Él escucha sus razones y, sin decirles nada, apoya a Ramón. Pepita pierde por un voto y, enfadada, le pregunta a Manolo a quién votó. Él, muy serio, le contesta que ha sido fiel. En un sentido estricto, no se puede decir que haya mentido, pero no ha aportado toda la información que debería si quisiese responder de una forma plenamente cooperativa: "yo he sido fiel [a Ramón]".

> ➤ EJERCICIO 2.6

Escribe un par de diálogos en los que se vean usos no cooperativos del lenguaje como los que acabamos de ver.

2.3 LA PROPUESTA DE SPERBER Y WILSON

El impacto de Grice ha sido enorme y numerosos investigadores le han seguido. Quizá la propuesta desarrollada por el antropólogo francés Dan Sperber y la lingüista británica Deirdre Wilson sea la que más repercusión ha tenido; se la conoce como Teoría de la Relevancia (a partir de ahora TR). Dado que parte del trabajo de Grice, la TR también entiende que la comunicación humana se basa en el reconocimiento de intenciones guiado por principios universales.

No obstante, también busca superar lo planteado por este filósofo. Antes vimos que el PC y sus máximas implican que ambos interlocutores usan el lenguaje de acuerdo con un mismo principio universal que asegura comportamientos racionales y, por lo tanto, previsibles y eficaces: una vez que el interlocutor ha mostrado su intención comunicativa, no nos va a obligar a realizar un esfuerzo para nada. "Estamos acostumbrados a una cierta proporción entre lo que se nos dice y el gasto que se hace para decírnoslo y asumimos siempre lo que sea necesario para que el mensaje que interpretamos tenga esa proporción" (Núñez y Teso 1996, 83). Pues bien, si esto es así, ¿no podemos simplificar la propuesta de Grice en un único principio económico? Además, si tanto Grice como Sperber y Wilson coinciden en que este principio, que guía la comunicación humana, es universal, entonces, debe estar relacionado con nuestra forma de procesar información, debe depender de cómo nuestra cognición se ha adaptado evolutivamente con el propósito de interpretar la realidad de una forma eficaz. Partiendo de estas premisas, Sperber y Wilson deducen un principio simplificado que nos permite interpretar los mensajes de acuerdo con una racionalidad económica. En consecuencia, entenderán la relación entre, por un lado, lo verbal y lo no verbal y, por el otro, lo explícito y lo implícito de forma muy distinta a como lo hacía Grice.[10] Expliquemos todo esto.

2.3.1 El entorno cognitivo mutuo

Imaginemos que Manolo y Ramón comparten piso y suelen jugarse a las cartas quién hace las tareas más desagradables. Ahora están encerrados en una habitación decidiendo a cuál de ellos le toca limpiar el váter. Infinidad de estímulos están afectando su sistema perceptivo: el color verde del tapete sobre el que juegan, el sonido de sus palabras, la luz de la lámpara que está sobre la mesa, las cartas que pueden ver en sus respectivas manos, el dorso de las que están en las del contrincante, etc. Estas percepciones son entradas ('inputs') para que sus sistemas cognitivos produzcan asunciones sobre la realidad que les rodea, representaciones mentales. Algunas son simples y están en un primer plano de la consciencia: "tengo cartas en mi mano" o "Manolo tiene un tic en un ojo"; otras son complejas: "¡Qué buena mano tengo!", "¡Qué mal viste Ramón!", "Ahora me favorece arrojar el dos de diamantes"; otras son poco evidentes, por ejemplo, durante la partida, para ambos es manifiesto que uno va a ganar y otro va a perder, sin embargo, durante muchos momentos, se concentran, se enfrascan en el juego y se olvidan del resto de las cosas, incluido el hecho de que, al final, uno va a limpiar el váter; no obstante, esta asunción también es manifiesta para ellos y probablemente vuelva al primer plano de su consciencia cada vez que uno pierde una mano. En conclusión, la mente de cada persona «vive» en un *ambiente o entorno cognitivo* que ha construido a partir de las representaciones mentales que acepta como verdaderas o como probablemente verdaderas, esto es, que le resultan *manifiestas* (Sperber y Wilson 1986, 39).

Así, por ejemplo, si Manolo tiene en su mano la reina de corazones, este hecho forma parte de su entorno cognitivo, pero no del de Ramón. Las cosas que son manifiestas para los dos forman el *entorno cognitivo compartido*. Para los dos es manifiesto que el rey de corazones ya ha salido; sin embargo, para ninguno es manifiesto que este hecho sea manifiesto para el otro. Por el contrario, para los dos es manifiesto que el otro tiene cartas en mano, es decir, es *mutuamente manifiesto*; este último sub-conjunto de asunciones forman el *entorno cognitivo mutuo*. Según la TR, la comunicación consistirá en ampliar este entorno cognitivo mutuo (Sperber y Wilson 1986, 38–46); por ejemplo, Manolo puede contarle a Ramón las cartas que tiene en su mano.

> EJERCICIO 2.7

Durante la última subsección, hemos puesto ejemplos de asunciones sobre la realidad o representaciones mentales que eran manifiestas para nuestros jugadores, Manolo y Ramón; pues bien,

1. imagina tú ahora una asunción que sólo sea manifiesta para uno de ellos,
2. otra que sea manifiesta para los dos pero que ellos no sepan que es mutuamente manifiesta y,
3. por último, otra que también sea mutuamente manifiesta y que sea mutuamente manifiesto que es mutuamente manifiesta.

2.3.2 El principio cognitivo de relevancia

¿Por qué, cuando infinidad de estímulos están afectando los sistemas perceptivos de Ramón y Manolo, prestan más atención a sus manos de cartas que a otros estímulos como el verde del tapete o el roce de sus camisas en la espalda? Porque "la cognición humana se orienta hacia la maximización de la relevancia" (Wilson y Sperber 2006, 610).[11] Este *Principio Cognitivo de Relevancia* jerarquiza la atención. De esta forma, de todas las asunciones que forman los entornos cognitivos de Manolo y Ramón, será a la representación mental de sus cartas a la que presten más atención durante la partida.

¿Qué es la relevancia? Una entrada del sistema cognitivo será relevante si la cantidad de conocimiento que vuelve manifiesta o más manifiesta hace que merezca la pena el esfuerzo de procesarla. En el marco de la partida, aunque a Manolo procesar cognitivamente su mano de cartas le supone mucho más esfuerzo que procesar el roce de su camisa en la espalda, el beneficio que obtiene es mucho mayor; su sistema cognitivo se orienta hacia lo más rentable. En consecuencia, la comunicación debe basarse en ofrecer a la audiencia, intencionadamente, un estímulo que ofrezca tal rendimiento cognitivo, que lo vuelva relevante.

2.3.3 La situación

¿Por qué las cartas que tienen en sus manos son entradas relevantes para los jugadores? La respuesta la encontramos en el concepto de *situación*. La experiencia de la vida en comunidad no es aleatoria, determinadas cosas tienden a ocurrir en compañía de otras;

la mayor parte de nuestras acciones ocurren dentro de *guiones* (Schank y Abelson 1977). En consecuencia, el ser humano organiza la experiencia en estructuras cognitivas que reproducen sistemáticamente hechos o acciones que se intuyen como reiterativas o arquetípicas. Por ejemplo, en nuestra cultura, si echas gasolina, es muy probable que lo hagas en una gasolinera y que tengas que pagar (probablemente más de lo que quisieras). Así las cosas, nuestros mensajes inciden sobre *guiones cognitivos* que reflejan patrones sociales (Yus Ramos 1997, 112). Por lo tanto, si cuentas a alguien que fuiste a una gasolinera, lo normal es que se activen en su mente las asunciones de que lo probable es que fueras a echar gasolina y que tuvieras que pagar. Esto es lo que Enrique del Teso (1998, 21) entiende por *situación*: conjuntos de conexiones cognitivas que reflejan la estructura de la vida cotidiana en una determinada comunidad y que, al condicionar la accesibilidad a los datos necesarios para contextualizarlos, condicionan la interpretación de las entradas del sistema cognitivo. De esta forma, si a Manolo le resulta más rentable prestar atención a sus cartas en vez de al roce de la camisa en la espalda, es porque, en la *situación* de la partida, los datos con los que interpretar las primeras son mucho más accesibles, están mucho más presentes en su mente que los datos con los que interpretar el segundo; al fin y al cabo, es el «rito» social en el que se encuentra involucrado en ese momento.

➤ EJERCICIO 2.8

En la columna (A) tenemos varios guiones cognitivos y en (B) varias acciones. Indica a cuál de los guiones que aparecen en (A) podemos adscribir cada una de las acciones de (B):

A	B
1. preparar la comida	1. pedimos la cuenta
2. ir al restaurante	2. sentarse en la obscuridad y comer palomitas
3. ir a la playa	3. sacamos las toallas
4. salir de marcha	4. encontramos a los amigos
5. ir al cine	5. buscamos las sartenes

➤ EJERCICIO 2.9

Propón un ejemplo donde se vea que el procesamiento de una asunción es mucho más relevante que el de otra.

2.3.4 La relevancia

Estamos en condiciones de ver la conexión entre la definición cotidiana de *relevancia* y la de la TR. Intuitivamente consideramos que algo es relevante porque se conecta o tiene que ver con lo que nos traemos entre manos. Ahora sabemos que, si algo está relacionado con la dirección o el propósito de lo que estamos haciendo, también será más rentable su procesamiento cognitivo: (1) encajará más fácilmente en el conjunto de datos que están activados y presentes en nuestra mente en ese momento, (2) su procesamiento cognitivo requerirá menos esfuerzo y (3) será más fácil que aporte beneficios informativos, será más fácil que resulte significativo.

Veamos un ejemplo. Imaginemos como entrada de un sistema cognitivo la percepción, por parte de Ramón, de un tic en el ojo de Manolo que le obliga a guiñarlo en determinados momentos de la partida. Por experiencias anteriores, Ramón sabe que, cuando Manolo tiene una mano mala, guiña un ojo. Ve este tic y juega fuerte ganándole esa mano. En esta actividad social, a pesar de la dificultad que implica relacionar el tic con que Manolo tenga malas cartas y, a su vez, con la decisión de jugar fuerte, el gasto cognitivo que Ramón necesita hacer no es muy grande porque ya tiene activadas todas las asunciones que forman la *situación* de la partida y le resulta fácil acceder a ellas con el fin de interpretar la conducta de Manolo y tomar la mejor decisión.

Ahora bien, ¿es un ejemplo de comunicación el hecho de que Ramón "lea" el tic de Manolo? No, es un trasvase involuntario de información. Ramón ha interpretado este tic igual que podría haberse dado cuenta de que va a llover al ver unas nubes negras en el cielo: estas no tienen ninguna voluntad comunicativa; tampoco Ramón.

> ➤ EJERCICIO 2.10

¿Puedes dar más ejemplos de trasvases involuntarios de información como el de Manolo?

2.3.5 La intención comunicativa y la informativa

Sin embargo, hay una diferencia entre Manolo y las nubes: Manolo es capaz de conductas intencionadas y las nubes, no. Veamos un ejemplo. Manolo se da cuenta de que Ramón está interpretando su guiño como efecto de una causa: guiña el ojo porque siente ansiedad por sus malas cartas. Decide usar esto a su favor. La siguiente vez que recibe buenas cartas comienza a guiñar el ojo. Ramón piensa que tiene una mala mano y juega fuerte. El engaño ha tenido éxito y Manolo gana con facilidad. Este es un ejemplo de comportamiento intencionado del que las nubes son incapaces; ahora, frente a lo que ocurría en el ejemplo anterior, sí hay un trasvase voluntario de información. ¿Cuál es la intención de Manolo? "Hacer manifiesta o más manifiesta a su audiencia una serie de asunciones" (Sperber y Wilson 1986, 58):[12] "tengo una mala mano". A esto es a lo que la TR denomina *intención informativa*. Es imprescindible para que haya comunicación, pero no es suficiente.

La conducta de Manolo sigue careciendo de voluntad comunicativa porque se trata de una manipulación o engaño. ¿Cómo define la TR la *intención comunicativa*? "Hacer mutuamente manifiesto a la audiencia y al comunicador que este tiene una intención informativa" (Sperber y Wilson 1986, 58).[13] Manolo no puede hacer entender a Ramón que, cuando guiña el ojo, lo hace voluntariamente; en ese caso, sería incapaz de engañarle.

Veamos un ejemplo de conducta comunicativa. Manolo repite su truco varias veces más hasta que Ramón entiende lo que está pasando. Entonces Ramón mira a los ojos a Manolo, ríe socarronamente y le hace un gesto apuntándole con el dedo índice de la mano derecha como si le encañonara con una pistola. El gesto de Ramón hace mutuamente manifiesto que quiere que Manolo piense en algo (intención comunicativa), obligándole a pensar qué será ese algo (intención informativa). Esto sí es comunicación porque (1) la intención de comunicarse del emisor es mutuamente manifiesta y (2) desencadena en el receptor un proceso inferencial de búsqueda (3) que se basa en la atribución mutua de intenciones.

Repasemos lo que hemos dicho sobre la relación entre comunicación y manifestación de la intención comunicativa. Cualquier estímulo que pueda parecer relevante puede atraer nuestra atención; por ejemplo, unas nubes negras en el cielo cuando nos preparamos para una merienda en el campo. En este sentido, nuestra conducta no tiene por qué ser diferente de un fenómeno natural, puede atraer involuntariamente la atención de nuestros semejantes si creen que van a obtener un beneficio informativo; por ejemplo, un tic en nuestra cara cuando jugamos una partida de cartas probablemente atraerá la atención de nuestro rival. ¿Cuál es la diferencia con la comunicación? En los casos anteriores, el receptor interpreta la realidad sin que haya ningún agente racional que le haga manifiesto que quiere que la interprete. En cambio, cuando nos comunicamos, dejamos claro a nuestra audiencia que *tenemos voluntad* de atraer su atención con el objetivo de que conjeture sobre nuestras intenciones.[14] Esto es a lo que la TR denomina *intención comunicativa*.

Volvamos al diálogo 1. En la respuesta de Pepita, dado que se trata de una conducta verbal, esta intención resulta obvia: "¿para qué se emite un mensaje verbal si no es para comunicar algo?" Sin embargo, no siempre es tan evidente. El ejemplo clásico sería cuando alguien en una reunión está cometiendo una indiscreción y le damos una patada por debajo de la mesa y esa persona se queja del dolor y nos recrimina. Está claro que no ha captado nuestra intención comunicativa. Para que haya comunicación, el emisor necesita transmitir tanto la intención informativa como la comunicativa.

2.3.6 La comunicación ostensivo-inferencial

Sperber y Wilson postulan que la comunicación humana es ostensivo-inferencial. ¿En qué consiste esto? (1) Un comunicador realiza una conducta ostensiva con el fin de atraer la atención de la audiencia: Ramón mira a los ojos a Manolo, ríe y hace un gesto con el dedo índice; podemos estar seguros de que esta conducta va a atraer la atención de Manolo. (2) Al hacerlo, le obliga a preguntarse por las intenciones con las que la ha llevado a cabo, desencadenando un proceso inferencial.

➤ EJERCICIO 2.11

Ramón y Manolo han salido a navegar. Ramón se da cuenta de que se acercan a tierra por la interpretación que hace de dos estímulos distintos:

1. Aparecen gaviotas volando en el cielo.
2. Manolo le señala con el dedo índice la silueta de la costa perfilándose en el horizonte.

    ¿Podrías explicar las diferencias entre ambas fuentes de información y su procesamiento?

2.3.7 Las metarrepresentaciones

Antes dijimos que la comunicación descansa sobre la atribución mutua de intenciones. Para hacer esta atribución, es imprescindible ser capaz de "leer la mente" de los demás. ¿Estamos hablando de poderes paranormales? Nada de eso. Al contrario, estamos hablando de algo que es de lo más normal del mundo. Debemos recordar que en la subsección 2.2.4, usos no cooperativos sobre Pepita monta en cólera con Manolo porque este no se enteró de que ella quería que le regalase el bolso por su aniversario. Ella "leyó la mente" de su marido y calculó qué pistas necesitaba para darse cuenta de lo que ella quería. Sin embargo, él no supo interpretar su conducta. ¿Se debe a que no tiene intención de "escucharla" cuando ella sí tiene intención de "hablarle" (no quiere prestarle atención)? ¿Se debe a que ella no ha sabido "leerle la mente" y calcular qué necesitaba Manolo para comprender sus intenciones? En cualquiera de los casos, es motivo de frustración.

Todo esto depende del concepto de *metarrepresentación*. ¿En qué consiste? Veamos un ejemplo: Manolo necesita dinero para ir al concierto e invitar a Pepita. No lo tiene y decide pedírselo a Ramón. Cuando va a hacerlo, ve que Ramón tiene mala cara. Piensa que está enfadado y resuelve que no es el mejor momento para pedirle nada. Los seres humanos poseemos la habilidad de considerar las conductas de los demás como el efecto de sus pensamientos, sentimientos e intenciones; somos capaces de representar en nuestra mente, a partir de la interpretación de sus conductas, lo que creemos que otros representan en la suya: Manolo percibe el mal gesto de Ramón y lo interpreta como efecto de su mal humor.

Esto significa que somos capaces de representar en nuestro entorno cognitivo hipótesis sobre lo que los demás representan en el suyo. Para que esto sea posible, necesitamos ser conscientes de tres cosas:

1. de nuestros propios actos y de las razones que nos impulsan a los mismos: Manolo es consciente de que pone mala cara cuando está de mal humor;
2. de que los otros son iguales a nosotros y, por lo tanto, son capaces de tener pensamientos, sentimientos e intenciones semejantes a los nuestros: Manolo es consciente de que, igual que él pone mala cara cuando está de mal humor, a Ramón le puede ocurrir lo mismo;
3. de que esos pensamientos, sentimientos e intenciones de los otros pueden no coincidir con los nuestros en el mismo instante: Manolo es consciente de que, aunque él esté ahora de buen humor, Ramón puede estar de malas.[15]

Partiendo de estas tres premisas, para interpretar los actos ajenos, sólo necesitamos pensar qué haríamos nosotros en su lugar. Así pues, Manolo ve el mal gesto de Ramón. Piensa que él pone esa mala cara cuando está de mal humor. Saca sus conclusiones y entiende que, en ese momento, aunque él, Manolo, esté de buenas, a Ramón le ocurre lo contrario.

Ahora demos un golpe de tuerca más al proceso. Al saber que los demás intentan «leer» nuestra conducta, si queremos que piensen en algo, sólo hay que planificar una actuación que les llame la atención y les obligue a preguntarse por qué hacemos esto; una vez que alcancen la respuesta, estarán pensando algo parecido a lo que queríamos que pensaran. Por ejemplo, imaginémonos que Ramón intuye que le va a pedir dinero. Como no quiere dárselo, decide poner mala cara porque sabe que eso va a desanimarlo; a él le desanimaría. ¿Se ha consumado la comunicación? No, falta otro golpe de tuerca.

¿Por qué hacemos guiños a las personas y no, a los árboles? Porque suponemos que las personas van a sentirse intrigadas por nuestra conducta y van a hacerse preguntas sobre la misma y, con un poco de suerte, van a llegar a una hipótesis adecuada sobre nuestras razones y, así, estaremos pensando en algo parecido. ¿Por qué, cuando una persona nos hace un guiño, nos sentimos intrigados y, en cambio, cuando un árbol agita una rama, no lo hacemos? Porque pensamos que el otro ha pensado que nos íbamos a sentir intrigados y, cuando llevó a cabo su conducta, ya tenía en mente que nos íbamos a preguntar por qué y que íbamos a buscar una respuesta; por lo tanto, pensamos que esa conducta ha sido calculada con el objeto de que busquemos y, en consecuencia, si lo hacemos, obtengamos un premio. No sólo sabemos leer la mente de los demás sino que sabemos y esperamos que los demás (i) nos lean la nuestra y piensen (ii) que somos capaces de leerles la suya. Sin embargo, no pensamos que los árboles tengan conductas intencionadas ni que puedan calcular cómo mover nuestra atención y nuestro razonamiento a fin de que averigüemos cuáles serían esas intenciones. La comunicación ostensivo-inferencial se basa en la atribución mutua de la capacidad para «leer la mente» de los demás con el propósito de poder atribuirse mutuamente intenciones: la de querer prestar atención y la de querer comunicarse.

2.3.8 El Principio Comunicativo de Relevancia

Antes de dar el siguiente paso, vamos a hacer un pequeño resumen. Hemos visto que los seres humanos poseemos dos habilidades esenciales para la comunicación. Por un lado, somos capaces de diseñar estímulos que atraigan la atención de nuestros semejantes y les obliguen a indagar sobre la intención informativa con la que fueron calculados ("¿Qué querrán decirnos con ese guiño?"). Por otro lado, hemos visto cómo los seres humanos somos capaces de "leer la mente" de nuestros semejantes y, además, de atribuirles esa misma capacidad a ellos. Para la TR, la comunicación descansa sobre estas habilidades cognitivas: por un lado, los comunicadores confiamos en que nuestras audiencias confíen en nosotros y piensen que, si les molestamos con un estímulo y nos molestamos produciéndolo, es porque les hemos "leído la mente" y hemos calculado que ese estímulo es el mejor posible para darles las pistas que necesitan para que ellos puedan "leer nuestra mente" y averiguar esa intención informativa que nos guía; por otro lado, las audiencias confiamos en que nuestros comunicadores hayan pensado que, si nos molestan con un estímulo y se han molestado produciéndolo, es porque han "leído nuestra mente" y han calculado que ese estímulo es el mejor posible para darnos las pistas que necesitamos para que nosotros podamos "leer su mente" y averiguar la intención informativa que les guía. Esta es la base sobre la que se asienta el *Principio Comunicativo de Relevancia*: "cada estímulo ostensivo trasmite una presunción de su propia relevancia óptima" (Wilson y Sperber 2006, 612).[16] A su vez, la *presunción de relevancia óptima* se define de la siguiente manera:

Un estímulo resulta óptimamente relevante para una audiencia si y sólo si:

1. es lo suficientemente relevante para que le merezca la pena el esfuerzo de su procesamiento; y
2. es el más relevante compatible con las habilidades y preferencias de los interlocutores. (Wilson y Sperber 2006, 612)[17]

Por ejemplo, tanto los gestos de Ramón cuando juega a las cartas como cualquiera de las intervenciones del diálogo 1 son estímulos ostensivo-inferenciales a los que se les presupone una relevancia óptima. En cualquiera de estos casos, los comunicadores saben que su audiencia tiene una orientación cognitiva hacia la rentabilidad informativa (es decir, hacia la relevancia) y que, una vez que perciban una intención comunicativa en los estímulos, estas audiencias van a pensar que, si los comunicadores no tuvieran ninguna intención informativa, no habrían perdido el tiempo con esos actos ni se lo harían perder a ellos. Los receptores parten de la premisa de que los comunicadores parten de esta premisa y por eso se molestan en entender qué será lo que les quieren decir.

Por otro lado, en el diálogo 1, Manolo no va a pensar en lo mismo si Pepita dice que tiene un examen, si dice que tiene un dolor de cabeza, si dice que el álgebra es muy difícil o si dice que es un pelmazo. Pepita lo sabe y sabe que Manolo parte de esa premisa. Al fin y al cabo, Manolo, como audiencia, debe pensar que, si Pepita, su comunicadora, le asegura que el procesamiento del estímulo que emite ("Uff . . . Mañana tengo examen") merece la pena, eso supondrá que se habrá preocupado por darle una forma *compatible con sus habilidades y preferencias*. Esto le asegura que la forma del mensaje es una fuente de pistas que ayuda en su tarea: la manera en la que el comunicador ha construido su mensaje activa en la mente de la audiencia ciertas informaciones y no otras; al hacerlo orienta su interpretación. Así, probablemente Pepita escoge decir: "Uff . . . Mañana tengo examen" en vez de "no puedo ir al concierto" con el fin de que Manolo no dirija su mente tanto hacia el rechazo como a lo ocupada y angustiada que ella está a causa del examen de mañana. La forma del mensaje es como un foco de luz que, al iluminar ciertos aspectos del entorno cognitivo compartido, atraen la atención y el raciocinio del receptor hacia ellos, dejando en la oscuridad al resto.

➤ EJERCICIO 2.12

Al procesar (2 del diálogo 1), Manolo busca averiguar la intención informativa de Pepita y lo hace guiado por la forma del mensaje. Si Pepita hubiera dicho "Uff . . . tengo un dolor de cabeza terrible" o "No voy porque eres un pelmazo",

1. ¿Serían distintas las conclusiones a las que habría llegado Manolo?
2. ¿Cómo?

Antes de terminar esta subsección, vamos a hacer un repaso del proceso de interpretación que Manolo hace de (2) en el diálogo 1. Pepita quiere que Manolo piense en lo que ella piensa: (~2) que no va a ir al concierto porque tiene que estudiar para el examen. Con este fin produce un estímulo: (2 del diálogo 1) "Uff . . . Mañana tengo examen". Como (2 del diálogo 1) es ostensivo, llama la atención de Manolo; como es verbal, Manolo le atribuye una intención comunicativa: si se molesta en enviar un mensaje verbal, algo me querrá decir. Esto significa que Manolo entiende que, mediante (2 del diálogo 1), Pepita ha aclarado dos cosas. ¿Cuáles? Por un lado, ella espera que él le atribuya una intención informativa: "Pepita quiere que yo, Manolo, piense en algo en lo que ella ya está pensando; quiere que yo represente en mi entorno cognitivo algo que ella ya está representado en el suyo". Por otro lado, Manolo debe interpretar (2 del diálogo 1) como una pista de aquello en lo que Pepita ya piensa, como un indicio de su entorno cognitivo; Manolo debe pensar que Pepita quiere que piense que (2 del diálogo 1) es un intento de hacerle pensar en (~2); en consecuencia, confía en que Pepita se haya esmerado en darle una forma que, al ser, dadas las circunstancias, compatible con las habilidades y preferencias de los interlocutores, ayude en su búsqueda de una interpretación relevante y, por lo tanto, confía en que esa forma del mensaje le oriente a la hora de entender lo que Pepita le quiere decir. Cuando el entorno cognitivo de Manolo sea modificado lo suficiente para que esté pensando en ($\sim$2), esto será compartido por él y Pepita, es decir, pasará a formar parte del entorno cognitivo mutuo y la comunicación se habrá consumado. De hecho, según la TR, para que la comunicación se consuma, no hace falta que Manolo represente en su mente exactamente lo que Pepita representa en la suya; es suficiente con que sea algo parecido.

2.3.9 El contexto

A las informaciones que, como audiencia, buscamos con el objetivo de que el mensaje alcance el grado óptimo de relevancia, la TR las denomina *contextos*. ¿Dónde los buscamos? En nuestro *entorno cognitivo* estructurado de acuerdo con los *guiones cognitivos* propios de la situación. En consecuencia, lo que el comunicador aporta al encuentro comunicativo es su mensaje; lo que aporta la audiencia son los contextos que vuelven relevante el mensaje del comunicador; lo que viene dado de antemano antes de la producción/interpretación del mensaje es la definición de la situación en los entornos cognitivos de los interlocutores. La audiencia hace interactuar la información proveniente del mensaje del comunicador con la que aportan los contextos interpretativos que ella ha buscado. El resultado final es lo que la TR denomina *efectos contextuales*.

Volvamos a la intervención (2 del diálogo 1) e interpretémosla siguiendo esta teoría:

1. Al contestar Pepita a Manolo: *Uff . . . Mañana tengo examen*, en el entorno cognitivo de Manolo surgen expectativas de relevancia desencadenadas por la conducta ostensiva de Pepita y la presunción de relevancia óptima que trasmite.

2. 1ª contextualización: Manolo es consciente de que su pregunta, ¿*Te vienes al concierto*?, activa en la mente de Pepita el guión cognitivo propio de un diálogo: en él, tras una pregunta, se espera una respuesta; por lo tanto, piensa que Pepita piensa, antes de enunciar (2), que él *prefiere* una respuesta a su pregunta y que, en consecuencia, diga lo que diga, él lo va a tratar de interpretar como una respuesta a su pregunta puesto que, dentro del juego de interpelación/réplica propio de un diálogo, esta va a ser la interpretación más relevante.

3. 2ª contextualización: Manolo recurre al guión cognitivo que guarda en su enciclopedia mental sobre lo que supone un examen y entiende que requiere un tiempo de preparación.

4. 1er efecto contextual: Manolo interpreta la información de la 2ª contextualización a la luz de la primera: "como debo suponer que Pepita está contestando a mi pregunta, la preparación del examen será al mismo tiempo que el concierto".

5. 2º efecto contextual: Manolo infiere a la luz de (4) que Pepita no podrá ir al concierto.

6. 3ᵉʳ efecto contextual: No lo hará porque se estará preparando para el examen.

Así pues, guiado por los principios de relevancia, Manolo ha contextualizado la conducta ostensiva de Pepita hasta alcanzar un resultado cuyo beneficio informativo haga que merezca la pena el esfuerzo de interpretarla.

➤ EJERCICIO 2.13

Vuelve al ejercicio 2.1 y trata de reproducir los pasos que Manolo ha seguido para interpretar la respuesta de Pepita. Debes utilizar el patrón que acabamos de desarrollar. Obviamente, el número y la naturaleza de las contextualizaciones y los efectos contextuales pueden ser (y probablemente lo sean) distintos a los que acabamos de ver.

2.3.10 El lenguaje verbal

A partir de lo que hemos venido diciendo, podemos deducir que la TR entiende el lenguaje verbal como una forma más elaborada de comunicación ostensivo-inferencial, pero no algo distinto:[18] se trata de una adaptación en su desarrollo evolutivo que va a permitirle:

1. Ser más explícita, es decir,
    1a. dejar más clara la intención comunicativa,
    1b. precisar la intención informativa y
2. almacenar mejor la información.

Como señalan Wilson y Sperber (2006, 614), para observar estas ventajas, solo hay que pensar en la diferencia entre decirle al anfitrión de una fiesta "mi vaso está vacío" frente a señalarle con el dedo tu vaso vacío.

2.3.11 La explicatura

Ahora bien, si el lenguaje verbal es simplemente una forma más poderosa de comunicación ostensivo-inferencial, el proceso de codificación/descodificación verbal resultará sistemáticamente insuficiente y, por lo tanto, deberá ser siempre complementado por la interpretación pragmática.

Veámoslo en un ejemplo. Imaginémonos que, en un diálogo, Pepita le pregunta algo a Ramón y este le dice: "hoy, Juan". A Pepita, por distintas razones, le falta información con la que pueda interpretar la respuesta de Ramón; debe *contextualizarla* mediante inferencias pragmáticas, con informaciones que puede tomar de su enciclopedia mental, de otras partes del texto o de la conversación, del entorno físico, etc. Veamos el diálogo completo a fin de saber cómo contextualiza Pepita la respuesta de Ramón (a partir de ahora diálogo 2):

1. Pepita: ¿Quién viene?
2. Ramón: Hoy, Juan.

Por un lado, el mensaje de Ramón no le dice a Pepita qué va a hacer "Juan". Para saberlo, debe recurrir al verbo que está en su propia pregunta: "viene". Por otro lado, en el mundo hay muchos "Juanes". ¿Cuál viene? Pepita deberá recurrir a la información que tiene en su propia memoria para identificar, entre los muchos que hay en el mundo, al que viene hoy. Además, ¿a qué periodo de tiempo se refiere "hoy"? Solo puede identificar el tiempo al que se refiere este adverbio sabiendo el día en el que dialogan y ni aun así, pues hay veces que "hoy" no es un sinónimo de "el día en el que hablo"; por ejemplo, "hoy la economía está fatal".

Así pues, la audiencia recibe, con el mensaje, una información que es incompleta. La TR la denomina *forma lógica*. Para poder interpretarla, debe construir una *proposición*. ¿Qué es una proposición? Un enunciado en el que se afirma o se niega algo (un argumento) de algo (un sujeto). Por lo tanto, podemos decir si esta proposición es verdadera o falsa. Si Ramón dice: "Juan viene", está afirmando un argumento, "viene", de un sujeto, "Juan", y podemos decidir si es verdadera o falsa. El problema de (2 del diálogo 2) es que, en sí, no nos da suficiente información para que lo consideremos una proposición verificable. La tarea de Pepita es contextualizar (2 del diálogo 2) para convertirlo en una proposición. El resultado es una *explicatura*, concepto que Robyn Carston (2002, 377) define como una asunción comunicada ostensivamente que es desarrollada inferencialmente a partir de la representación conceptual incompleta codificada en el mensaje.

Volvamos a la intervención (2 del diálogo 1). ¿Qué entiende Pepita por "mañana" en esta *situación*? Algo muy distinto a lo que entiende Ramón cuando, preocupado por el cambio climático, exclama: "Mañana será demasiado tarde. Hay que actuar hoy". En este mensaje de Ramón, la referencia temporal de los adverbios "mañana" y "hoy" es muy distinta a la referencia en la que está pensado Pepita en (2 del diálogo 1) o a lo que piensa Ramón en (2 del diálogo 2). Por otro lado, habrá que precisar también la temporalidad del verbo. ¿Por qué dice "tengo" y no "tendré"? Además, Manolo necesita saber que, cuando Pepita emite "examen", no se refiere a un "examen de orina", sino a una prueba a través de la cual se va a comprobar si ha alcanzado unos objetivos académicos y que, por lo tanto, exige un tiempo de preparación que va a coincidir con el del concierto. Pues bien, ninguna de estas informaciones se encuentra en la forma lógica del mensaje de Pepita (2 del diálogo 1). Son inferencias que Manolo realiza, guiado por los principios de relevancia, para construir una proposición verificable, la *explicatura* de (2 del diálogo 1); es un paso imprescindible para comprender cualquier mensaje y construir una representación apropiada de una experiencia de la realidad.

Resumiendo, la decodificación del mensaje verbal produce de forma automática una *forma lógica* que es un armazón conceptual, un esquema necesario pero insuficiente para su interpretación. Debe, por lo tanto contextualizarse mediante inferencias pragmáticas cuyo resultado son proposiciones verificables que reciben el nombre de explicaturas. En consecuencia, en la TR, a la interpretación pragmática le corresponde un mayor peso que en otras teorías sobre la comunicación verbal; este terreno lo pierde la decodificación semántica[19].

► EJERCICIO 2.14

Imagina que Pepita llega al piso que comparte con Manolo y encuentra al gato maullando atrozmente. Entonces le pregunta a Manolo: ¿Le has abierto sólo una lata?

2.14.a   ¿Cuál es el referente de "le"?

2.14.b   ¿Significa lo mismo el verbo "abrir" en esta pregunta que en la afirmación "abro una puerta" o en la orden "abre la mente"?

2.14.c   ¿Pepita quiere saber si le ha abierto la lata o si le ha puesto al gato la comida que contiene en un sitio donde pueda alcanzarla?

2.14.d   Si Manolo le dijese que sí, que en el último año le ha abierto tres latas, ¿Pepita se daría por satisfecha?

► EJERCICIO 2.15

Construye la explicatura de las siguientes frases.

2.15.a   Le compra flores. (María tiene una floristería)

2.15.b   Ramón está hecho un hacha.

2.15.c   Hoy comimos una langosta que estaba para chuparse los dedos encima de un mantel rojo.

2.3.12 La implicatura

Una vez alcanzada la explicatura, Manolo piensa que las palabras de Pepita se refieren a una experiencia de la realidad que sería algo así: "en las veinticuatro horas siguientes a los límites temporales del día de calendario en el que estamos hablando, Pepita, que comparte piso conmigo y con Ramón, tendrá que demostrar en una prueba que ha alcanzado los objetivos intelectuales necesarios para superar la asignatura X en la que se encuentra matriculada". Ahora Manolo ya puede decidir si esto es verdadero o falso, pero sigue sin saber la respuesta a su invitación y siente que, dadas las circunstancias, contentarse con la explicatura no es la más relevante de las interpretaciones y, dado que Pepita se ha molestado en cifrar un mensaje óptimamente relevante y dado que está pidiendo que él se tome la molestia de interpretarlo, no puede conformarse con menos que con una interpretación que, siguiendo las pistas que se dan en el mensaje, sea, dadas las circunstancias, óptimamente relevante.

Revisemos el proceso de interpretación que vimos en la subsección 2.3.9. En el paso (3), los contenidos que constituyen la explicatura del mensaje de Pepita orientan el sistema cognitivo de Manolo hacia una parte de la información que guarda en su enciclopedia mental sobre lo que implica preparar un examen. A la luz de esta información, contextualiza la explicatura y deduce proposiciones que no se explicitaron en el mensaje de Pepita. Son los efectos contextuales que aparecen en los pasos (4), (5) y (6) y que la TR denomina *implicaturas*.

Así, Manolo llega a la conclusión de que la afirmación de Pepita de que mañana tiene un examen es una negativa a su invitación de ir juntos al concierto. Se trata de una asunción que Manolo cree implícita en la respuesta de Pepita y de cuya verdad depende que esta sea óptimamente relevante y que considera como representativa de la verdadera intención informativa de Pepita.[20]

2.3.13 ¿Cuál es la diferencia entre explicaturas e implicaturas?

Las explicaturas y las implicaturas actúan en ámbitos independientes. En la explicatura, la entrada del sistema cognitivo es la forma lógica del mensaje verbal del comunicador de lo literal; la audiencia, guiada por los principios de relevancia, la enriquece y desarrolla. Sin embargo, en la implicatura, el punto de partida es la explicatura y la audiencia, guiada por los principios de relevancia, infiere nuevos supuestos implícitos en el enunciado. En el primer caso, las inferencias pragmáticas actúan dentro del ámbito de *lo dicho*; en el segundo, de *lo que se da a entender*. En el primer caso, intervienen dos procesos de interpretación, la decodificación y las inferencias pragmáticas; en el segundo, solo estas últimas.[21]

¿Cómo podemos distinguirlas? La TR entiende que, si el resultado de una inferencia pragmática cae bajo el ámbito de operadores modales tales como la negación y el condicional, será parte de la explicatura (Carston 2002, 191). Veamos estos mensajes:[22]

1. El viejo rey ha muerto de un ataque al corazón y una república ha sido declarada.
2. Una república ha sido declarada y el viejo rey ha muerto de un ataque al corazón.

¿Qué fue primero: la proclamación de la república o la muerte del rey? Cada uno de estos enunciados nos indica un orden temporal y causal distinto. Sin embargo, no parece que la conjunción "y" lo transmita. De hecho, no lo hace en la siguiente frase:

3. Manolo mira sus cartas y Ramón mira las suyas.

Parece que la audiencia de (1) y (2) completa inferencialmente la forma lógica de la conjunción "y" con ese contenido de orden temporal y causal. La cuestión es si este resultado es parte de la explicatura o de la implicatura. Para responder a esta pregunta, se coloca a estos enunciados dentro del ámbito de un operador modal, por ejemplo, el *si* condicional:

1. Si el viejo rey ha muerto de un ataque al corazón y una república ha sido declarada, entonces Ramón se alegrará.
2. Si una república ha sido declarada y el viejo rey ha muerto de un ataque al corazón, entonces Ramón se alegrará.

Ramón puede sentirse muy a gusto con uno de estos órdenes y a disgusto con el otro. Imaginémonos que Ramón no es un republicano, sino que, simplemente, ante la muerte sin descendencia del viejo rey, considera que la menos mala de las salidas es la implantación de una república. En este caso, (1) es verdadera y (2) falsa. Parece, entonces, que, a la hora de saber cuál de las dos oraciones es verdadera y cuál es falsa, hay que tener en cuenta la idea de orden temporal-causal inferida por la audiencia; en consecuencia, este forma parte del contenido proposicional: para poder verificarlo e interpretarlo, el receptor complementa la forma lógica del mensaje mediante una inferencia pragmática; en consecuencia, la inferencia sobre el orden temporal-causal es parte de la explicatura. Veamos otro ejemplo (a partir de ahora diálogo 3):

1. Pepita: *¿Sale Ramón con alguna novia estos días?*
2. Manolo: *Viaja al pueblo de sus padres cada fin de semana.*
3. No viaja al pueblo de sus padres cada fin de semana.
4. Si viaja al pueblo de sus padres cada fin de semana, debe pasar mucho tiempo viajando.

A partir de la respuesta de Manolo (2), Pepita puede inferir que Ramón tiene una novia que vive en el pueblo de sus padres (~2). Sin embargo, para saber si (3) es verdadera o falsa, no importa si Ramón tiene una novia en el pueblo de sus padres o no. Tampoco en (4), la verdad de la consecuencia, que Ramón pase mucho tiempo viajando, depende de que tenga una novia en el pueblo de sus padres, sino de la distancia que recorre cada vez que va allí. En consecuencia, (~2) es una implicatura.

¿Y qué pasa con (2) en el diálogo 1? Habíamos visto cómo Manolo completa su forma lógica con distintos contenidos inferidos para que la respuesta de Pepita le resulte relevante. Uno de esos resultados inferenciales era que Manolo precisaba a qué periodo temporal se refería "mañana"; otro era que interpretaba (2 del diálogo 1) como un rechazo de su invitación al concierto. Incluyamos (2 del diálogo 1) en el ámbito de dos operadores modales y veamos qué pasa:

1. Pepita no tiene examen mañana.
2. Si Pepita tiene examen mañana, tiene mucho que estudiar esta noche.

Para saber si son verdaderos tanto (1) como (2), es crucial saber que "mañana" se refiere al día posterior en el calendario al día en el que se habla y no a un vago futuro. En consecuencia, la inferencia de esta información es una explicatura. Sin embargo, ni (1) ni (2) dejan de ser verdad por el hecho de que Pepita rechace la invitación de Manolo. Por lo tanto, la inferencia de esta información es una implicatura.

➤ EJERCICIO 2.16

Veamos el siguiente diálogo:
Ramón: ¿Qué tal vas con la tesis doctoral?
Manolo: En un par de horas voy a invitar a Pepita a ir al concierto.
A partir de la respuesta de Manolo, Ramón infiere las siguientes informaciones.
1. La persona que habla (Manolo) es la misma que la persona a la que se refiere la forma verbal "voy".
2. La "Pepita" del mensaje de Manolo es la misma Pepita que comparte apartamento con Manolo y conmigo.
3. El concierto del que habla Manolo es el concierto x del grupo y que le gusta mucho a Pepita.
4. A Manolo le va mal con la tesis.

¿Cuáles son explicaturas y cuáles, implicaturas?

➤ EJERCICIO 2.17

Veamos los siguientes diálogos:
Juan: ¿Sabes si Manolo está enamorado de Pepita?
Ramón: Le compra flores en la floristería de María.
Juan: ¿Crees que Ramón es inteligente?
Pepita: Está hecho un hacha.
Juan: ¿Te influye mucho el color del mantel a la hora de disfrutar de la comida?
Manolo: Hoy comimos una langosta que estaba para chuparse los dedos encima de un mantel rojo.

¿Qué implicaturas debe inferir Juan para que las respuestas de sus interlocutores resulten relevantes?

2.3.14 Tipos de implicatura

Las implicaturas son procesos inferenciales en los que, a partir de la explicatura, la audiencia llega a una conclusión de acuerdo con una premisa. La conclusión es lo que la audiencia entiende que el comunicador quiso decir; las premisas son aportaciones informativas que la audiencia lleva a cabo para poder llegar a las conclusiones. Veamos un ejemplo:[23]

1. Vendedor: ¿Está interesado en un Rolls Royce?
2. Juan: No me gustan los coches caros.

Cuando el vendedor interpreta (2), entiende que, dado que (i) el Rolls Royce es un coche caro, (ii) Juan no va a estar interesado en él. (ii) es la conclusión que el vendedor deduce para que la respuesta de Juan sea óptimamente relevante. (i) es la premisa implicada y necesaria para llegar a (ii). En el proceso interpretativo que detallamos en la sección 2.3.9, (4) es una premisa; en cambio, (5) y (6) son conclusiones.

> ➤ EJERCICIO 2.18

Piensa en un diálogo parecido al del último ejemplo y distingue entre implicaturas que sean premisas e implicaturas que sean conclusiones.

Obras citadas

Carston, Robyn. "Implicature, explicature and truth-theoric semantics". En *Mental Represen-tation: The Interface between Language and Reality*, editado por R. Kempson. Cambridge: Cambridge University Press, 1988.

————. *Utterances and Thoughts: A Pragmatics of Explicit Communication*. Malden, MA: Blackwell Publishing, 2002.

Cheney, Dorothy L., y Robert M. Seyfarth. *Baboon Metaphysics: The Evolution of a Social Mind*. Chicago: University of Chicago Press, 2007.

Escandell Vidal, María Victoria. *Introducción a la Pragmática*. Barcelona: Ariel, 1996.

————. *La Comunicación*. Madrid: Gredos, 2005.

Grice, Paul. *Studies in the Ways of Words*. Cambridge, MA: Harvard University Press, 1989.

Horn, Laurence. "Implicatures". En *The Handbook of Pragmatics*, editado por Laurence R. Horn y Gregory Ward. Malden, MA: Blackwell Publishing, 2006.

Huang, Yan. *Pragmatics*. New York: Oxford University Press, 2007.

Levinson, Stephen C. *Pragmática.* Barcelona: Teide, 1989.

Núñez Ramos, Rafael, y Enrique del Teso Martín. *Semántica y Pragmática del Texto Común.* Madrid: Cátedra, 1996.

Pons Bordería, Salvador. *Conceptos y Aplicaciones de la Teoría de la Relevancia.* Madrid: Arco/ Libros, 2004.

Schank, Roger C., y Robert P. Abelson. *Scripts, Plans, Goals, and Understanding: An Inquiry into Human Knowledge Structures.* Hillsdale, NJ: Erlbaum, 1977.

Scollon, Ron, y Suzie Wong Scollon. *Intercultural Communication: A Discourse Approach.* Oxford: Blackwell, 1995.

Sperber, Dan, y Deirdre Wilson. *Relevance: Communication and Cognition.* London: Blackwell, 1986.

Teso Martín, Enrique del. *Contexto, Situación e Indeterminación.* Oviedo: Universidad de Oviedo, 1998.

Yus Ramos, Francisco. *Cooperación y Relevancia. Dos Aproximaciones Pragmáticas a la Interpretación.* Alicante: Universidad de Alicante, 1997.

Wilson, Deirdre, y Dan Sperber. "Relevance theory". En *The Handbook of Pragmatics*, editado por Laurence R. Horn y Gregory Ward. Malden, MA: Blackwell Publishing, 2006.

Notas

1. Cfr. Escandell Vidal (1996, 114).

2. Grice utiliza la expresión *lo que se dice* ("what is said") para referirse al contenido proposicional de una expresión que está sujeto a condiciones de verdad. Para una definición de proposición, véase la subsección 2.3.11.

3. Se ha recurrido a la traducción que aparece en Levinson (1989, 93).

4. Ejemplo tomado de Núñez y Teso (1996, 83).

5. Cfr. Horn (2006, 24–25).

6. Cfr. Levinson (1989, 94).

7. Cfr. Escandell Vidal (2005, 37–39).

8. Para más información sobre el concepto de entrañamiento o implicación lógica, consúltese el capítulo 1.

9. Cfr. Scollon y Scollon (1995).

10. Cfr. Yus Ramos (1997) y Huang (2007, 201–205).

11. Traducción nuestra.

12. Traducción nuestra.

13. Traducción nuestra.

14. Cfr. Wilson y Sperber (2006, 614).

15. Por ejemplo, parece que la evolución no ha dotado a los babuinos de esta habilidad. De este modo, en muchas ocasiones, las madres, a pesar de que sus crías estén perdidas, emitiendo desesperadas llamadas, no salen del grupo a buscarlas. Aunque oyen sus gritos, dado que ellas están en calma no pueden pensar que sus hijos sientan otra cosa, en este caso angustia (Cheney y Seyfarth 2007, 159–165).

16. Traducción nuestra.

17. Traducción nuestra.

18. Cfr. Carston (2002, 30).

19. Cfr. Pons Bordería (2004, 47–49).
20. Cfr. Sperber y Wilson (1986, 194) y Teso (1998, 78).
11. Cfr. Carston (1988) y Carston (2002).
22. Ejemplos tomados de Carston (2002, 192).
23. Tomado de Yan Huang (2007, 195).

PARTE II

MÉTODOS DE ANÁLISIS

3

ACTOS DE HABLA

CÉSAR FÉLIX-BRASDEFER

Reflexiones preliminares

El lenguaje no siempre tiene fines referenciales; por eso, observó el filósofo inglés John Austin, se pueden usar las palabras también para cambiar el mundo.

Reflexiona sobre esa idea. Lee los enunciados que siguen y contesta las preguntas: (a) Los declaro marido y mujer, y (b) Hoy hace un día lindo.

1. ¿Qué diferencia hay en las funciones de estos enunciados? ¿Por qué?

2. ¿Para qué se cumplan las funciones de cada uno de ellos, se necesita algún tipo de contexto?

3.1 INTRODUCCIÓN

Durante mucho tiempo se pensaba en el lenguaje como un instrumento de comunicación y además, que los enunciados podían considerarse verdaderos o falsos. Como después demostraron John Austin y John Searle, el lenguaje realmente abarca mucho más. En este capítulo se presentan las contribuciones centrales de la teoría de los actos de habla que explica cómo usamos el lenguaje en la comunicación para realizar acciones con las palabras. El término *acto de habla* se entiende como una acción comunicativa tal como saludar a un amigo, concluir un argumento, disculparse, rechazar una invitación, quejarse o despedir a alguien. Aunque las ideas iniciales de los actos de habla se propagaron con los filósofos del lenguaje en los años 1950 y 1960 (ej., Austin, Searle, Grice), hoy en día este tema es de gran interés para los lingüistas en el campo de la pragmática. Sabemos, por los capítulos anteriores, que la pragmática estudia "el significado [contextual] comunicado por el hablante (o escritor) e interpretado por un oyente (o lector)" (Yule 1996, 3). Ahora, estos actos de habla se analizan en torno a dos tipos de significado: un significado convencional que expresamos literalmente en las palabras al formar enunciados (significado proposicional o referencial), o bien, por acuerdo institucional entre los hablantes de una sociedad, y un significado no convencional comunicado por el hablante e inferido por el oyente en situaciones específicas.

Este capítulo se organiza en siete secciones que explican los conceptos relevantes de la teoría de los actos de habla con algunas modificaciones en la terminología y conceptualización de la teoría. Por eso, primero se presenta la distinción introducida por Austin entre los enunciados constatativos y los realizativos (3.2), seguido de una descripción de los indicadores de la fuerza ilocutiva (3.3). Luego se discute la dimensión tripartita de los actos de habla (3.4) y se describen sus condiciones de felicidad (3.5). Por último, se muestra la clasificación general de los actos de habla revisada por Searle (3.6) y los actos de habla indirectos (3.7). Se finaliza este capítulo con las conclusiones e implicaciones pedagógicas con respecto a los actos de habla para desarrollar la competencia comunicativa en una segunda lengua (3.8).

3.2 LOS ENUNCIADOS CONSTATATIVOS Y LOS REALIZATIVOS

La idea fundamental de los actos de habla presentada por Austin (1962 [1955]) se centra en el hecho de que usamos el lenguaje en la comunicación no sólo para describir o reportar las cosas del mundo, sino también para realizar acciones comunicativas y transformar el mundo. Para esto Austin distinguió entre los enunciados constatativos (del verbo *constatar*, i.e., comprobar hechos o establecer su veracidad) y los realizativos (o performativos). Los enunciados constatativos se usan para crear aserciones o afirmaciones y se describen en términos de sus valores de verdad o falsedad. En cambio, los enunciados realizativos se emplean para hacer cosas o realizar acciones con las palabras. Veamos los siguientes ejemplos:

► EJEMPLO 3.1

Llueve a cántaros.

► EJEMPLO 3.2

Pedro está leyendo su correo electrónico en clase.

► EJEMPLO 3.3

Los declaro marido y mujer. (Enunciado por un sacerdote o un juez en un matrimonio)

► EJEMPLO 3.4

Presidente Obama: (martes, 20 de enero, 2009)

"I, Barack Hussein Obama, do solemnly swear that I will execute the office of the President to the United States faithfully." 'Yo, Barack Hussein Obama, juro solemnemente que desempeñaré fielmente el puesto de Presidente de los Estados Unidos.' (Juramento enunciado con la mano derecha levantada.

Los ejemplos (3.1–3.2) describen o reportan información del mundo, es decir, eventos del tiempo (3.1) y sobre la actividad del estudiante en clase (3.2). Según su significado proposicional (o literal), los enunciados constatativos se pueden calificar como verdaderos o falsos. En cambio, al emitir los enunciados (3.3–3.4) bajo las circunstancias apropiadas y con las personas autorizadas para el efecto, el hablante no describe ni reporta ningún evento; más bien, realiza una acción que transforma la vida del oyente o del hablante: al emitir el enunciado en el ejemplo (3.3) se cambia la vida de las personas (ahora casados) y al momento de pronunciar el enunciado en (3.4) se transforma la vida del hablante con el poder que le otorga la constitución de los Estados Unidos (en el caso de Barack Obama, de ser senador pasó a ser el Presidente de los Estados Unidos).

A diferencia de los ejemplos constatativos (3.1–3.2) que pueden ser verdaderos o falsos, los enunciados realizativos son afortunados o desafortunados. Por ejemplo, el caso del juramento en (3.4) es un enunciado afortunado o *feliz* porque se realizó bajo las siguientes condiciones: se emitió bajo las circunstancias apropiadas, es decir al haber ganado las elecciones y en el lugar donde tenía que juramentar, con las personas apropiadas (el juramento fue administrado por el jefe de la Corte Suprema de Justicia, John Roberts), con la intención sincera del hablante de realizar la acción (el juramento) y con las palabras correctas y completas que describen el enunciado realizativo. En cambio, si yo expreso el enunciado en (3.3) con dos de mis estudiantes en mi clase de lingüística en la Universidad de Indiana, el enunciado será desafortunado o *infeliz* pues no cumple con las condiciones de felicidad que satisfacen al enunciado: el ser profesor universitario no me otorga la autoridad de casar a dos de mis estudiantes en un salón de clase. Esto muestra que la realización de actos de habla en la comunicación (como en los ejemplos 3.3 y 3.4) depende de un procedimiento convencional que regula el uso del lenguaje: la institución religiosa o civil del ejemplo en (3.3) y la inauguración oficial del Presidente de los Estados Unidos en (3.4).

En general, aunque los ejemplos (3.1) y (3.2) en principio reportan o describen eventos del mundo, también se consideran actos de habla por el hecho de expresar afirmaciones. Por lo tanto, la distinción inicialmente propuesta por Austin (constatativo-realizativo) se revisa a la luz de la fuerza comunicativa o ilocutiva que poseen los enunciados emitidos bajo las circunstancias apropiadas, como se explica en la siguiente sección.

➤ EJERCICIO 3.1

Explique si los siguientes enunciados son constatativos o realizativos y justifique su respuesta.

1. Discúlpeme por haber llegado tarde a la clase. (Un estudiante a su profesor)
2. Juan le pidió disculpas a su profesor por haber llegado tarde a clase.
3. La Secretaria del Estado de los Estados Unidos es Hillary Clinton.
4. Favor de abrocharse el cinturón de seguridad. (Dicho por una azafata en el avión)
5. La clase de lingüística ha terminado. (Dicho por el profesor de la clase)
6. La pragmática estudia el uso del lenguaje en contexto.

3.3 INDICADORES DE FUERZA ILOCUTIVA

Un mismo enunciado puede tener distinta fuerza ilocutiva. La fuerza ilocutiva de un enunciado se refiere a la fuerza comunicativa que expresa intencionalmente un hablante bajo las circunstancias apropiadas y entre las personas apropiadas. Por ejemplo, un enunciado puede servir como una afirmación o utilizarse como pregunta. Los indicadores de fuerza ilocutiva se manifiestan de distintas maneras y pueden incluir los verbos realizativos (ejercicio, 3.1, números 1 [disculpar] y 2 [pedir]), el orden de palabras, el acento de intensidad (ejercicio, *prefiero que lo hagas TÚ y no ELLA*), la entonación ascendente (↑) o descendente (↓), o bien, mediante una señal no verbal para llevar a cabo una acción (ejercicio, la mirada o un movimiento corporal). Los enunciados realizativos (también llamados por Austin *realizativos explícitos*) generalmente se emiten con verbos que nombran explícitamente la acción que realizan (ejercicro, *prometer, agradecer, bautizar*). Veamos los siguientes ejemplos:

➤ EJEMPLO 3.5

3.5.a Le pido que me cambie este billete de $100 dólares.
3.5.b Cámbieme este billete de $100 dólares.
3.5.c ¿Me puede cambiar este billete de $100 dólares?
3.5.d Por favor↑ (mostrando un billete de a $100 dólares en la mano).

En los ejemplos de arriba, el significado proposicional es igual en todos los enunciados: el hablante hace referencia a cambiar un billete de $100 dólares. Sin embargo, la fuerza ilocutiva del enunciado es distinta en cada ejemplo. En (3.5.a) el verbo realizativo *pedir*, o realizativo explícito, nombra explícitamente la intención del hablante, una petición. El verbo imperativo en (3.5.b), a veces llamado *realizativo implícito*, puede interpretarse de distintas maneras: una orden (ej., le ordeno que . . .), una súplica (ej., le ruego que . . .) o una petición directa. En estos casos, es el contexto el que determina la fuerza comunicativa expresada. La pregunta interrogativa en (3.5.c) (con orden de palabras común de un enunciado interrogativo absoluto) no se responde con una respuesta afirmativa o negativa (ej., *sí, puedo*), sino con una acción de realizar el cambio; y, en (3.5.d) un hombre mexicano que entró en una tienda emite la forma *por favor* acompañada de una entonación ascendente (↑) y con el billete en la mano para expresar una petición.

Con respecto al enunciado realizativo implícito en (3.5.b), el análisis de este tipo de enunciados se interpreta a partir de la hipótesis realizativa desarrollada y debatida en los años 1970. De acuerdo a esta hipótesis, para cada enunciado existe una estructura subyacente (o estructura profunda) que hace explícita la fuerza ilocutiva del enunciado y lo convierte en un realizativo explícito. Esta estructura tiene la siguiente forma en español: *(Yo)* Vr *que* E (Vr = verbo realizativo; E = enunciado). Según esta estructura, el verbo realizativo (Vr) se expresa en la primera persona del singular (*yo*), en presente del indicativo y seguido de un enunciado que describe la acción, como en el ejemplo (3.5.a). Por lo tanto, según esta hipótesis el enunciado del ejemplo (3.5.b) (realizativo implícito) se puede expresar como un realizativo explícito (ej., *(Yo) le* [V$_r$] *pido /ordeno/ruego que* [E] *me cambie este billete de $100 dólares*). Sin embargo, como es bien sabido, hay algunos problemas con esta hipótesis (Huang 2007; Levinson 1983), ya que no existen verbos realizativos para hacer explícita la fuerza ilocutiva de todos los enunciados. Por ejemplo, no existe un verbo realizativo explícito para insultar a una persona (ej., *yo te insulto!*). Además, es importante notar que los enunciados realizativos no siempre se emiten en la primera persona del singular en el presente del indicativo (ej., *[yo] le pido que, [yo] ordeno que, [yo] prometo*), sino que también se puede utilizar la forma del plural (ej., *los miembros del comité ejecutivo lo despiden de la compañía*) o mediante expresiones impersonales para realizar la acción (ej., *se les informa a los pasajeros que el vuelo 352 se ha cancelado*).

En general, frente al fracaso de la distinción de los enunciados constatativos-realizativos y el abandono de la hipótesis realizativa, lo importante es identificar el *elemento indicador de la fuerza ilocutiva* de un enunciado ('Illocutionary Force Indicating Device') que se satisface bajo las siguientes *condiciones de felicidad* ('felicity conditions') (Austin 1962, 14–15): las circunstancias apropiadas, las personas apropiadas, un procedimiento convencional con un efecto convencional, las palabras apropiadas y la sinceridad del hablante al emitir un enunciado. Estas condiciones de felicidad fueron las que inspiraron a Searle para desarrollar la teoría de los actos de habla (véase sección 3.5).

> EJERCICIO 3.2

Además de los enunciados realizativos en la primera persona del singular presente (ej., *[yo] los declaro marido y mujer; [yo] te bautizo*), identifique un ejemplo de un enunciado realizativo en plural y otro en construcciones pasivas o impersonales. Mencione ejemplos tomados de medios de comunicación. Para cada enunciado identifique el indicador de la fuerza ilocutiva y ofrezca una descripción general de las circunstancias y las personas apropiadas donde ocurre el enunciado.

3.4 DIMENSIÓN TRIPARTITA DEL ACTO DE HABLA

Inspirado en las ideas preliminares presentadas en Austin (1962), Searle (1969) desarrolló la teoría de los actos de habla. Según Searle, al hablar una lengua realizamos acciones de acuerdo a ciertas reglas y convenciones pre-establecidas en el mundo. Estas acciones comunicativas incluyen una variedad de actos de habla que producimos y negociamos en la comunicación como *afirmar, informar, concluir algo, hacer preguntas, prometer, disculparse, quejarse* o *despedir a alguien*. Para Austin la realización de un acto de habla comprende tres actos: el *locutivo*, el *ilocutivo* y el *perlocutivo*. Veamos los siguientes actos de habla tomados de la vida real:

> EJEMPLO 3.6

Correo electrónico de una estudiante (USA) aprendiz de español a su profesor:
¿Puede usted escribir una recomendación para mí?

> EJEMPLO 3.7

Ejemplo que ocurrió en la cocina de un matrimonio:
Esposa: 1 No puedo abrir el termo para poner tu café.
Esposo: 2 Dámelo. Yo lo abro.

> EJEMPLO 3.8

Conversación en la oficina de un profesor con su estudiante de español:
Profesor: A estas alturas del semestre necesitas sacar 95% en el examen final para poder pasar el curso con una C- (70%).

El acto locutivo consiste en la emisión literal de los fonemas y las palabras que componen la oración e indican la referencia del significado proposicional; tal es el caso de la pregunta interrogativa indirecta en (3.6), la aserción negada en (3.7, línea 1) o la afirmación en (3.8). En cambio, el acto ilocutivo se refiere a la fuerza comunicativa (o fuerza ilocutiva) que expresa el enunciado bajo las circunstancias apropiadas. La pregunta del ejemplo (3.6) (acto locutivo) se enuncia como una petición indirecta convencional (fuerza ilocutiva) en la que una de mis estudiantes de español me pidió que le escribiera una carta de recomendación. Es decir, al realizar este enunciado se realiza una acción (la petición) la cual se interpreta así por el interlocutor. En (3.7), (línea 1), la fuerza locutiva es la de una aserción negada, mientras que la fuerza ilocutiva es una petición indirecta no-convencional, es decir, una insinuación de la esposa que le pide a su esposo indirectamente que le abra el termo para poner el café. Debe notarse que bajo las circunstancias apropiadas este enunciado (3.7, línea 1) no se produce como una afirmación de transmitir información por parte de la esposa, sino como una petición indirecta para abrir el termo del café. Y en (3.8) la intención del profesor es informar (fuerza ilocutiva) al estudiante sobre la calificación mínima que necesita sacar para terminar el curso con una nota de C- (70%). Por último, el acto perlocutivo hace referencia al efecto que la fuerza comunicativa del enunciado crea en el interlocutor ('what we bring about or achieve by saying something', Austin 1962, 109). Considerando los ejemplos anteriores, el efecto perlocutivo de la petición de mi estudiante (3.6) causó que yo aceptara escribir la carta. En (3.7), el acto perlocutivo se refleja en la respuesta colaborativa del interlocutor ('uptake') al ofrecerse a abrir el termo (línea 2). En (3.8) el efecto perlocutivo probablemente se interpretó por el estudiante como una advertencia, lo cual causó que el estudiante dejara la clase antes de la fecha oficial y así evitar una nota baja al final del curso.

Debe notarse que el concepto de acto de habla comúnmente se interpreta a partir de la dimensión del acto ilocutivo (Yule 1996). El acto ilocutivo es un acto convencional e intencional por parte del hablante, mientras que el perlocutivo es no-convencional y depende de las circunstancias y la situación donde ocurre la acción comunicativa. Así, mientras las preguntas pueden servir convencionalmente para realizar pedidos, pues se utilizan y se entienden normalmente con esa función—como en los casos anteriormente mencionados—los efectos perlocutivos suelen variar. En el caso de (3.8), el estudiante dejó la clase, pero también hubiese podido quedarse y estudiar más si hubiese querido, pues no hay ninguna respuesta que deba seguirse. Es importante señalar que mientras el acto ilocutivo es un elemento central para la ejecución de un acto de habla, el acto perlocutivo no representa siempre un elemento obligatorio para la realización del acto. Tal es el caso de las promesas en que el hablante realiza una acción futura (la de prometer) y no crea necesariamente efectos perlocutivos en el interlocutor.

En la siguiente sección se describen las reglas que regulan la realización de los actos de habla, las condiciones de felicidad, seguido de la clasificación general de los actos de habla propuesta por Searle (1976).

3.5 CONDICIONES DE FELICIDAD DE LOS ACTOS DE HABLA

Como se ha mencionado los actos de habla pueden o no ser exitosos. La idea central de las condiciones de felicidad de los actos de habla es que hay reglas convencionales que regulan el uso del lenguaje, de la misma manera que hay reglas convencionales que constituyen el comportamiento de ciertos juegos, ceremonias (ej., un matrimonio, un bautizo, una graduación, y otras actividades sociales para que estas se puedan cumplir exitosamente). Pensemos en las reglas que componen el juego del ajedrez: por ejemplo, el peón sólo puede moverse en uno o dos cuadros hacia adelante la primera vez y uno en la jugada siguiente, la torre se mueve horizontal y verticalmente y el marfil sólo puede avanzar diagonalmente. Estas son algunas de las reglas constitutivas que componen las reglas oficiales del ajedrez, y no se pueden modificar ya que representan el uso convencional de este juego. De forma análoga, según Searle las acciones que realizamos en la comunicación se componen de reglas constitutivas, o en palabras de Searle, hablar una lengua es *participar en un comportamiento que está regulado por reglas* (1969, 16). Las condiciones de felicidad originalmente propuestas por Austin (véase el final de la sección 3.3. se desarrollaron y refinaron por Searle para describir todos los tipos de actos de habla, no sólo los realizativos).

Según Searle, las condiciones de felicidad de los actos de habla incluyen cuatro categorías: 1) el contenido proposicional se refiere al significado literal del enunciado, es decir, su función referencial; 2) las condiciones preparatorias aluden a los requisitos necesarios previos a la ejecución del acto de habla; 3) la condición de sinceridad se satisface si el acto de habla se lleva a cabo sinceramente por parte del hablante; y, 4) la condición esencial es la que precisa la realización del acto de habla mediante las expresiones utilizadas que determinan la intención del hablante: es decir, con las palabras empleadas el enunciado cuenta como tal (ej., una petición, una disculpa). En general, el contenido proposicional de un enunciado se centra en el contenido textual, las condiciones preparatorias en las circunstancias y en el conocimiento de fondo que comparten el hablante y el oyente, la condición de sinceridad en el estado psicológico del hablante y la condición esencial en el punto ilocutivo de lo dicho (Schiffrin 1994).

Ilustremos cómo funcionan las condiciones de felicidad con dos actos de habla, una petición y una promesa.

▶ EJEMPLO 3.9

Petición en correo electrónico de una estudiante colombiana graduada a su profesor.

1. Profesor César: Qué pena pedirle este favor a última hora,

2. pero es que hasta hace poco supe que la fecha límite para solicitar
3. la beca de la oficina del Decano es este jueves.
4. ¿sería posible que usted me escribiera una carta de recomendación?

► EJEMPLO 3.10

Promesa de un estudiante mexicano universitario a su amigo.
    Te prometo que llego a tu fiesta de cumpleaños; tarde, pero llego.

En la petición (3.9), una de mis estudiantes me pide una carta de recomendación y en la promesa (3.10), un amigo le promete a su amigo que irá a su fiesta de cumpleaños. En el cuadro 1 se describen las condiciones de felicidad para los dos actos de habla:

Cuadro 3.1   Condiciones de felicidad de dos actos de habla: la petición y la promesa

Condición de felicidad	Petición	Promesa
Contenido proposicional	Se hace referencia a un evento futuro por parte del emisor	Se hace referencia a un evento futuro por parte del emisor
Condiciones preparatorias	— El emisor (estudiante) cree que el oyente (profesor) puede realizar el acto (escribir la carta) — El interlocutor puede realizar el acto	— El acto (i.e., promesa) no va a llevarse a cabo por sí mismo — El acto beneficia al oyente
Condición de sinceridad	El emisor quiere/desea que el oyente lleve a cabo el acto	El emisor tiene la intención sincera de llevar a cabo el acto
Condición esencial	La expresión emitida cuenta como un intento (i.e., una petición) para hacer que el oyente realice el acto	El acto de emitir una promesa crea la obligación por parte del emisor de realizarla

Para los dos actos de habla, la petición y la promesa, se cumplen las cuatro condiciones de felicidad. Sin embargo, hay otros actos de habla que satisfacen sólo dos condiciones. Veamos el ejemplo (3.11):

► EJEMPLO 3.11

Dos estudiantes mexicanos universitarios:

Daniela: 1 Hola Víctor [SALUDO]
Víctor: 2 Qué tal, Daniela.

En (3.11) se aprecia un saludo por parte de Daniela (línea 1) y la respuesta de Víctor (línea 2). El acto de habla del saludo satisface dos condiciones de felicidad: las preparatorias (i.e., que Daniela se encuentre con Víctor para saludarlo) y la esencial (la expresión del saludo cuenta como reconocimiento de Víctor por parte de Daniela; un gesto amable). El acto del saludo no satisface la condición de contenido (es decir, no existe una función referencial o significado proposicional), ni la condición de since-ridad, pues el saludo en (3.11) representa un acto ritual para iniciar la comunicación.

> EJERCICIO 3.3

Describa las condiciones de felicidad para el acto de habla de abajo: un rechazo a una sugerencia de un profesor de tomar una clase extra. Un estudiante mexicano (de la Universidad de Tlaxcala, México) rechaza la sugerencia de su profesor de tomar una clase:

Estudiante: Lo que pasa es que—la clase de pedagogía hace conflicto con sociología, y pues no creo dejar pedagogía por esa, entonces, este—pues no—no sé, no—no podría.

3.6 CLASIFICACIÓN DE LOS ACTOS DE HABLA

Searle (1976) propuso una clasificación general de cinco categorías de actos de habla: aseverativos (o representativos), directivos, compromisorios, expresivos y declarativos. Esta clasificación se organiza a partir de tres principios generales: el punto ilocutivo de la acción realizada, el estado psicológico del hablante al emitir un enunciado (i.e., tipo de acto de habla), y la dirección entre las palabras y el mundo ('direction of fit'). En cada categoría de los actos de habla a continuación se indica entre paréntesis si la dirección va de las palabras al mundo, del mundo a las palabras o bien, si la relación entre las palabras y el mundo es irrelevante.

A. Aseverativos. El hablante se compromete a hacer algo o cree (en cierto grado) que un hecho o comentario se refiere a la realidad. Es decir, al usar actos aseverativos o declarativos (ej., negar, afirmar, admitir, concluir) el hablante se compromete con la veracidad o falsedad del contenido proposicional de las palabras usadas en un enunciado. Veamos los siguientes ejemplos:

► EJEMPLO 3.12

Barack Obama es el primer presidente afro-americano de los Estados Unidos.

➤ EJEMPLO 3.13

El mar es salado.

➤ EJEMPLO 3.14

Aristóteles no escribió libros de biología.

En estos actos aseverativos, afirmativos (3.12 y 3.13) o negativo (3.14), el hablante expresa un enunciado para representar o describir algún aspecto del mundo (algo ya existente) mediante las palabras. Por lo tanto, la relación entre las palabras y el mundo es de lo dicho mediante palabras para reflejar el mundo (palabras → mundo).

B. Directivos. Los actos directivos son aquéllos (ej., peticiones, preguntas, sugerencias) que utiliza el hablante para hacer que el oyente haga algo para beneficio de este (el hablante). Al usar un acto directivo el hablante expresa su deseo (en cierto grado) de que el oyente realice algo para él. Ejemplo (3.15) proviene de una de mis estudiantes (estadounidense aprendiz de español):

➤ EJEMPLO 3.15

1. Tengo una clase durante sus horas de oficina.
2. ¿Hay otra opción para reunirnos, quizás el martes o el jueves?

En (3.15, línea 2) se realiza una petición (una acción) creada en el mundo que se refleja con las palabras a través de la pregunta interrogativa que cumple la función de una petición. Además, la estudiante tiene la intención de que el profesor realice algo para ella (reunirse con la estudiante). En este ejemplo, el hablante crea una acción del mundo (un acto directivo) que se representa con las palabras (mundo → palabras).

C. Compromisorios. Al enunciar un acto compromisorio el hablante se compromete a realizar una acción futura. Es decir, estos actos obligan al hablante a hacer algo (ej., prometer, advertir, jurar). Por ejemplo, en (3.16) el hablante expresa su intención de realizar un rechazo a una invitación:

➤ EJEMPLO 3.16

.˙. entonces mejor:, este –bb b– t t t—no- no—no creo que voy a poder i::r a
a—a tú—a la reunió::n de—de cómo se llama? de—tu despedida de soltero.

En este ejemplo el hablante realiza un acto compromisorio al expresar su respuesta negativa de no poder asistir a la invitación de una despedida de soltero.

Con este ejemplo el hablante crea una acción del mundo (el no comprometerse) mediante sus palabras (mundo → palabras).

D. Expresivos. En los actos expresivos se expresa un estado psicológico sobre un evento presupuesto (ej., sentimiento, emoción, gustos y disgustos) mediante las palabras. Los actos expresivos (ej., agradecer, felicitar, disculparse) se pueden realizar por parte del hablante o del oyente, como en (3.17) y (3.18):

► EJEMPLO 3.17

¡Qué pena que haya llegado tarde! Discúlpame por favor.

► EJEMPLO 3.18

¡Enhorabuena por su nuevo ascenso como gerente de la compañía!

Al expresar una emoción o sentimiento, como en (3.17) y (3.18), el hablante no crea una acción que se refleja en las palabras. Es decir, no se crea un propósito en el mundo para representarlo con las palabras. Más bien, el valor de veracidad de estos ejemplos está presupuesto en el contenido proposicional de los enunciados, y por lo tanto la relación de las palabras y el mundo no parece relevante en este tipo de actos de habla.

E. Declarativos. Los actos que expresan una declaración cambian el mundo del hablante o del oyente mediante la enunciación de ciertas palabras bajo las circunstancias apropiadas. En esta categoría se incluyen los verbos realizativos que describimos en la sección 3.2. Es decir, aquellas acciones que se realizan al momento que el hablante emite su enunciado, como en los siguientes ejemplos (los verbos realizativos están subrayados):

► EJEMPLO 3.19

Yo, Barack Hussein Obama, juro solemnemente que desempeñaré fielmente el puesto de Presidente de los Estados Unidos . . .

► EJEMPLO 3.20

Jefe a su empleado: ¡Queda despedido!

> ► EJEMPLO 3.21

Sacerdote: Los <u>declaro</u> marido y mujer. Puede besar a la novia.

Como se mencionó en la sección 3.2, un aspecto esencial de estos enunciados es que en el momento de emitir el verbo realizativo el hablante lleva a cabo una acción que puede cambiar el mundo del hablante mismo o del oyente. En los ejemplos de arriba alguien se transforma de senador a presidente (3.19), de tener trabajo a estar desempleado (3.20) y de ser novios a estar casados (3.21). En principio parece que la emisión de las palabras crea el mundo (palabras → mundo). Sin embargo, hay que considerar que los enunciados declarativos se realizan convencionalmente bajo las circunstancias apropiadas, con las personas apropiadas, usando las palabras correctas y completas, además de tener la intención sincera por parte del hablante de llevar a cabo la acción. En este caso la acción se crea en el mundo y se refleja en las palabras. Por lo tanto, los actos declarativos tienen doble relación: palabras → mundo.

El cuadro 2 muestra la descripción de los cinco tipos de actos de habla: aseverativos, directivos, compromisorios, expresivos y declarativos (Searle 1976; Yule 1996).

Cuadro 3.2   Clasificación de los actos de habla con ejemplos según su punto ilocutivo, estado psicológico y la relación entre las palabras y el mundo.[a]

Acto de habla	Punto ilocutivo (usos)	Ejemplos	Estado psicológico	Relación entre las palabras y el mundo
Aseverativos	Describen o informan cómo son las cosas	Afirmar, concluir, notificar, negar, confesar, informar	Creer de algo; compromiso	Palabras → mundo
Directivos	Intentan hacer que otra persona haga algo	Pedir algo, ordenar, invitar, sugerir	Desear algo	Mundo → palabras
Compromisorios	Comprometen u obligan al emisor a realizar una acción futura	Prometer, rechazar, amenazar, jurar	Intentar de realizar alguna acción	Mundo → palabras
Expresivos	Expresan sentimientos, emociones, actitudes	Disculparse, dar la enhorabuena, dar el pésame, agradecer, dar la bienvenida, halagar	Sentir algo	No es relevante
Declarativos	Cambian el mundo con las palabras	Nombrar, bautizar, declarar	Causar algo	Mundo ↔ palabras

a. Para una descripción más detallada de actos de habla y ejemplos en español, visite el sitio www.indiana.edu/~discprag/spch_acts.html

Nótese que cada una de las categorías de los actos de habla debe entenderse en términos de un continuo que representa diferentes grados de la fuerza ilocutiva. Además de las condiciones de felicidad que satisfacen los actos de habla y su naturaleza convencional (ver sección 3.5), es importante tomar en cuenta el contexto en que se realizan las acciones: las circunstancias apropiadas, las personas apropiadas y el grado de claridad o indirección que usamos en la comunicación diaria; tal es el caso de los actos de habla indirectos que se presentan a continuación.

➤ EJERCICIO 3.4

Visite el siguiente sitio de la Universidad de Indiana: www.indiana.edu/~discprag/spch_compliments.html.

En la ventana que se muestra al final de la página de los cumplidos, escuche los dos primeros diálogos entre estudiantes universitarios, uno entre dos estudiantes mexicanos (Tlaxcala, México) y otro entre dos americanos (Minnesota, Estados Unidos). Puede leer la transcripción al escuchar cada conversación en la misma ventana. Ambos diálogos se incluyen también en el Apéndice de este capítulo. Luego de escuchar y/o leer ambos diálogos, responda a las siguientes preguntas con otro compañero de clase.

¿Cuáles son las expresiones comunes que utilizan los estudiantes al dar un cumplido en inglés y en español? Y ¿al responder al cumplido? ¿Cómo responde la persona que recibe el cumplido en cada cultura? ¿Cómo termina la conversación?

¿Qué pasaría si un estudiante americano le hace un cumplido en español a un nativo hispano usando las expresiones y la información sociocultural de la lengua y la cultura inglesa? Dé un ejemplo en inglés y su equivalente en español.

Práctica comunicativa: Al final de la página de los actos de habla, seleccione 'Listen to Compliments and Compliment Responses'. Siga las instrucciones y practique el acto de dar un cumplido y de responder a un cumplido en las cuatro situaciones que ahí se presentan. Oprima el botón y responda de acuerdo a la información en el turno 'Tú' al escuchar cada señal.

3.7 ACTOS DE HABLA INDIRECTOS

A diferencia de los actos de habla directos que expresan la intención del hablante sin ambigüedad (ej., *abre la puerta; te ordeno que salgas de la casa*) o mediante actos que se interpretan como aserciones solamente (ej., *hace un calor insoportable en esta oficina*), gran parte de la comunicación consiste en actos de habla indirectos. Searle observó que en los actos de habla indirectos "el hablante comunica al oyente más de lo que en realidad dice dependiendo de la información mutua, tanto lingüística como no lingüística, compartida entre los participantes junto con los poderes de raciocinio e inferencia por parte del oyente" (1975, 60–61). Las ideas de Searle sobre los actos de habla indirectos se vieron nutridas por Grice (1975 [1967]) que describe los principios inferenciales que regulan la conversación, en particular, la noción de implicatura conversacional. La implicatura conversacional hace referencia a un significado adicional comunicado por el hablante e inferido por el oyente, como en el siguiente ejemplo que ocurre entre dos compañeros de clase universitarios, con una relación distante entre ellos (véase el capítulo 2 para mayores detalles).

► EJEMPLO 3.22

Dos estudiantes universitarios: Juan le pide los apuntes de la clase a Luis.

Juan: 1 Estoy—no sé:—me siento—eh no sé—un poco: ((risa))
2 desesperado porque necesito los apuntes de—de esa clase
3 y pues—eh—con esta—con este compañero—pues—casi no—
4 casi no platicamos y—como que me da pena pedirle sus apuntes↓
Luis: 5 Y ¿qué quieres? ¿Qué te preste mis apuntes?

En (3.22), Juan realiza una petición indirecta no convencional, es decir, hace una insinuación para pedirle los apuntes de la clase a Luis (líneas de la 1 a la 4). El enunciado de Juan expresa una afirmación, pero además comunica una petición (fuerza ilocutiva) (pedir los apuntes de clase) que se reconoce como tal por el interlocutor (línea 5). Por lo tanto, en (3.22) el acto de habla indirecto se realiza mediante una implicatura, es decir, un significado adicional comunicado por Juan y reconocido por Luis como una petición (i.e., la acción de pedir los apuntes prestados). Una distinción fundamental entre un acto de habla directo y otro indirecto tiene que ver con la relación entre la estructura del enunciado (el significado proposicional/literal) y su función comunicativa o pragmática (intención del hablante) (Yule 1996). Veamos los siguientes ejemplos en (3.23):

► EJEMPLO 3.23

3.23.a   No abras el termo del café. / (Imperativa)
3.23.b   ¿Puedes abrir el termo del café? / (Interrogativa)
3.23.c   Esposa: 1 No puedo abrir el termo del café. / (Declarativa)
         Esposo: 2 Dámelo, yo lo abro.

Cuando hay una relación directa entre la estructura y la función comunicativa se obtiene un acto de habla directo, como en (3.23.a). En cambio, cuando existe una relación indirecta entre la estructura y la función se expresa un acto de habla indirecto.

Según Blum-Kulka (1987), se distinguen dos tipos de peticiones indirectas: las convencionales y las no convencionales. En el caso de las peticiones convencionales, los enunciados interrogativos del tipo (3.23.b) generalmente se expresan con el fin de obtener una acción por parte del oyente y no una respuesta afirmativa o negativa. Estas peticiones son convencionales en el sentido que nadie las emite o las entiende como una pregunta de información, sino más bien de forma habitual como una acción, es decir, como un pedido. En contraste, las peticiones no convencionales dependen de la situación específica y de acuerdo a la intención del hablante y el posible reconocimiento del enunciado como tal por parte del oyente. Este es el caso de (3.23.c). Este ejemplo es un enunciado declarativo (línea 1), pero funciona como un acto de habla indirecto que depende de la situación donde se emite el acto; es decir, se comunica con el fin de pedir indirectamente al oyente que abra el termo del café (una insinuación), como se ve en la respuesta del interlocutor que lo interpreta como una petición (3.23.c, línea 2, y 3.22, línea 5).

La distinción entre los actos de habla directos e indirectos ha sido debatida y elaborada por Haverkate (1994). Según este autor, esta distinción se da a partir de dos procesos, uno lingüístico basado en el significado proposicional del enunciado y otro pragmático según la interpretación del acto de habla. Según el autor, los enunciados se interpretan como directos o indirectos de acuerdo a una escala de cuatro puntos (1994, 159) que abarca desde los enunciados interpretados como directos (punto 1 a la izquierda) hasta aquéllos considerados como indirectos, bien convencionales o no convencionales (punto 4 a la derecha). Según esta escala se consideran actos de habla directos los enunciados imperativos (ej., *Aparte usted su coche*) y los enunciados interrogativos "que contienen una especificación completa del acto exhortado, así como una referencia explícita al interlocutor" (1994, 159) (ej., *¿Quiere usted apartar su coche?* o *¿puedes traerme el correo?*). En cambio, los actos de habla indirectos incluyen enunciados que no especifican el acto, haciendo mención única del objeto (ej., *¿Hay sal en la mesa?*), o bien, enunciados que quedan desprovistos de toda indicación del acto expresado (ej., *¡Hace un frío tremendo aquí!*).

Con respecto al último ejemplo, Haverkate observa puntualmente que este enunciado puede interpretarse como acto directo o indirecto en ciertos contextos. Este acto de habla múltiple podría desempeñar distintas funciones, tales como la manifestación de un acto directo (interpretación única como aserción), una orden, un ruego, una advertencia o un consejo, entre otras posibles funciones (1994, 158). En general, para determinar si un enunciado se considera como acto de habla directo o indirecto es importante considerar tanto su función lingüística (significado proposicional) como su función pragmática (proceso interpretativo) según las circunstancias apropiadas en que ocurre el acto de habla (situación y tiempo), la intención del hablante y la posible interpretación de lo dicho por parte del oyente en situaciones específicas.

Además, hay que tomar en cuenta que los actos de habla directos e indirectos se realizan con distintos grados de cortesía. Scollon y Scollon (2001) distinguen tres tipos de cortesía: i) la cortesía jerárquica en situaciones asimétricas en que se enfatiza una relación de poder (+Poder) entre los participantes (ej., profesor-estudiante); ii) la cortesía deferente en situaciones simétricas (-Poder), pero con una relación distante (+Distancia) entre los participantes (ej., dos gerentes o dos desconocidos); y, iii) la cortesía solidaria en situaciones simétricas entre participantes que comparten una relación informal o cercana (-Poder, -Distancia) (ej., dos amigos). El grado de cortesía que se manifiesta en la realización de los actos de habla indirectos depende de la situación y de la relación que comparten los participantes (véase el capítulo 4 para mayores detalles).

En los siguientes ejemplos se ilustra la relación entre los actos de habla indirectos y la manifestación de la cortesía verbal (i.e., expresiones lingüísticas) que funciona como una estrategia discursiva para lograr un fin (específico) en la conversación. Véase (3.24) que ocurrió en una universidad de San José, Costa Rica, entre una profesora y una estudiante:

➤ EJEMPLO 3.24

Estudiante universitaria de San José, Costa Rica
Estudiante: 1 eh profesora, quería hacerle una consultita,
                2 es que necesito—este—presentar una carta de referencia
                3 para que me den un trabajo.
Profesora: 4 ajá.
Estudiante: 5 entonces quería saber si usted podía hacerme la carta.

En (3.24), la petición de la carta de recomendación se presenta al final de la secuencia (línea 5), precedida por un título (profesora) y un preparador (*una consultita*, línea 1), seguido de una justificación (líneas 2–3). Notemos que la petición se realiza con una pregunta interrogativa indirecta (línea 5) que funciona como una petición convencional. En esta petición se emplean dos recursos lingüísticos: el imperfecto para expresar cortesía (Haverkate 1994) y la forma de tratamiento de deferencia *usted* al dirigirse al profesor. Este es un caso de cortesía jerárquica en la relación de la estudiante costarricense y la profesora.

En (3.22) presentado anteriormente, se muestra un caso de cortesía deferente en la realización de una petición indirecta no convencional. La relación entre los compañeros de universidad es distante, ya que aunque se ven en la clase no son amigos. En este acto de habla indirecto, la cortesía se manifiesta a través de elementos que muestran vacilación (ej., *no sé:—me siento—eh no sé—un poco: ((risa)) desesperado*, líneas 1–2) y expresiones mitigadoras (o atenuantes) que suavizan la fuerza ilocutiva de la petición (*como que me da pena pedirle sus apuntes↓*). Por último, veamos un caso de cortesía solidaria en la realización de actos de habla directos e indirectos entre dos estudiantes universitarios dominicanos que ocurrió en una universidad en la ciudad de Santiago, la República Dominicana. En esta petición Pedro le pide a Manuel los apuntes de clase.

► EJEMPLO 3.25

Pedro le pide los apuntes de la clase a Manuel
Pedro: 1 Loco—dime.
Manuel: 2 ¿En qué tú (es)tá ø?
Pedro: 3 Na(da)—tranquilo.
Manuel: 4 Dime—¿qué puedo hacel pol ti?
Pedro: 5 O::ye—¿tú puedeø preøtalme laø maøco::taø↓? ((apuntes de clase))
           6 que:: yo no—vine la última doø semanaø de clase y:—necesito laø maøcotaø.
Manuel: 7 Coño—loco yo se laø preøté a Colniel y Colniel se laø llevó.
Pedro: 8 Mielda—loco, pero . . . préøtamelaø—haøme el favol tú↑—
           9 habla con él pa' que me. =
Manuel: 10 = No, yo hablo con él, sí..entonceø tú leø sacaø copia de él no hay problema.
Pedro: 11 Ok—No hay ningún problema.
Manuel: 12 Y tú coge con él y tú habla con él.
Pedro: 13 Ok tá bien.

En (3.25), la petición se presenta en la línea 5 de manera convencional seguido de una respuesta indirecta (una razón) que representa el rechazo a la petición (línea 7). En la línea 8 se presenta una petición directa *(préøtamelaø)*, común entre estudiantes universitarios en esta región dominicana, seguido de una respuesta afirmativa por parte del interlocutor (línea 10). Debe notarse que la petición en (3.25) se introduce por una secuencia de inicio de conversación (saludos, líneas 1–4) y otra secuencia que termina la conversación cortésmente (líneas 11–13).

En general, los actos de habla indirectos representan un componente central de la comunicación diaria para negociar acciones comunicativas como las peticiones o los rechazos indirectos. Y en situaciones específicas, la indirección representa una estrategia conversacional para expresar diferentes grados de cortesía, la jerárquica (+Poder), la deferente (+Distancia) y la solidaria (-Distancia). En situaciones jerárquicas y deferentes la cortesía se manifiesta generalmente mediante expresiones formales (*usted*), el imperfecto y el condicional para expresar cortesía y distancia entre los interlocutores. En cambio, en situaciones simétricas la cortesía solidaria generalmente se manifiesta mediante el uso de diminutivos (ej., *¿me haces un favorcito?*; *me sirves más cafecito?*) o expresiones que muestran afectividad con el interlocutor en relaciones cercanas (ej., *hola, guapa, ¿cómo te fue el fin de semana?*). En (3.25), la cortesía solidaria se expresa a través de un lenguaje coloquial que refuerza los lazos de solidaridad y camaradería entre los estudiantes universitarios. Por último, es importante señalar que la interpretación cortés de los actos de habla indirectos depende de la situación, la relación entre los participantes y el tipo de acto de habla comunicado y negociado; es decir, la cortesía no está inherente en las palabras, sino en lo comunicado por el hablante y en la interpretación que le asigna el interlocutor al mensaje.

➤ EJERCICIO 3.5

Una de mis estudiantes graduadas mexicana me escribió el siguiente mensaje electrónico:

Estudiante: 1 Profesor: Otra vez, discúlpeme por la tardanza. Le envío mi trabajo en dos
2 documentos. Uno con la bibliografía y otro con la propuesta,
3 Ojalá que me pudiera dejar saber si lo recibió y si lo aceptó.
4 Que tenga unas bonitas vacaciones.

Después de leer el ejemplo, haga lo siguiente:
1. Subraye el acto de habla indirecto y mencione qué tipo de acto de habla es (ej., petición, rechazo, etc.).
2. Identifique las expresiones lingüísticas utilizadas para realizar el acto de habla indirecto.
3. Explique de qué manera se manifiesta la cortesía en los actos de habla indirectos.

3.8 CONCLUSIONES E IMPLICACIONES PEDAGÓGICAS

Este capítulo ha mostrado que en la comunicación realizamos acciones comunicativas con las palabras para expresar nuestras creencias del mundo, hacer que el oyente haga algo para beneficio del hablante, comprometernos con lo que decimos para realizar acciones futuras, expresar nuestras emociones y causar algún cambio en la realidad del hablante o del oyente. También vimos que la realización de los enunciados depende de la fuerza comunicativa que expresa un enunciado en situaciones específicas (ej., una petición, una sugerencia, una queja), la convencionalidad de la acción comunicativa y el significado intencional del hablante bajo las circunstancias apropiadas. Además, la fuerza comunicativa (o el acto ilocutivo) de un enunciado convencional se manifiesta mediante una serie de indicadores de fuerza ilocutiva ('Illocutionary Force Indicating Devices [IFIDs]') tales como las expresiones lingüísticas verbales que comprende un acto de habla (ej., *qué pena que haya llegado tarde, discúlpame*) y no verbales (ej., la mirada), el orden de palabras o la entonación ascendente (↑) o descendente (↓). Por último, el proceso de comunicación se cumple cuando el enunciado expresado por el hablante crea consecuencias que pueden ser reconocidas por el interlocutor en situaciones específicas no convencionales. No debe olvidarse que es el contexto del evento comunicativo el que determina la fuerza comunicativa de los enunciados: el lugar donde ocurre el enunciado (ej., una cafetería, en al aeropuerto), el acto de habla realizado, la relación entre los hablantes y la reacción del oyente ante lo enunciado por el oyente en la conversación.

Al aprender una segunda lengua no es suficiente saber las reglas gramaticales de dicha lengua sin contextualizarla socialmente. Las reglas gramaticales incluyen el conocimiento de las características físicas/acústicas de los fonemas (sonidos) y las implicaciones que dos o más fonemas tienen en el significado literal de una palabra (fonética y fonología), nuestro conocimiento sobre las reglas que regulan la formación de las palabras (morfología) y las oraciones (sintaxis), además de saber su significado proposicional (semántica). De acuerdo a Saville-Troike, la competencia comunicativa en una primera o segunda lengua tiene que ver con "el conocimiento y la expectativa de quién va a hablar o no en lugares específicos, cuándo hablar o cuándo quedarse en silencio, con quién hablar, cómo hablar con personas de distinto estatus social, qué comportamiento no verbal es el apropiado en varios contextos [. . .] cómo pedir y dar información, cómo hacer una oferta o rechazar ayuda o cooperación, cómo dar mandatos [. . .] es decir, todo lo que involucra el uso del lenguaje y otras dimensiones comunicativas en contextos sociales específicos" (1996, 363).[1]

Una manera de mejorar nuestra competencia comunicativa en una segunda lengua es tomar conciencia de cómo se usan los enunciados en contexto para realizar acciones comunicativas y continuar el proceso de negociación de lo dicho con el oyente.

A continuación se presentan algunas recomendaciones para mejorar la competencia comunicativa en una segunda lengua tomando en cuenta las ideas centrales de los actos de habla presentadas en este capítulo:

A. Atención a las acciones comunicativas en la conversación. Prestar atención a las expresiones lingüísticas que se emplean durante la negociación de acciones comunicativas que ocurren en una conversación entre hablantes nativos. Es importante observar cómo se emplean estas expresiones en diferentes turnos en la conversación y si las acciones comunicativas ocurren al inicio, en medio o al final de la conversación. Por ejemplo, ¿qué expresiones se utilizan para saludar a alguien, disculparse, expresar acuerdo o desacuerdo, hacer una petición o rechazar una invitación? Además de las expresiones lingüísticas, se debe observar el comportamiento no verbal que puede ser indicador de una acción comunicativa (ej., señales corporales, la mirada, la risa).

B. Enunciados en contexto. Observar la función social que cumplen las palabras en contextos específicos y el efecto comunicativo o ilocutivo que el hablante causa con su enunciado en el oyente (ej., convencer a alguien, persuadirlo). Por ejemplo, al realizar una disculpa, ¿cuándo se utiliza *discúlpame*, *qué pena*, *perdóname* o la forma menos común en español *lo siento*? No debe olvidarse que es el contexto del enunciado lo que determina la función comunicativa de estas expresiones.

C. La relación entre los interlocutores. Prestar atención a la relación que guardan los interlocutores en una conversación. Por ejemplo, las expresiones lingüísticas que utiliza un estudiante al aceptar o rechazar un consejo de su profesor, las expresiones que emplea un jefe para reprender a su empleado por llegar tarde al trabajo, o bien, las expresiones que utiliza un estudiante para quejarse con su profesor de la nota baja de un examen. Es decir, la relación entre los participantes va a condicionar el uso apropiado de las palabras y el grado de formalidad, familiaridad o cortesía que se emplee durante la comunicación. Saber en qué situaciones es apropiado realizar una petición directa e indirecta con altos índices de cortesía depende de las expectativas y la relación que comparten los participantes en una situación específica.

D. Variación lingüística y sociocultural. Aunque los hablantes comparten convenciones sociales para realizar acciones comunicativas, es importante ser consciente de las diferencias culturales existentes en diversas regiones del mundo hispanohablante. Por ejemplo, hay ciertas regiones donde se prefieren las peticiones directas en situaciones de encuentros de servicio en Quito (ej., *por favor deme pancito*) y en Madrid (ej., *dame tres barras*) (Placencia 2005). A diferencia de la sociedad estadounidense donde la insistencia a una invitación o a una oferta de comida no es lo esperado, en varias regiones del mundo hispanohablante (ej., Lima, Perú; Tlaxcala, México), la insistencia se considera un comportamiento sociocultural esperado; es decir, el no insistir puede interpretarse como un comportamiento descortés (Félix-Brasdefer 2008a, 2008b; García 1992, 1999).

En general, los puntos descritos en este capítulo sobre los actos de habla nos ayudan a entender cómo funciona la comunicación mediante la realización de acciones comunicativas, el significado intencional del hablante y la convención social que regula el uso del lenguaje. No se debe olvidar que la negociación de los actos de habla ocurre en la conversación, en situaciones comunicativas específicas y mediante la constante interacción entre interlocutores que negocian sus intenciones para alcanzar un fin en la conversación. Por último, producir y comprender diferentes acciones comunicativas con hablantes nativos de la cultura meta representa un avance importante en nuestro aprendizaje de una segunda lengua.

Obras citadas

Austin, John L. *How to Do Things with Words*. Cambridge, MA: Harvard University Press, 1962.

Blum-Kulka, Shoshana. "Indirectness and politeness in requests: Same or different?" *Journal of Pragmatics* 11 (1987): 131–146.

Félix-Brasdefer, J. César. *Politeness in Mexico and the United States: A Contrastive Study of the Realization and Perception of Refusals*. Amsterdam: John Benjamins, 2008a.

———. "Cuando estudie en el extranjero, voy a vivir con una familia hispana. ¿Qué necesito saber sobre la cortesía?" En *El Español a Través de la Lingüística: Preguntas y Respuestas*, editado por Jennifer Ewald y Anne Edstrom, 95–107. Somerville, MA: Cascadilla, 2008b.

García, Carmen. "Refusing an invitation: A case study of Peruvian style". *Hispanic Linguistics* 5.1–2 (1992): 207–243.

———. "The three stages of Venezuelan invitations and responses". *Multilingua* 18 (1999): 391–433.

Grice, Paul H. "Language and conversation". En *Syntax and Semantics 3: Speech Acts*, editado por Peter Cole y Jerry Morgan, 41–58. New York: Academic Press, 1975.

Haverkate, Henk. *La Cortesía Verbal: Estudio Pragmalingüístico*. (Biblioteca románica hispánica 2, Estudios y ensayos 386). Madrid: Gredos, 1994.

Huang, Yan. *Pragmatics*. Oxford: Oxford University Press, 2007.

Levinson, Stephen. *Pragmatics*. Cambridge: Cambridge University Press, 1983.

Placencia, María Elena. "Pragmatic variation in corner store interactions in Quito and Madrid". *Hispania* 88(3) (2005): 583–598.

Saville-Troike, Muriel. "The ethnography of communication". En *Sociolinguistics and Language Teaching*, editado por S. McKay y N. Hornberger, 351–382. Cambridge: Cambridge University Press, 1996.

Schiffrin, Deborah. *Approaches to Discourse*. Oxford: Blackwell, 1994.

Scollon, Ron, y Suzanne Scollon. *Intercultural Communication, 2nd ed*. Malden, MA: Blackwell, 2001.

Searle, John R. *Speech Acts*. London, UK: Cambridge University Press, 1969.

———. "Indirect speech acts". En *Syntax and Semantics 3: Speech Acts*, editado por Peter Cole y J. Morgan, 59–82. New York: Academic Press, 1975.

———. "A classification of illocutionary acts". *Language in Society* 5 (1976): 1–23.

Yule, George. *Pragmatics*. Oxford: Oxford University Press, 1996.

Apéndice

Negociación de un cumplido entre dos estudiantes mexicanos. La interacción de abajo se puede escuchar al final de la página en el siguiente sitio de la red. Seleccione el diálogo 'Complimenting in Mexican Spanish' y presione el ícono de la bocina para escuchar el audio (http://www.indiana.edu/~discprag/spch_compliments.html).

Gabriel inicia el cumplido y Jorge responde.

Gabriel: Jorge, ¡qué milagro!
Jorge: ¡Quiúbole! ¿Cómo estás?

Gabriel:	¡Qué carraso! es nuevo, ¿verdad?
Jorge:	Sí, es nuevo, fíjate
Gabriel:	sssssss
Jorge:	Está padre ¿no?
Gabriel:	Padrísimo, no no no no no, es una joyita.
Jorge:	Sí, ¿no?
Gabriel:	¿Te ha costado mucho conseguirlo? Pero te lo mereces, eres un buen estudiante.
Jorge:	Sí, verdad, bueno pues ya ves, por lo mismo mi jefe se puso bueno, digo bestia.
Gabriel:	(risas)
Jorge:	Y me lo, me lo compró, ¿cómo ves? Está padre, ¿no?
Gabriel:	No, está padrísimo.
Jorge:	A ver cuándo vamos a dar una vuelta, ¿no?
Gabriel:	El día que gustes
Jorge:	Órale, gracias.

Negociación de un cumplido entre dos estudiantes americanos. La interacción de abajo se puede escuchar al final de la página en el siguiente sitio de la red. Seleccione el diálogo 'Complimenting in US English' y presione el ícono de la bocina para escuchar el audio (http://www.indiana.edu/~discprag/spch_compliments.html).

Tyler inicia el cumplido y Ben responde.

Tyler:	Hey Ben, what's going on?
Ben:	Hey hey good to see you.
Tyler:	What you been doing?
Ben:	Long time no see.
Tyler:	Wow, you got a nice car here.
Ben:	Yeah, came into some luck, won a sweepstakes, you know.
Tyler:	Oh really?
Ben:	Yeah, you know it.
Tyler:	Yeah, so, what have you been up to? When did you win the sweepstakes?
Ben:	Cruising it, cruising a couple of weeks ago
Tyler:	Yeah.
Ben:	You wanna go for a ride?
Tyler:	Yeah, that'd be great.
Ben:	Cool, let's do it, hop in.

Nota

1. Traducción nuestra.

4

~

CORTESÍA LINGÜÍSTICA Y COMUNICATIVA

DIANA BRAVO

Reflexiones preliminares

1. ¿Qué es la cortesía? ¿Qué es la cortesía lingüística? ¿Qué diferencia hay entre la una y la otra? ¿Qué comparten?
2. ¿Qué diferencia hay entre: *Dame la sal*, y *¿Puedes pasarme la sal?* ¿Por qué?
3. ¿Por qué querríamos ser corteses? ¿Para qué sirve la cortesía?

4.1 INTRODUCCIÓN

La cortesía es un fenómeno social que se puede expresar de distintas formas, una de ellas, a través de la lengua. La expresión de la cortesía por este medio se denomina cortesía lingüística. Esta se considera una forma social de comportamiento verbal gobernada por reglas, muchas veces implícitas. Estas reglas se refieren a las expectativas que los hablantes tienen sobre los comportamientos sociales al hablar con otros. Se parte del presupuesto que esas normas o reglas de comportamiento son conocidas por todos los integrantes de un grupo social o comunidad de habla. El incumplimiento de este tipo de expectativas durante un encuentro social comunicativo puede ocasionar conflictos interpersonales. Veamos la diferencia que hay entre los enunciados (4.1) y (4.2) para hacer un mismo pedido:

► EJEMPLO 4.1

Dame la ropa.

► EJEMPLO 4.2

Por favor, ¿me alcanzarías la ropa?

En (4.1) el pedido se expresa sin ninguna estrategia lingüística de cortesía mientras que en (4.2) se usan otros recursos (i.e., la palabra *por favor* y el tiempo condicional del verbo *me alcanzarías*) para hacerlo socialmente aceptable para el destinatario. Estos enunciados seguramente afectarán a sus receptores de forma distinta. Cabe decir que estos enunciados se presentan en la vida social dentro de una determinada situación de habla asociada a las características de los participantes. Estos dos factores son muy importantes en la producción de expresiones de cortesía y varían tanto en nuestra variedad lingüística como en la evaluación de nuestro comportamiento cortés por parte de los receptores. En efecto, la situación y la relación entre los interactuantes determinan cuándo algo que decimos requiere formularse con cortesía (i.e. usando el condicional, o la palabra *por favor*) o no, cuánta cortesía es adecuada y si realmente se obtiene con ese comportamiento comunicativo un efecto social de cortesía o no.

Pensemos en la siguiente situación: una persona quiere pedirle a su hermano (quien está mirando la televisión) que vaya a comprar pan para el desayuno que está preparando para ambos. ¿Crees que esta persona debe usar estrategias de cortesía en la medida que pide algo a alguien que está ocupado? ¿Estas estrategias son necesarias a pesar de que hay una relación de cercanía? Veamos los resultados de una encuesta realizada en Argentina sobre este tema para proponer un modelo para la realización de este tipo pedido:

Cuadro 4.1. Acto de pedir: Quieres pedirle a tu hermana/o menor (indica edad y género de tu supuesto destinatario)—que está mirando la televisión—que vaya a comprar pan para el desayuno que estás preparando para ambos/as: ¿cómo se lo decís[1]?:

Cuadro 4.1

N° de informante	Edad, nacionalidad y géneros lugar de residencia	Forma del pedido	Edad y género del hermano
1	16 años, argentina, Buenos Aires	Nena, andá a comprar el pan ¿querés?	10 años, mujer
2	16 años, argentina Buenos Aires	Andá a comprar el pan ¿querés?	13 años, varón
3	16 años, argentino Buenos Aires	Ché, ¿no te jode ir a comprarme el pan?	11 años, mujer
4	18 años, argentina Buenos Aires	No tenemos pan, ¿te irías de una corridita a la panadería?	10 años, varón

5	16 años, argentino, Buenos Aires	¡Dejate de joder con la tele, y andá a comprar el pan!	10 años, varón
6	18 años, argentino, Buenos Aires	Ché, loco, me comprarías el pan, ¡no hay ni una miga!	14 años, varón
7	16 años, argentina, Buenos Aires	Cielito, ¿podés ir a comprar el pan?, te podés comprar un pan de leche para vos si querés, dale, ¡sé buenita . . . !	7 años, mujer

Vemos que las respuestas de cómo se haría este pedido varían de acuerdo a la edad y el género tanto del hablante como de su destinatario. La situación en la que se hace un pedido es otro factor primordial para definir el nivel de cortesía. En este caso, el hablante está preparando el desayuno para ambos, o sea que su actividad es en beneficio de la persona que tiene que cumplir con el pedido.

¿Cómo perciben estos pedidos otras personas? Seguramente serán recibidos de forma distinta por el destinatario. Para tener una idea sobre esto, se pidió a cinco observadores también residentes en Buenos Aires que clasificaran las respuestas. Los resultados de estas observaciones se colocan a continuación.

Cuadro 4.2   Resultados de las observaciones

N° de informante	Forma del pedido	Percepción de los observadores
1	Nena, andá a comprar el pan ¿querés?	Se usa cortesía
2	Andá a comprar el pan ¿querés?	No se usa cortesía
3	Ché, ¿no te jode ir a comprarme el pan?	Se usa cortesía
4	No tenemos pan, ¿te irías de una corridita a la panadería?	Se usa cortesía
5	¡Dejate de joder con la tele, y andá a comprar el pan!	No se usa cortesía
6	Ché, loco, me comprarías el pan, ¡no hay ni una miga!	Se usa cortesía
7	Cielito, ¿podés ir a comprar el pan?, te podés comprar un pan de leche para vos si querés, dale, ¡sé buenita . . . !	Se usa cortesía

En cuanto a las formas elegidas según los observadores en la respuesta 1, la apelación "Nena" constituye una modulación cortés del pedido, cosa que no ocurre en la respuesta 2. Mientras que la expresión "querés?", que aparece al final del enunciado, tiene el valor pragmático cortés de preguntar por la voluntad del destinatario en la respuesta 1, puede ser interpretada como una recriminación y su función es la de reforzar la percepción de descortesía en la respuesta 2.

> EJERCICIO 4.1

Estás acostado y le pides a tu hermano menor que te alcance la ropa que está en una silla, cerca de dónde él está parado. ¿Cómo lo expresas? Compara los enunciados (4.1) y (4.2), que están arriba, con tu respuesta. Explica las diferencias y, según tu criterio, el porqué de las mismas.

4.2 UN TEMA EN LA PRAGMÁTICA: LOS ACTOS DE HABLA INDIRECTOS Y LA CORTESÍA

Una vez presentada la cortesía lingüística, es el momento de analizar sus mecanismos. Su estudio se sitúa dentro de la pragmática (véase el capítulo 2 para mayores detalles). Su origen se encuentra en la teoría de los actos de habla indirectos donde se intenta explicar la falta de coincidencia entre la forma de una proposición, lo que se dice de algo o de alguien, y su fuerza ilocutiva, el acto que se cumple con la proposición (véase el capítulo dedicado los Actos de Habla, capítulo 3). Esta discrepancia se puede atribuir a intenciones de cortesía. De esta forma la cortesía resulta ser un objeto de estudio pragmático[2].

Uno de los ejemplos más conocidos de actos indirectos es el siguiente:

> EJEMPLO 4.3

Pásame la sal.
   frente a:

> EJEMPLO 4.4

¿Puedes pasarme la sal?

En (4.3) se usa la forma imperativa del verbo para dar una orden o pedido (fuerza ilocutiva), para comunicar al destinatario que le alcance la sal. En (4.4), aunque el hablante tiene el mismo objetivo, que le pasen la sal, no lo formula como una orden, sino como una pregunta. La forma indirecta con la que se ha formulado el acto de pedir se relaciona con la cortesía.

La noción de implicatura conversacional acuñada por Grice (véase el capítulo 2) es de importancia para el surgimiento de los estudios pragmáticos de la cortesía. La comunicación, según Grice, será exitosa si los interlocutores respetan el Principio de Cooperación y las cuatro máximas que lo especifican: la de cantidad (no decir más de lo necesario), la de calidad (no decir algo que uno crea falso), la de relación (ser congruente con lo que se está hablando) y la de modo (no ser ambiguo ni confuso). Veamos por ejemplo:

> ➤ EJEMPLO 4.5

Dame eso que tú sabes

En (4.5) se estaría violando la máxima de cantidad porque no se dice qué es lo que el destinatario sabe. Para hacer explícito el mensaje al propio destinatario del mismo tiene que completar el contenido que falta mediante una inferencia que es una implicatura conversacional.

Con (4.5) se podría ilustrar un comportamiento de cortesía en la medida que evita expresar directamente algo que puede ser conflictivo. En realidad, no lo sabemos con seguridad, pues carecemos de contexto suficiente para hacerlo. Veamos lo que sucede con el próximo ejemplo donde un profesor se dirige a un alumno frente a otros y en vez de decir explícitamente *Termina la tarea*, decide formular *¿Necesitas ayuda?* Desde el punto de vista de la transmisión de información, el enunciado viola las máximas de cantidad, calidad y modo, pero desde el punto de vista social, el profesor realiza un discurso de cortesía al ofrecer ayuda en lugar de indicar directamente al estudiante que termine la tarea. No obstante, está claro que ese ofrecimiento es retórico y se utiliza sólo a fin de no ofender al interpelado.

En resumen, vemos que la confluencia de dos teorizaciones sobre la comunicación verbal es el punto de partida para la comprensión de la cortesía lingüística: por un lado, la teoría de los actos de habla indirectos; por el otro, la propuesta de Grice (1975) de la implicatura conversacional. La primera explica la diferencia entre contenido proposicional y fuerza ilocutiva; la segunda, cómo se pueden interpretar los enunciados en los que se dice una cosa pero se quiere decir otra. Ahora, un modelo más concreto de reglas pragmáticas para desambiguar las oraciones y para observar si estas son adecuadas al contexto en el que se producen es el de Lakoff (1973) que veremos enseguida.

> ➤ EJERCICIO 4.2

Lee los enunciados que siguen e indica cuáles son indirectos y si crees que estos se pueden haber formulado de esta forma por motivos corteses.

1. Ana: ¿Te gusta mi corte de pelo?
   Lola: Es original.
2. Ricardo: El sábado estoy organizando una fiesta, ¿vienes?
   Sonia: Tengo que preparar mi presentación del lunes.

3. Luis: ¿Estás interesado en mi tema?
   Pablo: Vamos a ver . . .

4.2.1 La teoría de la cortesía de Lakoff

El modelo de Lakoff (1972) agrega a las máximas de Grice (1975), las de cortesía (sé cortés): no abuses, da opciones, sé cordial. A continuación veamos algunos ejemplos de cómo esta teoría explica el uso cortés. En el grupo de oraciones (A), puedo aplicar las reglas de Lakoff (1972) de no abusar y de dar opciones en las alternativas de la (4.7) a la (4.10), pero no en (4.6):

A

▶ EJEMPLO 4.6

Dame el bolso.

▶ EJEMPLO 4.7

Dame, por favor, el bolso.

▶ EJEMPLO 4.8

¿Me querrías dar el bolso?

▶ EJEMPLO 4.9

Si no te es molestia, ¿me darías el bolso?

▶ EJEMPLO 4.10

¿Te molesta alcanzarme el bolso?

Ahora bien, en el grupo de oraciones (B) abajo no se podrían aplicar las mismas reglas que en el (A), puesto que ni pido cosas ni dejo nada a la decisión del destinatario. La regla que sirve para analizar estas oraciones desde el punto de vista de la cortesía es *sé cordial*. En (4.11) no se es cordial, mientras que en las alternativas de la

(4.12), a la (4.15) abajo observamos los esfuerzos del hablante por recuperar esa cordialidad (justificaciones y muestras de empatía):

B

> ► EJEMPLO 4.11

No quiero acompañarte.

> ► EJEMPLO 4.12

Tengo mucho que hacer y no podré acompañarte.

> ► EJEMPLO 4.13

Lamento sinceramente no poder acompañarte.

> ► EJEMPLO 4.14

Lamento que te tengas que ir solo, otro día será.

> ► EJEMPLO 4.15

Te acompañaría si no viajara tan temprano mañana.

Entonces, usando la teoría de Lakoff hay que distinguir (4.6) y (4.11) del resto de las oraciones. En esos dos enunciados se usan las reglas de claridad que se deducen de la aplicación del Principio de Cooperación de Grice y de sus máximas, procurando transmitir la información eficazmente. En el resto de las oraciones, más bien, se utiliza las de cortesía ya que están dirigidas a la relación interpersonal con el destinatario.

Entonces, el objetivo de la cortesía sería, por un lado, evitar ofensas en una interacción y, por el otro, mantener y crear lazos de amistad entre las personas. La variación contextual y/o cultural podría explicarse, según Lakoff, según se dé prominencia a una de estas reglas o a otra.

Ahora bien, estas reglas de cortesía no se delimitan claramente y son insuficientes para explicar la variación en la interpretación de cortesía. Por ejemplo, el pedir permiso y no abusar no explica por qué en ciertas culturas enunciados como los siguientes son esperables y en otras, no:

➤ EJEMPLO 4.16

¿Me dejas pasar, por favor?

➤ EJEMPLO 4.17

¿Me disculpa, por favor?

Para explicar este hecho hago un contraste entre el sueco y el español. Mientras que para la mayoría de los usuarios de distintas variantes del español, la forma de respeto interpersonal *por favor* en (4.16) y (4.17) es esperable y comúnmente utilizada, en sueco no se espera el uso de estos recursos de cortesía, por lo que sería suficiente (y esperable) solo decir *disculpe* . . . o nada. En verdad en la cultura sueca, la comprensión social del espacio hace que la persona que ocupa el lugar deba dejar paso sin necesidad de interpelación, mientras que, entre los usuarios de varias variantes del español, la regla es que quien quiera pasar debe pedir permiso para hacerlo.

Como vemos, el estudio de la variación en la cortesía requiere de un modelo de referencia que, a la vez de ser flexible, sea capaz de abarcar la complejidad del comportamiento social.

➤ EJERCICIO 4.3

Indica si en las siguientes oraciones se aplican las reglas de cortesía de Lakoff (1972):

1. ¿Quieres un café?
2. Pásame el pan por favor.
3. ¿Tienes cambio?
4. ¿Por qué estás pensativa?
5. ¡Encantado de verle por aquí!

4.2.2 La teoría de la cortesía de Leech

La teoría de la cortesía propuesta por Leech (1988 [1983]) formula dos tipos de cortesía: la relativa y la absoluta. La primera depende de las posiciones sociales de los interlocutores en el diálogo y constituye un principio regulador de la distancia social; la segunda es una propiedad inherente a ciertos actos como las órdenes y los pedidos. Dentro del marco de esta teoría, los pedidos se consideran inherentemente descorteses y los ofrecimientos, inherentemente corteses.

Para Leech la descortesía se vincula con acciones que tienen un costo para el destinatario; las órdenes y las peticiones serían claros ejemplos. Por eso para evitar conflictos, se suelen comunicar estos actos mediante formas indirectas que disminuyen su fuerza ilocutiva y dan opciones. Así, se minimiza el costo para el destinatario. Por otro lado, se observa que cuanto más beneficie un acto al destinatario, ese acto sería más cortés.

Así las cosas, para poder interpretar la comunicación de estas intenciones corteses, al igual que en el caso de Lakoff, se postulan las siguientes máximas que deben sumarse a las de Grice:

(1) Máxima de tacto: 'Minimiza la expresión de cre encias que impliquen un costo para el otro y maximiza aquellas que lo beneficien', (2) Máxima de generosidad: 'Minimiza la expresión de beneficio propio y maximiza el costo propio', (3) Máxima de aprobación: 'Minimiza la expresión de las creencias que expresan poca valoración del otro y maximiza aquellas que muestran aprobación hacia el otro', (4) Máxima de modestia: 'Minimiza la expresión de valoración de lo propio y maximiza la expresión de desvaloración propia', (5) Máxima de acuerdo: 'Minimiza la expresión de desacuerdo con el otro y maximiza la expresión de acuerdo entre ambos' y (6) Máxima de simpatía: 'Minimiza la expresión de antipatía hacia el otro y maximiza la expresión de simpatía mutua'. Estas máximas se aplican de acuerdo al principio de costo/beneficio. Así, por ejemplo, para usar la de tacto se debe maximizar el beneficio y minimizar el costo en la formulación de un enunciado. Veamos algunos ejemplos.

▶ EJEMPLO 4.18

¿Me permite pasar?

Como una petición implica un costo para el destinatario y un beneficio para el hablante, al darle opciones al destinatario, formulando la petición como una pregunta, se minimiza el costo que puede significar conceder el pedido (máxima de tacto).

En (4.18) se minimiza el costo y se maximiza el beneficio, sin embargo, no es esa la manera como me dirigiría a mi hermano menor. En el español de Buenos Aires podría optar por distintas formas para decir lo mismo:

▶ EJEMPLO 4.19

Dejame pasar[3].

▶ EJEMPLO 4.20

Córrete ¿querés?[4]

► EJEMPLO 4.21

¿Por favor, me dejás pasar?[5]

► EJEMPLO 4.22

¿Por favor, serías tan amable de dejarme pasar?

Por otro lado, Leech clasifica las acciones por su compromiso con la cortesía:

1. Aquellas que la favorecen (los saludos), son indiferentes (la información), o entran en conflicto con la cortesía (las órdenes)
2. Aquellas que la atacan (los insultos).

Para Leech (1988 [1983]), los enunciados mencionados arriba entran en conflicto con la cortesía, ya que se trata de una orden. En (4.19) no se evita el efecto de la acción descortés; sin embargo, en (4.20) y en (4.21) se cumple con la máxima de tacto. Ahora bien, si tomáramos el punto de vista del usuario de la lengua, en (4.19) hay una orden que no llega interpretarse como una acción descortés. En este caso podríamos apelar a la cortesía relativa para explicar que la proximidad social entre los hablantes (estoy hablando con mi hermano menor) anula la descortesía. De todas formas, esta explicación nos haría entrar en una evidente contradicción con la noción de cortesía absoluta, según la cual las órdenes son inherentemente amenazantes.

Examinemos ahora el ejemplo (4.20). Aquí nos encontramos con una interpretación de descortesía agravada por la supuesta *opción*—¿querés?—la cual, en realidad, es un reproche. En (4.21), en cambio, hay cortesía; mientras que en (4.22) si, bien hay una opción como en (4.21), no se respeta el registro esperado para el tipo de relación entre los hablantes, es decir, que es inadecuada para dirigirse a un hermano menor.

Estas interpretaciones, que dependen de los usos habituales reconocidos por los miembros de una sociedad mediante su experiencia comunicativa compartida, no han sido consideradas por Leech (1988 [1983]). En la formulación de (4.21), nos encontramos con la máxima de tacto, ya que se da una opción (la forma de la pregunta) a la vez que se usa "por favor" para ubicar al destinatario del pedido en una relación jerárquica superior a la que ocupa el hablante.[6] Esto constituye una expresión cortés pero no cumple con ninguna de las reglas de cortesía de Leech. Como lo dicen algunos autores[7], el número de máximas podría extenderse infinitamente si se quisiera cubrir con ellas todas todas las posibilidades.

Mediante la observación de la máxima de tacto no sólo se puede minimizar el costo para el destinatario, como se desprende de (4.21), sino que se puede maximizar el beneficio para el propio hablante como en el ejemplo (4.23) o el de ambos como en (4.24) abajo:

> ► EJEMPLO 4.23

¡Llévame al cine que ya sabes cómo me gusta!

> ► EJEMPLO 4.24

¡Llévame al cine que nos vamos a divertir!

> ► EJERCICIO 4.4

Observa las siguientes oraciones y explica qué máxima de Leech se ha utilizado. Discute tus interpretaciones en relación a (1) el principio de costo/beneficio y (2) cuál, en tu calidad de estudiante de español como lengua extranjera, crees que sería la interpretación.

Veamos ahora los siguientes ejemplos donde un profesor se dirige a un alumno sentado al lado de la puerta:

1. Abre la puerta.
2. Sé amable y abre la puerta.
3. ¿Me abres la puerta, por favor?
4. ¡Tú, bonita!, abre la puerta ¿quieres?
5. ¡Tú, que estás más cerca!, ¿Me abres un poco la puerta, por favor?
6. Es mejor abrir la puerta, que el aire está muy caldeado aquí, ¿no te parece?

4.2.3 La teoría de Brown y Levinson

La teoría más conocida para el estudio de la cortesía lingüística es la propuesta por Brown y Levinson (1987 [1978]). Estos autores pretenden explicar los comportamientos corteses como fruto de la actividad racional de los hablantes que intentan alcanzar sus objetivos a través del uso de unos medios específicos a los que denominan *actividades de imagen*. Para definir dichos recursos recurren a la noción de imagen social ('face') que toman de Goffman (1967), esto es, la imagen positiva de sí mismos con la que los individuos se identifican y quieren confirmar en sus encuentros sociales. Entonces, dado que en toda conversación pueden producirse amenazas a esta imagen, el fin del comportamiento cortés es protegerla. Las actividades de imagen y en concreto las estrategias de cortesía serán los medios orientados a este fin. En Brown y Levinson (1987 [1978]) se da una extensa lista de actos que amenazan la imagen social y de las estrategias de cortesía para protegerla. Veamos algunos ejemplos. En (4.25) la actuación del emisor resulta descortés en la medida en que ataca la imagen social de María.

▶ EJEMPLO 4.25

¡María estás hecha un cerdo! ¿Cuándo vas a parar de comer?

Sin embargo, si el hablante hubiera formulado su enunciado como se muestra en (4.26), las posibilidades de conflicto hubieran disminuido:

▶ EJEMPLO 4.26

Me parece que has aumentado un poco de peso, tengo una dieta que a mí me va muy bien, ¿quieres que te la traiga alguno de estos días?

El receptor de este mensaje lo interpretará al mismo tiempo como un mandato (*debes adelgazar, adelgaza*) y como un consejo (*debieras adelgazar*). Ante la posibilidad de que el mandato se perciba como una amenaza a la imagen, la formulación del enunciado como un consejo tendrá el efecto de atenuarla o sea que cumple—según esta interpretación—la función de estrategia de cortesía; también lo serán el ofrecimiento de traerle la dieta, el compartir el problema del destinatario al decir que la dieta le va muy bien, indicando así que también tiene o ha tenido problemas de peso, la pregunta por la voluntad del destinatario de que le traiga la dieta y recursos mitigadores como *me parece* y *un poco*.

Brown y Levinson (1987 [1978]) se inspiran en Grice (1975) y en su Principio de Cooperación y sus máximas conversacionales para explicar cómo los hablantes se entienden entre sí aunque la forma de la expresión no corresponda del todo con el mensaje que se ha querido transmitir; en este caso se refieren a los actos indirectos, si pensamos en el enunciado del ejemplo (4.26) entonces el consejo es el modo cortés de formular el mandato y el recurso para hacer de este último un acto indirecto en beneficio del cuidado de la imagen social.

Brown y Levinson (1987 [1978]) entienden que la imagen social tiene una vertiente positiva y otra negativa. La consideración hacia las necesidades de imagen positiva consiste en mantener y proteger los derechos del individuo a ser apreciado por el grupo y a que los otros compartan los propios deseos. Este tipo de acciones o estrategias de cortesía positiva se manifiestan expresando acuerdo hacia las opiniones ajenas y evaluando positivamente las pertenencias o las características de la personalidad de los destinatarios, manifestando simpatía y/o solidaridad etc. Ejemplos de este tipo de estrategias se observan en las siguientes frases:

➤ EJEMPLO 4.27

Tendrás frío, será mejor que entremos.

➤ EJEMPLO 4.28

¡Qué cuadro tan bonito tienes! Lo pondría un poco más al centro.

➤ EJEMPLO 4.29

¡Me parece admirable el modo en el que lo has hecho! Pero tampoco es tonto lo que Juan propone.

Por otro lado, dado que Brown y Levinson entienden la vertiente negativa como aquellos aspectos de la imagen social que se refieren a la libertad de acción, las estrategias de cortesía negativa serían aquellas que sirven para mantenerla y protegerla. A su vez, estos autores señalan que hay una correlación entre la cortesía negativa y los enunciados convencionalmente indirectos, como en el ejemplo (4.30); aquellos que mitigan la fuerza ilocutiva de un enunciado impositivo, como el ejemplo (4.31); y/o aquellos que comunican que no se quiere realizar un acto que se imponga sobre la voluntad del destinatario, como en el ejemplo (4.32).

➤ EJEMPLO 4.30

¿Puedo pasar?

➤ EJEMPLO 4.31

¿Te correrías un poquito para que pueda pasar?

➤ EJEMPLO 4.32

Disculpa, pero si no te molesta, quisiera pasar.

Otra idea relevante de esta teoría es la relación entre amenaza (actos que amenazan la imagen social) y la atenuación (estrategias que disminuyen el efecto de las amenazas). La amenaza puede ser realizada de las siguientes maneras:

1. abiertamente o *en el registro* ('on record'); es decir, sin atenuación, de un modo directo, como en:

➤ EJEMPLO 4.33

Dejame pasar.[8]

2. atenuada, como se ilustra con los ejemplos (4.30), (4.31) y (4.32), arriba
   o
3. fuera del registro ('off record') como en:

➤ EJEMPLO 4.34

Parece que caminaba como si estuviera mareado (para decir que había bebido mucho).

➤ EJEMPLO 4.35

No eres tímido ¿verdad? (para decir que te has pasado del límite de lo permitido).

Brown y Levinson (1987 [1978]) establecen, entonces, una relación entre necesidades de imagen social negativa y cortesía negativa (expresar por ejemplo que el hablante no desea imponerse a la voluntad del interlocutor, siendo menos afirmativo al hablar) y necesidades de imagen social positiva y cortesía positiva (expresar, por ejemplo, solidaridad, simpatía, aprecio por las pertenencias, familia, gustos, personalidad etc.). Veamos los siguientes ejemplos:

➤ EJEMPLO 4.36

Abre la puerta.

➤ EJEMPLO 4.37

¿Serías tan amable de abrirme la puerta?

➤ EJEMPLO 4.38

Oye muchacho, ábreme la puerta, ¡anda!

En (4.36) (4.37) y (4.38), hay un ataque a la imagen negativa ya que se trata de una directiva (hacer que alguien haga algo), en (4.36) se formula de modo directo, en (4.37) se atenúa el mandato usando cortesía negativa (uso del potencial 'serías' y preguntar por la voluntad del interlocutor), mientras que en (4.38) se usa cortesía positiva estableciendo una relación de proximidad interpersonal con el solicitado y de solidaridad entre ambos 'Oye muchacho'. Podemos concluir de lo comentado que una correlación estricta entre las dos vertientes de la imagen social y el tipo de cortesía no abarca todos los contextos por lo que no puede generalizarse.

> EJERCICIO 4.5

Utiliza estrategias de cortesía para atenuar las amenazas a la imagen social que pueden estar presentes en las siguientes frases. Explica si se trata de amenazas a la imagen positiva o negativa y qué tipo de cortesía has empleado (positiva o negativa) en tus atenuaciones.

1. ¡Apártate de mi camino! No quiero verte más.
2. No entiendo lo que dices, ¿por qué no hablas más claro?
3. Pon tus cosas en orden, no te llevaré al cine hasta que hayas terminado.
4. Me molesta tu manera de contestarme, ¿por qué no aprendes a callarte la boca?
5. Me estoy cansando de tanta impertinencia, es mejor que te cuides de lo que dices.
6. ¡Qué estúpido eres!
7. Deja de hacerte el idiota, conmigo eso no va.

Resumiendo, Brown y Levinson (1987 [1978]) reclaman la universalidad (1) de los aspectos positivo y negativo de la imagen social, (2) de la cortesía vista como una acción racional encaminada a satisfacer las necesidades de imagen de los destinatarios y, finalmente, (3) del conocimiento compartido por parte de los participantes en la interacción. Además, estos autores explican la variación, en cuanto a la interpretación de las amenazas y de las estrategias de cortesía, en distintas situaciones comunicativas y culturas en relación a los parámetros de distancia social, poder relativo entre los participantes y el grado de imposición implicado por la amenaza. Así, la imposición de la amenaza será menor cuanto menor sea la distancia social y más simétrica la relación interpersonal de los hablantes. De esta forma, entre familiares y amigos se supone que habrá menor imposición de la amenaza. Es decir que la amenaza sería menos grave si se dirige a un destinatario que sea amigo del hablante que si se dirige a un destinatario que sea su jefe. Derivada de esta distinción estos autores hablan de sociedades de cortesía positiva y otras de cortesía negativa: en las primeras, la importancia de los valores de distancia social y poder relativo es menor a la hora de considerar los deseos de imagen; en las segundas, sucedería lo contrario.

➤ EJERCICIO 4.6

Utiliza estrategias de cortesía positiva o negativa para atenuar las amenazas presentes, según tu criterio, en los siguientes actos. Explica tus respuestas pensando en relaciones imaginarias de poder, de distancia social y de grado de la imposición.

1. ¡Deja de molestarme!
2. Te queda mal esa camisa.
3. ¡Devuélveme lo que te presté!
4. Si no estudias, te irá mal en ese examen.
5. Estás desaprobado en mi materia.
6. Tu trabajo es desprolijo e insuficiente.
7. No me gusta tu hermano.
8. No permitiré que vuelvas a mentirme.
9. Eres una inútil.
10. Tu padre es un vago.

4.2.4 Una crítica a la teoría de Brown y Levinson

La teoría de Brown y Levinson (1987 [1978]) a pesar de ser tan popular, también ha sido muy criticada. Vamos a repasar los dos aspectos más debatidos: universalidad y relatividad. Estos autores adoptan de Goffman (1967) la noción de imagen social y la idea de que la conversación es una fuente permanente de conflictos donde, además, los aspectos negativo y positivo de la imagen social son universales y pueden ser usados para observar la cortesía en todas las culturas; en consecuencia, es universalmente predecible que cualquier conversación puede estar plagada de actos de habla que resulten amenazantes para cualquiera de las vertientes de las imágenes sociales de los interlocutores. Sin embargo, esta concepción presenta varios problemas. Por un lado, las sociedades perciben la cortesía o la descortesía como un resultado complejo de un proceso evaluativo. Por otro lado, no todas las sociedades conciben lo que es adecuado y lo que es inadecuado de la misma manera; por ejemplo, no todas tienen una excesiva preocupación por la libertad de acción o por preservar el territorio personal (imagen negativa); este es, por ejemplo, el caso de algunas comunidades de habla hispana (por ejemplo en regiones de España o en regiones de la Argentina). Por último, si lo que es adecuado o inadecuado varía de cultura a cultura y si un comportamiento comunicativo resulta cortés o descortés dependiendo de una evaluación que los interlocutores realizan en la situación concreta a partir de criterios culturales de lo que es adecuado o inadecuado, nos encontramos ante una gran cantidad de variación cultural y situacional. En resumidas cuentas, no podemos predecir si un acto de habla va a resultar cortés o descortés basándonos en unos criterios universales.

Pensemos en el siguiente caso: si quiero decirle a un niño que no suba a un sitio peligroso, antes de expresar el mensaje mediante palabras, evaluaré mentalmente la situación y trataré de formular el mensaje de la manera apropiada según lo requieren las reglas sociales que rigen una relación comunicativa entre un niño y un adulto; así, en algunas comunidades hispanohablantes sería adecuado decir:

► EJEMPLO 4.39

¡No te subas allí! ¿Me escuchas?

En (4.39) no se emplean estrategias de cortesía lingüística: si se usaran, el niño no vería claramente el peligro ni tomaría en serio al adulto. Por eso, en dichas comunidades, no sería apropiado decirle, por ejemplo:

► EJEMPLO 4.40

Creo que no sería bueno para ti, subirte allí.

Sin embargo esta es una forma habitual de dirigirse a un niño en esta situación en la comunidad de habla sueca.

Brown y y Levinson (1987 [1978]) no pueden explicarnos convincentemente estas variaciones socioculturales. Como decíamos, estos autores parten de unas condiciones previas que consideran universales y no entienden la comunicación (des)cortés como el resultado de evaluaciones que se dan en la situación concreta a partir de unas premisas culturales. Así, por ejemplo, Matsumoto (1988) explica que los comportamientos de deferencia en la sociedad japonesa se deben al esfuerzo por ocupar el lugar social adecuado y manifestar respeto por la posición social relativa de cada miembro del grupo al dar cuenta de la dependencia del individuo frente a la colectividad. Sin embargo, de acuerdo a la teoría de Brown y Levinson (1987 [1978], 178–179), la consideración del hablante hacia los derechos de no imposición del individuo que supone la deferencia sólo puede ser explicada como una estrategia de cortesía negajytiva cuyo propósito es expresar respeto hacia la libertad de acción del receptor (1987 [1978]). Obviamente, la deferencia en la cultura japonesa no tiene el mismo fin que en la cultura anglosajona porque para la japonesa el espacio privado no es tan importante como para la anglosajona.

De lo anterior se desprende que las variables de poder relativo, distancia social y grado de imposición no explican satisfactoriamente la variación y que los aspectos de la imagen, negativo y positivo, no son universales. Para explicar la variación habría que tener en cuenta la identidad sociocultural de los propios usuarios de una lengua dada.

A partir de allí, habría que pensar que en distintas culturas e inclusive en las subculturas dentro de una misma sociedad, se observan diferentes reglas y principios para interactuar socialmente. De esa forma, la cortesía es un comportamiento estrechamente relacionado con las expectativas de comportamiento adecuado en una determinada situación.

4.3 AUTONOMÍA Y AFILIACIÓN: UNA TEORÍA DE LA CORTESÍA QUE EXPLICA LA VARIACIÓN

La teoría de la autonomía y afiliación respecto a la cortesía considera el factor sociocultural como instrumento indispensable para la interpretación y, en consecuencia, da cuenta de la enorme variación presente en sus manifestaciones lingüísticas (Bravo 1999). Esto es especialmente pertinente en el caso del español, dada la diversidad de culturas hispanohablantes donde no se pueden tener, ni se tienen, las mismas tradiciones interpretativas de lo que es adecuado y lo que no para un caribeño, un castellano, un chicano, un porteño, etc. Por otro lado, creemos que la noción de imagen social es central para una teoría de la cortesía y que, de algún modo, aunque es social, es el individuo quien la pone en juego en la conversación; es decir, la teoría no sólo debe tener en cuenta la variedad cultural, sino también la dualidad entre el Ego y el Alter, la tensión entre el individuo y el colectivo. Los términos negativo y positivo, como se ha visto, no dicen nada por sí mismos. Esas categorías no son universales sino, por el contrario, están sujetas a variación social y cultural. Sin embargo, consideramos apropiado el uso de otras dos categorías; a saber, la de autonomía, verse y ser visto como un individuo con contorno propio dentro del grupo, y la de afiliación, verse y ser visto como un individuo que se identifica con el grupo. Pensemos en un ejemplo ficticio: Carlos pertenece al equipo de fútbol de su colegio y comparte con sus compañeros una identidad de grupo; quiere que su equipo gane y hace causa común frente a los rivales (*imagen de afiliación*); ahora bien, además, no es un miembro cualquiera, se distingue por ser un buen arquero (*imagen de autonomía*).

Cada cultura resuelve la relación individuo/colectivo, ego/alter de forma distinta; en consecuencia, los aspectos de la imagen social de autonomía y de afiliación están vacíos socioculturalmente; es decir, suponemos que cada grupo social tendrá un modo diferente de considerar qué es lo que esos aspectos abarcan. Por ejemplo, en caso de que los hablantes fuesen suecos, la imagen de autonomía se referirá, entre otros contenidos, a la capacidad del individuo para bastarse a sí mismo; en cambio, si se trata de hablantes españoles, se referirá, entre otros contenidos, a la manifestación del valor de sí mismo como persona frente a otras personas. En ambos casos, se trata de la imagen social de autonomía; sin embargo, ambos grupos la *rellenan* con contenidos socioculturales distintos. Veamos la siguiente explicación tomada de Bravo (1999, 162–164):

Esto que voy a relatar ocurrió cuando acompañé a un compatriota (argentino residente en Suecia) a un servicio de urgencia de un hospital. Rodolfo, su nombre ficticio, no había estado nunca en la misma situación y no sabía que la rutina en urgencias es pedir una prueba de orina al paciente, antes de ser recibido por el médico. Al recibirlo la enfermera—nombre ficticio, Anna—le pregunta:

► EJEMPLO 4.41

Anna: ¿Quieres dejar una prueba de orina?

► EJEMPLO 4.42

Rodolfo: No, no quiero.

► EJEMPLO 4.43

Anna ((risa, a largar un recipiente a Rodolfo)): Sí, sí, sí . . .

Mientras que Anna en (4.41) produjo una *directiva atenuada*, un *mandato cortés y ritual*, vemos en (4.42) que Rodolfo interpretó una *sugerencia*. Podemos entender que Anna quiso mitigar la fuerza de su directiva mediante una pregunta por la voluntad del interpelado: aparentemente le da la opción de decir no. Rodolfo entiende esta opción como real; cree que verdaderamente tiene elección; no comprende que no se trata de una verdadera pregunta, sino de una forma cortés de imponer un ritual institucional. La forma culturalmente apropiada para que Rodolfo comprendiera la fuerza ilocutiva hubiera sido:

► EJEMPLO 4.44

¿Quiere dejar una prueba de orina, por favor?

Entonces, mientras que para Rodolfo (4.41) es un enunciado que expresa una sugerencia, solo (4.44) expresa una directiva atenuada. Ahora, para poder explicar por qué Anna y Rodolfo entienden de un modo diferente la misma expresión, es necesario conocer cuáles son las convenciones sociales, o sea, cuáles son los contextos socioculturales de referencia de los hablantes. Una de las características más básicas de la imagen de autonomía sueca es el aprecio por la independencia del individuo frente a los demás, lo cual se refleja en el deseo por bastarse a sí mismo y verse como responsable de las propias acciones. En consecuencia, creemos que resultará apropiado preguntar por la voluntad del interpelado cuando se realiza una directiva. En el contexto socio-cultural de Rodolfo, por el contrario, se trata de una combinatoria de contenidos de imagen de afiliación. Vamos a detenernos aquí para poder explicarlo con más detenimiento.

En (4.44) se usa la expresión cortés *por favor*. En muchas culturas hispánicas, los principios de reciprocidad y de generosidad se reflejan en pedidos donde se recurre a ella. Así, se expresa la debida deferencia en la conversación, ubicando al requerido (la persona a quien se le pide algo) en una posición relativa superior a quien hace el pedido (el solicitante). De esta forma, en (4.44) es el destinatario, el receptor del pedido, en este caso Rodolfo, quien tiene el poder de conceder "el favor". En consecuencia, en (4.44) la atenuación de la directiva tiene el valor de una fórmula de respeto dirigida a la necesidad de afiliación del interpelado (Rodolfo).

A modo de ejemplo, el siguiente cuadro traslada gráficamente el análisis de la expresión de Anna (4.41) siguiendo el razonamiento explicado:

Cuadro 4.3

ENUNCIADO DE ANNA	*¿Quieres dejar una prueba de orina?*	
	INTERPRETACIÓN DE ANNA	INTERPRETACIÓN DE RODOLFO
Convención social	Rodolfo es responsable por sus actos e independiente de Anna	Se debe deferencia a quien concede un pedido
Contenidos de imagen	Verse/ser visto responsable por los propios actos e independiente de otras personas	Verse/ser visto como una persona que merece respeto y que es generoso y hace favores a los demás
Comportamientos	No manifestar que Rodolfo no es responsable por sus actos o que depende de Anna no diciéndole lo que tiene que hacer	Manifestar deferencia dejando al requerido en una posición relativa superior a la del solicitante; apelar a la generosidad del requerido
Necesidad	Autonomía	Imagen de afiliación y de autonomía

El *por favor* suele estar presente en la mayoría de las directivas tanto en relaciones de considerable distancia social como en las más cercanas, pero puede ser remplazado por otras fórmulas de respeto y afecto referidas a la relación social entre las personas implicadas en la interacción. Ante personas desconocidas se puede decir: *Si fuera tan amable . . .* , *Le agradecería que . . .* , *Si no le es molestia . . .* etc.; ante personas conocidas o familiares: *Hazme un tecito, mami*; *Alcánzame la servilleta, flaco*; *Pregunta quién está al teléfono, abuelita*.

4.3.1 Actos corteses[9]

La cortesía tiene distintas formas. En algunos casos puede ser atenuadora de la fuerza ilocutiva de actos de los cuales puede interpretarse una amenaza a la imagen social, pero en otros también se puede expresar mediante actos corteses que, aunque puedan ser reconocidos en todas las culturas, no se realizan siempre de la misma manera y con el mismo significado. Por ejemplo, el estudio del acto de saludar en la pragmática tradicional consistía en hacer un registro de las expresiones más usadas en esa comunidad. Sin embargo, ese método no nos permite saber a quién saludar, cómo hacerlo, por qué y cuándo. Lo que falta es la consulta al usuario acerca del orden social, de la posición de los roles y de los derechos y obligaciones de cada uno. Además, hay que saber cuál es el ritual adecuado para cada situación. Por ejemplo, cada cultura tiene reglas sobre si se saluda o no a una persona desconocida en el ascensor, o si se vuelve o no a saludar a una persona a la que ya se ha saludado. Es importante examinar de qué depende que se opte por un comportamiento en vez de por otro, etc.

Los ejemplos de saludos de abajo se dan desde la base de que soy argentina de Buenos Aires (BB.AA.). Estas observaciones las hago dentro del contexto de lo que supongo que comparto con los usuarios del español de la ciudad de BB.AA., en Argentina.

► EJEMPLO 4.45

1. Hola, ¿qué tal?
2. Bien, y ¿vos?

► EJEMPLO 4.46

1. Hola, ¿cómo estás?
2. Bien, (cuenta cómo está realmente)

Puedo decir que en (4.45) la pregunta *¿qué tal?* es más retórica que *¿cómo estás?* en (4.46). En la primera, la opción habitual es la de no responder dando información personal mientras que lo contrario ocurre en la segunda. Los saludos no son actos aislados, sino integrados a un escenario de cortesía dentro de un contexto sociocultural. Esto provoca que se tengan expectativas de comportamiento dependiendo de los roles de los actores en el intercambio comunicativo. Un comentario relevante para los ejemplos (4.45) y (4.46) es que se presentan en contextos ritualizados (la situación del saludo), en los cuales se incluyen *fórmulas de cortesía* (por ejemplo, decir: *hola*). En este tipo de casos, es necesario consultar al usuario de la lengua para recoger datos acerca de cuáles son las normas sociales que rigen estos comportamientos. Asimismo, podemos dividir las interacciones en actos (principales) y subactos (que se desprenden de los anteriores). En lo que sigue se explica cómo.

4.4 EL ANÁLISIS DEL DISCURSO PARA EL ANÁLISIS DE LA CORTESÍA[10] DESDE UN PUNTO DE VISTA SOCIAL

En el modelo de análisis que presentamos a continuación, se toma en cuenta que la comunicación es una actividad humana inserta en otras actividades humanas, donde los actos que se realizan son comunicativos y exceden los incluidos en la lista de actos de habla de Searle (1969). Por este motivo, y también a causa de que en el habla se utilizan recursos no sólo verbales, sino también no verbales, preferimos hablar de actos comunicativos en vez de actos de habla. La realización de actos comunicativos hace explícitos los objetivos comunicativos de los hablantes. También nos referiremos a cortesía comunicativa en vez de a cortesía lingüística, ya que la primera incluye la segunda, y a la interpretación de efectos sociales de cortesía y de descortesía.

Para entender esto mejor, miremos el intercambio (4.47)–(4.53) en el cuadro[11] que se da, en BB.AA., entre dos amigas, María y Luisa, cuando María está de visita y le pide consejo a su amiga Luisa. Ella quiere comprar un automóvil a pesar de que no sabe manejar. Utilizo mi propia experiencia como hablante de esa comunidad para hacer la interpretación, es decir que me valgo de la introspección. Veamos el Cuadro 4.4:

Cuadro 4.4

4.47) María 1):	el auto lo necesito, porque tengo casi dos horas de tren, por ruta se me va a menos de la mitad, ¿vos qué decís?	Acto: Pedir consejo Subacto: Dar razones
4.48) Luisa 1):	pero la ruta es peligrosa y no sabés manejar	Acto: Dar consejo Subacto: Desatender los deseos de María Subacto: Dar razones
4.49) María 2):	es cierto y, además, tengo que aprender, ¿crees que ya no estoy en edad?	Acto: Aceptar consejo Acto: Pedir consejo
4.50) Luisa 2):	creo que podés aprender, pero el estado de las rutas no lo vas a cambiar por eso.	Acto: Dar consejo Subacto: Desatender los deseos de María Subacto: Dar razones Estrategia: Justificar

4.51) María 3):	tenés razón, a veces es mejor perder tiempo a la corta para ganarlo a la larga, ¿no?	Acto: Aceptar consejo Estrategia: Hacer broma
4.52) Luisa 3):	((risas))	Coparticipar
4.53) María 4):	((risas))	Coparticipar

Nuestro conocimiento de la relación de amistad que une a María y a Luisa nos permite interpretar objetivos o actos en estas contribuciones. En (4.47 y 4.49 del cuadro 4) se produce un pedido de consejo, cuya respuesta tiende a convencer a María, por su propio bien, de que no compre el automóvil. El acto de dar consejo no implica amenaza ya que ha sido solicitado y la relación existente entre las interlocutoras permite a Luisa realizarlo. El clima social es distendido y el episodio se cierra con una estrategia afiliativa de fuerte carga social positiva: las risas compartidas. En general podemos considerar que en este episodio se muestra cómo los roles de amistad son jugados con éxito en cuanto al efecto de cortesía.

Las categorías que hemos utilizado en el análisis para registrar los datos son las de "acto", que se entiende como el objetivo comunicativo. Luego, viene el "subacto", que se interpreta como otro subobjetivo; es decir, uno que se deriva del primero y que resulta ser una "estrategia" (para nombrar al modo en que cierto acto es realizado). De esta forma, en el enunciado (1) de María, se pide consejo, pero, al mismo tiempo, se dan razones de por qué ella quiere comprar el auto. El pedir consejo constituiría el acto y el subacto sería "dar razones". En (1), Luisa responde al acto, pero también da razones por las que ella no cree en la compra del auto. En la clasificación del enunciado de Luisa, clasificamos dos objetivos comunicativos: uno el acto de "dar consejo" y luego el instrumento mediante el que este acto se realiza: "dar razones", el "subacto". En respuesta a esto, María en el enunciado (2) vuelve a pedir consejo a Luisa, quien, en (2), descarta el argumento de María (la edad) y nuevamente desaconseja la compra del automóvil a causa del estado de las rutas. En el enunciado (3), María contesta con una broma. En este contexto no podemos considerar que ese enunciado sea un acto ya que la broma no ha sido hecha para cumplir en sí misma con un objetivo temático congruente, sino como un comportamiento comunicativo que modaliza el acto de aceptar el consejo en forma positiva en lo interpersonal, es decir, que es una estrategia.

Ahora bien, la clasificación que hemos hecho arriba depende de la interpretación de los hablantes (u observadores). Así, por ejemplo, si creyéramos que la respuesta de Luisa desatiende los deseos de María y que esta última considera que la respuesta preferida sería que Luisa apoyara su decisión de comprarse un automóvil, podríamos pensar que estamos en presencia de una amenaza ("desatender los deseos de María") y, tal vez, en una intención atenuadora en el dar razones ("justificar"). Un dato importante es la presencia de la broma compartida, que nos hace interpretar que en este contexto no hay amenazas. En Luisa (3) y en María (4), las risas son clasificadas como "coparticipar": se comparten las risas; se produce una contribución que colabora con la del hablante. Estas coparticipaciones no son actos (porque no expresan un objetivo comunicativo que permite el progreso de los temas que se están tratando) ni estrategias (el modo de realizar un acto) pero sí actividades comunicativas que, en este caso, tienen el valor de expresar actitudes interpersonales positivas y que incluimos entre las "actividades de cortesía". El pedido de consejo cumple aquí con condiciones de sinceridad ya que quien lo solicita no tiene ninguna decisión preferencial previa y que deja en ese caso las manos libres a su interlocutora.

➤ EJERCICIO 4.7

Aplica las categorías del modelo de actos, subactos y estrategias, presentado arriba, para analizar la siguiente conversación:

Situación: Buenos Aires. Santiago entra en un bar y ve a su amiga Pamela sentada en una mesa leyendo . . .

Cuadro 4.5   Conversación entre Santiago y Pamela

Santiago	1):	¡Hola! Pamela . . . tanto tiempo sin verte.
Pamela	1):	Mmm . . . este libro está realmente interesante . . . ¿cómo estás?
Santiago	2):	Bueno . . . no quisiera interrumpirte . . .
Pamela	2):	¡Para nada! ¡sentáte . . . !
Santiago	3):	Gracias . . . ¿Cómo anda Alberto?
Pamela	3):	Bien . . . y ¿Adriana? ¿Te pido un café?
Santiago	4):	No . . . disculpame . . . pero no ando muy bien del estómago.
Pamela	4):	¿Un tecito entonces?
Santiago	5):	Bueno . . . eso sí que podría ser . . . con limoncito . . .
Pamela	5):	Por supuesto . . . ¡Oiga, mozo!
Mozo	1):	¡Ya va . . . ! ¿No ve la gente que hay, señorita?
Pamela	6):	¡Qué tipo bruto . . . !
Santiago	6):	Es bastante gaucho[12] . . . ¡Ché!
Pamela	7):	Hay que ponerse en el lugar . . . Está hasta el tope[13] . . .
Santiago	7):	Se te ve distinta . . .
Pamela	8):	¿Gorda querés decir? Tuve un período complicado con Alberto, ¿sabés?

Santiago 8):	A mí me pasó lo mismo . . . Se me daba por las papas fritas . . . Te mantienen ocupado, ¿viste?

4.5 EFECTO SOCIAL DE CORTESÍA

En los ejemplos que siguen mostramos contextos que difieren en cuanto a la evaluación del grado de conflicto interpersonal y cómo esto influye si interpretamos que hay o no efecto social de cortesía. Este concepto nos permite saber si lo que se ha hecho para comunicar la cortesía ha tenido un efecto positivo en la relación interpersonal o no. Aquí veremos que los esfuerzos por ser cortés no siempre tienen sus frutos.

En el Cuadro 6 vemos el intercambio (4.54)–(4.56) donde Adela se encuentra con su amiga Clara, a quien no ve desde hace algún tiempo, en una calle de BB.AA. Conversan un rato y luego como ambas deben irse a sus respectivos trabajos:

Cuadro 4.6

4.54) Adela 1):	¿Te parece que nos encontremos mañana en La Paz[14] a tomar un café?	Acto: invitación (+ cortesía, + amenaza) Acto: preguntar si quiere (neutral, + atenuación) Subacto: arreglar la cita (neutral)
4.55) Clara 1):	Sí por supuesto, pero mañana no puedo, tengo que ir a buscar a Pablito a la academia. ¿Qué te parece el miércoles?, yo puedo a las cinco y media.	1. Acto: aceptar la invitación (+ cortesía) 2. Acto: poner impedimentos (+ amenaza) Estrategia: dar justificaciones (+ atenuación) 3. Acto: arreglar la cita (neutral)
4.56) Adela 2):	Claro que sí, no hay problema	1. Acto: aceptar el arreglo de la cita (+ cortesía) Estrategia: mostrar entusiasmo/ complacencia (+ cortesía)

En este ejemplo podemos observar algunas funciones de cortesía de los comportamientos de las participantes. En (4.54) tenemos una invitación. Aunque hacer una invitación sea cortés, una invitación siempre requiere una respuesta, entonces al interlocutor se le pone en el compromiso de aceptar (la respuesta preferida). En este sentido podemos decir que la invitación tiene un cierto componente amenazante. En la contribución (4.55), Clara acepta la invitación, comportamiento que constituye la respuesta preferida y que confirma los roles adoptados por las participantes dentro del ritual cortés: del que invita y del que es invitado. No obstante, luego da una respuesta no preferida: pone impedimentos; Clara no puede encontrarse en el momento propuesto por Adela. Aquí hay amenazas propias de un rechazo y entonces sí estamos ante una estrategia atenuadora: la justificación ("tengo que ir a buscar a Pablito a la academia"); luego le sigue un acto "neutral": el arreglo de la cita ("¿qué te parece el miércoles, yo puedo a las cinco y media?"). Adela en (4.56) lo acepta, respuesta cortés, pues coincide con la respuesta preferida por su interlocutora; además, a esto se agregan las expresiones "claro" y "no hay problema", mediante las que se muestra una actitud positiva hacia la relación que mantiene con su interlocutora. Estos comportamientos no son atenuadores; más bien agregan efecto de cortesía al acto de aceptar, ya considerado cortés.

Como se desprende del análisis realizado, el intercambio, en términos de actos, nos ayuda a decidir cuál es el efecto de cortesía que resulta de los comportamientos en ese contexto en particular. En el ejemplo que acabamos de comentar, se cumple con el ritual de la invitación y el efecto de cortesía es el deseable, ya que ambas participantes colaboran en lograr un óptimo efecto de cortesía. Ahora, tomando como base el intercambio anterior, consideremos lo que sucedería si este intercambio se hubiese llevado a cabo como en el Cuadro 4.7:

Cuadro 4.7

4.57) Adela 1):	¿Te parece que nos encontremos mañana en La Paz a tomar un café?	1. Acto: invitación (+ cortesía, + amenaza) 2. Acto: preguntar si quiere (neutral, + atenuación) 2.1. Subacto: arreglar la cita (neutral)
4.58) Clara 1):	Sí, por supuesto, pero mañana no puedo, tengo que ir a buscar a Pablito a la academia.	1. Acto: aceptar la invitación (+ atenuación, + amenaza) 2. Acto: poner impedimentos (+ amenaza) Estrategia: dar justificaciones (+ atenuación)

4.59) Adela 2):	¿Qué te parece el miércoles?, yo puedo a las cinco y media.	1. Acto: dar nuevo arreglo de la cita (+ cortesía, + amenaza)
4.60) Clara 2):	En realidad, estoy bastante ocupada toda la semana, te llamo en todo caso, ¿está bien?	1. Acto: Rechazar el nuevo arreglo de la cita (+ amenaza) 1.1. Subacto: poner impedimentos (+ amenaza) Estrategia: dar justificaciones (+ atenuación) Estrategia: postergar la respuesta despreferida (+ atenuación)
4.61) Adela 3):	Pero por supuesto, cuando vos quieras, nos vemos entonces, chau, chau.	1. Acto: aceptar el rechazo (atenuación) 2. Acto: aceptar la postergación (atenuación)

Ahora, a pesar de que se realicen actividades de cortesía, puede haber cambios negativos en el efecto de la cortesía. Esto se debe a la presencia de amenazas cuyo grado de intensidad es mayor que el que observamos en el ejemplo anterior. La presencia de estas amenazas hace que el grado de conflicto interpersonal aumente y, en consecuencia, que las actividades de cortesía tengan un efecto menor. Por lo pronto, en (4.58), aunque Clara acepta la invitación, esta se desvirtúa luego cuando se observa en (4.60) que, en realidad, no puede o quiere aceptarla. En este ejemplo, la presencia de la descortesía implícita produce una ruptura en el ritual. No obstante, se puede interpretar la aceptación aparente de la invitación como una forma de ocultar el rechazo a la misma y, por lo tanto, de alguna forma, es cortés ya que constituye una atenuación al rechazo. Sin embargo, al mismo tiempo, este acto se carga de amenazas al evaluarse como falso. El acto cortés de Adela en (4.59) de volver a dar una oportunidad a la respuesta favorable a la invitación, también sufre una revalorización negativa desde el punto de vista de Clara. Ella, en realidad, puede sentirse presionada a tener que llamar. Al postergar la decisión se procura reparar, por el momento, el efecto negativo del rechazo y por ello lo hemos interpretado como una atenuación.

Cuando hablamos del efecto de la cortesía, queremos observar si los comportamientos comunicativos han tenido el resultado esperado en la relación interpersonal o no; al comparar estos dos ejemplos, comprobaremos la relación entre, por un lado, el conflicto y el efecto de la cortesía y, por el otro, de los comportamientos amenazantes y corteses.

Hay una gran diferencia entre la forma en que se responde a la invitación en los dos casos. Mientras que el rechazo a la invitación en (4.54)–(4.56) es leve, en (4.58)–(4.61) es bastante amenazante. En efecto, en el primer caso, Clara, aunque no puede reunirse a la hora indicada y da una "excusa" ("tengo que ir a buscar a Pablito a la academia"), termina por aceptar la invitación. Así pues, en (4.55), cuando es ella misma quien dice: "¿qué te parece el miércoles?, yo puedo a las cinco y media", no resulta conflictivo; en cambio, en (4.59), cuando lo dice Adela, presenta una amenaza para la imagen social de Clara: esta puede sentirse presionada a hacer más explícito el rechazo en beneficio de la comprensión ya que en la invitación de Adela (4.59) no hay atenuación, no se dan muchas opciones a Clara. De esta forma, aunque sí hay un alto grado de cortesía en la formulación del enunciado, no ocurre lo mismo en el efecto si pensamos en qué posición se encuentra Clara. Así las cosas, en su respuesta en (4.60): "En realidad estoy bastante ocupada toda la semana, te llamo en todo caso, ¿está bien?", el grado de conflicto es muy alto y el efecto de cortesía es casi nulo: a pesar de las estrategias corteses de formular tanto una justificación como una postergación del encuentro, esta aceptación se atenúa, se difumina y casi se oculta por completo. Esto parece un rechazo que produce un efecto de cortesía bastante negativo: se incurre en una nueva amenaza, pues puede interpretarse que Clara ha actuado con falsedad. Ante (4.60), en (4.61), "Pero por supuesto, cuando vos quieras, nos vemos entonces, chau, chau", se observa que hay un alto nivel de conflicto. Las expresiones "por supuesto" y "cuando vos quieras", refuerzan la cortesía de la aceptación, pero no son, a nuestro criterio, suficientes para lograr un efecto elevado de cortesía a causa del conflicto interpersonal que se manifiesta en este intercambio.

Seguidamente, veremos cómo los comportamientos de los ejemplos anteriores pueden interpretarse en términos de imagen social. Recordemos que estos ejemplos son artificiales y que constituyen sólo una ilustración del procedimiento que seguiremos al analizar un 'corpus' natural. En consecuencia, para poder hacer la mencionada interpretación en términos de imagen social debemos recordar su contexto socio-cultural: Adela y Clara son amigas, no se han visto durante algún tiempo, el encuentro se produce en BB.AA. donde una situación de este tipo está bastante ritualizada. Sin ese tipo de datos, no podríamos hacer interpretaciones en el nivel social de la comunicación, donde se ubica la cortesía. También necesitamos saber cuál es la actuación adecuada y habitual en situaciones similares. Esto constituye el conocimiento que tenemos de las convenciones sociales que subyacen al encuentro. El conocimiento de las convenciones mencionadas es lo que denominamos "premisa socio-cultural" (cf. Bravo 1999, 168–175). Sabemos, como hablantes de esta cultura, que la invitación aquí está condicionada por el hecho de que no se han visto durante un período de tiempo y deben, de algún modo, retomar la relación. Es decir que esa invitación tiene las características de un intento de reencuentro. Tomamos como premisa general que la persona que invita deberá mostrar generosidad y dar a la invitada un espacio suficiente para lograr de ella la respuesta preferida, o sea, la aceptación. Sin embargo, la responsabilidad de la invitada es importante en este contexto, deberá, para no resultar descortés, mostrar interés y colaborar activamente en dar la respuesta preferida.

Como ya hemos explicado, los aspectos de la imagen social de autonomía y de afiliación no constituyen realidades dadas sino categorías vacías que deben rellenarse con los contextos socioculturales adecuados. Recordemos: por afiliación entendemos el deseo de percibirse y ser percibido como parte del grupo; por autonomía, el serlo teniendo un contorno propio (cf. Bravo 1999, 160, y Bravo 2008). También hemos subrayado que no se trata de explicar las diferencias entre las necesidades de autonomía y las de afiliación en términos dicotómicos, sino de considerar que en muchas sociedades de habla hispana no sólo se complementan, sino que, con frecuencia, se confunden en un único aspecto. En nuestros ejemplos, las participantes deberán confirmarse con sus comportamientos comunicativos en el rol que les toca jugar, ya sea de quien invita como de quien es invitada, para así lograr beneficios tanto para su imagen de afiliación como para la de autonomía. En el aspecto de la afiliación lograrán identificarse con deseos compartidos con su interlocutora; en el de autonomía, mostrarán sus cualidades positivas al esmerarse, precisamente, en conseguir estos logros. Y esto es así tanto en el sentido de conseguir efectos positivos para la imagen social como en el de conseguir efectos negativos. Para poder explicar estos criterios de análisis hemos ordenado comparativamente los comportamientos comunicativos de los ejemplos (4.54)–(4.56) y (4.57)–(4.61) en los siguientes cuadros y tenido en cuenta la imagen de quién resulta afectada (en la columna "imagen"):

Cuadro 4.8. Ejemplos (4.54–4.56, véase Cuadro 4.6)

Referencia	Comportamiento	Necesidad	Imagen	Efecto de cortesía
1. Adela 1)	invitar	filiación	ambas	+
-"-	preguntar si quiere	afiliación autonomía	interlocutora propia	+ +
2. Clara 1)	aceptar invitación	afiliación	ambas	+ +
-"-	poner impedim.	afiliación	ambas	−
-"-	dar justificaciones	afiliación autonomía	ambas interlocutora	+
3. Adela 2)	aceptar el arreglo	afiliación	ambas	+
-"-	Mostrar entusias./ compl.	afiliación autonomía	ambas propia	+ +

Cuadro 4.9   El cuadro 4.9 representa los ejemplos (4.57–4.61 véase Cuadro 4.7)

Referencia	Comportamiento	Necesidad	Imagen	Efecto de cortesía
1. Adela 1)	invitar	afiliación	ambas	+
-"-	preguntar si quiere	afiliación autonomía	interlocutora propia	+
2. Clara 1)	aceptar invitación	afiliación	ambas	− / +
-"-	poner impedim.	afiliación autonomía	ambas propia	−
-"-	dar justificaciones	afiliación autonomía	ambas interlocutora	+ +
3. Adela 2)	dar nuevo arreglo	afiliación autonomía	ambas interlocutora	+ −
4. Clara 2)	rechazar arreglo	afiliación autonomía	ambas ambas	− −
-"-	poner impedim.	afiliación	ambas	−
-"-	dar justificaciones	afiliación	intelocutora	+
-"-	postergar	afiliación autonomía	ambas ambas	+ +
5. Adela 3)	aceptar el rechazo	afiliación autonomía	interlocutora propia	+ +
-"-	aceptar la postergación	afiliación autonomía	interlocutora propia	+ +

En el Cuadro 4.9, la pregunta de Adela sobre si Clara quiere encontrarse con ella está destinada tanto a darle lugar a Clara para una respuesta preferida, como a resguardar la propia imagen de un posible rechazo (autonomía). En 2, Clara (1), al aceptar la invitación, beneficia las imágenes de afiliación de ambas. Sin embargo, al poner impedimentos se ven afectadas, otra vez, las imágenes de afiliación de ambas interlocutoras. Al dar justificaciones, se atenúa el posible riesgo a la imagen de la interlocutora (su autonomía) y, en consecuencia, se beneficia la afiliación. En 3, Adela (2) da un nuevo arreglo de cita donde se procura prevenir la pérdida de imagen de afiliación de ambas participantes; sin embargo, al mismo tiempo, esto supone un riesgo para la imagen de autonomía de la interlocutora, de nuevo se apuesta por la respuesta favorable que supondría la aceptación de este segundo arreglo. Por el contrario, en 4, Clara (2) lo rechaza. Esto afecta tanto las imágenes de afiliación como las de autonomía de ambas participantes, el riesgo de pérdida de imagen, en el sentido de ser consideradas personas no valiosas socialmente, es grande; parece que sufren tanto la afiliación, los deseos que comparten, como la autonomía, la valoración de los individuos como poseedores de cualidades. Por los mismos motivos, al postergar la decisión del reencuentro también ambas imágenes estarían siendo afectadas. Al aceptar el rechazo y la postergación, Adela, al tiempo que procura no perder niveles de afiliación con su interlocutora, trata de disimular los daños a su imagen de autonomía; Adela simula que no hay ofensa para evitar la pérdida "en público" de su propia imagen.

> ➤ EJERCICIO 4.8

Analiza nuevamente la conversación del ejercicio (4.7), clasificando los actos, subactos y estrategias en amenazantes, atenuadores o neutrales. Imagina un contexto para esta situación y discute el nivel de conflicto interpersonal y, en relación con este, la interpretación del efecto social de cortesía.

4.6 CONCLUSIONES

Como vimos, la cortesía es objeto de estudio de la pragmática, pero esta, en su orientación tradicional, no es suficiente para dar cuenta de la extrema sensibilidad del fenómeno de la cortesía al contexto sociocultural. Con este motivo hemos presentado aquí una perspectiva más flexible y especialmente diseñada para dar cuenta de esta diversidad sociocultural en la interpretación de los enunciados y del derecho de los usuarios de una lengua a que esta sea estudiada teniendo en cuenta las premisas culturales de la comunidad de pertenencia, sin reducir los marcos teóricos a esquemas rígidos y universalistas. Esta orientación que relaciona la interpretación de los comportamientos comunicativos en contexto de las expresiones comunicativas con la realidad del usuario de la lengua, se denomina "pragmática socio-cultural"[15].

Cerremos este capítulo con la definición de cortesía de Bravo, ya que no existe otra que limite, del modo que esta lo hace, las características que la distinguen de otros fenómenos lingüísticos y comunicativos: "Una actividad comunicativa cuya finalidad propia es quedar bien con el otro y que responde a normas y a códigos sociales que se suponen en conocimiento de los hablantes. Este tipo de actividad en todos los contextos considera el beneficio del interlocutor. El efecto que esta actividad tiene en la interacción es interpersonalmente positivo" (Bravo 2005, 34).

Obras citadas

Bravo, Diana. *La Risa en el Regateo: Estudio Sobre el Estilo Comunicativo de Negociadores Españoles y Suecos*. Stockholm: Institutionen för spanska och portugisiska, Stockholms universitet, 1996.

————. "¿Imagen 'positiva' vs. imagen 'negativa'? Pragmática socio-cultural y componentes de face". *Oralia* 1 (1999): 155–184.

————. "Negociación de 'face' e identidad en discursos académicos." *SIIS* 2.6 (2000). http://www.ispla.su.se.

————. "Categorías, tipologías y aplicaciones: Hacia una redefinición de la cortesía comunicativa" En *Estudios de la (des) Cortesía.*" En *Español: Categorías Conceptuales y Sus Aplicaciones a Corpus Orales y Escritos*, editado por Diana Bravo, 21–52. Programa EDICE, Buenos Aires: Dunken, 2005.

————. "The implications of studying politeness in Spanish contexts: A discussion." *Pragmatics* 18.4 (2008): 577–603.

————. "Pragmática, sociopragmática y pragmática sociocultural del discurso de la cortesía. Una introducción." En *Aportes Pragmáticos, Sociopragmáticos y Socioculturales a los Estudios de la Cortesía*, editado por Diana Bravo, Nieves Hernández Flores y Ariel Cordisco, 31–68. Estocolmo/Buenos Aires: Dunken, 2009.

Brown, Penelope, y Stephen C. Levinson. *Politeness: Some Universals in Language Usage.* Cambridge: Cambridge University Press, 1987 (1978).

Goffman, Erving. *Interaction Ritual. Essays on Face-to-Face Behavior.* New York: Doubleday Anchor Books, 1967.

Grice, Paul H. "Language and conversation. En *Speech Acts, Syntax and Semantics 3.* Editado por Peter Cole y Jerry Morgan, 41–58. New York: Academic Press, 1975.

Leech, George. *Principles of Pragmatics.* London/New York: Longman, 1988 (1983).

Matsumoto, Yoshiko. "Reexamination of the universality of face: Politeness phenomena in Japanese." *Journal of Pragmatics* 12.4 (1988): 403–426.

Searle, John R. *Actos de Habla.* Madrid: Cátedra, 1969.

————. "Indirect speech acts." En *Syntax and Semantics*, editado por Peter Cole y Jerry Morgan, 59–82. New York: Academic Press, 1975.

Thomas, J. "Cross-cultural pragmatic failure." *Applied Linguistics* 4, 2 (1983): 91–112.

Notas

1. Uso del voseo característico del español hablado en la Argentina. En el Río de la Plata se dice "decis" y no "dices"; "vos, dejame" en lugar de "tú, déjame".

2. Searle (1975), continuador de la teoría de los Actos de Habla presentada por Austin, introdujo la teoría de los actos de habla indirectos.

3. Uso del *vos* en el Río de La Plata; "vos—dejame" en lugar de "tú—déjame".

4. Lo mismo que en el caso anterior.

5. Lo mismo que en los dos casos anteriores.

6. Ver en Bravo (1999).

7. Véase Brown y Levinson (1987) y Thomas (1983).

8. Véase el ejemplo (4.19).

9. Este apartado se basa en Bravo (2009).

10. Este apartado tiene como fuente a Bravo (2000).

11. En el ejemplo, la numeración que precede al nombre de la participante corresponde al modo como convencionalmente se ha ordenado la secuencia de contribuciones comunicativas.

El número, con un paréntesis, que sigue al nombre de la participante corresponde a una contribución comunicativa de dicho hablante.

12. Servicial, solidario, tiene buena actitud.
13. Hay mucha gente.
14. Bar en Buenos Aires.
15. Bravo (2009).

5

ANÁLISIS DE LA CONVERSACIÓN

DALE A. KOIKE Y MEMORIA C. JAMES

Reflexiones preliminares

1. ¿Qué es la conversación?
2. ¿Qué hace a la conversación distinta de otras formas de discurso?
3. ¿Cómo se organizan los interlocutores a la hora de tomar la palabra durante una conversación? ¿Hay algún orden?

5.1 INTRODUCCIÓN

El análisis de la conversación (AC) es una metodología de análisis del habla que se deriva de la tradición etnometodológica. La etnometodología estudia los métodos que la gente utiliza para poder entender su mundo y para *producir órdenes sociales que se puedan reconocer* (Garfinkel 2002, 6). Por ello, la etnometodología se dirige a explicitar los procedimientos por los que el orden social se produce y se comparte en ese grupo. Las investigaciones etnometodológicas se centran en una descripción de los métodos de la vida diaria por los cuales los grupos sociales logran su orden social; por ejemplo, por medio de su trabajo, sus rutinas, y su habla coloquial. Efectivamente, en este tipo de estudios, resulta fundamental el análisis del habla, ya que por medio de ella se representa el mundo. Por ejemplo, pensemos en un grupo de vaqueros (etno-, o un grupo social) que haya inventado un método especial para guiar a las vacas y una terminología especial para transmitirse mutuamente información.

En ese caso, la etnometodología estudiaría con detalle la terminología de esos vaqueros pues es con ella que estos han organizado su experiencia social y su rutina diaria.

Por eso, el AC, tal como lo han definido los fundadores de la metodología, Sacks, Schegloff, y Jefferson (1974), forma parte de esa tradición etnometodológica. Estos intentan describir el orden social del ser humano por medio de lo que se expresa a través de sus conversaciones cotidianas con otros, sin limitarse a conversaciones informales, sino a todo tipo de discurso que ocurre en la vida. Así, se incluyen las conversaciones formales, el habla por medio de otros medios de comunicación como son la radio y la televisión (piénsense en los animadores de un show, o en los debates) etc. Entonces, el objetivo central del AC sería la descripción y la explicación de las competencias (intuiciones, conocimiento lingüístico y sociocultural) que la gente utiliza para poder participar de una manera coherente e inteligible en interacciones sociales organizadas que además reflejan un ordenamiento social que estos siguen y recrean a través de la lengua.

➤ EJERCICIO 5.1

¿Puedes pensar en otro grupo o comunidad humana que tenga un estilo lingüístico particular para organizar su mundo y su trabajo? ¿Sería de interés estudiar ese lenguaje? ¿Por qué?

Vamos a tomar otro ejemplo para ilustrar el significado de aquello que hemos explicado anteriormente en cuanto al estudio del habla. Digamos que hay dos amigas en la facultad de lenguas modernas que conversan, y una parte de su conversación es la que se observa en el ejemplo (5.1):

➤ EJEMPLO 5.1

1   Juana: Bea me dijo que va a tener una fiesta en su casa este fin de semana.

2   Mina: ¿Sí? ¿Es su cumpleaños?

3   Juana: Sí, ha invitado a mucha gente y va a haber un conjunto de música y mucha comida.

4   Juana: Va a ser una fiesta muy divertida.

5   Mina: Yo quiero ir también. ¿No me puedes llevar contigo?

6   Juana: Bueno, eh, no sé decirte. Es que tengo que hablar con ella para ver si se puede invitar.

7   Juana: a otros amigos. Después de llamarla esta noche, te hablo. Espera un ratito.

Como vemos en la línea 5, la conversación cambia de rumbo porque Mina hace una solicitud. Se puede notar que Juana no quería responder directamente a esa petición de Mina ni afirmativa ni negativamente. Esto se nota porque Juana emplea ciertas señales lingüísticas (i.e. "bueno, eh, no sé qué decirte") que indican que ella está vacilando y que, además, le cuesta no poder dar una la respuesta preferente por su interlocutora, es decir la que Mina quería oír: que sí podía acompañarla. Ese tipo de señales lingüísticas forma parte del orden que los estudiantes universitarios (y la gente en general) sigue para poder mantener una coherencia y cohesión en sus intercambios diarios. Asimismo, según la perspectiva etnográfica, la conversación muestra el orden social a respetarse: un invitado a una fiesta no puede invitar a otros a esta; debe consultar con la persona que da la fiesta para que lo haga. Además, como no hay una respuesta rápida y concisa, sino que se alarga y también se dan explicaciones se puede derivar que la respuesta preferente a un pedido es una aceptación. Se discutirán estos puntos en otras secciones de este capítulo.

Entonces, la meta general del análisis de la conversación es examinar el discurso de los hablantes para hallar los rasgos de su discurso que ilustren cómo organizan su manera de comunicarse con los otros por medio de la modalidad oral (aunque a veces se estudian otros canales).

Los analistas que siguen el AC hacen hincapié en no discutir a priori una teoría de la lengua ni su metodología, ya que su objetivo último es, más bien, estudiar empíricamente el discurso. Por ello, resulta importante no dar hipótesis explícitas, ni tampoco muchos detalles sobre las situaciones, ni las personas que forman parte del estudio; asimismo no hay muchas descripciones de cómo se obtienen los datos. Tampoco suele haber una descripción de su manera de categorizar los datos, ni tampoco hace ninguna cuantificación de los datos en términos estadísticos. Lo que sí se encuentra en los estudios es una descripción detallada de las grabaciones dado que los datos suelen provenir de una interacción oral y de los procedimientos y recursos usados por los participantes. La idea subyacente del AC es la de Garfinkel (1967, 1) por la que se estima que las actividades del comportamiento, el entendimiento, y las reacciones a estos se hacen por medio de procedimientos comunes que todos asumen, conocen y por eso siguen para mantener un orden social en sus interacciones (Atkinson y Heritage 1984, 1). Estos recursos también sirven para solucionar problemas en la comunicación cuando estos surgen.

5.2 EL MÉTODO DE ANÁLISIS

Los analistas del AC insisten en que los datos a ser examinados provengan de grabaciones de audio o video de "episodios" o eventos de habla que ocurran naturalmente. Es decir, no se usan datos artificiales, experimentales o de ningún contexto manipulado externamente. En general, los contextos rechazados por estos analistas por considerarlos no espontáneos son: (1) entrevistas en las que los participantes expresan opiniones y actitudes o descripciones de cosas o eventos no conocidos por el investigador; (2) observaciones en base a apuntes que describen lo visto o lo oído; (3) ejemplos inventados basados en las intuiciones del investigador mismo, siendo miembro de ese grupo investigado; y (4) metodologías experimentales. Entonces, solamente se utilizan datos que emergen de interacciones espontáneas y naturales que luego se transcriben detalladamente para hacer claro qué se dice y lo que pasa en el transcurso de la interacción. Ahora, el gran detalle que se pone en las transcripciones obliga al analista a prestar una minuciosa atención a todos los pormenores del habla en los que uno normalmente no se fija. Así, las transcripciones proporcionan una muestra de todos los episodios y sucesos que ocurren durante la(s) interacción(es) estudiada(s). Es más, las transcripciones proporcionan evidencia clara para que el lector pueda comprobar la precisión del análisis llevado a cabo por el investigador.

Las transcripciones detalladas, sobre todo, intentan representar la organización secuencial del habla. Para ello se elaboran sobre la base de un sistema de notación desarrollado por Gail Jefferson. Como se ha mencionado antes, este sistema de notación intenta mostrar todo lo que pasa en cada enunciado en la interacción.

5.2.1 Convenciones del AC

Aquí se presentan las convenciones o notaciones principales del AC. Estas convenciones sirven para facilitar el proceso de análisis no sólo para quien investigue, sino también para los lectores del estudio puesto que estos no pueden escuchar la conversación y el detalle y de alguna manera hace que estos puedan "presenciarla" o imaginarla. Por ejemplo, las convenciones detallan cómo el hablante termina un turno y cuando empieza el turno del otro hablante. Estas convenciones muestran también cómo un hablante rechaza una invitación y el tiempo que dura la pausa antes de que se presente otro juicio o un enunciado.

Antes de señalar las convenciones gráficas en conversaciones, empecemos con la estructura o el formato de las transcripciones en el AC. Como se puede ver en el ejemplo (5.2), hay números ascendentes delante de cada hilo de palabras que dicen los participantes de la conversación.

► EJEMPLO 5.2[1]

```
1  A: Eh, ¿convenciste tú a Marcia para que viniera aquí?
2  B: ¿Ha estado aquí?
3  A: Sí.
4  B: ¿Cuándo se ha ido?
5  (2.0)
6  A: Hace una media hora.
```

(adaptado de Tusón Valls 2002, 139)

Esta enumeración permite un análisis más pormenorizado de lo que ocurre en una parte de la conversación a la vez que indica más claramente en qué parte de la conversación el investigador desea enfocar su análisis.

En el AC todos los ejemplos se ordenan de forma consecutiva. Este orden se indica colocando un número entre paréntesis por encima de cada transcripción. Así, en la sección del ejemplo (5.2), el número dos colocado antes del texto señala que ese diálogo es el segundo ejemplo. Asimismo, en los ejemplos muchas veces se señalan los apellidos de los investigadores que han realizado el trabajo. Esta información se encuentra entre paréntesis (como se ve en este capítulo) o entre comas. A esto se añade el nombre o número de la grabación, y el minuto en el que empezó el diálogo se indica entre corchetes. Si faltara esta información, puede ponerse el apellido del autor, el año de la publicación del estudio dónde este está, y la página del libro o artículo. En la línea 5 del ejemplo (5.2), los números (2.0) indican el número de segundos de la pausa del turno anterior. Hutchby y Wooffitt (1998, 78) dividen las características más frecuentes en las conversaciones en dos categorías: (1) la construcción de turnos entre hablantes; y (2) la expresión oral de cada hablante, la cual consiste en las pausas, suspiros, alargamientos de un sonido, representaciones fonológicas, énfasis, y risas. Abajo presentamos algunas de las características que hemos señalado.

5.2.2 Los turnos

Las conversaciones están compuestas por turnos. Cada turno representa una acción comunicativa por parte de uno de los participantes. Existen reglas sobre los cambios de turno. Una de ellas se refiere a que un hablante hablará hasta señalar que quiere ceder la palabra (i.e., un punto de transición-relevancia); luego el otro interlocutor tomará su turno. Muchas veces el otro interlocutor simplemente interrumpe o toma la palabra, o los turnos se solapan (i.e., donde los interlocutores hablan simultáneamente, esto es hay 'overlap'). El solapamiento se indica con un corchete abierto al lado izquierdo (ej., [ ). Los corchetes se colocan donde empieza el solapamiento incluso cuando ocurre en el medio del enunciado (juicio) o una palabra; por ejemplo:

► EJEMPLO 5.3

```
1 N:   Que es muy poquita cosaaa, muy peq'ñita, ahí [con un-con una boca
2 M:                                                 [Muy fea, y muy
                                                      tontahjaj
```

(Gallardo 1991, 1)

El final del solapamiento puede marcarse, especialmente si el otro hablante continúa hablando. El final de un solapamiento se señala con otro corchete al lado derecho (ej.,]). Veamos en detalle el ejemplo (5.3), donde en la primera línea el hablante inicia su turno y cuando llega a un lugar de *transición-relevancia*—donde otra persona fácilmente podría introducir otro turno (en el ejemplo [5.3], después de *ahí*)—el receptor inicia su turno mientras que el primer hablante continúa, es decir, aunque el primer hablante no había terminado su turno. Fijémonos que a esta transcripción le faltan los corchetes cerrados. Para poner los corchetes cerrados uno de los hablantes debe haber terminado su turno, si no es así no se cierran. Observemos también en la línea 2 la notación para indicar las risas del segundo hablante (*tontahjaj*) señaladas con *h* o *j* en español. Las inhalaciones o aspiraciones se indican con un punto seguido a la *h* (por ejemplo, *.hhh*). Las inhalaciones suelen ocurrir antes del inicio del enunciado del hablante siguiente. El número de *h* depende de la longitud de la risa o del respiro.

Según Jefferson (1986), los hablantes no solapan enunciados de los otros participantes para interrumpirlos, sino que inician un turno cuando hay una pausa o una indicación que le señala al oyente que le toca hablar, como en el ejemplo (5.4). Este es el lugar de transición-relevancia.

► EJEMPLO 5.4

```
1 B:  Elena ha quedado
2 A:  Pues que:-bueno, va, (( ))
          tontahjaj

(Gallardo 1991, 3)
```

En el primer turno de la línea 1, el oyente (A) responde porque (B) ha completado su enunciado. La realización de su turno indica que A se da cuenta de que B le ofrece una oportunidad de comenzar su turno, en el lugar de transición-relevancia. Otra notación importante es la de (()) que indica que aunque A ha enunciado algo, esto es inaudible. Nótese este uso en la línea 2.

Otra característica de la notación del AC se observa cuando un hablante empieza a hablar inmediatamente después de que el hablante anterior termine. Este fenómeno de transición sin pausas o "enlazamiento" (*latching*, en inglés) se indica con un signo de igualdad (es decir, =) delante de lo expresado, como se ve en el ejemplo (5.5).

► EJEMPLO 5.5

```
1 N:  Es fe- no me gusta nada. Es como:: (.) Campanilla la de Peter Pan=
2 E:  [(Hiiii), mira:
3 N:  [=pues igual, delgadi::ta, delgadi::ta, ho[rrenda
4 M:                                            [¿Qué as-qué has dicho?

(adaptado de Gallardo 1991, 1)
```

En la primera línea de (5.5), aunque el hablante no haya terminado el otro hablante empieza a reírse y responde con una palabra que evoca una continuación por parte del primer hablante (N).

5.2.3 Expresión oral de cada participante

En esta sección discutimos brevemente tres categorías de expresión oral que también se reflejan en el uso de ciertas convenciones gráficas. Estas categorías son pausas y espacios, alargamientos de un sonido, y subrayados que indican una acentuación de una palabra.

5.2.4 Pausas y espacios

Las pausas se señalan para poder analizar muchos otros fenómenos en una conversación. Por ejemplo, una pausa después de una invitación o pre-invitación puede indicar implícitamente un rechazo o falta de deseo de acceder a la propuesta. Una pausa también puede ocurrir en el medio de un juicio cuando el hablante quiere reparar algo que ha dicho previamente, o cuando el hablante no recuerda lo que quiere decir o lo quiere formular más apropiadamente por lo que debe pensar. Asimismo, un silencio en la conversación puede indicar el final de esta o un momento incómodo para los participantes. Para señalar una pausa, se usa el punto (.) si la pausa dura menos de 0.2 segundos. Si la pausa es más larga, se indica la duración de esta en segundos como se puede observar en el ejemplo (5.6).

▶ EJEMPLO 5.6

```
1 A:  Eh, ¿convenciste tú a Marcia para que viniera aquí?
2 B:  ¿Ha estado aquí?
3 A:  Sí.
4 B:  ¿Cuándo se ha ido?
5     (2.0)
6 A:  Hace una media hora.
```

(adaptado de Tusón Valls 2002, 139)

En la línea 5, vemos que la pausa dura dos segundos. Si el hablante llega a un lugar de transición-relevancia, como en la línea 4, podemos interpretar la pausa como una indicación de que le toca al oyente participar ya que A, en este caso, le da tiempo para que éste tome la palabra.

5.2.5 Alargamientos de un sonido

De vez en cuando, un participante alarga un sonido al final o en el medio de una palabra (véase ejemplo [5.7]). El hablante tiende a hacer este alargamiento cuando quiere retener su turno en la conversación, pero está buscando más palabras para completar su juicio de forma exitosa. Para señalar este fenómeno, se colocan dos puntos dobles después de la letra que representa el sonido alargado (por ejemplo, la *a* en "cosa::" en línea 1). El número de veces que se colocan los ":" señala cuán alargado está el sonido.

► EJEMPLO 5.7

```
1 N:  Que es muy poquita cosa::, muy pe'ñita, ahí, [con un-con una boca
2 M:                                                [Muy fea y muy tontahjaj
```

(adaptado de Gallardo 1991, 7)

5.2.6 Subrayado/acentuación

En las conversaciones, los participantes suelen enfatizar ciertas frases, palabras o sílabas aún cuando no es una sílaba tónica (señalada con o sin un acento ortográfico). Para marcar este énfasis la metodología del AC subraya la sección enfatizada (ver ejemplo [5.8]).

► EJEMPLO 5.8

```
1 AC: doña:: Carmen (.) buenas noches
2 G:  hola (.) muy buenas =noches
```

(adaptado de Tusón Valls 2002, 138)

En (5.8), el primer hablante pone énfasis en el título *doña*. Esto quiere decir que subrayar una sílaba o una palabra destaca el tono y/o la amplitud de la voz del hablante.

Es importante señalar que cada investigador puede modificar el sistema de convenciones gráficas del AC para representar los fenómenos lingüísticos. Lo que hemos presentado en esta sección es un resumen de las convenciones gráficas más utilizadas, además de las convenciones mayormente respaldadas por los creadores del AC—Sacks, Jefferson, y Schlegoff. A primera vista, estos marcadores precisos parecen ser innecesarios pero de hecho, con estas convenciones gráficas, podemos entender y analizar ciertos aspectos de la conversación más cuidadosamente. Así, con la ayuda de las convenciones, podemos anotar tendencias lingüísticas interesantes y reveladoras.

> EJERCICIO 5.2

Con una pareja, lee en voz alta los ejemplos (5.3), (5.4), y (5.6), intentando seguir las gráficas para poder reproducir detalladamente lo que se dijo originalmente.

5.3 CATEGORÍAS DE ANÁLISIS

Los seguidores del AC se centran en ciertos elementos básicos que se encuentran típicamente en las conversaciones donde hay un diálogo entre los interlocutores. Estos elementos son los pares adyacentes, la secuencia, la estructura de preferencia, las reparaciones, y la toma de turnos (que hemos explicado de forma breve en una sección anterior). Definimos y ejemplificamos estos términos abajo.

5.3.1 Par adyacente

Un par adyacente se compone de dos enunciados, normalmente uno de cada interlocutor. Estos tienen una conexión en términos de coherencia y cohesión por lo que el primer enunciado es llamado *la primera parte del par* y el segundo, *la segunda parte del par*. Se asume que la primera parte necesita de una segunda parte. Este es el caso de invitaciones y saludos, entre otros. Veamos el ejemplo de una petición de información abajo:

> EJEMPLO 5.9

```
1 María:   ¿Adónde vas?   (primera parte)
2 Juan:    Voy al banco.  (segunda parte)
```

En ese par adyacente, la primera parte expresa una pregunta que lleva a la respuesta en el segundo par. Estos pares adyacentes pueden formar la base de un diálogo. También hay pares compuestos de dos declaraciones como es el caso del ejemplo (5.10), donde hay una valoración, seguida de una reacción a la primera declaración.

> EJEMPLO 5.10

```
1 Mara: No me gusta esa película.
2 Sara: A mí tampoco.
```

A veces la segunda parte demora un poco en expresarse, inclusive teniendo entre las dos partes otros enunciados como lo observamos en el ejemplo (5.11).

► EJEMPLO 5.11

1. Manuel: Dame ese chicle. (primera parte)
2. Dependiente: ¿Cuál? ¿Este Trident? ¿O el Eclipse?
3. Manuel: Eh, dame el verde.
4. Dependiente: Aquí está. (segunda parte)

Un ejemplo de un par de enunciados que no forman un par adyacente por una falta de coherencia entre las dos partes lo vemos abajo:

► EJEMPLO 5.12

1. Nuria: ¿Dónde está mi bolsa nueva?
2. Carla: #Es que, me cayó el vaso de Roberto.[2]

Una idea básica del AC es que el segundo interlocutor escucha e interpreta el enunciado del primer interlocutor, y proporciona una segunda parte de un par que tenga relevancia a la primera parte. Sin embargo es posible que el primer interlocutor provea la segunda parte, por ejemplo:

► EJEMPLO 5.13

1. Alicia: ¿Qué te pasa? Dime cómo te fue el fin de semana.
2. Roberto: (no dice nada; sigue trabajando)
3. Alicia: Me imagino que estarás muy cansado. Bueno, ya hablaremos.

En el ejemplo (5.13), al ver que Roberto no quería responder, Alicia se ve obligada a contestarse su pregunta ella misma. En resumen, todos estos ejemplos muestran claramente que las conversaciones siguen ciertas reglas que guían las expectativas de los interlocutores durante su encuentro.

► EJERCICIO 5.3

Vamos a ver si Ud. tiene más o menos las mismas expectativas que los otros compañeros de clase sobre la segunda parte de un par. Lea las siguientes primeras partes y, solo o con una pareja, escriba las segundas partes que Ud. considera las más probables. Después, compare sus respuestas con las de otros estudiantes en la clase.

1. Buenos días.
2. ¿Cómo te llamas?

3. Uy, ¡qué calor hace!
4. ¡Qué bonita tu camisa!
5. ¿Me permite usar su baño, por favor?
6. Mira, te invito a una Coca-cola.
7. No me gusta tanta violencia que se ve en la televisión.
8. Me encanta este pollo que has preparado, ¿Me das la receta?

➤ EJERCICIO 5.4

Indica qué pasa si, por ejemplo, después de la invitación en ejercicio (5.3), línea 6, la persona que oye la invitación no puede ir. ¿Cómo tiene que modificar su respuesta?

5.3.2 Las secuencias y su ubicación

Está claro que la organización secuencial de contribuciones conversacionales es importantísima para transmitir las intenciones de los hablantes (Sacks, Schegloff, y Jefferson 1974). Así, en el ejemplo (5.13) arriba, vemos que cuando la segunda parte de un par adyacente no ocurre inmediatamente después de la primera parte (que es cuando es esperable), o cuando la segunda parte es una respuesta inesperada como en (5.12), no se cumple con las expectativas que tenemos en cuanto a las secuencias que normalmente ocurren en la interacción. Para el analista de la conversación, entonces, son las secuencias y los turnos dentro de las secuencias las que forman las unidades principales de análisis, en lugar de frases aisladas o enunciados. El enfoque en la orientación del participante al turno dentro de la secuencia tiene consecuencias metodológicas importantes.

En efecto, se entiende que un turno enunciado proyecta un próximo turno que sea pertinente, es decir que en ese turno siguiente se cumpla con expectativas del primero. A este fenómeno se le denomina *implicatividad* (en inglés, 'implicativeness') *secuencial* de un turno de habla (Schegloff y Sacks 1973, 296). Vemos esto claramente en un par adyacente de *saludo-saludo* en el ejemplo (5.14):

➤ EJEMPLO 5.14

```
1 Ana: Hola, ¿qué tal?
2 Tina: Bien, gracias. ¿Y tú?
```

Cuando estas expectativas no se cumplen, se nota fácilmente, como en el ejemplo (5.15):

► EJEMPLO 5.15

```
1 Noelia: Sí, ella está en mi departamento. Es una colega muy querida.
2 Pilar: Ajá.
3 Noelia: Ella está bien.
```

Es esperable que en un diálogo cuando uno de los hablantes menciona a alguien, en el turno siguiente el interlocutor pregunte por la persona mencionada (i.e., ¿Y cómo está?). En (5.16) sin embargo Noelia menciona a una colega muy querida y su interlocutora, Pilar, no pregunta por ella. A pesar de esto, Noelia en su próximo turno continua dando información sobre su amiga/colega. Este hecho muestra que los participantes se orientan sistemáticamente en la organización conversacional. También se observa que la mayoría de los enunciados que se expresan, se refieren a un enunciado anterior, para avanzar, estar de acuerdo con este, o resistir una acción-meta de uno de los participantes. Esto quiere decir que todo lo que se dice está determinado por un contexto secuencial. Asimismo, esto indica que el significado de un enunciado será determinado con referencia a lo que logra en relación a un enunciado anterior, y toda la historia de las secuencias anteriores en la conversación.

Hay varios tipos de secuencias en la interacción. Por ejemplo, se ha estudiado la mirada y el comportamiento corporal en relación a los turnos (Schegloff 1984; Goodwin 1984), las secuencias de la risa (Jefferson 1984), asesoramientos (Pomerantz 1984), y la iniciación de temas (Button y Casey 1984). Los autores de estos estudios muestran que las conversaciones se elaboran/diseñan para un oyente en particular (en inglés, 'recipient design').

La importancia del concepto de secuencia conlleva varios presupuestos. Uno es que la conversación se construye turno por turno, y que cada turno representa una reacción al turno anterior, mostrando al mismo tiempo un análisis, comprensión, o aprecio del mismo. Entonces, toda reacción (lingüística o paralingüística) a un enunciado en un diálogo revela el sentido con el que el oyente ha interpretado aquello que ha escuchado del enunciante/hablante. Si el enunciante de una segunda parte del par adyacente o de otro enunciado muestra que no ha captado lo que el participante de la primera parte quería comunicar, este puede hacer una reparación o corrección en una tercera parte.

5.3.3 Las pre-secuencias

Las acciones lingüísticas o paralingüísticas que se expresan antes del inicio de una secuencia se llamen *pre-secuencias*. Presentan turnos preliminares a la acción principal y sirven para dar una señal de lo que va a ocurrir en la conversación después. Esto lo observamos en las primeras dos líneas del ejemplo (5.16):

➤ EJEMPLO 5.16

1 Miguel: : Oye, ¿qué haces esta noche?
2 Pilar: Pues nada. ¿Por qué?
3 Miguel: : No, es que quería invitarte a cenar esta noche.
4 Pilar: : ¿Sí? Vale, muchas gracias, cenamos juntos.

A veces las pre-secuencias tienen su propio significado. Normalmente predicen lo que les sigue, como observamos en (5.17), donde la pre-secuencia señalada por el marcador de discurso *Bueno mira* indica que lo que va a seguir representa un rechazo a lo que la hablante del turno anterior había planteado.

➤ EJEMPLO 5.17

1 Pablo: No sé qué hacer. Sé que no debo fumar pero no puedo dejar de hacerlo.
2 Pilar: ¿Por qué no consultas con el médico? Te puede recomendar un método
   para dejar de fumar.
3 Pablo: Bueno mira, no quiero ir al médico otra vez. Ya he ido a tres y no me
   han ayudado para nada.

➤ EJERCICIO 5.5

En el ejemplo (5.16), ¿por qué cree Ud. que Miguel introduce la pre-secuencia de la línea 1 antes de hacer la invitación en la línea 3?

5.3.4 La estructura de preferencia

El término *estructura de preferencia* se refiere al hecho de que en las interacciones hay segundas partes que son preferidas a otras; por ejemplo, se prefieren aceptaciones a rechazos, y coincidencias a diferencias, etc. Una segunda parte preferida se expresa directamente pues no es problemática. Así sucede en el ejemplo (5.10) (reproducido abajo en [5.18]).

➤ EJEMPLO 5.18

1 Mara: No me gusta esa película.
2 Sara: A mí tampoco.

En (5.18) Mara indica algo que no le gusta. La respuesta preferida a este turno es una en la que se exprese concordancia con el desagrado de Mara. Como el enunciado de Sara muestra concordancia con Mara (i.e., es una estructura preferente), vemos que este no presenta ninguna vacilación sino que es más bien directo. Ahora, cuando hay un desacuerdo entre la primera y segunda parte como en (5.19), esto representa una parte no preferida y hay vacilaciones.

▶ EJEMPLO 5.19

1 Celia: ¿Te gusta mi vestido? Acabo de comprármelo.

2 Carlos: Bueno, no lo tomes a mal, pero es que: no me gusta el color marrón.

En (5.19), a Carlos obviamente no le gusta el vestido de Celia. Carlos no se lo dice directamente, pero el hecho que inicie su turno con *bueno* es una forma de anunciar que lo que va a seguir no va a ser lo preferido. Además *bueno* junto con *no lo tomes a mal* sirve como un suavizador del efecto de una opinión contraria. Asimismo, Carlos vacila un poco antes de dar una razón para su juicio negativo, *no me gusta el color marrón*, que puede ser verdadera o no. Existen diversas formas de señalar que lo que sigue no será algo preferido; entre ellas está una respiración profunda y audible antes de dar el mensaje, o simplemente con la expresión de un marcador como *bueno*. Veamos el ejemplo (5.20):

▶ EJEMPLO 5.20

(Situación: Aquí una amiga J llama por teléfono a su amiga C y le pregunta si todavía tiene dificultades con el ruido de los vecinos en el piso de al lado. Las respiraciones audibles antes de responder están marcadas con (.hhhh). Se ve que C no quiere seguir la sugerencia de J de enfrentarlos.)

1 J: Y qué tal: la historia de dor[mir

2 C: [>bueno<] =

3   =me acabo de despertar y no bien había despertado, .h los vecinos de al
     lado

4 J: (1.0) tampoco te han dejado dormir.

5 C: No. Son unos cabrones. .hh ((risas))

6 J: .ha Oye—encuentro que tienes que hablar con ellos, eh?

7 C: hhhh hhhh (1.0) Es que, sa—, estaba pensando en eso pero, me acuerdo que
     hace tiempo (1.0) cuando: viví en el en, en el otro edificio= (2.0)

8 J: Mmha

9 C: =que andábamos con la misma historia con los vecinos de abajo (2.0)

Si no se señalara que lo que sigue no es preferido, la respuesta podría ser demasiado directa y probablemente ofensiva, como en el ejemplo (5.21):

➤ EJEMPLO 5.21

```
1 Celia: ¿Te gusta mi vestido? Acabo de comprármelo.
2 Carlos: No. No me gusta.
```

Debemos señalar que el valor *preferencial* de una respuesta no se deriva de una evaluación psicológica, sino de la frecuencia con la que se usa tal respuesta y por la apertura y simplicidad con la que se expresa. Por ejemplo, si en una cultura se acostumbra no aceptar un cumplido, la preferencia reflejaría así, como vemos en el ejemplo siguiente tomado del japonés (traducido aquí al español):

➤ EJEMPLO 5.22

```
1 Kazuko: ¡Qué inteligente es tu hija que ha ganado el premio por su ensayo!
2 Tomoko: No, es que tuvo mucha suerte ese día.
```

En la cultura japonesa, la preferencia es no aceptar el cumplido y no mostrar el orgullo que se siente, porque si no, uno parece arrogante. Hay que mostrar humildad, y minimizar el éxito que ha tenido. Si la misma conversación ocurriera en los Estados Unidos, la preferencia sería la de aceptar el cumplido y expresar el orgullo, como observamos abajo:

➤ EJEMPLO 5.23

```
1 Carla: Your daughter is so smart! She won that prize for her essay. ¡Tu hija
         es tan lista! Ganó el premio por su ensayo.
2 Amy: Oh, thank you! Yes, we are very proud of her. ¡Ah, gracias! Sí, estamos
       muy orgullosos de ella.
```

Por eso, la estructura de preferencia refleja directamente los valores de la cultura y la sociedad. Vimos en el ejemplo (5.19) que Carlos señaló que iba a decir algo no preferido al vacilar y decir *bueno*. Esas pistas permiten a los interlocutores saber de antemano que lo que sigue no será una respuesta preferida. Ahora, si Carlos callara, eso también reflejaría la falta de preferencia, y Celia entendería que su silencio indica un pensamiento no preferido.

5.3.5 Las reparaciones

Las reparaciones son mecanismos lingüísticos o paralingüísticos utilizados para enfrentar dificultades en la interacción. Estos se clasifican según quien sea la persona que inicia la reparación, ya sea el hablante mismo o el interlocutor con quien habla, y según la persona que resuelva el problema y cómo se desarrolla dentro de un turno o una secuencia de turnos. El ejemplo (5.24) representa una auto-reparación:

► EJEMPLO 5.24

1 Celia: Es un libro escrito por Lope de Viga: perdón. Lope de Vega.

El ejemplo (5.25) presenta una reparación de parte del interlocutor:

► EJEMPLO 5.25

1 Celia: Es un libro escrito por Lope de Viga.
2 Julia: ¡Lope de Viga! No, es Lope de Vega.
3 Celia: Ah, sí, es Lope de Vega. Perdón.

La estructura preferente en la conversación es que las dificultades sean autocorregidas por el propio hablante (auto reparaciones), y no por el interlocutor. Una *secuencia de reparación* se refiere a un turno, o cualquier parte del turno o de una serie de turnos por los que el hablante y/o el otro interlocutor resuelven las dificultades conversacionales. Muchas veces las reparaciones no ocurren sino hasta después de varios turnos, por varias razones. Puede ser que el interlocutor no quiera hacer la reparación sino más bien *guiar* a los hablantes para que estos la resuelvan por sí mismos, o simplemente espere a ver si se puede resolver sola. Por otro lado, puede ser que el hablante no diga nada en relación al problema porque esta no es una acción preferida. Sobre este punto Heritage (1984, 315–18) ha comentado sobre que cuando el hablante hace una auto reparación, muchas veces el interlocutor responde con *ah* o, como en (5.26), con *uy* (en inglés, 'oh') en la última línea para señalar que ha habido una resolución a la dificultad que se había presentado.

► EJEMPLO 5.26

1 A: ¿Te vienes al cine?
2 B: Voy a ir a las siete y media con Elena.
3 A: ¿Uy? No, yo decía a la noche.
4 E: Ah!, es queee, vamos a ir a las siete y media a ver ''Armas de mujer''.
5 A: ¿A ver QUÉ? [*indicación de la dificultad*]

```
6 E: ''Armas de mujer''  [reparación]
7 A: Uy, ésa es la que te iba a invitar a ver, jeje [resolución]
```

(adaptado de Gallardo 1991, 1)

➤ EJERCICIO 5.6

En el ejemplo (5.25), ¿cuál sería su reacción si Ud. fuera Celia y Julia le corrigiera su pronunciación? Se supone que Uds. no son amigas íntimas.

5.3.6 La toma de turnos

Durante una interacción, los participantes usan un intercambio de turnos. Como definimos antes, al final de un turno normal hay un momento llamado *transición-relevancia*, donde es fácil que otra persona tome un turno. Por ejemplo, en (5.26), vimos en la primera línea que el final de la pregunta señalado por un tono ascendente interrogativo marca un lugar de transición-relevancia. Por eso, la respuesta de B en la segunda línea fluye naturalmente de la primera.

Hay diferentes maneras de señalar un lugar de transición-relevancia, como por ejemplo una pausa, o un alargamiento de una sílaba, como se ve en el ejemplo (5.5), reproducido aquí en el ejemplo (5.27):

➤ EJEMPLO 5.27

```
1 J: Y qué tal: la historia de dor[mir
2 C:                              [>bueno<]=
3     =me acabo de despertar y no bien habían despertado, .h los vecinos de al
      lado
4 J: (1.0) tampoco te han dejado dormir.
5 C: No. Son unos cabrones. .hh ((risas))
6 J: .ha Oye-encuentro que tienes que hablar con ellos, eh?
7 C: hhhh hhhh (1.0) Es que, sa—, estaba pensando en eso pero, me acuerdo que
     hace tiempo (1.0) cuando: viví en el en, en el otro edificio= (2.0)
8 J: Mmha
9 C: =que andábamos con la misma historia con los vecinos de abajo (2.0)
```

(Jobe, comunicación personal)

En la línea (2), cuando E extiende la sílaba final de mira, N toma su torno. La toma de turno está manejada por algún tipo de señalización, con recursos lingüísticos o no lingüísticos. Por otro lado, el interlocutor normalmente espera hasta que el primer hablante A se exprese. A veces hay momentos en los que un interlocutor interrumpe el turno del otro aunque no había un lugar de transición-relevancia.

➤ EJERCICIO 5.7

En el diálogo abajo, hay una gran cantidad de solapamientos por parte de los dos hablantes, es decir donde no hay lugares claros de transición-relevancia. Señálalos.

```
B:    La gente en Puerto Rico <en las fiestas> no va a
      hablar ni, del trabajo, ni de las preocupaciones o
      de los problemas. Aquí generalmente es como,
      es como otro nivel. Aquí la gente se reúne a [ha =
M:                                              [ahora
B:    (fuertemente) = y o más bien lo que se hace es hablar =
M:    Pero es si =
B:    = o sea a estar hablando =
M:    = casi =
B:    = (fuertemente) pero no, sasi no se baila =
M:    Pero una vez yo tenía una fiesta de química,
B:    Y estuvieron hablando de dro[gas =
M:                                [sí, en general, sí
B:    = de níquel, de cobre
```

(Koike 2003)

Con tu pareja, decide quién es dominante en la conversación, B o M, e indica por qué ha escogido a esa persona.

¿Crees que la persona menos dominante está acostumbrada a esos solapamientos? ¿Has llegado a usar alguna estrategia para enfrentar ese comportamiento verbal? ¿Crees que los dos tienen una historia de conversación bastante larga juntos?

➤ EJERCICIO 5.8

Relacione cada palabra en la lista a la izquierda con la definición adecuada de la lista a la derecha:

1. etnometodología   **a.** el lugar al final de un turno normal, donde otra persona fácilmente podría introducir otro turno, usualmente señalado por un tono ascendente interrogativo o una pausa.

2. análisis de la conversación

b. un mecanismo que se usa para enfrentar y resolver dificultades en la interacción dentro de un turno o secuencia de turnos.

3. solapamiento

c. el estudio de los métodos que la gente utiliza para poder entender su mundo y para "producir órdenes sociales que se puedan reconocer"

4. transición-relevancia

d. las notaciones principales que sirven para facilitar el proceso de análisis no sólo para quien investigue sino también para los lectores del estudio porque no tienen que escuchar la conversación para poder presenciarla.

5. par adyacente

e. se señala esta habla simultánea con un corchete al lado izquierdo.

6. convenciones del AC

f. una metodología que examina el discurso de un grupo de hablantes para hallar los rasgos de su discurso que ilustren cómo organizan su manera de comunicarse, normalmente por medio de la modalidad oral.

7. reparaciones

g. la representación de una acción comunicativa de parte de un participante que a veces SE solapa con la acción comunicativa de otro participante.

8. (toma de) turnos

h. está compuesto de dos enunciados, normalmente uno de cada interlocutor, que tienen una conexión en términos de coherencia y cohesión.

➤ EJERCICIO 5.9

```
B:  Aquí, es seco. O sea aquí [la gente dice, ''O,
    que Texas es bien húmedo'' pero =
M:                          [sí
B:  = (en voz alta) en realidad es seco comparado
    con Puerto Rico.
M:  Como huevos fritos
B:  Sí.
M:  Aquí no puede ( [  ) ((risa))
B:                  [Aquí, aquí es verdad que
    sientes calor pero no sientes, por lo menos yo no sudo
    tanto
M:  No.
```

```
B:  Aquí [yo puedo estar horas en el sol=
M:       [B., (en voz alta)
M:  ¿Cuántas, cuántas (  )B., (  )?
M:  Te dan como tres   (  ) al mes.
B:  No se bañan.
```

Relee el diálogo 5.7 y el otro diálogo de arriba entre los mismos participantes B y M. y luego selecciona una sección o secuencia pequeña en uno de los diálogos. Después contesta las siguientes preguntas:

1. ¿Por qué escogiste esta secuencia para analizar? ¿En qué turno comenzó la acción o la secuencia? ¿Cómo negocian los participantes un fin a esta secuencia?
2. Describe las acciones en la secuencia que ha escogido. ¿Qué está haciendo el participante en su turno (ej., invitando o felicitando a alguien)? ¿Cuál es la relación entre las acciones en esta secuencia?
3. Considera la presentación de las acciones del hablante: ¿Cómo se forman y se presentan las acciones de los hablantes? Por ejemplo, ¿son formales o informales, usan suavizantes ('softeners' o 'hedges') antes de pedir algo los hablantes? ¿Cómo tratan o reaccionan los participantes o los oyentes a las acciones del hablante?
4. Considera el intercambio de turnos en la interacción. ¿Cómo llegó a interrumpir o tomar la palabra el hablante? ¿Cómo terminó su turno? ¿Cómo fue seleccionado el próximo hablante?
5. Considere cómo fueron realizadas las acciones. ¿Cómo expresan los participantes derechos, obligaciones, y expectativas? Basado en los juicios usados, ¿se puede notar los papeles, identidades, y clase de relaciones entre los participantes? Explícate.

➤ EJERCICIO 5.10

Contesta las siguientes preguntas basadas en los diálogos de arriba:

1. En grupos de 4, tomen turnos grabando (audio o video) las conversaciones de dos de los miembros.
2. Usando las convenciones gráficas del AC, transcriban un segmento de 1–3 minutos de las grabaciones.
3. Presten atención a cualquier fenómeno que pueda ser de interés a analistas de conversaciones.
4. Mencionen lo que fue difícil, fácil, confuso, etc. sobre este ejercicio.
5. Mencionen cuáles características fueron más sobresalientes después de añadir las notaciones.

> EJERCICIO 5.11

1. Miren un video o una película con una conversación. Escojan una conversación dentro de ese video que dure aproximadamente 2–5 minutos. Transcriban la conversación.
2. Empleen la notación del AC. Comparen la notación con otros estudiantes o grupo que transcribieron la misma conversación.
3. Mencionen lo que fue difícil, fácil, confuso, etc. sobre este ejercicio.
4. Mencionen cuáles características fueron más sobresalientes después de añadir las notaciones del AC.

5.4 CONCLUSIONES E IMPLICACIONES PARA EL FUTURO

Como hemos mencionado antes, en el AC, los analistas conversacionales forman sus hipótesis después de recopilar y analizar los datos que provienen de lo que representan las conversaciones. Por consiguiente, muchos lingüistas de otras áreas que quieren estudiar interacciones no siguen fielmente todos los principios del AC. Como resultado, estos lingüistas analizan los datos usando el vocabulario, los términos propio y/o las convenciones gráficas del AC, pero crean sus hipótesis de antemano (ver, por ejemplo, Mason 2004, quien estudia las reparaciones que ocurren en una conversación telefónica clandestina entre narcotraficantes, pero no utiliza las convenciones gráficas ni todos los conceptos de AC). Se suelen usar estas convenciones del AC porque resulta ser una excelente forma de organizar y de destacar ciertos fenómenos conversacionales. Algunos investigadores hacen un análisis de las interacciones de forma menos detallada que la de los investigadores "fieles" del AC en la medida que consideran que para el propósito de su investigación particular no se necesitan tantos detalles.

En los últimos años hemos visto un cambio en este tipo de estudios ya que en vez de centrarse en las conversaciones informales se enfocan en la interacción verbal que ocurre en contextos institucionales. Por ejemplo, Marquez-Reiter (2005) estudia el caso de las quejas que se expresan por teléfono en el contexto de una compañía en Uruguay, utilizando muchas de las convenciones graficas del AC. Los datos muestran la afiliación que se establece entre los participantes, aunque son totalmente desconocidos. De esta misma forma, Cestero Mancera (1994) describe de un modo general las alternancias de turnos de habla en la lengua española. También, el uso de AC se extiende al estudio de la construcción de identidades de los participantes, como se ve en el trabajo de Cashman (2005), donde examina la interacción entre hablantes bilingües (español e inglés) y monolingües en un juego parecido al bingo. Otra aplicación relacionada a una comunidad de hablantes bilingües se encuentra en el estudio de Auer (1998), quien estudia el cambio de códigos en conversaciones de ese grupo.

La gran utilidad del AC es que proporciona una manera de observar detalladamente la estructura de los turnos y la interacción en general, las estrategias, los cambios en la comunicación, y los papeles que toman los participantes en ella. Esta representa una metodología bastante nueva pero muchos investigadores han notado el valor de los principios y las convenciones. Si se usa más esta metodología de investigación lingüística, es probable que se hagan nuevos descubrimientos y que además se expandan los nuevos usos del AC en el campo de la lingüística y en otros campos de estudio que se centren en la interacción humana.

Enlaces útiles

Una introducción al análisis de conversación en inglés, junto con una tutoría que presenta las técnicas que se usan y unas grabaciones para practicar.

Antaki, Charles. (2002). "An introductory tutorial in Conversation Analysis." www-staff.lbo ro.ac.uk/_sscal/sitemenu.htm. Una introducción al análisis de conversación en inglés, junto con una tutoría que presenta las técnicas que se usan y unas grabaciones para practicar.

ten Have, Paul. "Ethno/CA News: Information on ethnomethodology and conversation analysis" www.paultenhave.nl/EMCA.htm.

Obras citadas

Atkinson, Maxwell, y John Heritage, eds. *Structures of Social Action: Studies in Conversation Analysis*. Cambridge: Cambridge University Press, 1984.

Auer, Peter. *Code-Switching in Conversation: Language, Interaction, and Identity*. London: Routledge, 1998.

Button, Graham, y Neil Casey. "Generating topic: The use of topic initial elicitors". En *Structures of Social Action: Studies in Conversation Analysis*, editado por J. Maxwell Atkinson y John Heritage, 167–90. Cambridge: Cambridge University Press, 1984.

Cashman, Holly. "Identities at play: Language preferences and group membership in bilingual talk in interaction". *Journal of Pragmatics* 37.3 (2005): 301–315.

Cestero Mancera, Ana María. "Intercambio de turnos de habla en la conversación en lengua española". *Revista Española de Lingüística* 24.1 (1994): 77–99.

Garfinkel, Harold. *Ethnomethodology's Program: Working Out Durkheim's Aphorism*. New York: Rowman y Littlefield, 2002.

Gallardo, Beatriz. "En torno a la prioridad como concepto del análisis conversacional". En *Homenaje a Enrique García*, editado por Evangelina Rodríguez y Ángel López, 341–354. Valencia: Universitat, 1991.

Goodwin, Charles. "Notes on story structure and the organization of participation". En *Structures of Social Action: Studies in Conversation Analysis*, editado por J. Maxwell Atkinson y John Heritage, 225–245. Cambridge: Cambridge University Press, 1984.

Grice, H. Paul. "Logic and conversation." En *Syntax and Semantics, Vol. 9: Pragmatics*, editado por Peter Cole y Jerry Morgan, 113–128. New York: Academic Press, 1975.

Heritage, John. "A change-of-state token and aspects of its sequential placement." En *The Structure of Social Action*, editado por Maxwell Atkinson y John Heritage, 299–345. Cambridge: Cambridge University Press, 1984.

Hutchby, Ian, y Robin Wooffitt. *Conversation Analysis.* Cambridge: Polity Press, 1998.

Jefferson, Gail. "On the organization of laughter in talk about troubles". En *Structures of Social Action: Studies in Conversation Analysis*, editado por J. Maxwell Atkinson y John Heritage, 346–369. Cambridge: Cambridge University Press, 1984.

———. "Notes on 'latency' in overlap onset". *Human Studies* 9 (1986): 153–183.

Koike, Dale. "La co-construcción del significado en español: Elementos pragmáticos de la interacción dialógica." En *La Co-Construcción del Significado en el Español de las Américas: Acercamientos Discursivos*, editado por Dale Koike, 11–23. Toronto: University of Ottawa/Legas Press, 2003.

Márquez-Reiter, Rosina. "Complaint calls to a caregiver service company: The case of *desahogo*." *Intercultural Pragmatics* 14.2 (2005): 481–514.

Mason, Marianne. "Referential choices and the need for repairs in covertly-taped conversations." *Journal of Pragmatics* 36.6 (2004): 1139–1156.

Nofsinger, Robert E. *Everyday Conversation*. London: Sage, 1991.

Pomerantz, Anita. "Agreeing and disagreeing with assessment: Some features of preferred/dispreferred turn shapes." En *Structure of Social Action: Studies in Conversation Analysis*, editado por J. Maxwell Atkinson y John Heritage, 57–101. Cambridge: Cambridge University Press, 1984.

Sacks, Harvey, Emanuel Schegloff, y Gail Jefferson. "A simplest systematics for the organization of turn-taking for conversation". *Language* 50 (1974): 696–735.

Schlegoff, Emanuel. "On some questions and ambiguities in conversation". En *Structures of Social Action: Studies in Conversation Analysis*, editado por J. Maxwell Atkinson y John Heritage, pp. 28–51. Cambridge: Cambridge University Press, 1984.

Schlegoff, Emanuel, y Harvey Sacks. "Opening up closings". *Semiotica* 7 (1973): 289–327.

Tusón Valls, Amparo. "El análisis de la conversación: Entre la estructura y el sentido." *Estudios de Sociolingüística* 3.1 (2002): 133–153.

Otras fuentes de información sobre el Análisis de la Conversación

Drew, Paul. "Po-faced receipts of teases." *Linguistics* 25 (1987): 219–253.

Heritage, John. *Garfinkel and Ethnomethodology*. Cambridge: Polity Press, 1984.

Levinson, Stephen. *Pragmatics*. Cambridge: Cambridge University Press, 1983.

Local, John. "Phonetic detail and the organization of talk-in-interaction". *Proceedings of the XVIth International Congress of Phonetic Sciences* 1.10. Saarbruecken, Germany: 16th ICPhS Organizing Committee, 2007.

Pomerantz, Anita. "Telling my side: 'Limited access' as a 'fishing device'." *Sociological Inquiry* 50 (1980): 186–198.

Psathas, George. *Conversation Analysis*. Thousand Oaks, CA: Sage, 1995.

Sacks, Harvey. *Lectures on Conversation*. West Sussex, UK: Blackwell, 1995.

Schegloff, Emanuel A. "Goffman and the analysis of conversation." En *Erving Goffman: Exploring the Interaction Order*, editado por Paul Drew y Anthony Wootton. Cambridge: Polity Press, 1988: 9–135.

Schegloff, Emanuel A. *Sequence Organization in Interaction: A Primer in Conversation Analysis, Vol. 1.* Cambridge: Cambridge University Press, 2007.

Ten Have, Paul. *Doing Conversation Analysis.* London: Sage, 2007.

Wooffitt, Robin. *Conversation Analysis and Discourse Analysis.* London: Sage, 2005.

Notas

1. Se usa la fuente courier para indicar que los datos son reales, es decir, no artificiales.

2. El símbolo "#" se usa para indicar que un enunciado no es deseado o es incoherente. Debemos mencionar que aunque no haya una coherencia clara en un par, los interlocutores buscan algún tipo de coherencia suponiendo que siempre en la conversación la hay. En el caso del ejemplo (5.12), es posible que Nuria crea que Carla usa esa frase, dice esto porque quiere señalar que algo le ha pasado a la bolsa pero que se lo va a decir más tarde, tal vez porque teme que otra persona la oiga. Es decir, intenta buscar una conexión posible, siguiendo las reglas de cooperación en la conversación (Grice 1975).

6

ANÁLISIS DEL DISCURSO

HOLLY R. CASHMAN

Reflexiones preliminares

1. ¿Cómo definirías el discurso?
2. Lee los enunciados que siguen y piensa por qué se han enunciado de distinta forma:

   2a. El presidente Lula ha pedido un cambio multilateral.

   2b. Lula pide un cambio multilateral.

   2c. Un cambio multilateral ha sido pedido por Lula.
3. ¿Por qué puede ser importante estudiar la forma que toman los enunciados en el discurso?

6.1 INTRODUCCIÓN

El análisis del discurso es un método para examinar los usos lingüísticos de una lengua (no del sistema abstracto), es decir, del *discurso*. Ahora, precisar qué se entiende por *discurso* resulta problemático. En efecto, una variedad de disciplinas académicas como la sociología, lingüística, filosofía y psicología social lo estudian pero se define de manera diferente en cada una de ellas e inclusive, a veces, no se define (Mills 2004, 1). En esta sección introductoria, definiremos este término para luego enmarcarlo dentro del análisis del discurso.

Discurso viene del latín 'discurs-us' (participio de 'discurrere') *carrera, corriendo a un lugar o desde un lugar; conversación*. El significado en latín indica una carrera en múltiples direcciones como aparece en Virgilio 'tota discurrere urbe' "correr alrededor de la ciudad entera". Hoy en día la palabra *discurso* se refiere, más bien, al habla y a la escritura *per se* y no a la estructura de la lengua en un sentido abstracto. Así, el *Diccionario de la lengua española* (DRAE 2001) lo define como una "cadena hablada o escrita" y como el "lenguaje en acción por oposición a las formas lingüísticas abstractas". Otra definición del DRAE es "lo que se piensa o siente" y por ende, lo presenta como una expresión interesada, parcial y subjetiva de un individuo o ente comunicativo. Un elemento clave en estas definiciones es la referencia a la comunicación y trasmisión de información concretamente por medio de la lengua, aunque en la práctica se utilicen otros sistemas además del sistema lingüístico. Por ello, el discurso se ve como un texto o una realización "hablada o escrita" de la lengua.

El término *discurso* abarca tanto textos escritos y orales como formales e informales. Por eso, Brown y Yule (1993) afirman que no puede limitarse a la descripción de formas lingüísticas con independencia de los propósitos y funciones a la cuales están destinadas esas formas (1993, 19). A pesar de estas aclaraciones que intentan delimitar el concepto, el discurso sigue siendo un término ambiguo en la medida que el uso mismo de la lengua es muy amplio. Para demarcar el término más puntualmente podemos referirnos a la definición de Stubbs (1987, 17) quien indica que el "análisis lingüístico del discurso, hablado o escrito, que se produce de modo natural y es coherente se refiere al intento de estudiar la organización de la lengua por encima de la oración o la frase y, en consecuencia, de estudiar unidades lingüísticas mayores, como la conversación o el texto escrito". A esa definición, Jaworski y Coupland (1999, 7) añaden que "el enfoque del análisis del discurso será usualmente el estudio de textos particulares (por ej.: conversaciones, entrevistas, ponencias, documentos escritos, etc) . . . los textos son productos específicos que, en diversos grados, reflejarán prácticas discursivas tanto locales como globales relevantes a su producción y recepción".

➤ EJERCICIO 6.1

Lee los siguientes extractos e indica si estos se pueden catalogar como una unidad de discurso o no:

6.1.a Me gusta esa pelota mucho.
6.1.b La siguiente conversación entre A y B
    A: ¿Tienes los apuntes?
    B: Si los tengo.
    A: Si quieres te los doy.

Pasamos ahora a explicar cómo se lleva a cabo el análisis del discurso empezando con una exploración de la estructura del discurso. Paso seguido, explicamos la noción de contexto haciendo un examen del estudio de los textos y características que se asocian con ciertos contextos específicos. Finalmente, añadimos una descripción de la metodología del análisis del discurso y concluimos con un resumen breve y una justificación del valor del análisis del discurso.

6.1.1 El análisis del discurso y las disciplinas interrelacionadas

Antes que nada, es importante indicar que el análisis del discurso es "un proyecto interdisciplinario" (Jaworski y Coupland 1999, 7), y por ello el análisis del discurso está emparentado y/o relacionado con otras formas de análisis del habla, sobre todo con el análisis de la conversación (véase capítulo 5). Algunas disciplinas y campos afines toman prestados algunos conceptos del análisis del discurso. Por ejemplo, en la sociología, el análisis de la conversación emerge para intentar describir las interacciones conversacionales cara a cara y no de textos escritos. El análisis del discurso en las humanidades y ciencias sociales "tiene que tratar con las interrelaciones entre el discurso y conceptos tal como la estructura social, las relaciones sociales, el conflicto, la ideología, la condición del individuo, la posmodernidad y el cambio social" (Jaworski y Coupland 1999). Muchas de las investigaciones de carácter cualitativo y cuantitativo de las ciencias sociales utilizan la entrevista como herramienta en la recolección de datos y el habla de los participantes (o sea, el discurso) como una base de datos de los que depende el análisis, en vez de utilizarlo como el objeto de análisis. La crítica literaria, en cambio, analiza un género específico del discurso—la novela, la poesía, la obra de teatro. El análisis del discurso en la psicología clínica, más bien, depende profundamente de la interacción entre el/la paciente y el/la psicólogo/a. En resumen, los usos del análisis del discurso en los varios campos de las humanidades y las ciencias sociales son diversos.

De la misma manera que varias disciplinas utilizan el análisis del discurso, a su vez el análisis del discurso aprovecha los métodos y conceptos de varias disciplinas. En primer lugar, se usan herramientas del análisis sintáctico y semántico que son imprescindibles para examinar el significado de la estructura del discurso. Sin embargo, el análisis sintáctico formal tiende a limitarse a la estructura de la frase o la oración mientras que el análisis del discurso va más allá de este, utilizando el enunciado como una unidad. De modo parecido, la semántica se enfoca en el significado de palabras y frases, mientras que el análisis del discurso se preocupa también del significado pragmático que va más allá de ese nivel para buscar el significado de, por ejemplo, un párrafo, una conversación o una narrativa entera.

El análisis de la conversación ('Conversation Analysis' [CA]), por otro lado, se restringe al habla en la interacción entre dos o más personas. El análisis del discurso incluye no solamente textos orales como la conversación, sino que trasciende ese límite para incluir, como ya se mencionó, textos orales y escritos, formales e informales y dialogísticos y monologísticos.

El famoso debate entre Schegloff (1999) y Billig (1999), publicado en *Discourse and Society,* resaltó la diferencia entre el Análisis del Discurso (AD) y el Análisis Crítico del Discurso (ACD) ('Critical Discourse Analysis' [CDA]). Schegloff era proponente del método de AD y Billig, del ACD. De dicho debate se desprende que la diferencia radica en la toma de una posición crítica del contexto social donde se ha generado el discurso. Mientras que los analistas del discurso toman solamente como referencia de análisis las categorías o referencias textuales, los analistas críticos hacen uso de otras categorías aunque no se haga referencia explícita a estas. En especial se consideran las estructuras del poder (ver capítulo 7).

6.1.2 Aproximaciones lingüísticas al análisis del discurso

Como vemos, el tema del discurso se puede ver desde perspectivas muy diferentes. Hay varias aproximaciones al análisis del discurso dentro de la lingüística: estructural, funcional y contextual (Mills 2004, 8). Aquí abordaremos la aproximación estructural, esto es, el análisis de la organización interna del texto más allá del nivel oracional.

6.2 LA ESTRUCTURA DEL DISCURSO

La investigación detallada de la estructura de los textos escritos y orales es la base del análisis del discurso. Halliday (1994) destaca la función interpersonal de la estructura de la lengua donde los hablantes usan esa estructura para expresar sus mensajes y situarse ante los oyentes. Su análisis intenta descubrir cómo los oyentes interpretan el mensaje decodificando esos recursos. En la siguiente sección, describimos algunos de los aspectos estructurales básicos de este tipo de análisis: el tema, la referencia, la contextualización y los marcadores. Antes de empezar, cabe destacar la distinción entre dos conceptos similares: *oración* y *enunciado*. Mientras que la oración describe una unidad sintáctica que consiste en un sujeto y un predicado, el enunciado puede ser más pequeño o grande, es una unidad pragmática.

6.2.1 Tema y tópico

Para explicar los significados que emanan de los discursos, se ha propuesto el concepto de ('theme or topic,' en inglés) *tema o tópico*. El tema es "notoriamente un concepto elusivo en la lingüística y ha sido usado para referirse a una variedad de fenómenos" (Georgakopoulou y Goutsos 2004, 75)[1]. Gómez González (2001, 9) traza el desarrollo de tres categorías que se asocian con el tema/tópico: (a) la semántica: el tema de lo que trata un texto, (b) la informática: se refiere a la información conocida/o dada en una oración y (c) la sintáctica: es un punto de partida asociado con la posición inicial que procede al hablante en el discurso.

Hay otras distinciones importantes del término *tema* en el análisis del discurso. En primer lugar, cabe destacar que un texto se compone de unidades que van conformando una macroestructura discursiva. La estructura temática de un texto opera más allá de la oración misma. Por ello Van Dijk (1977) distingue entre el tema de una oración o *el tema-O* ('S-topic,' en inglés), y el tópico de un texto o *el tema-T* ('T-topic').

6.2.2 Tema-O

El tema es el objeto comentado en un enunciado. Este tiende a ser el sujeto de la oración, aunque puede cumplir otras funciones gramaticales (Hockett 1958, 201). Veamos cómo los temas pueden tomar distintas formas gramaticales como en los titulares siguientes de la sección "El Mundo" del periódico *El Universal de México*:

1. La ONU suspende apoyo electoral a Honduras
2. Lula pide cambio multilateral
3. India lanza con éxito un satélite propio y 6 europeos
4. Colombia y Perú van contra los arsenales
5. EU no puede resolverlo todo solo: Obama
6. Patrick nombrará sucesor de 'Teddy'
7. Argentina pondrá radares en frontera
8. Enfrentamiento deja 10 muertos

En las oraciones de la (1) a la (8) los temas subrayados son también los sujetos gramaticales de las oraciones.

Ahora bien, el tema contrasta con aquella parte de la oración que añade información nueva a la ya llamada (el tema), también el *rema* ('rheme', en inglés) o *comentario* ('comment'). El comentario, entonces, es la parte de la oración que añade información nueva. Ahora, así como el tema coincide frecuentemente con el sujeto gramatical, el comentario suele coincidir con el predicado, aunque este no sea siempre el caso (Gutiérrez Ordóñez 1997).

En los titulares citados del (1) al (8), el comentario/rema es el predicado de la oración, el cual añade información nueva a la información dada o conocida que se presenta en el tema.

Para resumir, entonces, el tema-O es el tema de la oración y el rema/comentario es el que comenta el tema. Los dos términos se usan para describir la estructura local, o sea la estructura al nivel de la oración.

➤ EJERCICIO 6.2

Identifica los temas y los remas o comentarios de las siguientes oraciones, titulares del periódico español *El País*:

1. La ONU aprueba una resolución contra la proliferación nuclear.
2. Una nueva vacuna reduce el riesgo de contagio del virus del sida.

3. El Gobierno 'de facto' hondureño deja sin efecto el toque de queda.
4. El PP toma represalias contra el nuevo ayuntamiento de Benidorm.
5. El Congreso rechaza la reprobación del Papa.
6. El 40% de los 'sin papeles' tiene cobertura sanitaria en España.
7. Nintendo rebaja la Wii.

6.2.3 La tematización

Las lenguas ofrecen más de una manera de decir algo. Los hablantes aprovechan este repertorio de formas lingüísticas para guiar a los oyentes en la interpretación de lo que ellos dicen. Podemos observar en los siguientes enunciados la infinidad de estructuras que se refieren a la misma realidad (ej. un beso entre dos personas) para lo cual se usa la tematización (Brown y Yule 1993, 159–160):

1. John besó a Mary.
2. Mary fue besada por John.
3. Fue John quien besó a Mary.
4. Fue Mary quien fue besada por John.
5. Lo que hizo John fue besar a Mary.
6. A quien besó John fue a Mary.
7. A María [*sic*], John la besó.

La tematización de diferente información se distingue entre las distintas versiones del enunciado antedicho. Por ejemplo, en algunas se usa la dislocación en la que un elemento cambia de posición ya sea a la izquierda (al inicio del enunciado) o a la derecha (al final del enunciado). Sedano (2006) propone que tanto la dislocación a la derecha como a la izquierda son recursos que se usan en español para lograr la tematización de elementos de los enunciados. Veamos los siguientes ejemplos propuestos por Sedano (2006, 61):

1. Vi a Juan ayer.
2. A Juan lo vi ayer.
3. Lo vi ayer, a Juan.

Vemos que el cambio de posición de *Juan* implica el énfasis en uno u otro elemento oracional.

A través del proceso de la tematización, otros componentes oracionales más allá del sujeto pueden llegar a ser los temas de un enunciado. Las siguientes tematizaciones de los titulares anteriormente citados en *El Universal* ejemplifican este punto:

1. Suspende la ONU apoyo electoral a Honduras.
2. Pide Lula cambio multilateral.
3. Lanza con éxito India un satélite propio y 6 europeos.
4. Van Colombia y Perú contra los arsenales.
5. No puede EU resolverlo todo solo: Obama.
6. Nombrará Patrick sucesor de 'Teddy'.
7. Pondrá Argentina radares en frontera.

La tematización de los verbos, de hecho, es un estilo popular en los titulares. Algunos ejemplos auténticos de la misma edición (24 de septiembre 2009) de *El Universal* incluyen:

1. Aumenta desánimo en el país.
2. Emiten billetes del Bicentenario.
3. Arrestan a piloto de vuelos de la muerte.
4. Muestran armonía y furia de Prieto.

Cabe notar que el orden de las palabras es un recurso valioso para indicar el tema en un medio escrito, mientras que en el habla oral es la entonación la forma más común para hacerlo.

> ➤ EJERCICIO 6.3

Manipula las oraciones del ejercicio (6.2) para tematizar los verbos (de las oraciones impares) y los objetos (de las oraciones pares).

6.2.4 Tema-T

El tema tiene otro significado más allá del nivel del enunciado en el estudio del discurso (Van Dijk 1977). El tema-T es en términos básicos de lo que trata el texto. Keenen y Schieffelin (1976, 380) describen el tema como "la cuestión de interés inmediato" o una frase que describe de qué trata el discurso. Veamos el extracto de un artículo de espndeportes.com donde el tema-T sería *David Ortiz*:

¡Se volvió loco el dominicano *David Ortiz* impulsando carreras esta semana!
Ortiz remolcó diez carreras entre el domingo 20 y el sábado 26 de septiembre y fue el mejor latino de la Liga Americana.
El bateador designado de los Medias Rojas de Boston disparó siete hits en 23 turnos, para promedio de .304, y aparte de los diez remolques, anotó cuatro carreras, con un doblete y tres cuadrangulares y slugging de .739.

El Big Papi está terminando a todo tren la temporada y a pesar de exhibir un débil promedio de .236, ya suma 27 bambinazos y 94 impulsadas, cifras envidiadas por la mayoría de los bateadores de Grandes Ligas.

Extracto del artículo "Despertó el grandote" en: http://espndeportes.espn.go.com/news/ story?id = 906965&s = bei&type = column)

Aparte de ser el tema-T, el jugador de béisbol dominicano David Ortiz es el tema-O en muchas de las oraciones del artículo:

1. "David Ortiz fue el Jugador Latino de la Semana en la Liga Americana."
2. "Ortiz remolcó diez carreras entre el domingo 20 y el sábado 26 de septiembre y fue el mejor latino de la Liga Americana."
3. "El Big Papi está terminando a todo tren la temporada y a pesar de exhibir un débil promedio de .236, ya suma 27 bambinazos y 94 impulsadas, cifras envidadas por la mayoría de los bateadores de Grandes Ligas."

Además, *David Ortiz* es el sujeto de un enunciado adicional:

4. "¡Se volvió loco el dominicano David Ortiz impulsando carreras esta semana!"

En algunos casos es muy fácil identificar el tema-T, mientras que en otros, no es tan obvio. Brown y Yule (1993) argumentan que para cualquier texto hay más de un tema posible. Explican que los varios participantes de una conversación pueden tener interpretaciones diferentes sobre cuál es el tema de la conversación o de lo que trata un texto. Así, Brown y Yule afirman que "siempre habrá un conjunto de posibles formas de expresar el tema . . . Lo que necesitamos es una caracterización del concepto 'tema' que nos permita considerar correctas (al menos parcialmente) cada una de las expresiones posibles . . . e incorporar de esta manera todos los juicios posibles sobre 'aquello de lo que se está hablando'" (1993, 102–103). Una entrada de un blog de Lynette Gil que publica *El Nuevo Día*, un periódico puertorriqueño, podría servirnos como ejemplo:

"Tengo que escribirlo porque si no lo escribo, estallo . . ."

Eso parece ser lo que a muchos les pasa por la mente cuando leen algunas notas, artículos, mensajes de otros usuarios o foros en Internet. Y así mismo como lo piensan, así mismo lo escriben, sin releer lo que escribieron, sin repensarlo, sin ni siquiera preocuparse por la ortografía, puesto que su nombre va anónimo y nadie sabe quiénes son, y peor aún, sin evaluar lo que su mensaje está diciendo—mensaje que representa lo que sienten, piensan y son a un nivel mucho más profundo y personal— . . . Sin reflexionar . . . sólo con la ira de herir a Fulano X que escribió algo de otro Mengano . . .

¡Oye! Tus palabras, así como tus acciones, ¡son las que dictan quién tú eres!

Y ¡horror! Si tu maestra de primer grado te corrigiera el párrafo que escribiste, por ejemplo, como comentario a una de las noticias de un periódico online, sinceramente,

¿crees que pasarías el examen? Además, recuerda que si no hubiera todas esas reglas tediosas de ortografía, nadie pudiera entenderse. Por ejemplo: ¿2 krez q ntndrias cm q sto?

Y, ¿qué te dicen las palabras de ese "usuario", que es una persona de la vida real? ¿Qué te parece su comentario? Y, ¿qué pensarías si leyeras ese comentario y te imaginaras por un momento que fuiste tú su autor? Total, atacando a otro pobre usuario por un medio de Internet no vas a lograr mucho . . . así que, aprovecha el espacio que te dan para expresarte y contribuir positivamente con algo más grande que tú . . .

(www.elnuevodia.com/blog-tengo_que_escribirlo_porque_si_no_lo_escribo,_estallo%
E2%80%A6-523442.html)

¿Cuál sería el tema del texto? ¿Cuál es la cuestión de interés inmediato? Tal vez sería el enunciado: "un crítico de los comentarios de usuarios de Internet" o quizás la sugerencia "piénsalo bien antes de escribir algo en Internet". Para captar el sentido individual, parcial e interesado del concepto de tema, Brown y Yule sugieren el concepto del tema del hablante. El tema del hablante es "un tema personal dentro del marco del tema general de la conversación en su conjunto" (1993, 117).

6.2.5 Tema y rema

El análisis del discurso supera el análisis oracional. Se ocupa de los enunciados, que pueden o no coincidir con la oración. En este sentido también se hace una distinción entre *tema* y *rema*. El tema es de lo que trata el enunciado mientras que el rema es lo que se dice del tema. El primero inserta el enunciado en un contexto y establece la coherencia del texto. Por otro lado, el rema añade nuevos comentarios sobre el tema con lo cual el texto se va desarrollando (Becker 2002). Entonces, para establecer el tema y el rema de un enunciado hay que mirar el texto del cual forma parte puesto que la cohesión de los textos resulta de todo el conjunto de enunciados en el texto.

➤ EJERCICIO 6.4

Identifica el tema y el rema de cada uno de los enunciados de los siguientes párrafos obtenidos del periódico español *El País* en el internet. Asimismo, señala el tema general de cada párrafo.

1. "Un cuadro del pintor surrealista belga René Magritte, titulado *Olympia*, ha sido robado en pleno día en el museo de Bruselas dedicado a este artista, poco después de abrir sus puertas, según informa la cadena BBC.

    Valorado en unos tres millones de euros, el cuadro, un desnudo que data de 1948, fue robado por dos individuos no identificados, uno de ellos armado, tal y como ha explicado el conservador del museo.

    'Dos individuos, uno de ellos de tipo asiático, hablando uno inglés y el otro francés, irrumpieron en el museo poco después de la apertura, uno de ellos armado con una pistola. Los dos hombres, que actuaron a cara descubierta, obligaron a dos de los tres empleados a tirarse al suelo y uno de los ladrones escaló la pared de vidrio de un metro y medio que separa el cuadro del público para llevárselo,' ha contado.

René Magritte, que murió en 1967, está considerado como uno de los pintores más influyentes del siglo XX" www.cultura.elpais.com/2009/09/24/actualidad/1253743202_850215.html.

2. "No más discos, ni siquiera una gira para su último álbum, *It's not me, It's you.* Parece que los fans de la cantante británica Lily Allen, hija del actor, humorista y presentador inglés Keith Allen y fulgurante estrella del pop desde 2006, tendrán que resignarse a no poder disfrutar más de sus directos o nuevos discos. Tras años anunciándolo, la artista finalmente cumple lo prometido y se retira de la música. Tiene proyectos familiares y planea irse a vivir al campo para tener una vida tranquila, según informa *Contact Music.*

Desde que salió su primer disco *Alright, Still* en 2006, después de darse a conocer en MySpace, Lily, compositora pegadiza con una voz original, opiniones bordes y un estilo despreocupado, ha protagonizado una carrera meteórica que la ha llevado a los primeros puestos de las listas de éxitos. Al tiempo, protagonizaba noticias por sus salidas de tono a la hora de hablar de otros músicos. Ahora ha puesto punto final a esta etapa" (http://elpais.com/elpais/2009/09/24/actualidad/1253774931_850215.html).

3. "La organización Oxfam Internacional (Intermón Oxfam en España) ha cifrado los efectos de la crisis económica en el tercer mundo: 100 personas caen cada minuto en la pobreza, por lo que insta al G-20 a tomar en su próxima reunión medidas urgentes para protegerlas. Según las cifras aportadas por la ONG, el número total de personas que pasan hambre en el mundo se sitúa ya por encima de los mil millones. Es decir, uno de cada seis habitantes del planeta.

'Los brotes verdes de la recuperación económica no han llegado a los países más pobres, que están hoy sufriendo de forma muy virulenta la depresión global', afirma Ariane Arpa, directora general de Intermón Oxfam. 'En el tiempo que empleen los líderes del G20 en cenar esta noche, cientos de personas habrán entrado a engrosar la ya larga lista de la pobreza y se verán forzados a sobrevivir con menos de 85 céntimos de euro al día', añade." (www.elpais.com/sociedad/2009/09/24/actualidad/1253743201_850215.html)

➤ EJERCICIO 6.5

Compara tu identificación de temas con los de un compañero/una compañera de clase. ¿Identificaron el mismo tema o no? ¿Por qué?

6.2.6 Cohesión

Como ya hemos visto, los textos no son conjuntos de enunciados sueltos; estos, más bien, consisten en un entramado de unidades interrelacionadas que permiten al lector/oyente comprenderlo globalmente (Halliday y Hasan 1976). En efecto, Halliday y Hasan mencionan cinco estrategias cuya función es conectar los enunciados de un texto para que haya interrelación entre todas las partes y el lector/oyente pueda comprenderlo. Estas son: la referencia, la sustitución, la elipsis, el uso de las conjunciones y el uso coherente del léxico.

La referencia expresa las interrelaciones entre elementos de distintos enunciados en un texto. Así tenemos la anáfora que es la referencia a un elemento previo, o sea ya mencionado en el texto, y la catáfora que es la referencia a un elemento que viene más adelante en el texto.

Para ilustrar cómo se utilizan estas estrategias de referencia en el discurso, veamos el discurso que presentó la Presidenta Cristina Fernández de Kirchner a la Asamblea General de las Naciones Unidas el 23 de septiembre 2009 (www.casarosada.gov.ar/discursos/3582):

1. Debo decirles, como latinoamericana, que ni en Chile durante la dictadura del general Pinochet, ni en Argentina durante la dictadura de general Jorge Rafael Videla, tal vez las dos dictaduras más cruentas de la América Latina hubo un comportamiento similar con embajadas que activamente trabajaban en el asilo de los refugiados. Digo *esto* porque es imprescindible que tomemos conciencia que si no construimos y diseñamos una estrategia multilateral fuerte, precisa que haga retornar la democracia a Honduras, que ponga en ejercicio efectivo el respeto a los derechos humanos, que asegure que haya elecciones libres y democráticas que solamente se pueden hacer en el marco del respeto a la Constitución estaremos sentando un severo precedente en una región que durante décadas y durante la vigencia de la Doctrina de Seguridad Nacional sufrió interrupciones democráticas, que sesgaron la vida de miles y miles de latinoamericanos, causaron el exilio de otros y provocaron la tragedia social y económica más grave de que se tenga memoria en la región.

Dentro del texto que hemos expuesto arriba, la palabra en itálicas "esto" hace referencia anafórica a la oración previa, específicamente la afirmación que "ni . . . hubo un comportamiento similar". Asimismo, Fernández utiliza la anáfora para conectar el llamamiento que hace en la segunda oración con lo que sostiene en la primera oración, es decir que está pasando como algo muy grave y sin precedente en dos dictaduras conocidas. La catáfora, o referencia a un elemento futuro, se ve en el mismo inicio del discurso de Fernández:

2. Señor presidente de la Asamblea General de Naciones Unidas; señoras y señores presidentes; señoras y señores jefes de delegación: debo confesarles que cuando llegué a esta ciudad para participar en esta Honorable Asamblea tenía pensado iniciar mi

intervención con una fuerte apelación a la necesidad de reconstruir el multilateralismo y la cooperación como los dos instrumentos básicos para poder superar lo que hoy constituye, sin lugar a dudas, el tema central en la discusión global, que es la superación de la crisis social y económica. Pero *algunos hechos que sucedieron*, entre el día lunes y martes, hacen que mi intervención comience contándoles que en Tegucigalpa, República de Honduras, la Embajada de mi país, la República Argentina, hace casi dos días que le *han cortado la luz.*

El elemento en itálicas "algunos hechos que sucedieron," es una catáfora de los hechos que se describen luego. El primer hecho al que se refiere "algunos hechos" la frase en itálicas es mencionado a final del ejemplo, que se presenta *en* tambien *itálica*: "han cortado la luz".

Otra estrategia es la sustitución. Esta describe el uso de una palabra o frase para reemplazar un referente de otro enunciado. La sustitución crea un enlace entre los dos enunciados porque requiere que el lector/oyente complete un enunciado con el material de otro. En (1) arriba, por ejemplo, la palabra *esto* sustituye lo que dijo Fernández en el enunciado previo, "que ni en Chile durante la dictadura . . . el asilo de los refugiados". De igual manera, cuando Fernández enuncia (3) hace uso de otra sustitución:

3. Por *eso* yo apelo, y lo hago porque he participado activamente, desde la Organización de Estados Americanos (OEA) acompañando también al anterior presidente de esta Asamblea, al Padre Miguel D'Escoto a El Salvador para poder realizar una tarea precisamente de salvaguarda de lo que a mi criterio constituyen dos valores básicos que ha logrado construir nuestra región y que son la democracia y la vigencia de los derechos humanos.

En (3), *eso* sustituye todo el texto de (1), o sea todo lo que acababa de decir sobre las consecuencias posibles de no intervenir en la situación descrita.

Luego tenemos la elipsis donde se omite una parte de un enunciado. Esta omisión requiere que el lector/oyente lo complete con información de otra parte del texto, lo cual crea un enlace entre distintos enunciados.

Las conjunciones también pueden emplearse para dar indicaciones específicas sobre las relaciones entre enunciados. En este mismo discurso de Fernández se ve el uso enfático de la conjunción *pero* para indicar la relación entre los enunciados:

4. Realmente satisface, es una caricia al alma escuchar en boca del Presidente de los Estados Unidos de América la necesidad de que el pueblo palestino viva en su territorio sin ningún tipo de asentamientos y también el derecho, obviamente, de los ciudadanos de Israel de vivir en paz dentro de su frontera.

Pero las expresiones del señor Presidente, como así también el mensaje que oportunamente diera en la Universidad de El Cairo y que seguramente muchos de ustedes habrán seguido con interés, nos coloca en una situación que tal vez hace muchos años no teníamos y que era la posibilidad de abordar, espero que con éxito, negociaciones entre la Autoridad Palestina y el Gobierno de Israel para reencausar, finalmente, este tema clave en la seguridad y paz mundial que es la cuestión Palestina.

El uso de *pero* crea un enlace entre los dos enunciados y establece una relación de contrariedad entre la satisfacción que expresa en la primera parte y el peso de la responsabilidad que expresa en la segunda.

Halliday y Hasan (1976) mencionan la cohesión léxica como una técnica importante. Esta describe el uso de las mismas palabras para conectar un enunciado con otro. La cohesión léxica es muy común en los pares adyacentes de preguntas y respuestas, como se ve en el texto siguiente de una entrevista reciente con la escritora chilena Isabel Allende (http://elpais.com/diario/2009/09/27/ultima/1254002402_850215.html):

5.a P: Su hijo dice que hay cosas peores que tener una escritora en la familia. ¿Usted lo cree?

5.b R: Sí, dice que hay cosas peores. Yo podría ser, por ejemplo, un asesino a sueldo.

La pregunta (P) contiene la frase "dice que hay cosas peores", y la escritora repite la frase exacta de manera paralela en su respuesta (R).

6.3 NARRATIVA

Labov define la narrativa como "un método de recapitulación de la experiencia pasada adecuando una secuencia verbal de proposiciones a la secuencia de sucesos que (se supone) ocurrieron realmente" (Labov 1972, 359–360, citado en Silva-Corvalán 2001, 198). Labov explica que la esencia de una narrativa es la conjunción temporal entre dos cláusulas, o sea una relación entre las dos cláusulas que representa la relación entre dos acciones del pasado. Las cláusulas de una narrativa, denominadas *cláusulas narrativas*, son una serie de cláusulas ordenadas cronológicamente. El *esqueleto* de una narrativa requiere solamente de "dos frases ordenadas en el tiempo, de modo que un cambio en la secuencia se traduce en un cambio en la secuencia de los hechos narrativos" (Labov 1972, 360, citado en Stubbs 1987, 44):

1.a Fuimos al parque
1.b y vimos unos chicos allá.

La conjunción temporal implica que la acción de (1.a) ocurrió antes de la acción de (1.b). Un ejemplo de la conjunción temporal se encuentra en la respuesta de la autora chilena Isabel Allende en la misma entrevista reciente que se citó en (5.a) y (5.b) (http://elpais.com/diario/2009/09/27/ultima/1254002402_850215.html):

1.a En Brasil me echaron las conchitas ésas,
1.b y dijeron que mi loa es Iemanyá, la diosa madre, la del agua y el mar.

1.c Dije: son tonterías.
1.d Lo volví a hacer en otra ciudad,
1.e y salió lo mismo.
1.f Así que empiezo ya a creer un poquito.

Gracias a la conjunción temporal se asume que la acción (1.b) ocurrió después de (1.a); la acción (1.d) ocurrió después de (1.c), y la (1.f) después de (1.e). Aunque el *esqueleto* de la narrativa requiere solamente de dos oraciones ordenadas temporalmente, el ejemplo de Allende sirve para ilustrar algunos elementos adicionales de la narrativa. Primero, en (1.a) Allende provee de una orientación, o sea una frase inicial que describe la escena o el contexto de la narrativa-tiempo, lugar y participantes. A través de (1.a), sabemos dónde tiene lugar la narrativa (en Brasil) y quiénes son los participantes (Allende y 'ellos/ellas' que hace la acción de echar). Segundo, Allende destaca la razón de la narrativa en (1.f), afirmando que sí cree en espíritus protectores (dioses/diosas). Entonces (1.f) es la evaluación de la narrativa. Entre la orientación (1.a) y la evaluación (1.f), hay cuatro enunciados narrativos ordenados cronológicamente que comunican las acciones de la narrativa.

Según Labov (1972) una narrativa desarrollada tendrá los siguientes componentes: compendio, orientación, oraciones narrativas, evaluación, resolución y coda. Silva-Corvalán (2001, 198–200) enumera los componentes de la narrativa y los describe de la siguiente forma. En primer lugar está el compendio que sería el resumen de la historia y donde se señalan "los hechos más importantes en unas pocas palabras" (198) mientras que la orientación es la parte donde se "da información sobre el tiempo, el lugar, los participantes y el contexto general en que ocurrieron los hechos relatados" (199). Las oraciones narrativas, por otro lado, son los enunciados organizados "cronológicamente y que describen las acciones" y la evaluación es una parte donde el narrador menciona "la razón de ser de la narrativa" (199). Por último están la resolución y la coda. En la resolución se menciona aquello que "ocurrió finalmente" (199) mientras que en la coda se indica de forma explícita el término de la historia.

Para ejemplificar estos términos utilizaremos como ejemplo un texto del personaje Manuela (interpretado por la actriz argentina Cecilia Roth) en la película *Todo sobre mi madre* (Pedro Almódovar 1999). Para poder interpretar este texto el lector debe saber que Nina, la pareja de Huma, ha acusado a Manuela de intentar quitarle el puesto de asistente personal de Huma y de robarle el rol de Estela en la producción de *Un tranvía llamado deseo* que protagonizan Huma y Nina; Manuela denuncia esto y empieza a irse:

Huma: Manuela, creo, que deberías darnos una explicación.

        ((pausa larga))

Manuela: | Un tranvía llamado deseo ha marcado mi vida. | compendio

Hace veinte años | orientación

hice de Estela con un grupo de aficionados. | oración narrativa

Allí conocí a mi marido. | oración narrativa

Él hacía de Kowalski. | orientación

Hace dos meses | orientación

vi vuestra versión en Madrid.
((suspiro profundo)) | oración narrativa

Es la explicación, Huma. | evaluación

Fui con mi hijo. | oración narrativa

Era la noche de su cumpleaños. | orientación

Y a pesar de que llovía a mares os esperamos
en la calle porque quería un autógrafo tuyo, Huma. | osoración narrativa

((*flashback*; Huma recuerda el hijo de Manuela))

Era una locura esperar bajo la lluvia pero como era su | oración narrativa

cumpleaños no me atrevía decirle que no.
((pausa breve))

Vosotras cogisteis un taxi y él corrió detrás. | oración narrativa

Y un coche que venía por el canal lo atropelló. | oración narrativa

((pausa))

Y lo mató. | resolución

((llanto breve))

Esta es la explicación. | evaluación

((sale Manuela llorando)) | coda

Se puede observar, a través de la narrativa de Manuela, cómo funcionan los elementos de la narrativa. El compendio sirve como introducción indicando al interlocutor el resumen de la historia—la interrelación entre la obra teatral *Un tranvía llamado deseo* y la historia personal de Manuela. La orientación provee el trasfondo o el escenario de la narrativa y los enunciados narrativos describen las acciones. Manuela provee varias orientaciones: las primeras contextualizan—"hice la de Estela" y "conocí a mi marido"; las siguientes orientaciones describen la noche más reciente en Madrid cuando fue atropellado el hijo de Manuela intentando conseguir el autógrafo de Huma. La resolución sirve para indicar el resultado de las acciones de la narrativa, en este caso la muerte del hijo de Manuela. La evaluación le comunica al lector el por qué de la narrativa, en este caso cumplir con la petición de Huma que Manuela diera una explicación a él y a Nina. La coda indica que la narrativa ha terminado; en el caso de Manuela, la coda es no verbal; sale del salón.

➤ EJERCICIO 6.6

Busca en el Internet el texto de la canción de Rubén Blades titulada *Pedro Navaja* e identifica los elementos de la narrativa. Para facilitar el trabajo incluimos un par de estrofas aquí.

"Por la esquina del viejo barrio lo vi pasar

con el tumba'o que tienen los guapos al caminar,

las manos siempre en los bolsillos de su gabán

pa' que no sepan en cuál de ellas lleva el puñal.

Usa un sombrero de ala ancha de medio la'o

y zapatillas por si hay problemas salir vola'o,

lentes oscuros pa' que no sepan qué está mirando

y un diente de oro que cuando ríe se ve brillando.

Como a tres cuadras de aquella esquina una mujer

va recorriendo la acera entera por quinta vez,

y en un zaguán entra y se da un trago para olvidar

que el día está flojo y no hay clientes pa' trabajar."

(. . .)

Pedro Navaja de Rubén Blades

➤ EJERCICIO 6.7

Pídele a un amigo o compañero de clase que te cuente una historia de su niñez. Graba su narrativa y transcríbela (o sea, escribe palabra por palabra lo que tu sujeto dijo); identifica los componentes de la narrativa.

6.4 MARCADORES DEL DISCURSO

Existe una categoría de palabras que no pueden explicarse por las categorías gramaticales tradicionales porque su "uso está limitado casi exclusivamente al lenguaje hablado, debido a sus funciones interactivas" (Stubbs 1987, 77)[2]. Estas partículas son palabras como *bien, ahora bien, bueno* y *venga* que se usan sin su sentido léxico. Por ejemplo, *bien* en su sentido referencial contrasta con *mal,* y en su sentido referencial alude a la acción de venir, sin embargo usado como marcador de discurso ejerce otras funciones. A estas partículas Labov y Fanshel (1977) las denominan *indicadores del discurso* mientras que Schiffrin (1987) opta por llamarlas *marcadores de discurso.* Silva-Corvalán (2001, 215) indica que los marcadores del discurso se sitúan "fuera de la sintaxis oracional y pertenecen a categorías invariables: conjunción (*y, aunque, pero*) y adverbio (*bueno, ahora, así*), aunque también son marcadores algunos elementos con base nominal (*hombre, niño*) o verbal (*tú sabes, mira*), considerados interjecciones por algunos autores, que como formas apelativas conservan la posibilidad de flexión (*mira-mire, niña-niño*)."

Portolés (1998) sugiere la siguiente taxonomía de marcadores de discurso según su función:

6.4.1 Categorías de marcadores de discurso

Cuadro 6.1   Marcadores de discurso, adaptado de Portolés (1998, 135–146)

Estructuradores de la información	pues, bien, por una parte . . . por otra parte, a propósito, etc.
Conectores	además, incluso, entonces, pues, así pues, en cambio, ahora, etc.
Reformuladores	o sea, es decir, más bien, al fin y al cabo, en conclusión, etc.
Operadores discursivos	en realidad, claro, por ejemplo, bueno, etc.
Marcadores de control de contacto	mira, oye, hombre, vamos, anda, etc.

➤ EJERCICIO 6.8

Analiza los ejemplos siguientes del programa radial *Aló Presidente de la República Bolivariana de Venezuela* e identifica los marcadores de discurso en el texto oral del Presidente Hugo Chávez (http://www.alopresidente.gob.ve/transcripciones/).

1. Bueno no me mata; en verdad, da más vida, más esperanza, más compromiso, más compromiso de batalla.
2. Bueno ¿para dónde vamos ahora, pues?
3. Entonces después dice el poema que está lleno de patria y yo te lo digo a ti para tratar de que tú tengas cada día más patria en el alma.
4. Mira, compañero, ¡hey!, párate ahí, ¡para ahí, para ahí, para ahí!
5. Yo me acuerdo tres meses después, oye, yo dije, cómo va a hacer eso así, ¿verdad?
6. Claro, el ganado amarillo, el criollo amarillo ¿no es que llaman?
7. Ahora, entonces yo fui ¿tú sabes qué? No estoy exagerando.
8. Ajá, pero nosotros vamos a ir caminando para allá,
9. ¡Compadre, quédate tranquilo viejo! ¡Quédate ahí, quédate ahí! ¡Ajá! ¡Okey! Correcto, está bien, ¿verdad? Bueno vamos caminando pues.
10. Y está traicionando a su propio pueblo, como lo digo yo aquí más adelante, está atropellando la dignidad, en primer lugar.

➤ EJERCICIO 6.9

Clasifica los marcadores de discurso del ejercicio anterior según las categorías de Portolés.

6.5 LA LENGUA Y EL CONTEXTO

A partir de los planteamientos de Hymes (1974) se rechaza la idea de que el enunciado o la oración pueda entenderse sin analizar su contexto. Por eso, el estudio del discurso abarca una estructura mayor. El término *contexto* tiene un doble sentido porque se refiere al contexto discursivo y al contexto situacional. En esta sección del capítulo, describimos estos dos aspectos.

6.5.1 El contexto discursivo

El contexto discursivo se refiere a la información y a los procesos que utilizan los hablantes y oyentes para interpretar el discurso. El hablante y el oyente usan presuposiciones, implicaturas e inferencias. Una presuposición es "lo que el hablante toma como 'terreno común' de los participantes en la conversación" (Stalnaker 1974, 321, citado en Brown y Yule 1993, 51). La implicatura, en cambio, es lo que el/la hablante/ escritor(a), sugiere o quiere decir con lo que dice (Brown y Yule 1993, 54). La inferencia es el proceso por el cual el oyente interpreta lo que quiere decir el hablante sin que esto signifique que haya una correspondencia entre lo que se dice y lo que se interpreta (Brown y Yule 1993, 56; véase el capítulo 1 para mayores detalles).

Las formas deícticas son elementos de la lengua cuya interpretación requiere de un entendimiento sobre quiénes son el hablante y el oyente, dónde están cuando producen el discurso y cuándo este se produce. Entre estos están los adverbios como *aquí* y *ahora*, los pronombres nominales como *yo*, *tú/Ud.* y los pronombres demostrativos como *este*, *ese* y *aquel* (Brown y Yule 1993, 49).

> EJERCICIO 6.10

Identifica los deícticos de las oraciones siguientes y analiza su uso.
1. No me gusta este suéter. Prefiero ese.
2. Es urgente que tú entregues el trabajo mañana.
3. Hoy en día la situación económica está gravísima.
4. Se me olvidó el libro de texto. ¿Puedes traérmelo cuando vengas a la universidad?
5. Tu hijo dejó su mochila en casa. ¿Puedes llevársela cuando vayas a recogerlo esta tarde?

6.5.2 El contexto situacional

Hymes (1974) propuso un modelo para analizar un evento de habla dentro de un contexto cultural, que se resume en el acrónimo inglés 'SPEAKING'. El evento de habla es una situación comunicativa en un contexto que se rige por convenciones, normas sociales y pragmalingüísticas. El modelo de Hymes enumera los elementos básicos del contexto situacional:

Cuadro 6.2   Traducción castellana de Hymes (1974), adaptado de Pilleux (2001)

(S) Situación	El lugar, la hora de la interacción y las circunstancias físicas; responde a las preguntas ¿dónde? y ¿cuándo? ej. una clase, una fiesta.
(P) Participantes	El/la hablante y/o escritor(a), el oyente y/o lector(a); el público/la audiencia; responde a las preguntas ¿quién? y ¿a quién?
(E) Finalidades	Propósitos, objetivos y resultados; responde a la pregunta ¿para qué? ej. para informar, entretener, mentir, etc.
(A) Actos	La forma y el orden del suceso discursivo; responde a la pregunta ¿qué? ej. preguntas y respuestas, un monólogo u órdenes.

Cuadro 6.2 (continuación)

(K) Tono	Indicaciones que manifiestan el tono, el modo o el espíritu del suceso discursivo; responde a la pregunta ¿cómo?; ej. con sinceridad, con una actitud de superioridad o como broma.
(I) Instrumentos	Formas y estilos; responde a la pregunta ¿de qué manera? ej. escritura, habla oral, etc. y el uso de un léxico específico.
(N) Normas	Reglas sociales que gobiernan el suceso discursivo, las acciones de los participantes y las reacciones; responde a la pregunta ¿qué creencias? ej. los niños no deben hablar a menos que los hable un adulto.
(G) Género	La categoría o clase de acto o suceso discursivo; responde a la pregunta ¿qué tipo de discurso? ej. mensaje de texto, broma, mito, rezo, carta al Director.

➤ EJERCICIO 6.11

Escoge dos ejemplos de eventos de habla y describe los ocho elementos de cada uno según el modelo 'SPEAKING' de Hymes.

6.5 CONCLUSIONES

A lo largo de este capítulo hemos intentado describir la estructura del discurso, sus elementos y las estrategias para lograr cohesión y coherencia. Asi mismo hemos presentado una sinopsis de la narración, el contexto del discurso y las herramientas del análisis. Sostenemos que el estudio del discurso es clave para la comprensión de la interacción humana porque la construcción del significado en la comunicación oral y escrita es la base de las relaciones sociales.

Obras citadas

Becker, Annette. *Análisis de la Estructura Pragmatica de la Cláusula en el Español de Mérida (Venezuela)*. Vol 17. http://elies.rediris.es/elies17/, consultado el 5 de febrero del 2012.

Billig, Michael. "Conversation analysis and the claims of naivety." *Discourse & Society* 10 (1999): 572–576.

Brown, Gillian, y George Yule. *Discourse Analysis*. New York: Cambridge University Press, 1993.

———. *Análisis del Discurso*. Madrid: Visor Libros, 1993.

Georgakopoulou, Alexandra, y Dionysus Goutsos. *Discourse Analysis: An Introduction*. 2nd ed. Edinburgh: University of Edinburgh Press, 2004.

Gómez González, María A. *The Theme-Topic Interface: Evidence from English*. New York/Amsterdam: John Benjamins, 2001.

Gutiérrez Ordóñez, Salvador. *Temas, Remas, Focos, Tópicos y Comentarios*. Madrid: Arco Libros, 1997.

Halliday, Michael A. K. *An Introduction to Functional Grammar*. 2nd ed. London: Edward Arnold, 1994.

Halliday, Michael A. K., y Ruqaiya Hasan. *Cohesion in English*. London: Longman, 1976.

Hockett, Charles F. *A Course in Modern Linguistics*. New York: Macmillan, 1958.

Hymes, Dell. *Foundations of Sociolinguistics: An Ethnographic Approach*. Philadelphia: University of Pennsylvania Press, 1974.

Jaworski, Adam, y Nikolas Coupland. *The Discourse Reader*. London/New York: Routledge, 1999.

Labov, William. *Language in the Inner City: Studies in the Black English Vernacular*. Philadelphia: University of Pennsylvania Press, 1972.

Labov, William, y David Fanshel. *Therapeutic Discourse: Psychotherapy as Conversation*. New York: Academic Press, 1977.

Mills, Sara. *Discourse: The New Critical Idiom*. 2nd ed. London/New York: Routledge, 2004.

Ochs Keenan, Elinor, y Bambi B. Schieffelin. "Topic as a discourse notion: a study of topic in the conversation of children and adults". En *Subject and Topic*, editore Charles Li. New York: Academic Press, 335–384.

Pilleux, Mauricio. "La competencia comunicativa y el análisis del discurso." *Estudios Filológicos* 36 (2001): 143–152.

Portolés, José. *Marcadores del Discurso*. Barcelona: Ariel, 1998.

Real Academia Española. "Discurso." *Diccionario de la Lengua Española*. 22nd ed. Madrid: Espasa Calpe, 2001.

———. "Discurso." *Diccionario de la lengua española*. 23rd ed., 2009. http://buscon.rae.es/draeI/ (consultado el 9 de mayo 2009).

Schegloff, Emanuel. "Schegloff's texts' as 'Billig's Data': a critical reply." *Discourse & Society* 10 (1999): 558–572.

Schiffrin, Deborah. *Discourse Markers*. Cambridge: Cambridge University Press, 1987.

Sedano, Mercedes. "Sobre la dislocación a la derecha en español." LIN 10/18 (2006): 59–73.

Silva-Corvalán, Carmen. *Sociolingüística y Pragmática del Español*. Washington, DC: Georgetown University Press, 2001.

Stalnaker, Robert C. "Assertion". En P. Cole, ed. *Syntax and Semantics, volume 9: Pragmatics*. New York: Academic Press, 315–322.

Stubbs, Michael. *Análisis del Discurso: Análisis Sociolingüístico del Lenguaje Natural*. Madrid. Alianza Editorial, 1987.

Van Dijk, Teun. "Sentence topic and discourse topic." *Papers in Slavic Philology* 1 (1977): 49–61.

Notas

1. Traducción de la autora.
2. Traducción del autora.

7

EL ANÁLISIS CRÍTICO
DEL DISCURSO

VIRGINIA ZAVALA

Reflexiones preliminares

Lee los siguientes enunciados y piense en la manera en que el uso del lenguaje "construye" o "representa" las realidades descritas:

1. "Gran Bretaña fue invadida por un ejército de ilegales" (diario inglés)
2. "Ay, hijita, hazme el favor de limpiar esto" (una señora de 30 años a su empleada doméstica de 40 años en Guatemala).
3. "Parlamentarias indígenas se entercan por hablar en quechua en el congreso" (diario peruano).

7.1 INTRODUCCIÓN

El Análisis Crítico del Discurso (ACD) concibe el lenguaje como parte de las prácticas sociales y tiene un interés especial por la relación entre el lenguaje y el poder (Van Dijk 1993; Wodak 2001). Como veremos en este capítulo, el ACD busca realizar un análisis para *desnaturalizar* o *deconstruir* las relaciones de jerarquización e inequidad que se constituyen y se legitiman en el uso lingüístico.

En los ejemplos anteriores podemos observar que lo que decimos (y cómo lo decimos) siempre propone una representación de la realidad que sirve para proyectar como "verdad" una forma de relacionarse con el mundo que favorece a algunos sectores y excluye a otros. Así, en el primer ejemplo, a partir de elementos léxicos como "invadida" y "ejército", se asocian los inmigrantes con "incursiones militares" o "desastres naturales" que amenazan a la población del lugar (Van Dijk 1996). En el segundo ejemplo, hay que notar cómo se refuerza a la empleadora como la fuente principal de autoridad y a la empleada como una especie de "niña" que le debe respeto (aunque la empleadora sea menor que la empleada). Y, en el último ejemplo, hablar en el Congreso de la República en una lengua minoritaria perturba al sector oficial que insiste en no considerarlo apropiado. Sin embargo, no es difícil darnos cuenta que esas realidades bien podrían representarse de otras maneras. Así, podríamos imaginarnos enunciados como los siguientes: "A partir de la inmigración, Gran Bretaña es un crisol de culturas", "Marta, crees que podrías limpiar esto cuando termines lo que estás haciendo?" y "Parlamentarias indígenas logran hablar en quechua en el congreso".

Por eso, ante cualquier texto, el ACD se pregunta por las razones por las cuales ese enunciado ha adquirido esa forma y por la función de la misma en la reproducción de relaciones de poder (Johnstone 2000). Desde esta perspectiva, el foco de atención ya no estaría en el texto-en-sí-mismo, sino en el papel que tienen las prácticas discursivas en el mantenimiento, la reproducción o el propio cambio social. Este es el caso de diversas aproximaciones teóricas que han venido desarrollándose en las últimas décadas, tales como el Enfoque Histórico-Discursivo (Reisigl y Wodak 2001), el modelo de corte más cognitivista (Van Dijk 1999), el Análisis del Discurso Mediado (Scollon 1998), la Psicología Discursiva (Edwards y Potter 1992; Billig et al. 1988) y el modelo de Fairclough, vinculado en mayor medida con la teoría social contemporánea (Chouliaraki y Fairclough 1999).

En este capítulo, brindaremos alcances teóricos y metodológicos que permitirán comprender tanto el bagaje epistemológico del ACD como algunas de las herramientas necesarias para su puesta en marcha. Dividiremos la exposición en tres apartados. Primero, las bases epistemológicas sobre las cuales se asienta esta corriente. En segundo lugar, el modelo de ACD propuesto por Norman Fairclough (1992, 1995, 2001, 2003), pues consideramos que constituye el aporte más útil en este campo. Sin embargo, también explicaremos algunos conceptos propuestos por otras corrientes. Y, por último, presentaremos ejemplos de análisis de textos de distintos tipos. Cabe aclarar que el ACD no cuenta con herramientas analíticas "propias", sino que utiliza conceptos desarrollados en otras corrientes y los incorpora en el paradigma crítico presentado a continuación. Por esta razón, el lector tendrá que revisar otros capítulos que conforman este libro para ser capaz de hacer un análisis textual fino y riguroso.

7.2 CONSIDERACIONES EPISTEMOLÓGICAS PRELIMINARES

7.2.1 La construcción discursiva de la realidad

Antes de los enfoques post-estructuralistas, la tradición lingüística concebía una relación transparente entre lenguaje y realidad, en la que el lenguaje era visto como el dispositivo que hacía referencia a los objetos existentes en una realidad supuestamente "objetiva" y "neutral". De este modo, el lenguaje parecería ser un simple espejo y por lo mismo se relacionaría de forma pasiva con la realidad limitándose simplemente a reflejar un estado de cosas existente "antes" del acto lingüístico.

Sin embargo, a partir de la filosofía del lenguaje de Foucault y Derrida, y del llamado "giro lingüístico", se comenzó a asumir que la realidad y todo el conocimiento es siempre una construcción social generada a partir de prácticas discursivas. Esto significa que la comprensión que tenemos sobre el mundo y las diferentes formas en las que nos vinculamos con él se encuentran en relación directa con el contenido del discurso o con las maneras en que el lenguaje es usado. Dicho de otra forma: nunca tenemos acceso a la realidad en-sí-misma, sino que el lenguaje es una mediación inevitable cargada de ideologías sociales que la presentan de una u otra manera. La realidad, por tanto, nunca es exactamente "la realidad", sino que está construida a partir de discursos o representaciones que hemos heredado, que continuamos reproduciendo y que la hegemonía nos obliga a usar casi de manera "natural".

Así por ejemplo, Foucault demostró que el sexo es siempre un objeto discursivo cargado de significados culturales, morales o religiosos y nunca un objeto "neutral" que podamos conocer fuera de estos discursos (1976); el sexo, en su teoría, nunca es un objeto al que el investigador pueda acercarse objetivamente. El sexo, dice Foucault, es siempre "un discurso sobre el sexo". Dicho al revés: en nuestras prácticas cotidianas vinculadas con el sexo—en nuestras formas de vivirlo, de practicarlo y de hablar sobre él—siempre se articulan representaciones cargadas de creencias, valores e ideologías. En ese sentido, el gran aporte de Foucault fue insistir que el lenguaje no "representa" la realidad sino que la "crea" y la constituye de una determinada manera. Para Foucault (1972) los discursos dan forma a los objetos sobre los que hablamos y, por ello, el lenguaje funciona como un dispositivo de producción del mundo.

La *psicología discursiva* ha introducido la categoría de *repertorio interpretativo* para hacer alusión a formas relativamente coherentes de hablar sobre objetos y eventos en el mundo (Potter y Wetherell 2001). Este repertorio contendría el sentido común de una comunidad y constituiría la base para el entendimiento social compartido. Si volvemos al ejemplo de la utilización de la lengua indígena en el parlamento peruano, podemos señalar que en el Perú se actualiza un repertorio interpretativo donde esto se concibe como inapropiado y por tanto como algo criticable. Sin embargo, debemos notar que en Bolivia existe otro repertorio interpretativo, pues el uso de la lengua indígena en este mismo contexto se asume como un "derecho".

En resumen, esta perspectiva construccionista en torno a la relación entre lenguaje y realidad ha influido fuertemente en las corrientes lingüísticas contemporáneas. En lugar de concebir el lenguaje como un vehículo inocente y objetivo de trasmisión transparente de conocimientos y datos, hoy se afirma que son los usos lingüísticos los que constituyen los objetos que asumimos que existen en la realidad. Esto significa que el lenguaje se encuentra en una relación muy activa con ella. Cada vez que usamos el lenguaje no solo construimos objetos que dependen de repertorios interpretativos que han sido cultural e históricamente heredados, sino que también siempre tenemos la oportunidad de desafiarlos a fin de transformar la propia realidad social y nuestras relaciones con ella.

➤ EJERCICIO 7.1

El siguiente extracto forma parte de una entrevista a un empresario peruano de un sector socioeconómico alto. Identifique los *repertorios interpretativos* que se actualizan en torno a lo que es una empresa, a las relaciones entre el empresario y sus trabajadores y a lo que debería implicar una política de responsabilidad social en este contexto.

Yo no tengo un departamento de responsabilidad social pero yo hago la responsabilidad social que creo conveniente. Yo les hago un almuerzo, 28 de julio, y me los llevo a Cieneguilla con sus hijos y les doy un pollo a la brasa y pasamos un día lindo jugando fulbito con todos y todos somos iguales, jugamos fulbito, me meten cabe, mostro. Año nuevo igual, un buffet para todo el mundo, no sé qué. A fin de año si hay utilidades reparto el 5% que corresponde, si se puede, digamos, ayudo, pero un tema de responsabilidad social, vamos a ver, yo les pongo el café, el papel higiénico, no es mi obligación pero es lo mínimo indispensable que le puedes dar a alguien que trabaja para ti[1].

7.2.2 Los repertorios interpretativos y el poder

Si la realidad siempre está construida discursivamente, un aspecto a tomar en cuenta es el vínculo entre discurso y poder, como indica Foucault. Para él, el discurso es el dispositivo fundamental del poder que opera mediante mecanismos no solo represivos sino "productivos", pues genera discursos, epistemes y "verdades". Estos discursos o representaciones de la realidad (que aquí llamamos *repertorios interpretativos*) llegan a naturalizarse a tal extremo que se ven como "normales" y objetivos. Así por ejemplo, hoy en día el sistema económico capitalista ya no se concibe como una posibilidad entre varios, sino como una verdad incuestionable. La realidad es, entonces, una lucha de discursos y significados que batallan por adquirir hegemonía instalándose en los sentidos comunes de la gente. Como consecuencia, ciertos repertorios interpretativos se percibirán como descripciones más certeras del mundo y se encontrarán más disponibles.

El concepto de *dilema ideológico* introducido por los psicólogos discursivos precisamente hace referencia a que los repertorios interpretativos no son totalmente coherentes. Estos se caracterizan por la fragmentación, la inconsistencia y la contradicción. De hecho, el sentido común suele contener argumentos contrarios que compiten entre sí y, por tanto, no es ni unitario ni homogéneo. Por ejemplo, en el discurso capitalista contemporáneo el desarrollo es representado como equivalente a la inversión privada y a la acumulación de capital. La palabra "inversión" desplaza a las palabras "distribución" y "cultura", y así hay algo que este tipo de discurso oculta. Desde su lógica, la inversión nacional y extranjera se concibe como el único requisito indispensable para la generación de progreso y esta se justifica aunque atente contra la forma de vida de algunos sectores de la población y aunque el reparto de la riqueza no sea equitativo. Este es el caso de las empresas extractivas en las poblaciones indígenas en Latinoamérica pues la ganancia económica justifica la destrucción del hábitat de estas culturas ancestrales y la mala remuneración para sus empleados. Desde el ACD, podemos identificar dos repertorios interpretativos que son parte de un dilema ideológico: 1) desarrollo como acumulación económica y 2) desarrollo que trasciende lo meramente económico. Sin embargo, en la cultura contemporánea el primer repertorio interpretativo se impone con fuerza y se constituye como el dominante.

La categoría de hegemonía (propuesta por Gramsci) es muy importante en el ACD para explicar cómo algunas formas de interpretar el mundo se vuelven culturalmente dominantes y son asumidas como parte del sentido común, especialmente por aquellos grupos sociales sin poder. En efecto, un grupo dominante no solo asegura su supremacía y poder mediante el control económico, sino que a su vez tiene como objetivo lograr que sus discursos y representaciones de la realidad social se internalicen en los grupos dominados, de forma tal que éstos terminen siendo aceptados al punto de dejar de ser cuestionados. No obstante, como bien lo han precisado Laclau y Mouffe (1985), la hegemonía es una construcción discursiva que puede deconstruirse y, por lo tanto, siempre existe la posibilidad de construir nuevos discursos o, mejor dicho, nuevos repertorios interpretativos, desafiantes y alternativos del orden social existente[2].

➤ EJERCICIO 7.2

Discuta cómo en los siguientes casos existe un repertorio interpretativo que modela la realidad de una determinada manera y termina por excluir a un sector específico. ¿Hay repertorios interpretativos más extendidos que otros en la sociedad contemporánea?

1. En las escuelas, ciertas definiciones de "conocimiento" (como aquel asociado a la "racionalidad" y a la "abstracción") y de "aprendizaje" (como aquel que se verbaliza antes de aplicarse) se asumen como parte del sentido común, y otras se conciben como aberrantes e irracionales. Por tanto, los maestros avalan unas y sancionan otras. Así, ante la pregunta: ¿Qué son los insectos? una respuesta descriptiva del tipo: "los insectos tienen tres pares de patas" será celebrada,

mientras que una respuesta que apele a la experiencia personal del estudiante (como por ejemplo: "yo he visto muchas arañas y mosquitos, y tienen más patas que nosotros") será etiquetada como menos coherente.

2. Antes de los cambios civiles en los Estados Unidos los afroamericanos se consideraban seres humanos inferiores a los blancos. A raíz de esto, un afroamericano podía ser insultado sin derecho a defenderse y se le podía tratar de *boy* 'muchacho' aunque fuera una persona mayor al enunciante.

En resumen, el ACD se destaca por analizar las imágenes, significados y demás dispositivos que se crean y se instalan en el sentido común de las personas para naturalizar y legitimar la desigualdad y la jerarquización. En ese sentido, los que se adscriben a esta corriente desarrollan un tipo de análisis *crítico* que busca revelar el rol de la práctica discursiva en el mantenimiento del mundo social, sobre todo en la reproducción de aquellas relaciones sociales que involucran relaciones de poder inequitativas. Norman Fairclough (1992), uno de sus más destacados representantes, parte de la concepción foucaultiana de discurso, pero se dedica al detenido análisis de textos para observar la constitución y reproducción lingüística del poder. Pasaremos enseguida a discutir la categoría de discurso desde el ACD.

7.3 EL MODELO DE NORMAN FAIRCLOUGH

7.3.1 El discurso como parte de la práctica social

Para el ACD el discurso se concibe como los elementos semióticos inmersos en las *prácticas sociales* (Fairclough 2003; Chouliaraki y Fairclough 1999). Estos elementos incluyen también la comunicación no verbal y las imágenes[3]. Como veremos, esta noción difiere, no solo del concepto de discurso de Foucault, sino también de una aproximación al discurso como uso del lenguaje en interacciones cotidianas, que ha prevalecido en corrientes como la pragmática, el análisis de la conversación o la sociolingüística interaccional (Schiffrin 1994; Jaworski y Coupland 1999). En efecto, el concepto de *práctica social* añade una dimensión social del discurso más amplia que lo que se observa en las perspectivas anteriores.

Como sabemos, la vida social está compuesta de *prácticas*, es decir, de actividades rutinarias donde la gente desarrolla propósitos compartidos: aprender en la escuela, comer en familia, legislar en el parlamento, conversar entre amigos, criar a los hijos, informarse de lo que ocurre en el mundo, curarse de enfermedades, etc. Se trata de "maneras habituales—vinculadas a tiempos y lugares particulares—en las que la gente aplica recursos (materiales y simbólicos) para actuar juntos en el mundo" (Chouliaraki y Fairclough 1999, 21). En las prácticas siempre se construyen conjuntos de repertorios interpretativos que involucran valores, formas de pensamiento y opiniones. Estos nunca son neutrales ni objetivos pues se construyen a partir de relaciones de poder. En las prácticas sociales, entonces, se transmiten y se forman los repertorios interpretativos. Por ejemplo, en una interacción entre una empleada doméstica y la dueña del hogar en Latinoamérica, se desarrolla la práctica social de la provisión del servicio doméstico, que puede transmitir y reforzar repertorios interpretativos vinculados con la jerarquización de las "razas" implicadas, los derechos laborales de la empleada y el paternalismo ejercido hacia grupos sociales marginales.

Lo que queremos sostener es que el uso del lenguaje está siempre inscrito en *prácticas sociales* históricamente situadas donde participan, no "individuos en abstracto", sino sujetos con identidades cargadas de estereotipos e inscritas en relaciones de poder. La interacción entre un doctor y un paciente, entre un maestro y un estudiante, entre dos congresistas o entre un juez y un acusado son, sin duda, parte de las *prácticas sociales* de la provisión del servicio médico, de la enseñanza, de la legislación política y del poder judicial respectivamente (Van Dijk 1999). Como indica el ACD, en todas estas actividades la lengua se usa para cumplir funciones sociales y políticas, no solo porque contribuyen a desarrollar las prácticas sociales involucradas, sino también porque ahí se producen representaciones que legitiman el poder social.

Ahora bien, las prácticas sociales articulan el uso del lenguaje—y otros elementos de corte semiótico—junto con elementos sociales no discursivos. Vale decir que cualquier práctica social incluye, no solo al lenguaje, sino también aspectos como la interacción, las relaciones sociales, las identidades, el mundo material y las representaciones (Gee 1999). Así por ejemplo, la enseñanza educativa como una práctica social articula formas particulares de usar el lenguaje en un lugar y un tiempo específicos, con objetos presentes en la interacción, con movimientos del cuerpo, con identidades de los involucrados y con repertorios interpretativos. Por lo tanto, lo que se conoce como el discurso de aula (se espera por ejemplo que la maestra siempre sea la que inicie la discusión y la que domine la interacción, salvo cuando se elaboran trabajos en grupo) viene junto con una disposición del mobiliario, con la construcción de la identidad de "alumno" y "profesor", con una relación asimétrica entre ambos (el hecho de que el profesor se dirija a los estudiantes con "tú" y los estudiantes se dirijan al profesor con "usted" es una muestra de ello) y con repertorios interpretativos sobre lo que debe ser la enseñanza, el alumnado, la lectura, la disciplina, el éxito, etc.

➤ EJERCICIO 7.3

Usando la información proporcionada hasta el momento, describe las siguientes *prácticas sociales* en términos del tipo de interacción comunicativa que se genera, el tipo de relaciones sociales que se desarrollan, las identidades que se configuran y los repertorios interpretativos que se actualizan.

1. Ir al banco para abrir una cuenta de ahorros
2. Asistir a una cita con el médico
3. Leer una ponencia en un congreso académico

La noción de discurso del ACD no solo implica concebir el uso del lenguaje como parte de la *práctica social*, sino también entender la relación que existe entre el lenguaje y la estructura social. La relación es compleja pues la estructura social es tanto una condición como un efecto de la práctica social. La *teoría de la práctica* reflexiona sobre esta relación entre las estructuras de la sociedad y la cultura, por un lado, y la naturaleza de la acción humana, por el otro. Giddens (1995), figura central en el debate sobre la relación entre agencia y estructura, plantea que las acciones de los individuos se desarrollan a partir de las estructuras sociales que esas acciones luego sirven para reforzar o para reconfigurar. Así los actores no son, ni agentes totalmente libres, ni productos sociales completamente determinados por la estructura sino que en algunas circunstancias, pueden transformar los sistemas que los producen. La práctica, entonces, se ubica en un punto de conexión entre las estructuras abstractas y los eventos concretos o, en términos más sencillos, entre la "sociedad" y los ciudadanos viviendo su vida (Chouliaraki y Fairclough 1999). El concepto de "práctica" permite darnos cuenta que lo que las personas hacen no constituyen acciones aisladas ni iniciativas estrictamente personales, sino que tienen sus raíces en las estructuras sociales.

Ahora bien, si el discurso es siempre parte de toda *práctica social*, entonces podemos señalar que este "refleja" la estructura social, pero que también la "constituye". Por lo tanto, por un lado, el discurso está condicionado por la estructura social (pues refleja las relaciones sociales que se han construido al nivel de la sociedad, las relaciones con instituciones particulares como la ley o la educación, y una variedad de normas y convenciones aceptadas). Por el otro, el discurso es un actor constitutivo, constructor (o reproductor) de esa estructura. Esto se refiere a que el discurso es siempre parte de una práctica que no solo representa o refleja el mundo, sino que también le da sentido y lo constituye como tal. En buena cuenta podemos decir que a través del discurso la sociedad se hace o se va haciendo.

En el marco de esta relación dialéctica entre discurso y estructura social, el uso del lenguaje es constitutivo, tanto de formas convencionales—en el sentido de que contribuye a reproducir la estructura social existente—, como de formas creativas—en el sentido de que también es una respuesta y puede contribuir a transformar dicha estructura social. Una mirada de este tipo evita el riesgo de enfatizar demasiado la determinación social del discurso o de asumir la constitución discursiva de la realidad como algo que emana de un juego libre, y no de una práctica social fuertemente enraizada y orientada a estructuras sociales y materiales reales. El ACD se interesa por averiguar la forma en que—en el marco de estas estructuras que sujetan a los actores—estos pueden abrir nuevas posibilidades sociales a partir del uso del lenguaje.

Así por ejemplo, las identidades de los profesores y alumnos, y las relaciones entre ellos, condicionan las formas de usar el lenguaje en espacios como el aula, el recreo, la sala de profesores o el debate educativo. Sin embargo, lo cierto es que las formas de usar el lenguaje también afectan la estabilidad de estas identidades y relaciones sociales. Vale decir que, en cada lugar, el lenguaje vuelve a dar forma a las identidades de los actores y a las relaciones sociales entre ellos. Por un lado, los usos del lenguaje pueden reproducir y reforzar la consistencia y durabilidad de las estructuras sociales, pero, por otro, también pueden comenzar a introducir ciertos cambios. Así, podemos observar por ejemplo que mediante iniciativas innovadoras en el tipo de fórmulas de tratamiento (el uso del nombre propio, de "profesor", de "tú", "usted", etc.), el control sobre los turnos durante la interacción (o la distribución de oportunidades para participar oralmente) o los actos de habla directivos (en el sentido de las diversas formas existentes de pedir algo a alguien), se pueden ir transformando las relaciones entre maestros y alumnos.

A pesar de que las prácticas sociales constituyen maneras ritualizadas y habituales de hacer las cosas (asumidas como "naturales"), es también posible, a partir de ellas, comenzar a generar cambios sociales que tienen su origen en el uso del lenguaje y en la producción de lo que Fairclough denomina "dilemas" discursivos (1992). Estos "quiebres" o "tensiones" en las maneras ritualizadas de usar el lenguaje revelan y a su vez producen "dilemas ideológicos", en el sentido de la existencia de dos repertorios interpretativos sobre la misma temática (véase siguiente ejercicio).

➤ EJERCICIO 7.4

Las relaciones de género han ido cambiando en el último siglo gracias—en parte—a los cambios que se han venido desarrollando en las formas de interacción verbal. En efecto, los usos del lenguaje han ayudado en este respecto. Obsérvese, por ejemplo, los dos intercambios que aparecen a continuación entre una pareja de clase media de un país latinoamericano. Comenta las diferencias en términos de cómo a través del lenguaje se construyen relaciones sociales. ¿Puedes identificar algún dilema ideológico?

1. Esposo: ¿Y por qué no está la comida lista?
2. Esposa: Lo que pasa es que se me pasó la hora por lo de la llamada telefónica. ¿Crees que podrías esperar unos diez minutos más?
3. Esposo: Está bien.

1. Esposo: ¿Y por qué no está la comida lista?
2. Esposa: Yo he estado hablando por teléfono. Si tanto hambre tienes, caliéntatela tú.
3. Esposo: Ya, pero no te alteres.

Según el ACD el uso del lenguaje es constitutivo a nivel no solo de las representaciones sociales (o los repertorios interpretativos) que este produce sino también de las relaciones interpersonales. Esto quiere decir que cuando usamos el lenguaje no solo construimos objetos y eventos del mundo, sino que también nos relacionamos con nuestros interlocutores de distintas maneras: de manera solidaria, horizontal, jerárquica, distante, etc. La forma en que usamos el lenguaje con otros siempre transmite este tipo de información sobre la dimensión interpersonal y es esto precisamente lo que apreciamos en el ejercicio anterior.

Fairclough (1992), basado en Halliday (1978), distingue dos dimensiones de la vida social construidas a partir del uso del lenguaje:[4]

1. *La dimensión representacional.* Se refiere a las formas en que los textos significan y construyen el mundo. Así por ejemplo, al decir "Parlamentarias indígenas se entercan por hablar en quechua en el congreso" se está construyendo al parlamento como un lugar donde es inapropiado hablar en una lengua minoritaria como el quechua.

2. *La dimensión interpersonal.* Esta dimensión agrupa al aspecto identitario y al relacional, que son dos caras de una misma moneda. El aspecto identitario alude a cómo se reflejan y se construyen identidades en las interacciones. Así por ejemplo, al decir "Gran Bretaña fue invadida por un ejército de ilegales" se está construyendo al inmigrante como amenazante para la población del lugar. El aspecto relacional se refiere a cómo las relaciones sociales entre los participantes son negociadas en eventos comunicativos. Así por ejemplo, al decir "Ay, hijita, hazme el favor de limpiar esto" se está construyendo una relación jerárquica y paternalista entre la empleadora y la empleada.

Es muy importante resaltar que estas dos dimensiones están estrechamente relacionadas y que el discurso las construye de forma simultánea en cualquier texto. Tomemos el ejemplo de "Ay, hijita, hazme el favor de limpiar esto". Aquí se construye una representación del servicio doméstico como un trabajo en el que la empleadora debe hacer limpieza, por ejemplo. Pero también está en juego la dimensión interpersonal: se construye una identidad de la empleadora (como la autoridad que puede ordenar) y una de la empleada (como la subordinada que debe obedecer) y, a partir de ello, una relación social jerárquica y paternalista entre ambas.

Los repertorios interpretativos (en su función representacional) están estrechamente conectados con lo que se ha denominado "posición de sujeto" (Edley 2001) o "posicionamiento" (Davies y Harré 1990), que hace alusión a la categoría de identidad como situada en la interacción. De hecho, cada repertorio interpretativo proporciona una posición de sujeto correspondiente, en el sentido de que un enunciado no solo construye una representación sobre algún aspecto del mundo sino que también dice algo sobre la persona que lo emite. De este modo, en "Gran Bretaña fue invadida por un ejército de ilegales" la representación de la inmigración como asociada a incursiones militares y desastres naturales proporciona—para quien emite este enunciado—una posición de sujeto –o una identidad- como contraria a la inmigración y como alguien que se siente amenazado por ella. Precisemos que por *posición de sujeto* no estamos haciendo referencia a una personalidad unitaria y coherente que habita en la psicología de la persona, sino a un fenómeno producido socialmente y que se construye, se mantiene y se altera en el mundo social, y específicamente en el terreno discursivo (Bucholtz y Hall 2005; Benwell y Stokoe 2006).

Ahora bien, a pesar de que se trata de dos dimensiones que se construyen simultáneamente en cada instancia de uso lingüístico, se puede señalar que en algunos tipos de textos suele primar más una de las dimensiones. Así, mientras que en los textos escritos o de tipo monológico predomina la dimensión representacional, en los textos interactivos se revela más claramente la dimensión interpersonal. Además, como veremos más adelante, existen dispositivos lingüísticos específicos a través de los cuales el discurso construye estas dos dimensiones.

➤ EJERCICIO 7.5

Identifica las dimensiones que se enfatizan en cada uno de los ejemplos que siguen: representacional o interpersonal (identitaria y relacional).

1. Un comentarista de T.V. afirma: "La guerra en Irak comenzó con el gobierno de Bush".
2. Un hombre ingresa a un restaurante y le dice al mozo: "Soy representante de las Naciones Unidas, por favor deme una mesa con vista al mar".
3. Un profesor le pide a una antigua estudiante que lo trate de "tú" y no de "usted".
4. En el 2009 se generó en el Perú un conflicto entre el Estado y los indígenas de la Amazonía a partir de la derogación de una ley que protegía los territorios de estos últimos. Un periódico de Lima colocó en primera plana el siguiente titular: "Nativos desnudaron, degollaron, agujerearon con sus lanzas y quemaron a policías en Bagua. ¡CANÍBALES!"
5. Durante una entrevista entre un médico y un paciente, el médico utiliza léxico muy especializado de su profesión de manera recurrente.

7.3.2 El modelo tridimensional del discurso: texto, práctica discursiva y práctica social

Fairclough establece un modelo tridimensional del discurso compuesto por el texto, la práctica discursiva y la práctica social con el objetivo de poder trazar conexiones explicativas entre las formas (ya sea reproductoras e innovadoras) en las que los textos se producen, se distribuyen y se consumen, y la naturaleza de la práctica social en términos de su relación con las estructuras y los antagonismos sociales. Así, intenta juntar tres tradiciones analíticas, cada una de las cuales resulta indispensable para el análisis del discurso: 1) la tradición del análisis textual dentro de la lingüística, 2) la tradición microsociológica interpretativa que concibe la práctica social como algo que la gente produce activamente y le da sentido sobre la base de procedimientos de sentido común compartidos, y 3) la tradición macrosociológica de análisis de la práctica social en relación a estructuras sociales.

Desde este modelo, entonces, el texto es siempre parte de la práctica discursiva y esta, a su vez, de la práctica social. Así, cualquier texto (como un artículo periodístico, una página Web, una lista de compras, una entrevista de trabajo o una conversación entre amigos) se inscribe en un contexto específico de producción, distribución y consumo, a través del cual se desarrollan prácticas particulares y representaciones de la realidad enmarcadas en relaciones de poder específicas.

Ahora bien, ¿por qué es importante contar con este concepto de práctica discursiva que media la dimensión textual y la de práctica social? El análisis de los aspectos textuales requiere hacer referencia a estos procesos de producción, distribución y consumo, pues los textos siempre han sido elaborados sobre la base de prácticas discursivas que se sostienen en convenciones sociales culturalmente heredadas. Por lo tanto, aunque las formas y el contenido de los textos parecieran contener repertorios interpretativos, no es posible "leer" repertorios interpretativos de los textos que hayan sido extraídos de su contexto. En efecto, no se trata de "saltar" de la dimensión puramente textual a la de la práctica social, sino de preguntarnos quién ha producido el texto, cómo lo ha hecho, a quién está dirigido, cuál es la relación entre el productor y el receptor, con qué otros textos el texto está dialogando, etc. Este modelo sostiene el principio fundamental de que los textos nunca pueden ser analizados aisladamente, sino que deben ser entendidos con relación a redes de otros textos y al contexto comunicativo imperante.

Al decir de Fairclough (1992), los textos solo constituirían huellas o claves del proceso de producción o de interpretación respectivamente, que a su vez se desarrollan a partir de los repertorios interpretativos que hemos internalizado y a que este autor refiere como los "recursos de los miembros". Por lo tanto, los repertorios interpretativos al nivel de la práctica social condicionarían los procesos de producción e interpretación del nivel de la práctica discursiva y estos procesos condicionarían, a su vez, las formas lingüísticas que aparecen en los textos.

La práctica discursiva—o estas maneras de hacer recurrentes con el lenguaje que constituyen ciertas convenciones naturalizadas—involucra, por tanto, la existencia de *géneros discursivos*, que hacen referencia a usos lingüísticos asociados a tipos de actividad socialmente ratificada. La noción de género discursivo alude a la estructura discursiva de formas de interactuar en los eventos sociales. Este es el caso, por ejemplo, de la entrevista de trabajo, el spot publicitario, el artículo académico, el discurso de aula, el prospecto universitario o el artículo periodístico. Mientras que en una entrevista de trabajo esperamos que se nos hagan preguntas profesionales y no personales, en un encuentro con un amigo esperamos siempre un intercambio igualitario donde podamos tratar tanto temas personales como profesionales. La noción de género discursivo ayuda a entender que un texto específico siempre se enmarca en un *tipo de texto* y por tanto de otros textos que lo han antecedido.

Ahora bien, aunque se trata de una naturalización de maneras ritualizadas de usar el lenguaje y tipos de actividad específicas, la estructura genérica (o la forma del género discursivo) que cobran los textos en eventos particulares también se desestabiliza a efecto de los cambios que se desarrollan en la estructura social. Y asimismo, estas nuevas maneras de la estructura genérica contribuyen a dar forma a esos cambios a nivel macro. Así por ejemplo, en algunos contextos del mundo occidental, la entrevista médico-paciente está adoptando características del género de la consejería, como reflejo de cambios que se están desarrollando en la práctica médica y en la medicina como un modo de profesionalización. A través de estos nuevos géneros "híbridos" desarrollados en el escenario de la entrevista médico-paciente se reconfiguran los repertorios interpretativos imperantes con relación a la autoridad del médico, a la orientación científica hacia el paciente como un caso o a la concepción de lo que implica estar saludable (Fairclough 1992).

Estos géneros discursivos se localizan, a su vez, en lo que Fairclough denomina el *orden del discurso*. Aunque a diferencia del género el orden del discurso no constituye un foco de análisis, este concepto resulta útil para entender las redes de prácticas sociales desde una perspectiva de géneros discursivos. Se trata, entonces, de la totalidad de los géneros discursivos y de las relaciones entre ellos, tanto a nivel de un dominio social como de la sociedad en su conjunto. Así por ejemplo, en el dominio de la salud podemos encontrar el género de la entrevista médico-paciente, pero también el de la historia médica, el de la revista especializada en este campo, el de la entrada médica en Internet, el del volante sobre productos farmacéuticos, etc. El sistema de géneros en este dominio y en los otros dominios—y la relación entre estos diversos sistemas— constituiría el orden del discurso a nivel de la sociedad en su conjunto.

Es importante tomar en cuenta que, con el tiempo, la forma en que los géneros discursivos se estructuran en el orden del discurso y cambian se debe a las relaciones de poder en la sociedad. En la medida en que productores e intérpretes combinan convenciones discursivas de nuevas formas en eventos comunicativos, están produciendo cambios estructurales en los órdenes del discurso y, eventualmente, nuevas hegemonías discursivas. Estos cambios estructurales pueden afectar solo el orden del discurso "local" de una institución o pueden trascender instituciones y afectar el orden del discurso a nivel de la sociedad. Este es el caso de la *comercialización del discurso institucional contemporáneo* (Fairclough 1992), que ha tenido como consecuencia que el orden del discurso de la publicidad de consumo haya colonizado los órdenes del discurso de los servicios públicos y profesionales en una escala masiva. Así por ejemplo, el género del prospecto universitario ha adoptado una forma híbrida, parcialmente publicitaria, pues ha pasado de "informar" o "contar" a "vender" y "promocionar", con el objetivo de reclutar nuevos estudiantes a los que ahora se posicionan como "clientes".

7.3.3 Ejemplificación del modelo tridimensional

Vamos a mostrar cómo realizar un análisis del discurso en el marco del modelo tridimensional de Fairclough, sobre la base de la propaganda de un Instituto que aquí denominaremos Centro del Potencial Humano y que imita muy de cerca una propaganda que apareció en una revista peruana.

Hay distintas formas de hacer el análisis pero aquí empezaremos por descifrar la práctica discursiva. Algunas preguntas que podemos formular son las siguientes: ¿Quién ha producido el texto?, ¿A qué género pertenece?, ¿A quién está dirigido?, ¿En qué medio de prensa aparece?, ¿Qué es lo que se quiere conseguir con la propaganda? y ¿Con qué otros textos dialoga?

En primer lugar, podemos constatar que el texto habla desde una voz que se construye como un saber científico y alude a otros textos en los que ya se ha dado cuenta del fenómeno en cuestión. En segundo lugar, reconocemos un género publicitario cuya intención es interpelar a los sujetos al consumo de un determinado producto, que a su vez echa mano del género del test psicológico como parte de esta estrategia. En tercer lugar, la propaganda está dirigida a un lector joven-adulto que podría estar representado por el personaje de la foto. Finalmente, percibimos que, si bien el médico es el que suele interpretar los síntomas del paciente, en este caso es el paciente quien adquiere la responsabilidad de hacerlo con la ayuda de un supuesto test psicológico.

Luego de considerar algunos aspectos de la dimensión de la práctica discursiva, podemos localizar algunos dispositivos textuales que la integran y a partir de los cuales esta se construye. Lo primero que salta a la vista es el titular de la propaganda ("Soy inteligente y preparado pero no tengo éxito en mi vida laboral"), en el que el "pero" adversativo focaliza la información de la segunda parte de la cláusula como la más importante: "no tengo éxito en mi vida laboral". El efecto del conector "pero" es ir contra las expectativas que se forma el lector al acercarse a la primera parte de la cláusula: a una persona "inteligente" y "preparada" le suele ir bien en el trabajo. Por lo tanto, la forma del titular busca interpelar las representaciones que se ha construido el lector hasta el momento y así introducir otra representación en la que un mal llamado TDA constituye una variable que también influye en la reputación laboral del empresario.

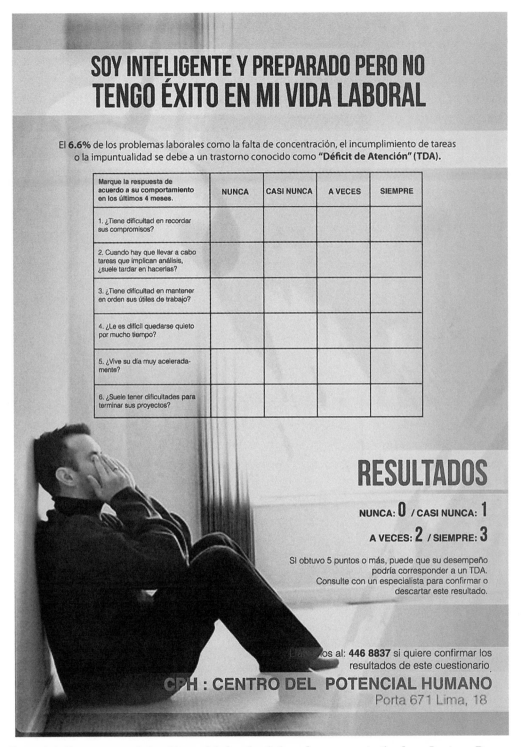

Figura 7.1. Esta propaganda ha sido modelada sobre la base de una muy similar de un Instituto Peruano que se dedica al tratamiento del TDA (*Déficit* de Atención) y que se difundió en una revista peruana.

Luego del titular, vemos que al inicio se utiliza el dato estadístico ("El 6.6% de los problemas laborales . . .") para otorgarle un carácter de verdad al contenido y así desplegar la voz científica a la que aludimos anteriormente. Sin embargo, a pesar de que se trata de un recurso intertextual, no se atribuye a ninguna fuente específica. Asimismo, fijémonos en el uso del verbo "deber" en la primera oración. En primer lugar, notamos la relación causal que establece este verbo entre los problemas laborales mencionados y el TDA, lo que intenta mostrar que los síntomas de este trastorno se conocen con certeza. En segundo lugar, la modalidad categórica de la forma verbal "se debe" transmite una aseveración que no permite ninguna posibilidad de duda al respecto (otro sería el caso, por ejemplo, de "podría deberse"). Por otro lado, el uso del participio "conocido", también usado en la primera oración, sirve para dar la impresión de que se trata de un trastorno extendido y con trayectoria, y no de un fenómeno que acaba de empezar a discutirse.

Ahora bien, si nos fijamos en el supuesto test psicológico incluido en la propaganda, podemos darnos cuenta de que este recurre a preguntas ambiguas y amplias, y de que el grueso de la población podría obtener un resultado alto que lo lleve fácilmente a pensar que tiene este trastorno. Más aún, cuando el lector se hace el test y probablemente saca la conclusión de que existe la posibilidad de tener el TDA, el texto opta por modalizar los enunciados que siguen ("*puede* que su desempeño *podría* corresponder a un TDA", "Llámenos al: 446 8837 si quiere confirmar los resultados de este cuestionario"), con el objetivo de relativizar la aseveración categórica que aparece más arriba y de dar la impresión de que la decisión del lector de llamar al CPH es producto de su propia agencia y no de una imposición por parte de la compañía. Es estratégico que estos enunciados modalizados aparezcan luego de que el lector se ha hecho el test y no antes, así la institución se cuida de no asegurar nada sobre el resultado obtenido por el lector.

A partir de la práctica discursiva y del texto como un elemento de ella podemos preguntarnos por la práctica social que se desarrolla y por los repertorios interpretativos que la subyacen. Esta propaganda en particular reproduce el régimen de construcción de ciertos hábitos como constitutivos de una nueva patología conocida como el TDA. Más aún, se trata de una patología que no solo se construye como un problema de salud sino, sobre todo, como una potencial amenaza para la eficiencia de las empresas. Por lo tanto, lo que este texto transmite es que el TDA pone en juego no solo la salud de las personas sino también su imagen social y reputación laboral. Es esta idea precisamente la que se focaliza en el titular de la propaganda.

Así, a partir de una retórica cientifista que está al servicio del poder (es decir, del empresario y/o de la industria farmacéutica o de la empresa que comercializa los tratamientos), se reproduce un orden social en el que se representa una sola forma de ser empresario y una sola forma de empresa. Así, se construye una "normalidad" en relación al sujeto de "éxito" y todo lo que se desvía de él como "anormal" y además como un peligro para la sociedad. Pero se construye no solo un problema, sino también su solución, que se ubica en el consumo del producto ofrecido por una institución como el CPH. Se trata, entonces, de la construcción de un sistema que provoca el déficit y que luego requiere de expertos para aplacarlo (Gómez 2008).

Ahora bien, esta patología (también atribuida a niños y adolescentes) se construye a partir del uso del lenguaje, que se estructura en géneros discursivos. Estos géneros se interrelacionan en el orden del discurso de los distintos dominios sociales. Podemos señalar que el repertorio interpretativo construido en relación al TDA ya no se reduce a un único dominio social (como puede ser la educación, la salud o la familia), sino que atraviesa varios de ellos. En efecto, diversos géneros discursivos como la propaganda, el diagnóstico psicológico, la historia médica, la entrevista entre los padres y el maestro, las conversaciones entre los maestros en las escuelas, la divulgación de los medicamentos por Internet, entre otros, están reforzando este repertorio en torno al TDA como un nuevo mal en nuestra sociedad. El caso de la propaganda analizada constituye sólo un texto que se enmarca en un género (aunque híbrido) determinado y que se sitúa en un campo social como el de la publicidad.

7.4 HERRAMIENTAS LINGÜÍSTICAS PARA EL ANÁLISIS DE TEXTOS

Como anotamos anteriormente, las dos dimensiones del discurso (la representacional y la interpersonal) se construyen simultáneamente en cada instancia de uso lingüístico. De hecho, en algunos tipos de textos prima más una dimensión que otra y existen dispositivos lingüísticos que se relacionan más con alguna dimensión. Sin embargo, insistimos en que en todos los textos se construyen ambas dimensiones. Veamos algunos ejemplos.

7.4.1 Una entrevista con el investigador

Existen diversas categorías analíticas útiles para analizar la función representacional que cumple el discurso, aunque algunas de ellas también construyen la dimensión interpersonal. Los recursos cohesivos (como "pero", "porque", "y", "en cambio", "aunque", "entonces", etc.) construyen relaciones en el discurso más allá de las cláusulas y nos permiten analizar los recursos argumentativos de un texto y los modos de racionalidad que este construye. Los modalizadores (como los verbos modales, adverbios, cláusulas de proceso mental, titubeos, etc.) son útiles para descifrar la posición que los hablantes o escritores asumen hacia las representaciones construidas (ver ejemplo de CPH más arriba). Los recursos gramaticales de la transitividad, con los cuales construimos procesos verbales y participantes en el discurso, nos ayudan a darnos cuenta de qué tipo de acciones se representan y qué roles se adjudican a los participantes de estas acciones (ver ejemplo [7.1]). Más allá de estos recursos, también podemos fijarnos en los significados situados de las palabras y en el tipo de léxico utilizado, en la intertextualidad o en la presencia de otras voces en los textos, en las asunciones o en los significados que se dan por sentados y no se explicitan, en los contrastes en el uso de los pronombres personales ("nosotros" versus "ellos"), en los detalles y ejemplificaciones utilizados, en la coherencia global del discurso, entre otros.

Volviendo al ejercicio (7.1) presentado anteriormente, vemos que la responsabilidad social se representa como una especie de dádiva que sirve para crear la ilusión de un buen ambiente empresarial, pero que en realidad no tiene ningún impacto en la distribución de la riqueza que genera la empresa. Como veremos, este repertorio interpretativo se conecta con ciertas identidades y relaciones sociales implicadas en el texto.

Se puede apreciar que el joven empresario intenta construir una identidad del "buen jefe" supuestamente preocupado por sus empleados. Ahora, aquí la empresa no es la que organiza los eventos como parte de una política institucional, sino que es el dueño del negocio quien usa la primera persona en singular para subrayar, de manera permanente, que lo hace él por buena voluntad. Sin embargo, si nos fijamos en el lenguaje usado podemos notar las relaciones de dominación y control que se encuentran implícitas y que habría que deconstruir.

En el extracto, se proyecta una identidad del "buen patrón" que mantiene una relación "tutelar" con sus empleados. Por "tutela" nos referimos a una relación de origen colonial en la que el sentimiento de superioridad y las acciones entendidas como dádivas marcan las interacciones entre los sectores altos y el resto de la sociedad (Nugent 2001). Así entonces, la imagen que este discurso produce es la de la "limosna" que no sirve tanto para beneficiar a quien la recibe sino, sobre todo, para revestir de mayor poder a quien la entrega.

Esta relación fuertemente tutelar se inscribe claramente en varios elementos del discurso, sobre todo en los papeles o roles temáticos que desempeñan los participantes en los eventos o estados descritos como parte del sistema gramatical de la transitividad. Así, al inicio de la cita encontramos tres verbos de acción que representan al empresario como "agente" y a los trabajadores como simples receptores pasivos de esos procesos: "yo les hago un almuerzo", "les doy un pollo a la brasa" y "me los llevo a Cieneguilla". En este último caso aparece además un uso especial del dativo "me", a través del cual el hablante parece atribuirse a sí mismo una especie de "proeza" para proyectar una acción "sacrificada". Más adelante, continúan los procesos verbales de acción en los que el empresario se constituye como el único agente de todo el evento: "hago", "llevo", "doy", "reparto", "ayudo", "pongo". Él es quien "da" todo y los trabajadores los que reciben sin hacer nada.

Así, en lugar de emitir construcciones en las que tanto el empresario como los trabajadores actúen como agentes (como en los casos hipotéticos de "vamos a Cieneguilla" o "comemos un pollo a la brasa"), es el empresario quien sostiene tutelarmente a sus trabajadores. Es interesante notar que el único momento en que el empresario se vuelve objeto de la acción y los empleados en sujetos agentes ocurre durante el partido de fulbito: "me meten cabe, mostro". Es solo ahí—durante un juego—donde "todos somos iguales". Fuera de ese instante, las jerarquías y las fronteras parecen inamovibles.

En este extracto, se observa, entonces, cómo a través del uso del lenguaje se reproducen repertorios interpretativos (y posiciones de sujeto correspondientes) que sirven los intereses de un sector dominante. Se trata de representaciones de la realidad en las que empresarios y trabajadores mantienen una relación de corte tutelar y los empresarios se posicionan como superiores a sus subordinados, a quienes tienen que proteger paternalmente porque carecen de agencia. Estos repertorios de origen colonial son, a su vez, los que justifican la mano de obra barata en países como los latinoamericanos o en países desarrollados.

7.4.2 Una interacción institucional

Además de estas propiedades analíticas de textos (como la transitividad, la modalidad o la cohesión), existen otras que están más conectadas con la dimensión interpersonal del lenguaje porque sirven para analizar interacciones o textos dialógicos (como conversaciones cotidianas o interacciones institucionales). Es importante precisar que si bien la dimensión interpersonal puede dividirse en el aspecto relacional y el identitario esta distinción no implica que ambos sean procesos separados, pues solo se trata de dos focos de análisis que vale la pena distinguir por razones metodológicas.

El análisis crítico del discurso utiliza algunas herramientas de la pragmática y del análisis de la conversación (ver capítulos 2 a 5) para analizar esta dimensión del lenguaje: los actos de habla, las estrategias de cortesía, el sistema del control interaccional (la distribución de turnos, el control de temas, las aperturas y cierres de las conversaciones, las pausas y las interrupciones, los silencios, etc.), las enmiendas, los pares adyacentes y la preferencia, entre otros. Sin embargo, a diferencia de las corrientes mencionadas, las preguntas que se hacen los analistas críticos del discurso se centran en el tema del poder. En ese sentido, lo que les interesa averiguar es cómo se reproducen, construyen y negocian relaciones de poder en los intercambios verbales. El ACD utiliza, sobre todo, discursos institucionales, políticos, mediáticos y relativos al tema del género, con el objetivo de averiguar las luchas y conflictos sociales en juego.

▶ EJEMPLO 7.1

A continuación propongo un extracto de una entrevista médico-paciente que se llevó a cabo en un hospital público de la ciudad de Lima[5]. Tanto la doctora como la paciente son mujeres y se trata de la primera cita que tiene la paciente con la doctora. El ejemplo presentado ha sido extraído de la parte final de la entrevista luego de que se realizó el examen físico.

1 Paciente: me puede anotar en el cuaderno para que ( )=
2 Doctor: yo le voy a explicar
3   no se preocupe, a ver=
4 Paciente: =me lo pone usted en mi cuaderno, me van a=
5 Doctor: =jaja=
6 Paciente: es para mi familia
7 Doctor: a ver, le vuelvo a explicar para que usted me entienda, ya?
8 Paciente: acá usted me puede este: anotar todos los pasos para=
9 Doctor: =a ver, le voy a: hacer primero un grafiquito
10   para que usted me entienda un poquito mejor, ya?
11 Paciente: Ya
12   es que me pongo nerviosa también ((a punto de llorar))
13 Doctor: no se preocupe
14 Paciente: .hh ay (.) no es nada de gravedad, doctora?
15 Doctor: es algo que tiene solución

El extracto anterior forma parte de una cita médica, que constituye un subgénero del discurso institucional (Heritage 2005). En este tipo de actividad existen ciertos acuerdos implícitos de cómo debe transcurrir la interacción, con relación, por ejemplo, a la alternancia de turnos y a los derechos de participación de los actores involucrados. Por lo general, los doctores suelen controlar la agenda y los pacientes están subordinados a ella. Esto lo podemos ver en la forma en que los primeros asignan los turnos y hacen preguntas para controlar los temas. Además, cuando no obtienen las respuestas esperadas y relevantes para la agenda suelen reformular las preguntas para generar enmiendas por parte de los pacientes. Existe, por tanto, una identidad (o posición) de "doctor" y una de "paciente" esperable—y disponible—para este tipo de eventos comunicativos.

Sin embargo, el hecho de que haya ciertas reglas en juego en este tipo de actividad no significa que los participantes estén supeditados a ellas por completo. En realidad, siempre hay un espacio para la negociación y para la adopción de estrategias que desestabilizan el "guión" establecido por el orden social. Esto es precisamente lo que veremos en el ejemplo.

En este extracto, la paciente realiza tres intentos de un pedido a la doctora para que esta le redacte el diagnóstico en un cuaderno, práctica bastante inusual en una cita médica. La primera vez, esto ocurre en la línea 1 del ejemplo (7.1), cuando la paciente pregunta "me puede anotar en el cuaderno para que". Frente a este pedido—que constituye la primera parte de un par adyacente—la doctora enuncia una respuesta no preferida, en el sentido de una repuesta no alineada con la acción desarrollada en la primera parte del par (Pomerantz 1984).

En la línea 4 del ejemplo (7.1) podemos darnos cuenta de que la paciente ha interpretado la respuesta de la doctora como una negación o un rechazo. Por ello no solo realiza el pedido nuevamente ("me lo pone usted en mi cuaderno") sino que procede a justificarlo. Sin embargo, en la línea siguiente (5 del ejemplo [7.1]) la doctora corta el enunciado de la paciente y se ríe, y esta acción constituye también una repuesta no preferida al pedido realizado. Precisamente de esta manera lo entiende nuevamente la paciente, quien prosigue con la justificación iniciada en la línea 4 del ejemplo (7.1) ("es para mi familia"). Recordemos que las respuestas no preferidas se marcan lingüísticamente y suelen empezar con silencios, pausas, titubeos, risas o ciertos marcadores discursivos, que construyen un desalineamiento con la actividad en curso (Pomerantz 1984).

Ahora bien, la línea 7 del ejemplo (7.1) constituye nuevamente una respuesta no preferida por parte de la doctora, quien inicia su turno con el marcador discursivo "a ver", que en este caso corta el hilo del turno anterior para empezar una respuesta discrepante. Este mismo turno termina con la pregunta de cola "ya?" que funciona como una estrategia de cortesía que intenta construir una plataforma común y conseguir una respuesta afirmativa de parte de la paciente. No obstante, en la línea 8 del ejemplo (7.1) la paciente realiza un tercer y último intento del pedido inicial, esta vez con algunos titubeos ("acá usted me puede este: anotar todos los pasos para"), y la doctora vuelve a contestar con una respuesta no preferida, que nuevamente se inicia con el marcador discursivo "a ver" y que intenta negociar con la paciente una solución intermedia: no redactar el diagnóstico pero sí graficarlo a modo de dibujo. El uso del diminutivo en "grafiquito" y "poquito" (y nuevamente la pregunta de cola "ya?") funciona como estrategia de cortesía para suavizar su negativa y construir una relación más cercana que pueda contrarrestar el control de la agenda que ha primado hasta ese momento[6]. Es recién en este momento en el que la paciente contesta "ya" y accede a la solución propuesta por la doctora.

Los dos pares adyacentes que siguen a estos tres intentos de pedido también funcionan[7] para balancear la relación de control que construye la doctora al inicio del extracto. Así, en el primer caso la respuesta de la doctora ("no se preocupe") al comentario de la paciente ("es que me pongo nerviosa también") contrarresta la evaluación que hace la paciente de sí misma y que de alguna manera atenta contra su imagen. En el segundo caso, la respuesta de la doctora ("es algo que tiene solución") no se alinea con el diseño formal de la pregunta, que se construye a partir de una negación ("no es nada de gravedad, doctora?"), sino que precisamente se formula en versión afirmativa para construir el diagnóstico de manera optimista.

Este ejemplo muestra cómo el poder constituye un dispositivo que se construye en el nivel micro de la interacción discursiva a medida que ésta se va llevando a cabo. Esto quiere decir que ni siquiera a nivel de un evento comunicativo podemos plantear que el poder sea propiedad de una sola persona, pues —como constructo dinámico— este se va negociando de formas complejas a través del uso del lenguaje. En este caso, apreciamos que la doctora lleva el control de la agenda a lo largo de todo el extracto, pero que se realizan intentos de redefinición de las identidades y de las relaciones sociales implicadas.

7.5 CONCLUSIONES

Como hemos observado a lo largo de este capítulo, el objetivo principal del ACD es explorar los vínculos entre el uso lingüístico y la práctica social. El lenguaje ya no es concebido como un medio que hace referencia a una realidad previamente existente, sino como un elemento que siempre es parte de lo que hacemos y que, por tanto, produce el orden social. Sobre la base de la premisa de que el poder constituye una condición central de la vida social, el ACD estudia el rol del discurso en la reproducción y el desafío de la dominación. Así, intenta descifrar los repertorios interpretativos que se encuentran naturalizados en convenciones discursivas e identificar las prácticas discursivas "creativas" que contribuyen a los cambios sociales.

A diferencia de otras corrientes del análisis del discurso, el ACD busca hacer un análisis crítico. Esto significa abordar "problemas sociales", enmarcar los datos lingüísticos en la práctica social, tomar un posicionamiento político de modo explícito, reconocer la necesidad de la autorreflexión en el trabajo intelectual y "aplicar" los resultados para contribuir al cambio social a favor de los grupos oprimidos (Fairclough y Wodak 1997; Wodak 2001). A diferencia de otras corrientes del análisis del discurso y de la lingüística del texto que se enfocan en textos orales y escritos como únicos objetos de investigación, el ACD teoriza en torno a la relación entre discurso y sociedad y reconoce que esta relación es tan compleja y multifacética que se requiere de la investigación interdisciplinaria.

Obras citadas

Benwell, Bethan, y Elizabeth Stokoe. *Discourse and Identity*. Edinburgh: Edinburgh University Press, 2006.

Billig, Michael, Susan Condor, Derek Edwards, Mike Gane, Day Middleton, y Alan Radley. *Ideological Dilemmas: A Social Psychology of Everyday Thinking*. London: Sage, 1988.

Bucholtz, Mary, y Kira Hall. "Identity and interaction: A sociocultural linguistic approach." *Discourse Studies* 7 (4–5) (2005): 585–614.

Chouliaraki, Lilie, y Norman Fairclough. *Discourse in Late Modernity. Rethinking Critical Discourse Analysis*. Edinburgh: Edinburgh University Press, 1999.

Davies, Bronwyn, y Harré, Rom. "Positioning: The discursive production of selves." *Journal for the Theory of Social Behaviour* 20 (1) (1990): 43–63.

Eagleton, Terry. *Ideology: An Introduction*. London: Verso, 1991.

Edley, Nigel. "Analyzing masculinity: Interpretative repertoires, ideological dilemmas and subject positions." En *Discourse as Data: A Guide for Analysis,* editado por Margaret Wetherell, Stephanie Taylor, y Simeon Yates. London: Sage, 2001.

Edwards, Derek, y Jonathan Potter. *Discursive Psychology.* London: Sage, 1992.

Fairclough, Norman. *Discourse and Social Change.* London: Polity Press, 1992.

———. *Critical Discourse Analysis. The Critical Study of Language.* London: Longman, 1995.

———. *Language and Power.* London: Longman, 2001.

———. *Analyzing Discourse: Textual Analysis for Social Research.* London: Routledge, 2003.

Fairclough, Norman, y Ruth Wodak. "Critical discourse analysis." *Discourse as Social Interaction,* editado por Teun Van Dijk. London: Sage, 1997: 258–284.

Foucault, Michel. *The Archeology of Knowledge.* London: Routledge, 1972.

———. *The History of Sexuality Vol. 1: The Will to Knowledge.* London: Penguin, 1976.

Gee, James Paul. *An Introduction to Discourse Analysis: Theory and Method.* London: Routledge, 1999.

Giddens, Anthony. *La constitución de la sociedad: Bases para una teoría de la estructuración.* Buenos Aires: Amorrortu, 1995.

Gómez, Fernando. "Un fantasma recorre nuestra sociedad: el TDAH." En *La Bella Carnicera. Psicoanálisis Periódico.* Lima: Nueva Escuela Lacaniana, 2008.

Halliday, Michael. *El lenguaje como semiótica social: La interpretación semiótica del lenguaje y del significado.* México DF: Fondo de Cultura Económica, 1978.

Heritage, John. "Conversation analysis and institutional talk." En *Handbook of Language and Social Interaction,* editado por Kristine L. Fitch y Ron E. Sanders. Mahwah, NJ: Lawrence Erlbaum, 2005.

Jaworski, Adam, y Nikolas Coupland, eds. *The Discourse Reader.* London: Routledge, 1999.

Johnstone, Barbara. *Qualitative Methods in Sociolinguistics.* New York: Oxford University Press, 2000.

Laclau, Ernesto, y Chantal Mouffe. *Hegemony and Socialist Strategy.* London: Verso, 1985.

Nugent, Guillermo. "¿Cómo pensar en público? Un debate pragmatista con el tutelaje castrense y clerical." En *Estudios culturales: Discursos, poderes, pulsiones,* editado por Santiago López Maguiña et al., Lima: Red para el Desarrollo de las Ciencias Sociales en el Perú, 2001: 121–144.

Pomerantz, Anita. "Agreeing and disagreeing with assessments: Some features of preferred/dispreferred turn shapes." En *Structures of Social Action: Studies in Conversation Analysis,* editado por J. M. Atkinson y John Heritage. Cambridge: Cambridge University Press, 1984.

Potter, J., y M. Wetherell. "Unfolding discourse analysis." En *Discourse Theory and Practice. A Reader,* editado por Margaret Wetherell, Stephanie Taylor, y Simeon Yates. London: Sage, 2001: 198–209.

Reisigl, Martin, y Ruth Wodak. *Discourse and Discrimination. Rhetorics of Racism and Antisemitism.* London: Routledge, 2001.

Schiffrin, Deborah. *Approaches to Discourse.* Oxford: Blackwell, 1994.

Scollon, Ron. *Mediated Discourse as Social Interaction: A Study of News Discourse.* New York: Longman, 1998.

Van Dijk, Teun. "Principles of critical discourse analysis". *Discourse and Society* 44 (1993): 249–283.

————. "Discourse, power and access: Texts and practices." En *Readings in Critical Discourse Analysis*, editado por Carmen Rosa Caldas-Coulthard y Malcolm Coulthard, 84–104. London: Routledge, 1996.

————. *Ideología. Una Aproximación Multidisciplinaria*. Barcelona: Gedisa, 1999.

Wodak, Ruth. "What CDA is about—A summary of its history, important concepts and its developments." En *Methods of Critical Discourse Analysis*, editado por Ruth Wodak y Michael Meyer, 1–13. London: Sage, 2001.

Zizek, Slavoj. "Introducción. El espectro de la ideología". En *Ideología: Un mapa de la cuestión*, compilado por Slavoj Zizek, 7–42. México DF: Fondo de Cultura Económica, 2003.

Notas

1. El 28 de julio es el día en que se conmemora la independencia del Perú y por tanto es un feriado nacional. Cieneguilla es un lugar donde se suele pasar un día de campo los fines de semana del invierno; y queda a una hora de Lima. "Mostro" es un término equivalente a 'cool' o 'awesome' en inglés.

2. En este trabajo usaremos el concepto de repertorio interpretativo y no de ideología. A grandes rasgos, podemos señalar que el concepto de ideología se refiere a aquellos repertorios interpretativos que se han legitimado y naturalizado para sustentar formas de dominación y control. Para la noción de ideología ver Eagleton 1991 y Zizek 2003.

3. En este trabajo nos enfocaremos en el uso de la comunicación estrictamente verbal.

4. Aunque se basa en Halliday, la propuesta de Fairclough de 1992 es más general y no sigue la división tripartita de este autor entre función ideacional, interpersonal y textual.

5. Agradezco a Ylse Mesia por haberme proporcionado este ejemplo que forma parte de un corpus de entrevistas médico-paciente recogido por ella.

6. Sin embargo y aunque se necesitaría más data para confirmarlo, este intento de cercanía podría inscribirse en una relación de tipo tutelar que dialoga con una tradición racista en el Perú.

7. Ver análisis del ejercicio (7.1) para la definición de "tutela".

PARTE III

LENGUA Y PODER

8

~

LENGUA Y GÉNERO

SUSANA DE LOS HEROS

Reflexiones preliminares

1. ¿Existe una diferencia entre *sexo* y *género* o significan lo mismo?
2. ¿Los hombres y mujeres se expresan igual o difieren en su forma de hablar?
3. Estudia las frases que siguen y decide quien puede ser el hablante: un hombre (H), una mujer (M) o indeterminado/ambos (I):

Cuadro 8.1   Enunciados según el género de los hablantes.

ENUNCIADOS	H	M	I
Déjame un cigarrito, anda, corazón.			
Me dan diez ataques. ¡Otra vez se rompió el termo!			
Ay, ¡pero qué lindo perrito!			
¡Uy! Perdone, ¿lo pisé? Disculpe, ha sido sin querer.			
¿Compadre, qué tal si nos vamos al cine esta tarde?			
Mierda, ¿qué haces tú por aquí?			
Me gusta leer.			

8.1 INTRODUCCIÓN

Estudiar la interacción entre el género y la lengua es complejo por la naturaleza social de estos dos. El género es una construcción social y no una característica biológica. Aunque toda persona nace con un determinado sexo, esta debe comportarse según los modelos sociales de género de su sociedad para que se le considere dentro de un grupo genérico. Ahora bien, el género de las personas tiene repercusiones en la vida diaria de estas. En efecto, el género influye en cómo la sociedad espera que las personas se vistan y comporten, y puede limitar las oportunidades laborales que alguien tendrá en la vida (Talbot 1998). Así el maquillaje, faldas y vestidos los llevan más las mujeres mientras que los hombres llevan más el bigote, la barba y las corbatas. A su vez, se acepta más fácilmente que los hombres usen palabrotas y den órdenes de forma directa y agresiva, mientras que de las mujeres se espera que se expresen en un tono suave y que no utilicen palabras malsonantes (García Mouton 2003). Más aun, los modelos sociales de género inciden en las posibilidades que la gente tiene al buscar trabajo. Así, las labores de director de una empresa, de comandante aéreo o de obrero se conciben más masculinas, mientras que la labor de enfermero/a o de masajista se consideran más femeninas. Como el impacto del género en nuestra vida social es tan grande, y se expresa lingüísticamente, estas interacciones ameritan su análisis.

Desde la antigüedad ha habido interés por entender cómo el género de los hablantes afecta la lengua, pero el tipo de análisis lingüístico ha ido variando a medida que las ciencias sociales y la disciplina lingüística se han ido desarrollando. En los estudios dialectológicos del siglo XVIII se tomaba en cuenta la variable sexo, aunque solo para describir la variación de la pronunciación en poblaciones fundamentalmente rurales. Por ello, esta etapa premoderna no la tomamos en cuenta aquí. Lo que veremos en el capítulo es más bien el estado de la cuestión contemporáneamente. Señalaremos cómo el concepto de género desplazó el de sexo en el siglo XX en donde se comenzó a reflexionar sobre cómo la sociedad modela los roles y comportamientos sociales genéricos. Desde entonces han surgido métodos de investigación con objetivos particulares como explicaremos brevemente en este capítulo. Ahora, como Cameron (2005, 483–484) menciona, el uso de paradigmas modernos y posmodernos en el campo de la lingüística feminista no es lineal por lo que es mejor verlo como una serie de enfoques que "representan tendencias en el pensamiento feminista que se solapan y coexisten históricamente". Cabe indicar que en distintos periodos un enfoque llega a ser más dominante que otros. De este modo, contemporáneamente, los estudios dialectológicos y sociolingüísticos clásicos cohabitan con otros diseñados con métodos posmodernos. El hilo conductor de nuestra exposición muestra el desarrollo de los intereses y métodos de estudio a partir del variacionismo[1].

8.2 ETAPAS EN LOS ESTUDIOS DE LA LENGUA Y EL GÉNERO

La exposición la dividimos en dos secciones temáticas. La primera agrupa aquellas investigaciones cuyo propósito es estudiar las características del habla, el estilo o las diferencias entre la lengua de personas de distinto género, mientras que en la segunda se exponen aquellas que estudian el sexismo en los usos lingüísticos. Asimismo, el primer grupo se subdivide en dos vertientes: (a) trabajos que llamaremos variacionistas y pre-feministas, cuyos autores buscan explicar la variación de la lengua con respecto a variables sociales (entre ellas el género); y (b) sociopragmáticos y feministas que buscan entender cómo la lengua y el género se interrelacionan y cómo los factores de poder o socialización afectan dicha correlación (Cameron 1992, 2005).

8.3 EL VARIACIONISMO

El variacionismo emerge como disciplina lingüística con un modelo que permite explicar la variación lingüística antes considerada libre (i.e., no explicable por medio de factores lingüísticos) en base a factores sociales como la clase social, la edad y, por supuesto, el género de los hablantes. Como el género es solo una de las variables consideradas, su efecto se explora sucintamente. No obstante, se encuentran algunos patrones lingüísticos distintos entre hombres y mujeres. Así, algunos estudios variacionistas observan que las mujeres utilizan formas lingüísticas consideradas estándares (o de prestigio) más que los hombres (Berk-Seligson 1978; Labov 1966, 1983 [1972]; Milroy 1980; Milroy y Milroy 1978, 1992; Rissel 1989; Salvador 1952; Silva Corvalán 1981; Trudgill 1972, 1974). Para mencionar algunos de los muchos ejemplos, en Tarifa, España, los hombres usan menos formas estándares que las mujeres. Esto es, aspiran más la /s/ al final de sílaba o de palabra y además confunden la /r/ y /l/ (i.e, *arma* en vez de *alma*) con mayor frecuencia (Salvador 1952). Igualmente, en el español de Bahía Blanca, Argentina, en palabras como *chalet*—donde la *ch* se puede pronunciar con la [š] (que suena como una *sh*) o como [tž]—las mujeres suelen utilizar la forma más prestigiosa que los hombres (Fontanella de Weinberg 1974).

➤ EJERCICIO 8.1

1. Piensa en qué tipo de pronunciaciones son más y menos prestigiosas en tu comunidad. ¿El género afecta el uso de estas formas?
2. Mira el cuadro de las variantes /y/ y /λ/ en Cuzco, Perú (modificado de: de los Heros 2001, 97). Indica qué puedes derivar de los comportamientos de los hombres y mujeres cuzqueños:

Cuadro 8.2 **Frecuencia de uso de las variantes /y/ y /ʎ/**

		/y/	/ʎ/
Urbano	Mujeres	77%	23%
	Hombres	69%	31%
Rural	Mujeres	43%	57%
	Hombres	54%	46%

8.4 EL USO FEMENINO DEL ESTÁNDAR Y LA TEORÍA DEL PRESTIGIO

En muchos trabajos variacionistas, las mujeres utilizan más la variante estándar que los hombres. Este comportamiento se explica asumiendo que las mujeres dan mayor importancia que los hombres al prestigio social que da la lengua estándar (Eckert 1989; Potowski 2008). Por ejemplo, esto es lo que se encuentra en el estudio clásico de Trudgill (1972) sobre el uso y las actitudes hacia las variantes de /-in/en el inglés. Este autor encontró que la mayor parte de los hombres sobre-reportaban la variante menos prestigiosa [-in], mientras que las mujeres solían afirmar que utilizaban la pronunciación más prestigiosa de [-iŋ] con mayor frecuencia de lo que realmente la usaban. Trudgill postula dos tipos de prestigio para explicar este comportamiento: el prestigio abierto y el encubierto. El prestigio abierto se rige con relación a los valores de la sociedad global, mientras que el encubierto se asocia con la identidad de grupo y solo tiene un valor positivo entre sus miembros. Por ello, para los hablantes varones la pronunciación subestándar [-in] funciona como un símbolo de rudeza y masculinidad que ellos valoran de forma velada. Las mujeres, por el contrario, se remiten al prestigio global o abierto por lo que reportan un mayor uso de las formas consideradas estándares.

Labov (1983 [1972]) señala otra diferencia entre los hombres y mujeres explicándola en relación a lo que él denomina la inseguridad lingüística. Según Labov, la inseguridad lingüística se deriva del hecho de que algunos hablantes no se sienten seguros con algunas formas de su habla vernácula. Por ello, en contextos formales prestan mucha atención a la pronunciación de estas formas y las evitan en su habla vernácula. De esta forma, mientras mayor diferencia haya entre la frecuencia de uso de las variantes vernáculas y de prestigio en contextos formales e informales mayor será la inseguridad lingüística. Tomando esto en cuenta, el grupo que exhibe mayor inseguridad lingüística en los estudios de Labov son las mujeres de clase media. Véase la imagen tomada de Labov (1983 [1972], 159):

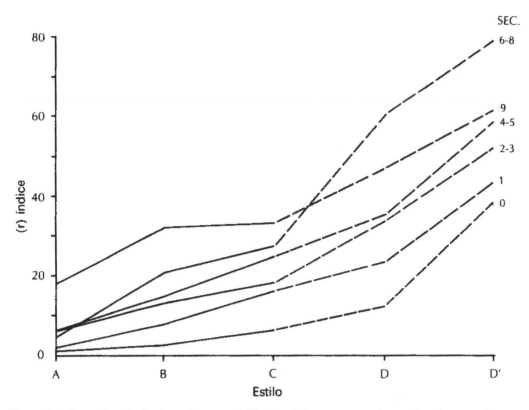

Figura 8.1. Estratificación de clases de una variable lingüística en proceso de cambio: (r) en *guard, car, beer, beard, board* (guardia, coche, cerveza, baba, tablero), etc. SEC (clases socioeconómicas) escala: 0–1, subproletariado; 2–4, clase trabajadora; 5–6, 7–8, clase media baja; 9, clase media alta. A, discurso casual; B, discurso cuidado; C, estilo de lectura; D, listas de palabras; D', pares minimos.

8.4.1 Problemas con la teoría del prestigio y otras explicaciones

La posición social subordinada de la mujer puede hacer que busquen acrecentar su prestigio social a través de la lengua estándar. Sin embargo, las mujeres con menos poder no son las que más utilizan las formas más prestigiosas. En efecto, aunque las mujeres se ciñen más a la norma lingüística estándar en muchos trabajos sociolingüísticos, no siempre es así. Por ejemplo, en relación al uso de las variantes /ž/ e /y/ en el español de Bahía Blanca, Argentina, Fontanella de Weinberg (1979) encuentra que las mujeres son más innovadoras que los hombres. Eso implica que ellas no siempre moldean su habla con relación a la norma lingüística aceptada en la comunidad.

La teoría de las redes y la del mercado lingüístico son modelos alternativos para el análisis del efecto del género en la lengua. Milroy (1980) y Milroy y Milroy (1978 y 1992) desarrollan la teoría de las redes sociales para predecir los patrones de mantenimiento y cambio lingüístico de variables estigmatizadas en la localidad irlandesa de Ballymacarett. Se postulan dos tipos de redes sociales: cerradas y abiertas. En las cerradas, los miembros se relacionan poco con miembros de otros grupos, y todo lo contrario sucede con las abiertas. En Ballymacarett, los hombres y mujeres se diferencian en el tipo de redes que tienen. Mientras que los hombres trabajan localmente como armadores y tienen una mayor densidad de relaciones, las mujeres trabajan fuera de la comunidad y se reúnen menos frecuentemente que los hombres, por lo que sus redes son abiertas. Asimismo, ellas utilizan menos que los hombres las formas consideradas subestándar. De los Heros (2000) también encontró que los hombres de redes más densas mantienen la pronunciación estigmatizada de la /r/ asibilada más que las mujeres[2].

El comportamiento lingüístico más conservador de las mujeres puede explicarse, en algunos casos, con la teoría del mercado lingüístico (Nichols 1983). Nichols (1983) encontró que en una comunidad sureña de EE.UU. los hombres y mujeres se desempeñan en distintos tipos de actividades laborales con distintas exigencias lingüísticas. Así, se observa que las mujeres africano-americanas se desempeñan como vendedoras en tiendas locales, para lo que necesitan de una lengua más pulida que la de los hombres que trabajan como obreros. Es así que las mujeres presentan una lengua más estándar.

Las investigaciones mencionadas hasta ahora nos han permitido avanzar en el análisis y la comprensión de la naturaleza variable de la lengua, y de la influencia del género de los hablantes en esta. Asimismo hemos notado la complejidad de la categoría *género*. Dada esta complejidad, cuando el análisis lingüístico es discursivo e interaccional, tomar el género en términos binarios y restringirnos a un análisis variacionista no resulta adecuado. El variacionismo obvia los objetivos interaccionales de los hablantes y la negociación que se da entre los participantes. Asimismo, la naturaleza inferencial del sistema lingüístico se ignora. Estas carencias se intentan suplir con otro tipo de estudios cuyo enfoque es sociopragmático. Es en ellos donde prosperan los estudios de género de corte feminista.

8.5 LA SOCIOPRAGMÁTICA Y LA TEORÍA POSMODERNA: EL GÉNERO COMO UNA CONSTRUCCIÓN SOCIAL

La teoría posmoderna rompe con la idea binaria del sexo. Aunque el sexo es biológico, este se construye de acuerdo a normas sociales de la comunidad de habla a la que se pertenece. La construcción se desarrolla en etapas iniciándose con el nacimiento. Así, los colores de la ropa y de la decoración de la habitación de los bebés recién nacidos comienzan a crear símbolos de género. Los colores sirven para catalogar a los bebes de acuerdo a su género donde el rosa o rosado señala feminidad y el azul/celeste masculinidad (¿acaso hay algo innatamente masculino en el azul/celeste y femenino en el rosa?). Asimismo, la lengua cumple una función fundamental en la categorización en la medida que los nombres suelen llevar un significado de género. Por ejemplo, Ana, Berta, Lucia, Rosa, Sara son nombres para mujeres, mientras que Antonio, Luis, Juan, y Pedro lo son para hombres. Existen algunos bivalentes como María (en María o José María) y Jesús (en Jesús o María Jesús). Por ello, al recibir un nombre los bebés ya están siendo separados en categorías distintas: hombres y mujeres.

➤ EJERCICIO 8.2

Examina las diferencias entre la forma de ser mujer en distintas culturas y anótalas. ¿Tienes algunas ideas de cómo tú representas tu papel en la vida según el género?

Piensa en los nombres de personas en inglés. Escríbelos en tres columnas: (a) Los que sirven solamente para las mujeres, (b) los que sirven solamente para hombres y (c) los que sirven para ambos.

¿Crees que hay más nombres ambivalentes en inglés que en español?, si fuese así, ¿qué nos dice de ambas sociedades?

Como mencionamos arriba, el nombre de pila nos da una indicación sobre la identidad de género de una persona. Esa marca, sin embargo, no es suficiente para pertenecer a un grupo de género: se necesita aprender a ejecutar o 'actuar' la feminidad y masculinidad (Cameron 1997). Por eso, además de los colores y nombres como símbolos masculinos o femeninos, se añade la ropa. Estos son solo marcas exteriores, pero hay otras formas más intrínsecas, como la forma de caminar, sentarse, sonreír, divertirse (y jugar) y, por supuesto, de hablar.

Los patrones de juego de niños muy pequeños son casi iguales para ambos géneros, pero a partir de los dos años comienzan a diferenciarse. Esta diferenciación es el resultado de la impronta social que primero dejan los padres y educadores, y luego los mismos compañeros. Cabe mencionar que la lengua y el orden social no son un reflejo natural de la realidad ni estáticos, y pueden ir cambiando (Eckert y McConnell–Ginet 2003, 32–33).

Los comportamientos de género tienen correlaciones lingüísticas. Según Eckert y McConnell–Ginet (2003) se utilizan más diminutivos con las niñas que con los varones. Asimismo, los niños y hombres reciben órdenes más directamente que las niñas y mujeres. Obviamente con distintos tratamientos también se aprende a ejecutar el 'género' diversamente. Más tarde, los hombres y mujeres maduros ganan mayor o menor prestigio dependiendo de las actividades que desarrollan, y del tipo de 'hombre' o 'mujer' que son y de con quienes salen (Eckert y McConnell–Ginet 2003, 26).

Ahora, el género no puede examinarse *in abstracto* porque se manifiesta junto con la clase social, la edad y la etnicidad de una persona, etc. No obstante, podemos encontrar algunas características de género comunes a muchos grupos.

➤ EJERCICIO 8.3

Piensa en las actividades en tu casa y en tu colegio que eran distintas para hombres y mujeres. ¿Crees que hay cosas que no deben hacer los hombres y cosas que no pueden hacer las mujeres? Si tú no lo crees, ¿hay personas que sí? ¿Quiénes? ¿Crees que hay diferencias entre el trato lingüístico de hombres y mujeres? Si las hays enuméralas.

La expresión de las emociones es otro aspecto importante que diferencia a hombres y mujeres lingüísticamente. Por ejemplo, se espera que los varones controlen más sus emociones y que eviten comunicarlas en casos de tragedias (Eckert y McConnell–Ginet 2003, 29). Asimismo, se observa que la mujer puede expresarse bastante libremente con respecto a sus sentimientos y ser más expresiva en el hablar que su contraparte masculina (Holmes 2000).

➤ EJERCICIO 8.4

¿Qué se espera que diga una mujer ante una tragedia o ante un evento feliz? ¿Y un hombre? ¿Es razonable que un hombre diga "Estoy muerto de miedo" y se proteja en brazos de una mujer? ¿Hay excepciones?

Para recapitular podemos indicar que la ideología de género permite que los roles que se asignan a los dos grupos parezcan naturales aunque se anclen en la tradición, y es que:

1. Se nace con un sexo, pero el género se tiene que aprender.
2. El género se tiene que ejecutar. Existen normas sociales reguladoras de los comportamientos de género, pero estas pueden cambiar cultural, social e históricamente.
3. Al actuar el género según las normas hay una negociación con los otros, ya sean los participantes o los miembros de la sociedad.
4. El género es asimétrico: el masculino tiene más prestigio que el femenino.

8.5.1 Explicación de las diferencias sociopragmáticas debido al género: los modelos del déficit, la dominancia y la diferencia cultural

Como ya hemos indicado, las metodologías anteriormente expuestas carecen de un poder explicativo funcional: se estudian las particularidades lingüísticas de los géneros con relación a la pronunciación o gramática, pero no de manera global ni en relación a los contextos funcionales. Por ello, hacemos referencia a otro tipo de estudios que denominaremos *sociopragmáticos* porque intentan llevar a cabo estas tareas. La mayor parte de estas investigaciones son de corte feminista en la medida que este fenómeno cobra interés para entender la posición de la mujer en la sociedad y cómo ésta se refleja en la lengua. El grupo de investigaciones feministas se pueden dividir tomando en cuenta su conceptualización de género y su paradigma analítico *grosso modo* en pre- y posmodernos. En los estudios posmodernos el concepto de género se entiende como algo que se enactúa y que además corresponde a una multiplicidad de comportamientos genéricos y a la exploración de las distintas identidades de género en distintos contextos (Cameron 2005). Dentro del primer grupo, podemos diferenciar tres enfoques que igualmente se pueden trasladar al segundo grupo: la teoría del déficit, la de la dominación y la de la diferencia (Cameron 1992).

Robin Lakoff se puede considerar la primera lingüista feminista moderna porque explora el habla femenina de una forma más integral que los variacionistas, a pesar de no profundizar en la categoría género. En su artículo "Language and Woman's Place" (1973), luego ampliado y convertido en un libro en 1975, Lakoff afirma que las mujeres poseen una forma de hablar que denota inseguridad y que esto es un reflejo de su situación social en un mundo donde los hombres dominan. Los rasgos señalados son:

1. El uso de palabras o expresiones atenuantes en el habla, es decir frases o palabras que hacen que el contenido del enunciado sea suavizado. Algunos ejemplos en inglés son: 'sort of,' 'kind of,' etc.,
2. El uso de formas de cortesía extrema, por ejemplo: 'Would you mind,' 'I'd appreciate it if,' etc.
3. El uso de preguntas al final de las aserciones ('tag questions'): 'You're going to dinner, aren't you?'
4. Hablar poniendo énfasis por medio de palabras o por la entonación.
5. El uso de adjetivos que no tienen un significado importante: 'divine,' 'lovely,' etc.
6. Mayor uso de formas hipercorrectas
7. La falta de humor: no saben contar chistes
8. Mayor utilización de citas directas (uso de la autoridad de la palabra de otros)
9. El uso de palabras especializadas, pero que no tienen importancia en la sociedad global: por ejemplo, para distinguir matices de colores como *violeta* o *mauve*
10. El uso de una entonación de pregunta (ascendente) en enunciados declarativos: *Por ejemplo, Está soleado hoy '¿no?'*

Los datos de Lakoff no se pueden generalizar porque eran introspectivos, y además, se refieren a las mujeres de clase media y de raza anglosajona en EE.UU. (Mills 2003).

No por ello se puede menospreciar su aporte. Lakoff inició una discusión revolucionaria y fructífera que generó muchos estudios lingüísticos que intentaron confirmar y/o rebatir sus ideas. Asimismo, Lakoff nos ayudó a comprender que el poder social que suele tener el género masculino sobre el femenino afecta la lengua más allá de la gramática o pronunciación.

Además del problema metodológico de recolección de datos y de los grupos estudiados, tampoco se consideraba que las formas lingüísticas pueden cambiar funcionalmente dependiendo de las características sociales de los interlocutores y del contexto. En efecto, el poder del interlocutor no solo deviene de su género, sino también de sus roles y de los contextos en que se usan (Cameron, McAlinden y O'Leary 1989). Por ejemplo, las preguntas al final de una frase pueden denotar inseguridad y falta de poder, pero también pueden utilizarse como una forma de control, dependiendo del contexto y poder de los hablantes ante sus interlocutores. Imaginemos la siguiente situación. En una clase una profesora le dice a un estudiante, que ella cree que no ha hecho la tarea, el siguiente enunciado: *No has hecho la tarea, ¿no?* El *¿no?* en este caso no simboliza inseguridad, sino más bien poder. Es un recurso utilizado por la profesora, quien tiene poder sobre el estudiante, para confirmar su hipótesis sobre el comportamiento del estudiante.

Ahora, la mayor crítica a la teoría de Lakoff es que ella retrata el habla femenina en términos de carencia y asumiendo la lengua del hombre como la neutra. Es decir, se construye un paradigma donde el habla masculina es el punto de referencia y de mayor poder y prestigio y la de la mujer aquella desprovista de todo ello. Este modelo olvida que las mujeres pueden detentar poder. Por esto, muchas feministas denominan el modelo de Lakoff como el Modelo del Déficit (Cameron 1992, 1995).

➤ EJERCICIO 8.5

1. Reflexiona sobre por qué el método de recolección lingüística introspectiva puede ser inválido.
2. Piensa en un contexto en que el enunciado "Podemos comenzar, ¿verdad?" pronunciado por una mujer a un hombre puede ser una demostración de poder o a la inversa, de falta de seguridad.

Partiendo de las ideas de Lakoff, pero enfatizando las diferencias en el poder, surgen una serie de trabajos que Cameron (1992, 1995) denomina como pertenecientes al Modelo de la Dominancia. Estos buscan establecer cómo se muestran las diferencias de poder en las interacciones entre hombres y mujeres. Por eso, se examinan las interrupciones y el porcentaje de uso de la palabra entre hombres y mujeres (West y Zimmerman 1983; Merman y West 1975). Los resultados de estos autores indican que los hombres interrumpen más y toman con mayor frecuencia la palabra. En España, Cestero (1997) estudia las interrupciones en una serie de conversaciones y concluye que no es el género, sino la edad la que da mayor poder y permite que se hagan más interrupciones. Sin embargo, al contrastar el comportamiento entre hombres y mujeres, indica que las mujeres son más cooperativas que los hombres, porque presentan más turnos de apoyo y los hombres suelen ser los que más interrumpen.

No todos están de acuerdo con este enfoque. Hay otro grupo de investigaciones que busca las diferencias en la lengua de los dos géneros, no por el concepto de poder, sino por el de la socialización y la cultura. A este grupo de investigaciones se las puede agrupar en el Modelo de la Diferencia (Cultural). En este grupo, tenemos a Tannen (1991), quien indica que los hombres y mujeres se crían con reglas distintas, de forma que se crean dos grupos diversos cuyas diferencias se asemejan a las que hay entre culturas distintas. Estas diferencias se manifestarían en dificultades comunicativas en las interacciones entre hombres y mujeres. Asimismo, se postula que hablar tiene un significado distinto para hombres y mujeres, por lo que se forman distintos estilos de comunicación que además se ligan a intereses temáticos distintos. Así, los hombres suelen hablar de deportes, política, mujeres, carros, borracheras, y peleas violentas (de los Heros 2001), mencionando eventos informativos y con poca manifestación de sus sentimientos (Holmes 1995). Las mujeres, por el contrario, hablan más de sus emociones y sus problemas a la vez que se apoyan aportando ideas que expresan solidaridad (Coates 1989). Por esto último, el estilo conversacional femenino se define como cooperativo y el de los hombres como competitivo. García Mouton (2003) indica que esto ocurre porque las mujeres están familiarizadas con las actividades de grupo, y están hechas para comunicarse a través del lenguaje.

En los noventa, el Modelo de la Diferencia Cultural fue más popular que el Modelo de la Dominancia. Esto ha sucedido posiblemente porque en esos momentos las diferencias de poder entre hombres y mujeres en el mundo occidental ya no eran tan rígidas como antes. Por otro lado, puede ser que ese reflejaba mejor el paradigma utilizado en las ciencias sociales en la década de los noventa.

➤ EJERCICIO 8.6

Lee los dos fragmentos adaptados de conversaciones reales. Luego, examínalas e indica si hay diferencias entre ellas. ¿Son todas las superposiciones interrupciones (es decir una "violación del mecanismo de alternancia de turnos")? ¿Habría en algún caso una intención para ayudar y por ende de colaboración y no de interrupción?

En (a) Loli y Mari conversan sobre las dificultades laborales poco después de que Paco, el marido de Mari, llega a casa. En (b) Ada y Marga hablan de las dificultades de Ada con el uso del ratón ('mouse') y le trae peleas con su pareja. En los dos diálogos hay cuatro superposiciones de voces, marcadas con [].[3]

(a)

Mari:	¿Has estado en *La Oca*?
Paco:	No, ahí arriba.
Loli:	¿En las piscinas, en el hostal ese?
Paco:	(asiente con la cabeza)
Mari:	¿Qué tal?
Paco:	Pues nada
	(viendo a una chica muy guapa)
Mari:	¡Anda!
	¡Mira qué bien!
Loli:	No ha perdido el tiempo, entonces.
Paco:	Pues sí.
Mari:	Pues nosotras hablando del fregadero [que tenemos]
Paco:	[¿Me pasas una cerveza?]
Mari:	De lo mal agradecido y peor pagado que es esto.
	(trae la cerveza y se la da a Paco sin dejar de hablar)

(b)

Ada:	Él no usa nada el ratón.
Marga:	[Eso es porque lleva muchos a:ños]
Ada:	[Te digo mi compañero ah, no el profesor]
Marga:	Sí, pero es lo que me decían mis hermanas.
	Él no empezó con el MS-DOS.
Ada:	Cla:ro.
	Lo que da es órdenes [con los números] en el teclado
Marga:	[¡Os:tras!]
	Pues raro que se haya habituado a utilizar teclas.
Ada:	Entonces me echa unas [broncas este]
Marga:	[Claro, porque] tú le das al ratón
	y él al teclado.
Ada:	entonces ya nos hemos cambiado de sitio.
	y yo estoy con ratón ahí
	toda esmerada
	y de repente empieza él "po-po-po"
	y lo hace.
	[¡unas broncas!]
Marga:	[¡Pues qué memoria] el tío
	para hacerlo todo con el teclado!
Ada:	Sí.

8.6 MODELOS POSMODERNOS

Los resultados obtenidos por los investigadores de la teoría de la dominancia y de la diferencia cultural no llegan a explicar bien los comportamientos lingüísticos de hombres y mujeres. Primero porque como indica Cameron (1992, 1995, 2005) se basan en una categorización monolítica de género. Es decir, se asume que todos los hombres y mujeres se comportan igual. De la teoría de la Diferencia Cultural (cf. Tannen 1991) parece deducirse que los hombres y mujeres tienen comportamientos totalmente contrarios, y esto no es así. Sin negar que los hombres y mujeres se socialicen diversamente, eso no implica que se creen diferencias tan grandes como las que hay entre dos grupos culturales, como pueden ser españoles y hawaianos. Por ejemplo, los estudios variacionistas han comprobado que los hombres y mujeres con características sociales similares comparten más rasgos lingüísticos que diferencias (véase el capítulo 9). Asimismo, el contexto y los objetivos comunicativos afectan la forma de hablar de los interactuantes. Por ejemplo, precisamente García Gómez (2000) al estudiar el habla de conflicto en los 'talk shows' en Gran Bretaña y España observa que las diferencias en los estilos de habla entre los géneros desaparece. Así, las mujeres tienden a adaptarse al estilo masculino, por lo que se vuelven competitivas llevándolas a interrumpir y retar a los hombres con declaraciones directas de los hechos y de sus opiniones, aunque sean amenazantes hacia la imagen masculina. En estos planteamientos vemos puntos problemáticos. Sin negar las diferencias en la socialización entre hombres y mujeres, es imposible obviar las coincidencias culturales que unen a los individuos de ambos géneros con características sociales similares. Por otra parte, hay que aceptar que muchas de las diferencias de género se deban a las estructuras del poder en la sociedad que generalmente favorecen a los hombres. Estas particularidades se han percibido y han surgido algunos estudios posmodernos de género que exploran distintos aspectos, entre ellos: (a) el comportamiento del género en distintos contextos públicos; (b) la diversidad en la realización 'performance' del género junto con otras variables sociales (clase social, etnicidad, cultura, etc.); y (c) la expresión de distintas formas de identidad sexual (heterosexuales, homosexuales, transexuales, lesbianas) (Cameron 2005).

Holmes (1995) sigue la línea de las diferencias culturales, pero añadiendo el poder como un factor explicativo de las diferencias de género en la intervención lingüística en contextos públicos. Así, ella observa que en el dominio público los hombres suelen participar más que las mujeres, mientras que en contextos de intimidad son los hombres los que hablan menos. Esto se explica invocando la idea que los hombres valoran más el habla pública y referencial, en contraste con las mujeres, quienes estiman más el habla íntima y afectiva. Holmes también observa que en el ámbito público, las mujeres participan más cuando el interlocutor o la audiencia es mayoritariamente femenina o cuando ellas tienen un gran conocimiento del tema sobre el que hablan. Por el contrario, cuando la arena pública permite aumentar el estatus del hablante, los hombres en general tienden a hablar más.

Como mencionamos antes, se podrían explicar las diferencias asumiendo la tesis que las mujeres se orientan más hacia las personas que los hombres. No obstante, el poder en las relaciones puede resultar más importante que la socialización, como hemos resaltado con anterioridad. En dos estudios más recientes, Holmes (2000) y Holmes y Stubbe (2003) examinan el uso de la cortesía, del habla de contacto y del habla transaccional en relación al poder de los interactuantes. Así, en los ambientes laborales, Holmes observó que los jefes suelen determinar con mayor frecuencia la orientación de la interacción (ya sea con fines transaccionales/laborales o de contacto personal), y suelen ser más directos utilizando menos estrategias corteses en la expresión de sus intereses interaccionales.

➤ EJERCICIO 8.7

1. ¿Crees que haya reglas distintas para hablar entre hombres y mujeres en distintas esferas?

2. Analiza la transcripción del extracto presentado abajo (tomada de: de los Heros 2001, 126–127) y observa las diferencias entre los dos diálogos en donde se describe a la misma persona, Pepita. Luego, indica en qué sentido esta descripción es distinta cuando esta se hace en el interior de un grupo de hombres solos que cuando esta se hace dentro del mismo grupo de hombres pero acompañados por sus novias y/o amigas. ¿Podrías dar una explicación de las diferencias desde la teoría de la socialización y diferencia cultural, y otra desde la teoría del poder y dominancia? ¿Crees que las mujeres nunca hablarían así de un(a) chico/a, o habría ocasiones en que sí lo harían?

   a. Conversación entre un grupo de hombres y mujeres:
      Gaby: ¿Te acuerdas que le querías presentar a Pepita?
      Pedro: Uy hubiese sido una combinación increíble
               Te acuerdas que te dije de un empatadita feroz de la Católica
               que te iba a presentar?
      Héctor: ¿Ah?
      Gaby: Una amiga *fero:z*
      Carlos: Empatadita
      Pedro: Esas mujeres rellenas en ca:rnes

   b. Conversación entre el mismo grupo de hombres, sin mujeres:
      Héctor: ¿Dónde está Pepita que me ibas a presentar?
      Pedro: A:nada Pepita es una cojuda yo les voy a contar

Héctor: Y yo

          ¿Y me la ibas a presentar?

          [tu novia]

Pedro: [no: ella no] quiso

Héctor: Entonces:

          ¿Por qué me lo hizo recordar ahora?

Pedro: Una de la Católica que siempre estuvo con un pata.

Carlos: Una pachita 'puta.'

             (. . .)

Héctor: ¿Pero qué tal está la Pepita (pa forrar) 'joder'?

Pedro: [co con decirte]

Héctor: Pa forrar o qué?

Pedro: con Pepita forrando.

          (. . .)

Carlos: A la Pepita?

Pedro: Es ques una cojuda que para con unas minis:

          (. . .)

Héctor: O sea bien putona.

Pedro: Cla:ro.

          Le gusta tenerlos a todos arrechos.

Héctor: Le gusta calentar pero no hierve.

Hay muchos investigadores que afirman que la clase social, o el rol de subordinador/ subordinado es un indicador más fuerte del estilo lingüístico que el género. Es más, como Mills (2003, 174) indica, el género no existe *per se* y solo puede manifestarse en las personas conjuntamente con la clase social y la raza de estos. Claro está que las personas llegan a adquirir comportamientos de género también de acuerdo a sus experiencias vitales y de su personalidad. Si consideramos que el género no es estático, sino negociable, podemos imaginar que hay otros elementos que se negocian interaccionalmente.

➤ EJERCICIO 8.8

Analiza el fragmento de la interacción que recrea un episodio de Laura Bozzo, una peruana cuyo 'talk show' se trasmite en Lima, Perú. Este episodio se titula "Me enamoré de mi sirvienta," donde intervienen: Laura (L), la madre (M) y el hijo (H).

    Fíjate cómo se negocia la identidad de los participantes. Indica si las mujeres tienen o no un lenguaje o estilo más indirecto y educado que el hombre. Indica las razones por las cuales se pueden o no seguir las normas en base a las teorías (variacionismo, metodologías posmodernas) y conceptos aprendidos (género como construcción social, relación de poder y género, funcionalidad de la lengua, lengua identidad y género).

Conversación adaptada de un episodio de Laura Bozzo colgado en *Youtube*:

L: H está cansado
     Dice que su madre lo trata como si fuera un *Tara:do*
     Que no lo deja hacer:
     Tener AMI:Gos.
     No lo deja jugar fútbol.
     No lo deja ir a una discote:ca.
     Señora pues el hombre también tiene que salir
     Te[ner su]
M: [¿Para qué?]
H: [¿Cómo para qué mamá?]
M: [tiene que ser un profesión]
     Ah, el el día que él [gane su pla:ta]
L: [O sea que señora]
     por qué su marido la abandonó.
H: Dile mamá por qué nos abandonó mi papá.
M: <u>Porque yo le reclamaba.</u>
     <u>Porque yo soy la que me saco.</u>
H: A porque tú le reclamabas =
M: La mugre trabajando.
H: Tú no le reclamabas.
     Tú lo humillabas a mi papá. (voz baja)
     ¿Por qué?
M: ¿Por qué?
     Cómo que por qué.
     ¡Porque no <u>Trabajaba</u>!
H: Mi papá <u>Trabajaba</u>
                (. . .)
L: Pero ¡<u>Él está enamora:do señora</u>!
M: <u>¡Qué enamorado ni nada!</u>
L: [<u>Enamora:do</u>]
M: [<u>Enamorado ni</u>] nada
     <u>¡Qué enamorado!</u>
     <u>¡Enamorado!</u>
     <u>Primero que Piense en los Estudios</u>
     <u>Que Destar Enamora:do</u>
H: Mamá:

M: ¿Estás enamorado?
H: Sí estoy [enamorado mamá]
M: [Si ni sa:les]
     ¿A dónde sales?

Mills (2003, 174–175) se refiere al poder interaccional como aquel que afecta los intercambios sociales. Este poder permite a un individuo con acceso a recursos negociar, contextualmente, su imagen y estatus para elevarlos a pesar de su carácter intrínseco. De este modo, un empleado de una oficina pública obtiene poder interaccional en una transacción donde un cliente necesita del empleado para acceder a datos importantes para él. Veamos el ejemplo que sigue, adaptado de una interacción en un restaurante en un lugar de España en el verano de 2008, donde participaban dos clientes (CH: cliente hombre, CM: cliente mujer y M: mesera mujer).

CH: Un café por favor
CM: Otro para mí
M: Enseguida
     (La mesera trae el café)
CH: Ahora que lo pienso:
     ¿Me trae la carta de postres?
M: (A una compañera con tono despectivo) ¡Este quiere un postre después del café!
CH: Olvídese solamente tráigame la cuenta

➤ EJERCICIO 8.9

Piensa en situaciones donde alguien sin poder social obtiene poder interaccional por su posición laboral a pesar de no ser prestigiosa. Indica cómo este se manifestaría lingüísticamente.

8.7 LENGUA, ETNICIDAD Y GÉNERO

Se puede estudiar la interacción entre grupo étnico, género y su influencia en uso de la(s) lengua(s). En *Speaking Chicana: Voice, Power, and Identity* (Galindo y González 1999) se explora la forma cómo algunas chicanas usan el inglés y el español o ambas lenguas. Por ejemplo, las mujeres chicanas pueden rechazar el español o adherirse a él dependiendo de sus valores grupales. Aquellas que rechazan la asimilación se niegan a utilizar el inglés, mientras que el otro grupo intenta deshacerse del español. Sobre el grupo puertorriqueño en Nueva York, Zentella (1997) observa que el mantenimiento del español en el barrio se da en mayor medida en las mujeres puertorriqueñas mayores.

El examen de Mendoza–Denton (2008) sobre los patrones de miembros femeninos de bandas chicanas en una escuela en California nos revela cómo estas se reinventan por medio de su maquillaje, ropa y el uso lingüístico. Así las chicanas usan la pronunciación subestándar de influencia hispana sobre todo de marcadores discursivos como 'something', 'everything' etc. De esta forma, las chicanas se retratan como personas que se interesan menos en el prestigio global. Asimismo, resulta interesante la atribución de la palabra *macha* como un término que indica fortaleza física, independencia y/o subordinación a los hombres y no masculinidad. Es que ellas se ven y se proyectan con la lengua y la vestimenta como fuertes y autosuficientes.

Harvey (1991) estudia un caso interesante en donde se manifiesta una relación entre el uso de una lengua y el estatuto de género que tienen los individuos en Ocongate (Perú). La representación de género se da a través del uso ya sea del español o del quechua. Las mujeres, sobre todo las mayores, evitan hablar español—lengua de mayor prestigio oficial en el Perú—en público no porque no lo conozcan o no reconocieran su estatus, sino por un asunto de control social. En efecto, en esa comunidad hay un vínculo entre el uso del español en público con la lengua masculina, y del quechua con la construcción de feminidad. Por ello, las mujeres mayores creen que al utilizar la lengua masculina en público estarían rompiendo con los valores de feminidad de la cultura quechua del Distrito de Ocongate. Además, estarían utilizando un código de gente mestiza (que se supone tiene mayores conocimientos del español) y al pretender hacer lo mismo quedarían ridículas. Harvey (1991, 257) menciona que unas pocas mujeres mayores hacían uso del español públicamente y eran aquellas que se habían organizado y se habían dado cuenta de que "su opresión es una alienación del lenguaje, no en sentido de sentirse obligadas a hablar un lenguaje masculino, sino en el sentido de que como mujeres ellas han sido excluidas de la comunicación en el lenguaje del poder." Estas creencias sobre los comportamientos del género son aprendidas y reproducidas en la vida diaria de los comuneros de esa región.

El estudio de Zavala y Bariola (2008) también nos muestra cómo los patrones de identidad se relacionan con los del uso de distintas lenguas. Los inmigrantes Shipibo en Lima, Perú, han provocado una redistribución de roles de género que se expresa en el uso de la lengua nativa o del español. Los hombres no encuentran trabajo remunerado para mantener a sus familias y son las mujeres quienes con sus artesanías proveen a sus familias económicamente. El empoderamiento que experimentan las mujeres las ha puesto en una posición de liderazgo. En general son ellas quienes en las asambleas públicas usan la lengua Shipibo, mientras que los hombres usan más español. Las mujeres sienten, y así lo expresan, que hay un vínculo entre la feminidad y su lengua nativa. Además, el uso en público de la lengua shipiba se ha convertido no sólo en una manera de confrontar la supremacía masculina, sino de proteger su lengua contra la influencia capitalina que trata de asimilar a los grupos indígenas y hacerlos hablar español. Zavala y Bariola observan, sin embargo, que cuando se siente que hay peligro de perder la particularidad étnica, lo hombres shipibos en Lima comienzan a usar su lengua también: "When men want to enact their shipibo ethnicity themselves, they do something that women always do: speak in the vernacular language" (Zavala y Bariola 2008, 11).

8.8 LA LENGUA Y LA EXPRESIÓN DE LA SEXUALIDAD: NUEVAS ORIENTACIONES

Como hemos mencionado anteriormente, la lengua sirve como un recurso en la construcción de identidades diversas ya sean étnicas, o de clase social donde el género está inmerso. Ahora, dado que el género no es solo heterosexual, la lingüística posmoderna investigan también las construcciones lingüísticas homosexuales que fueron marginadas por mucho tiempo. Así algunas investigaciones interdisciplinarias contemporáneas estudian la lengua como expresión de identidades homosexuales, ya sean gay, lesbiana o con el término 'queer', que incluye a los anteriores. La mayor parte de estos estudios son sobre el mundo anglosajón, pero hay también algunos sobre los hispanos. Los más, y que no tocaremos aquí por tratar el ámbito literario, analizan la expresión de la homosexualidad en obras de ficción. Otros se interesan sobre la terminología utilizada para marginalizar a los gays, la construcción artística o literaria de los homosexuales, o algunos términos utilizados por estos grupos.

Almaguer (1991), por ejemplo, hace referencia a una serie de trabajos donde se revelan algunos de los apelativos utilizados para referirse a los gays que manifiestan la marginación social en México (o América Latina) y cómo esto diverge en los Estados Unidos. Así mientras que en los Estados Unidos el término 'cocksucker' es el más común, en América Latina se habla de *pasivo/cochón* (Nicaragua, derivado de *colchón*) y activo/machista. Más aun este indica que "the meaning of homosexuality in Latin culture is fraught with elements of power/dominance that are not intrinsically accorded homosexual practices in the U.S. It is anal passivity alone that is stigmatized and that defines the subordinate status of homosexuals in Latin culture. The stigma conferred to the passive role is fundamentally inscribed in gender-coded terms." (Almaguer 1991, 472)

Asimismo, *maricón* se usa sustancialmente para la homosexualidad masculina, pero con carácter peyorativo (atribuyéndole características femeninas al comportamiento de un varón). Los términos como *joto* o *puto*, en algunas culturas latinoaméricanas, son aun más peyorativos y vulgares. Esto se debe a que indican que los homosexuales varones son traidores a su género por comportarse como mujeres prostitutas.

Almaguer también enmarca su discusión de la sexualidad chicana en referencia a la clase media de raza blanca, que en los últimos años ha obtenido una mayor libertad de acción y aceptación social en contraste con los chicanos.

Susana Peña (2004) nos llama la atención acerca de la llamada cultura gay en relación a la globalización. Resalta la relación que hay entre migración desde Latinoamérica y el Caribe a los Estados Unidos a través de puertos como Miami. Peña estudia la comunidad gay cubana en relación a la identidad transnacional en un contexto urbano y cómo la lengua se usa para construir comunidades gays y étnicas en esta ciudad. Puesto que los Estados Unidos (Cáceres y Cortiñas 1996) tiene sistemas de género organizados diferentemente en inglés, Peña (2004, 234) recalca que las categorías en inglés no se pueden simplemente traducir de una lengua puesto que así no se puede realmente entender las categorías culturales latinoamericanas. Para ilustrarlo, baste con citar algunos de los ejemplos de la exposición de Peña (235) en donde se observa que mientras que en los Estados Unidos la identidad sexual se determina por la elección del objeto sexual, en Latinoamérica el determinante es el papel que se desempeña en el acto sexual. De esta forma en los Estados Unidos, la diferencia marcada es entre 'gay' y 'straight' mientras que en los países latinoamericanos se contrapone *bugarrón* o *activo/a joto* (o *pasivo, maricón, loca, cochón*, según el país correspondiente). El *bugarrón* que penetra a otro, no carga el estigma que tiene el ser llamado *joto* o sus equivalentes, es decir, el estigma lo reciben quienes desean ser penetrados como las mujeres.

En el estudio de Peña, se advierten sutiles diferencias como el uso de 'gay' para auto identificarse en un marco bicultural al lado del uso de *perra* y *loca*, usados mayormente por una generación más joven, que reflejan cierto mantenimiento de la cultura del país de origen de los inmigrantes en los Estados Unidos. En una comunidad que se expresa en dos lenguas (inglés y español) y donde el cambio de código es frecuente, no sorprende que Peña (237) registre palabras como *pájaration*, una invención que mezcla morfemas de dos lenguas y refleja la cultura gay, bicultural, híbrida y étnica en la ciudad de Miami. Por otro lado, en español el uso de *gay* como sustantivo (*un crucero para los gays*) y como adjetivo (*la vida gay*) parece indicar que sea intercambiable con *homosexual* y que revele la adopción del sistema de los Estados Unidos.

En cuanto a las lesbianas, por ejemplo, Almaguer menciona a Cherrie Moraga quien habla del proceso de aceptación de su homosexualidad y del uso del término *vendida* para describir este proceso. Por otro lado, tenemos el estudio de Galindo y González (1999), quien examina cómo dos chicanas pertenecientes a bandas urbanas utilizan símbolos y códigos que son considerados masculinos para conquistar posiciones vedadas para ellas. Las chicanas en el estudio de Galindo y González utilizan una forma de caló, una variedad española con raíces en el siglo XVII que se asocia con Pachucos o miembros de bandas urbanas o 'gangs'. Esto permite a esas chicanas construirse de una forma menos rural y con un tinte agresivo, un rasgo que está vedado a las mujeres mexicanas. Es una forma de construir su identidad para tener mayor prestigio en el mundo de la calle; asimismo, este lenguaje se usa para mostrar solidaridad entre miembros del grupo.

8.9 EL SEXISMO EN LA LENGUA

El sexismo es la discriminación o prejuicio que se origina por el sexo de una persona. García Mouton (2003, 195) indica que si la sociedad es sexista, la lengua lo refleja. Una lengua muestra la sociedad "con sus virtudes y sus defectos." Mientras se otorgue mayor privilegio a lo masculino en una sociedad, los usos lingüísticos lo reflejarán sin por ello hablar de lenguas sexistas *per se*. Las expresiones que muestran sexismo corresponden a los usos y tradiciones que se han generalizado en la lengua determinada, sea el español, el alemán o el sueco. Durante la historia moderna, los gramáticos y codificadores de la lengua de han sido con gran frecuencia hombres; apenas recientemente las mujeres han sido admitidas como miembros a la Real Academia de la Lengua Española o a sus satélites en Latinoamérica.

Un ejemplo del español que refleja el punto arriba citado es que el plural aparece casi siempre masculino. Se utiliza el femenino si el grupo está compuesto solamente de mujeres, pero si hay un grupo mixto aunque haya una mayoría de mujeres, el plural suele ser en masculino. Esto hace que, en cierto modo, las mujeres aparezcan en un segundo plano en actos colectivos. Por ejemplo, la frase *Todos vinieron a la clase* indicaría que la clase podría estar compuesta solamente de hombres, o de hombres y mujeres, pero no solamente de mujeres. Se han propuesto varias soluciones para remediar este problema, como, por ejemplo, la duplicación del plural. Por ejemplo, en vez de decir *Buenas tardes a todos* se puede decir *Buenas tardes a todos y a todas*. Con el pronombre *uno* como impersonal ocurre algo similar al masculino plural inclusivo ya que encubre el femenino. Se ha sugerido el uso de *una* para referir a cualquier mujer (García Mouton 2003). Esto se utiliza poco.

En el plano léxico, vemos muchos ejemplos de discriminación sexista. Uno de los más evidentes se refiere a las fórmulas de tratamiento. Mientras que las más de las veces la palabra *señor* se usa como un término general, el título para las mujeres cambia según su estatus matrimonial: *señorita* 'soltera', y *señora* 'casada'. ¿Por qué es importante la información sobre el estado civil de las mujeres y no la de los hombres? Puede ser la consecuencia de que por mucho tiempo el estatus del hombre no cambiaba con el matrimonio mientras que para la mujer la situación era diferente, comenzando con que su apellido cambiaba del de su padre al de su esposo. Esta práctica ha desaparecido casi totalmente en las nuevas generaciones de habla española/hispana.

Otro tratamiento considerado sexista es que con las mujeres se usan más diminutivos u otros apelativos como *niña*, *chica*, *nena*, aunque sean personas adultas, mientras que la contraparte masculina nunca se usaría para referirse a los hombres. Asimismo, encontramos muchas expresiones sexistas como las palabras en español que tienen un sentido negativo cuando son femeninas y positivas cuando son masculinas. Este es el caso de *mujer pública* donde se entiende 'prostituta'; mientras que *hombre público* se decodifica como 'un hombre muy respetado y conocido públicamente'. Similar es el caso de las palabras *solterón/solterona* y otros más.

En el plano laboral, se aprecia el sexismo también. En los campos que han sido masculinos se suele utilizar el artículo con el sustantivo masculino para denominar a las mujeres que la ejercen: el/la médico, la/el piloto. Afortunadamente esta práctica está cambiando. Ahora se comienzan a decir *la doctora, la ingeniera* entre otros. Por último se debe mencionar que muchos de los insultos que se utilizan en español tienen que ver con las partes privadas de las mujeres, como en el caso de *coño/concha* (Perú)/ *carajo* (referentes al órgano reproductor femenino), o hacen referencia directa o indirecta a 'la madre', como en el caso de *hijo de puta*.

► EJERCICIO 8.10

1. Investiga si los siguientes pares de palabras corresponden al tema que acabamos de discutir:

   zorro/zorra

   aventurero/aventurera

   regalado/regalada

   rápido/rápida

2. Busca si los significados peyorativos para la mujer se usan solamente en algunas de las variedades del español hablado en la Península y en Latinoamérica.

3. Compara el significado de las palabras citadas en inglés y en español. ¿Se da el mismo fenómeno en las dos lenguas?

4. Lee los chistes que se adjuntan. Indica en qué sentido son machistas.

   4.a Una señora le dice a otra:

   —Cada año que pasa, a mi marido le parezco más interesante . . .

   —¡Qué divino!! ¿Es muy romántico?

   —No ¡es arqueólogo!

   (Disponible en http://webalia.com/EP/reir/publicidad/a7294.html, 2012)

   4.b ¿Por qué las mujeres usan tacos?

   Para ponerse a la altura de los hombres.

   (Disponible en http://www.humorchistes.net/machistas/humor-13, 2012)

   4.c busca en el internet otros chistes machistas y analízalos.

   4.d Indica por qué las dos entradas del diccionario que siguen tienen un contenido sexista.

   —*Huérfano/a.* Dicho de una persona de menor edad: a quien se le ha muerto el padre y la madre o uno de los dos, especialmente el padre.

   —*Padre.* Varón o macho que ha engendrado (vs. *Madre*). Hembra que ha parido.

   ¿Por qué en las entradas del diccionario, en orden alfabético, aparece primero el sustantivo en masculino—por ejemplo: *abogado/a.*—inclusive en profesiones tradicionalmente femeninas: *partero/a*?

8.10 CONCLUSIONES

A lo largo de este capítulo hemos podido comprobar lo que indicamos en la introducción: las interacciones entre lengua y género son extremadamente complejas. Esto se debe en primer lugar a que el género no se hereda, sino se construye, y en esta construcción entran una diversidad de factores de distinta índole que además toman mayor o menor fuerza dependiendo de los contextos en donde ocurren las interacciones. Por ello, se han ido desarrollando distintos paradigmas metodológicos que han surgido de la necesidad de hacer cada vez más específicos los estudios del género que además han ido recogiendo la diversidad que podemos encontrar en estas manifestaciones.

Obras citadas

Almaguer, Tomás. "Chicano men: A cartography of homosexual identity and behavior." *Differences* 3.2 (1991): 75–98. Disponible en: http://jan.ucc.nau.edu/hdh9/e-reserves/ Rochlin_-_ The_heterosexual_questionnaire__extended_PDF.pdf. (visitado el 7 de enero de 2010).

Berk-Seligson, Susan. "Phonological variation in Spanish: A contemporary/historical sociolinguistic perspective." Tesis doctoral, University of Arizona, 1978.

Blas Arroyo, José Luis. *Sociolingüística del español: Desarrollos y perspectivas en el estudio de la lengua española en contexto social.* Madrid: Cátedra. 2005.

Cáceres, Carlos, y Jorge Cortiñas. "Fantasy island: An ethnography of alcohol and gender roles in a Latino gay bar." *Journal of Drug Issues* 26/19 (1996): 245–260.

Cameron, Deborah. "Not gender differences but the difference gender makes: Explanation in research on sex and language." *International Journal of the Sociology of Language* 94 (1992): 13–26.

―――. "Rethinking language and gender studies: Some issues for the 1990s." En *Language and Gender: Interdisciplinary Perspectives*, editado por Sara Mills. London: Longman, 1995: 31–44.

―――. "Performing gender identity: Young men's talk and the construction of heterosexual masculinity." En *Language and Masculinity*, editado por Sally Johnson y Ulrike Hanna Meinhof. UK: Blackwell, 1997: 47–64.

―――. "Language, gender, and sexuality: Current issues and new Directions." *Applied Linguistics* 26/4 (2005): 482–502.

Cameron, Deborah, y Jennifer Coates. *Women in Their Speech Communities.* London/New York: Longman, 1989.

Cameron, Deborah, Fiona McAlinden, y Kathy O'Leary. "Lakoff in context: The social and linguistic functions of tag questions." En *Women in Their Speech Communities: New Perspectives on Language and Sex*, editado por Jennifer Coates y Deborah Cameron. New York: Longman, 1989: 74–79.

Cestero Mancera, Ana María. "Cooperación en la conversación: estrategias estructurales características de las mujeres." *Linred* 5 (1997): 1–17 (consultado el 4 de junio de 2008).

Coates, Jennifer. "Gossip revisited: Language in all-female groups." En *Women in Their Speech Communities: New Perspectives on Language and Sex*, editado por Jennifer Coates y Deborah Cameron. New York: Longman, 1989: 94–122.

Eckert, Penelope. "The whole woman: Sex and gender differences in variation". *Language Variation and Change* 1 (1989): 245–267.

Eckert, Penelope, y Sally McConnell-Ginet. *Language and Gender*. Cambridge: Cambridge University Press, 2003.

Fontanella de Weinberg, María Beatriz. *Un Aspecto Sociolingüístico del Español Bonaerense*. Bahía Blanca Argentina: Cuadernos de Lingüística, 1974.

———. "Un cambio lingüístico en marcha: las palatales en el español bonaerense." *Orbis* 27 (1979): 215–247.

Galindo, Leticia, y María Dolores González, ed. *Speaking Chicana: Voice, Power, and Identity*. Tucson: University of Arizona Press, 1999.

García Gómez, Antonio. "Discourse, politeness and gender roles: An exploratory investigation into British and Spanish talk shows." *Estudios Ingleses de la Universidad Complutense* 8 (2000): 97–125.

García Mouton, Pilar. *Así Hablan las Mujeres*. Madrid: La Esfera de los Libros, 2003.

Harvey, Penelope. "Mujeres que no hablan castellano: género, poder y bilingüismo en un pueblo andino." *Allpanchis* 38 (1991): 227–260.

Heros, Susana de los. "El análisis de variantes regionales por el modelo variacionista: el impacto de factores sociales en los patrones de variación de (r) y (λ) en el castellano andino de Cuzco." *Lexis, Revista de la Universidad Católica del Perú* 24 (2000): 303–337.

———. *Lengua y Género en el Castellano Peruano*. Lima: Pontificia Universidad Católica Perú, Fondo Editorial, 2001.

Holmes, Janet. *Women, Men and Politeness*. New York: Blackwell, 1995.

———. "Doing collegiality and keeping control at work: Small talk in government departments." En *Small Talk*, editado por Janet Coupland, 32–61. London: Longman, 2000.

Holmes, Janet, y Maria Stubbe. *Power and Politeness in the Workplace*. London: Longman, 2003.

Labov, William. *The Social Stratification of English in New York City*. Washington, DC: Center for Applied Linguistics, 1966.

———. *Patrones Sociolingüísticos*. Madrid: Cátedra, 1983 [1972].

———. "The intersection of sex and social class in course of linguistic change." *Language Variation and Change* (1991): 205–251.

Lakoff, Robin. "Language and woman's place." *Language and Society* 2 (1973): 45–80.

———. *Language and Woman's Place*. New York: Harper and Row, 1975.

Mendoza Denton, Norma. *Homegirls: Language and Cultural Practice among Latina Youth Gangs*. Malden, MA: Blackwell, 2008.

Milroy, Lesley. *Language and Social Networks*. Baltimore: University Park Press, 1980.

Milroy, Lesley, y James Milroy. "Social network and social class." *Language in Society* 21 (1978): 1–26.

———. Social network and social class: Toward an integrated sociolinguistic model. *Language in Society* 21 (1992): 1–26.

Nicholls, Patricia C. "Linguistic options and choices for black women in the rural South." En *Language, Gender, and Society*, Thorne, Kramarae, y Henley, editores. Rowley, MA: Newberry House Publications, 1983.

Peña, Susana. "*Pájaration* and transculturation: Language and meaning in Miami's Cuban American gay world." En *Speaking in Queer Tongues: Globalization and Gay Language*, editado por William Leap y Tom Boellstorff. Urbana/Chicago: University of Illinois Press, 2004: 231–250.

Potowski, Kim. "I was raised talking like my mom: The influence of mothers in the development of Mexiricans' phonological and lexical features." En *Bilingualism and Identity: Spanish at the Crossroads with other Languages*, editado por Mercedes Niño-Murcia y Jason Rothman. Amsterdam/Philadelphia: John Benjamins, 2008: 201–220.

Rissel, Dorothy. "Sex, attitudes, and the assibilation of /r/ among young people in San Luis Potosí, Mexico." *Language Variation and Change* 1/3 (1989): 269–284.

Salvador, Gregorio. "Fonética masculina y fonética femenina en el habla de Vertientes y Tarifa (Granada)." *Orbis* 1 (1952): 19–24.

Silva Corvalán, Carmen. "Extending the sociolinguistic variable to syntax: The case of pleonastic clitics in Spanish." En *Variation Omnibus*, editado por David Sankoff y Henrietta Cedergren. Alberta: Linguistic Research, 1981: 335–342.

Talbot, Mary. *Language and Gender*. Cambridge: Polity, 1998.

Tannen, Deborah. *You Just Don't Understand: Women and Men in Conversation*. New York: Ballantine, 1991.

Trudgill, Peter. "Sex, covert prestige and linguistic change in the urban British English of East Anglia." *Language in Society* 1 (1972): 179–195.

———. *The Social Differentiation of English in Norwich*. Cambridge: Cambridge University Press, 1974.

West, Candace, y Don H. Zimmerman. "Small insults: A study of interruptions in cross-sex conversations between unacquainted persons." En *Language, Gender and Society*, editado por Barrie Thorne, Cheris Kramarae, y Nancy Henley. Rowley, MA: Newbury House, 1983: 103–117.

Zavala, Virginia, y Nino Bariola. "'Enra kopiai, non kopiai': Gender, ethnicity and language use in a Shipibo community in Lima." En *Bilingualism and Identity: Spanish at the Crossroads with other Languages*, editado por Mercedes Niño-Murcia and Jason Rothman. Amsterdam/Philadelphia: John Benjamins, 2008: 151–174.

Zentella, Ana Celia. *Growing Up Bilingual*. Malden, MA: Blackwell Publishers, 1997.

Zimmerman, Dan H., y Candace West. "Sex-roles, interruptions and silences and conversation." En *Language and Sex: Difference and Dominance*, editado por Barrie Thorne y Nancy Henley. Rowley, MA: Newbury House, 1975: 105–129.

Notas

1. El variacionismo es una rama de la lingüística desarrollada por William Labov (1966, 1983 [1972]) que estudia la variación lingüística de forma cuantitativa basándose en el concepto de variable lingüística. Esta se describe como "variante desde el momento en que se

realiza de diferente manera en diferentes contextos estilísticos, sociolectales, o incluso, idiolectales. Es continua, en el sentido de que ciertas variantes adquieren con frecuencia una significación social a partir de su mayor o menor proximidad con la variante estándar, y es de naturaleza cuantitativa por cuanto este significado social no viene determinado simplemente por la presencia o ausencia de sus variantes, sino las más veces por la fecuencia relativa de las mismas" (Blas Arroyo 2005, 28–29).

2. Labov (1990) defiende la idea de que la mujer busca el prestigio mediante el uso lingüístico con los siguientes planteamientos: (a) no todas las variables sociolingüísticas presentan una influencia mediante género (por lo que algunas formas son neutras); (b) las mujeres son innovadoras cuando los cambios no se valoran conscientemente por la comunidad; (c) los cambios de las mujeres pueden iniciarse inconscientemente en la medida que ellas suelen hacerse cargo de la crianza de los niños, influyendo más directamente en el comportamiento lingüístico de las nuevas generaciones que los hombres. Esto no siempre se sostiene.

3. Signos de transcripción: ¡ ! = entonación exclamativa; el subrayado = entonación enfática; ? = entonación ascendente; [] = enunciados superpuestos; : = alargamiento vocálico, (. . .) = recorte de la conversación; . = entonación descendente; () = explicación.

9

VARIACIÓN LINGÜÍSTICA, REDES, Y CLASE SOCIAL

MARÍA ISABEL GONZÁLEZ-CRUZ

Reflexiones preliminares

1. Piensa en la ciudad en que vives y menciona los distintos barrios que la componen. ¿Qué diferencias existen entre ellos? ¿Qué tipo de personas crees que viven en cada uno de ellos?

2. Antes de leer acerca del concepto de clase social, comprueba tus ideas o intuiciones. ¿Qué factores crees que determinan la clase social a la que pertenece un individuo? ¿Qué orden de importancia tienen esos factores? Compara tu lista con la de otra persona. ¿Hay diferencias y/o coincidencias? (basado en Thomas y Wareing 1999, 125)

9.1 INTRODUCCIÓN

Una idea fundamental que subyace en la sociolingüística es que todas las sociedades humanas categorizan a sus miembros de acuerdo con diferencias de edad, género, raza o clase social (Kerswill 2007, 51). Al hablar de clase social—concepto que surge en el siglo XIX a partir de las teorías sobre economía social y política de figuras como Karl Marx y Max Weber (cf. Meyerhoff 2006, 156)—los factores económicos tienen preeminencia. Basta mirar a nuestro alrededor para darnos cuenta que existen importantes diferencias socioeconómicas y culturales entre los individuos. Así, en las ciudades o pueblos la gente vive en barrios y casas diferentes, recibe distinta remuneración económica y habla de forma diversa con mayor o menor prestigio. Esto hace que en principio nos parezca que es posible asignar a las personas a determinados grupos sociales de distinto estatus, según su profesión, sus ingresos, su nivel de vida; e incluso sus características lingüísticas. Es más, todos tenemos ciertas expectativas respecto al comportamiento lingüístico de las personas conforme a su nivel socioeconómico, y nos sorprendería mucho que un profesor hablase como un obrero o viceversa. De todo esto podríamos deducir que en las modernas sociedades democráticas siguen existiendo ciertas diferencias de clase.

Tanto definir como categorizar la "clase social" es bastante problemático. No todas las sociedades utilizan los mismos factores para establecer sus diferenciaciones sociales. Por ello, aunque muchas veces usemos los términos *clase alta*, *media* y *baja*, y además tengamos algunas ideas sobre cómo hablan las personas a las que hemos clasificado en estos distintos grupos, lo cierto es que tomar decisiones científicas sobre los factores que sirven de base para la clasificación y catalogación de grupos sociales es algo muy complicado. De hecho, los sociólogos aún no han conseguido caracterizar el ente denominado "clase social", ni dar pruebas irrebatibles acerca de su existencia. No obstante, el sociólogo inglés Bernstein (1970) observó que las clases bajas suelen emplear lo que él denomina un código lingüístico restringido, mientras que la clase media puede usar tanto un código amplio como uno restringido. Según su teoría, conocida como la teoría deficitaria, el código lingüístico amplio posee un léxico y una estructura gramatical más variada y compleja, y es, por tanto, más adecuado para la escuela. El manejo de un código más amplio, según Bernstein, favorece a unos y desfavorece a otros. Según él, los hablantes de variedades no estándares (que serían hablantes del código restringido) "tienen un hándicap no sólo social sino además cognitivo ya que estas variedades son ilógicas, o descuidadas, o poseen otro tipo de rasgos negativos" (Silva-Corvalán 2001, 28). Sin embargo, como explica Silva-Corvalán (2001, 28), para los sociolingüistas esta teoría es inválida: aunque cada grupo social usa la lengua de forma distinta, ninguna de ellas es deficitaria. Todas estas variedades lingüísticas permiten a los hablantes comunicarse de forma lógica y estructurada. Así, cuando corregimos a un niño que dice (a) y le damos el modelo (b), por ejemplo:

(a) loh tenimoh qu'ir temprano pa' la casa hoy; y

(b) Nos tenemos que ir temprano para la casa hoy—con eso tan solo le estamos enseñando a pronunciar según los rasgos fonéticos de la norma estándar, pero "no le estamos enseñando nada nuevo sobre las relaciones lógicas entre los elementos oracionales." No hay diferencias cognitivas entre (a) y (b).

➤ EJERCICIO 9.1

1. Piensa en la siguiente situación. Un niño no ha hecho la tarea y la maestra lo pilla. Imagina cómo un niño que maneja un código restringido y otro que habla con un código amplio se excusan con la maestra y le explican que no hizo la tarea porque su hermano estaba enfermo y lo llevaron al hospital.

2. La radio, el cine y la televisión muestran un uso preponderante de las formas estándares. Supuestamente, estos medios podrían ejercer una importante influencia en el cambio lingüístico. ¿Estás de acuerdo? ¿Puedes dar algún ejemplo?

Otro problema con el constructo de clase social, como señalan Milroy y Milroy (1992), es que muchos sociolingüistas al referirse a él no tienen en cuenta el marco sociológico del que este se deriva, ya que hay diferencias entre las nociones marxista y funcionalista de la clase social. Así, para los funcionalistas, la sociedad se entiende como un continuo de clases sociales cuyas divisiones se establecen según la profesión, los ingresos y la educación. Se presupone el consenso de creencias tales como cuáles son las variedades lingüísticas prestigiosas. Para los marxistas, en cambio, la sociedad se caracteriza por el conflicto entre las clases sociales (la burguesía y las clases altas contra las trabajadoras). Además, ninguna clasificación social parece reflejar la realidad social de manera objetiva, y los investigadores no se ponen de acuerdo en cuanto al número y la composición de las clases sociales, ni en la localización de los límites entre ellas, que son más bien confusos y relativamente fáciles de atravesar gracias a la movilidad social (Milroy 1987, 98). De hecho, Milroy y Milroy (1978, 1992), como veremos más adelante, utilizan el concepto de red social, más que el de clase social.

A pesar de todo, es innegable que la forma de usar la lengua nos puede aportar alguna información acerca de las características sociales de las personas, esto es, lo lingüístico refleja lo social. Esas diferencias sociales podemos apreciarlas en las distintas maneras de pronunciar, en las elecciones léxicas—es decir, el uso de palabras diferentes para referirse a lo mismo—y también en la sintaxis empleada. Es decir, de algún modo es posible asignar un individuo a un determinado grupo o clase social, según sea su nivel sociocultural o socioeconómico, al tiempo que se pueden establecer diferencias en los usos lingüísticos entre los miembros de esos diferentes grupos. Pero al hacerlo, hay algunos factores que parecen cobrar más peso que otros, dependiendo también de la comunidad de que se trate, ya que no todo tiene igual prestigio en todas partes.

La mayoría de estudios sociolingüistas-variacionistas toman en cuenta tres factores como indicadores de la clase social, a saber: nivel de ingresos, nivel de instrucción y profesión. En comunidades hispánicas se consideran otros aspectos adicionales para formular la clase social:

1. *El nivel de ingresos.* Este factor es algo complicado de utilizar, no sólo porque normalmente los individuos son reacios a declarar abiertamente la cantidad de dinero de que disponen, sino porque resulta un criterio poco objetivo. Por ejemplo, un traficante de drogas puede manejar grandes cantidades de dinero, pero carece del prestigio social asociado a los miembros de la clase media-alta o alta. Igualmente, profesiones

dignas como las de fontanero o albañil pueden proporcionar bastante dinero, pero no se trata necesariamente de personas con el nivel sociocultural que se asume tienen las clases altas.

2. *La residencia, el emplazamiento de la vivienda y sus condiciones.* Este parece ser un factor importante desde la perspectiva de la estratificación social, sin ser determinante pues puede haber excepciones—caso de los nuevos ricos, o personas con dinero pero provenientes de una profesión sin prestigio, que son, considerados en una clase social más baja. En todas las ciudades suele haber zonas codiciadas, lo que se traduce en que las viviendas allí emplazadas son también más caras y son ocupadas por personas con ingresos elevados. Así, se establece una serie de grados que dependen de factores como la distancia al centro del municipio, la mayor o menor disponibilidad de servicios, etc. Por ello se clasifica el valor de las viviendas, de mejores a peores, según dónde se encuentren emplazadas. Así en la mayoría de las ciudades españolas, se podría aplicar el baremo siguiente:

2.a en el centro de la ciudad,
2.b en el primer círculo alrededor del centro urbano,
2.c en el segundo círculo,
2.d en la periferia, y
2.e aisladas.

En algunas de las capitales de Latinoamérica, tales como Bogotá, Lima o Quito, las viviendas de la clase alta suelen estar en barrios exclusivos, lejos del centro de la ciudad.

En el medio rural se hace necesario tomar en consideración otros criterios relacionados con la calidad de la vivienda en sí. De este modo, teniendo en cuenta aspectos como el acceso, las condiciones del espacio habitable, las instalaciones, los electrodomésticos y el mobiliario, se ha llegado a la siguiente clasificación, válida para la mayoría de las ciudades de Europa occidental, aunque hay que tener en cuenta que en los países andinos y en otros como México o Guatemala se podrían utilizar otros parámetros tales como viviendas con o sin ventanas, de uno o más cuartos, etc.: (i) casa o piso de lujo, (ii) casa o piso menos lujoso o espacioso, (iii) casa o piso modesto y, (iv) cabaña o similar.

3. *La pertenencia a una determinada "saga familiar."* En casi todas las sociedades hay ciertas familias que tradicionalmente han gozado de un estatus socioeconómico alto.

4. *La profesión.* Este es sin duda uno de los criterios que resultan más adecuados para clasificar a un individuo socialmente. Hay profesiones que gozan de mayor prestigio social que otras, aunque existan diferencias dependiendo de las comunidades. Comparemos por ejemplo, dentro de un hospital, a un médico especialista con la señora de la limpieza. Sin restarle a cada puesto su importancia, es evidente que socialmente el primero tiene mayor prestigio social que el segundo.

5. *La educación o nivel de instrucción*. Este es un factor fundamental que además se relaciona directamente con la forma de hablar, ya que en la escuela se tiene acceso al modelo de habla estándar. Los estudios sociolingüísticos suelen establecer los siguientes niveles de estudios, que a veces se pueden reducir o simplificar de acuerdo con el sistema educativo vigente en cada país: (a) analfabetos, (b) sin estudios, (c) primarios, (d) bachillerato elemental, (e) bachillerato superior, (f) grado medio y (g) estudios superiores.

Existe otro método, un tanto controvertido, que se utiliza en algunos estudios sociolingüísticos para delimitar la clase social que es el de la autoinclusión, es decir, se trata de preguntar al propio sujeto en qué estrato social se situaría. Sin embargo, muchas veces las respuestas son más subjetivas que reales; además, hay casos en los que nadie se incluye en algunos de los estratos propuestos, no sólo en los inferiores sino en el más elevado; por último, mucha gente tiende a incluirse en la denominada "clase media", cuando por su origen y educación deberían clasificarse como miembros de la "clase obrera".

Silva-Corvalán (2001, 48) ha sugerido la división de las ocupaciones en los siguientes grupos:

Cuadro 9.1   Clase sociale y ocupación

Grupo	Ocupación
Alto:	Empresarios de nivel superior. Altos ejecutivos. Altos funcionarios del poder ejecutivo, legislativo, judicial y militar. Grandes hacendados o empresarios privados.
Medio-alto:	Profesionales universitarios de libre ejercicio: médicos, abogados, ingenieros, arquitectos. Jefes de nivel superior en la administración pública y privada. Personal de formación intelectual, técnica y universitaria avanzada.
Medio:	Jefes de nivel medio. Empleados subalternos de mayor calificación. Empresarios de comercio, industria y servicios médicos. Profesionales libres de menor éxito. Secretarias ejecutivas, técnicos varios, profesionales medios de la salud.
Medio-bajo:	Empleados subalternos de menor calificación. Pequeños comerciantes y empresarios.
Bajo-alto:	Obreros calificados. Capataces y supervisores. Vigilantes.
Bajo:	Obreros no calificados. Vendedores ambulantes. Personal de servicio doméstico o en empresas y servicios.

En resumen, podemos concluir que es complicado definir la clase social basándonos en un único factor. Y es que en realidad, la mayor parte de los factores a considerar están relacionados entre sí. Por ejemplo, la vivienda (o la zona en la que se vive) está directamente relacionada con los ingresos económicos al igual que con la ocupación o profesión. Y esta última también está vinculada al nivel de instrucción o educación, factor que, de alguna manera, también parece estar parcialmente relacionado con el género o sexo e incluso el grupo étnico. De manera que los investigadores interesados en el estudio del lenguaje en relación con la clase social tienden a usar fórmulas que intentan cuantificar esta última mediante el análisis de un combinado de características y factores. Así lo comprobamos en los estudios clásicos sobre la variación lingüística, por ejemplo, Labov (1966) en su estudio del habla de Nueva York calculó la clase social según los criterios más comunes de educación, profesión e ingresos, lo que le llevó a distinguir las cuatro categorías de clase baja, clase trabajadora, clase media-baja y clase media-alta. Por su parte, en Detroit Shuy et al. (1968) utilizaron la educación, la profesión y la residencia para diferenciar cuatro clases sociales, la clase media-alta, la media-baja, la clase trabajadora-alta y trabajadora-baja. Y en el Reino Unido, Trudgill (1974) usó seis factores para clasificar a sus informantes: profesión (es decir, tipo de empleo), ingresos, educación, residencia, localidad y profesión del padre.

Por otro lado, autores como Berk-Seligson y Seligson (1978) han demostrado que en Costa Rica se dan otros parámetros para medir el estatus social muy diferentes al habitual índice compuesto sólo por la profesión, la educación y los ingresos. Las variables del estatus socioeconómico que parecen correlacionarse en ese país con el uso del lenguaje son: (a) descripción de la vivienda (por ejemplo, materiales de construcción, puertas, suelos, ventanas, etc.), (b) servicios como electricidad, baño y (c) equipamiento, como mobiliario y aparatos eléctricos, vehículo, etc.

➤ EJERCICIO 9.2

1. ¿Crees que podría haber alguna diferencia al clasificar en clases sociales a individuos que ejerzan las profesiones de (a) policía, (b) jueces, y (c) alcaldes en poblaciones rurales y urbanas de países hispanohablantes como Ecuador, Colombia, Guatemala, México y Perú?
2. Haz una tabla con distintas profesiones y las ideas que tienes de cómo ellos hablan.
3. En la comunidad en que tú vives, ¿cómo clasificarías a las personas según su clase social? ¿Qué factores consideras relevantes? ¿En qué lugar de la escala te colocarías tú?
4. Intenta enumerar las influencias que has recibido en la formación de la variedad lingüística que hablas, así como el peso de cada una de ellas. Ten en cuenta cuándo y dónde la aprendiste, el contexto social y cultural, el tipo de ocasiones en las que usas la lengua, etc. Sería interesante comparar tus factores con los de otras personas.
5. Es fácil comprobar que hay registros asociados a las distintas profesiones. Intenta elaborar tus propias listas de palabras y expresiones que muestren las diferencias

de registro usando material tomado de revistas de peluquería o de moda, de corte y confección, revistas académicas, libros de recetas, manuales de instrucciones, informes judiciales, etc. Lee en voz alta tus listas y averigua cuánto tiempo tardan tus compañeros en adivinar tus fuentes de información.

([3] y [4] basados en Wardhaugh 2002, 150, 140, 54)

6. La preferencia de los distintos grupos sociales por cierto vocabulario es relativamente fácil de observar. Elabora una lista de palabras con las que se pueda dividir a la gente de tu comunidad lingüística según su pertenencia a una u otra clase social.

7. Intenta grabar a la persona con mayor nivel educativo que conozcas, y luego a la de menor nivel. Pídeles (por separado) que hablen de un mismo tema, por ejemplo que los dos describan el primer colegio al que fueron. Luego intenta identificar las diferencias lingüísticas entre ellos, en cuanto a pronunciación, vocabulario, sintaxis, etc.

([6] y [7] basados en Holmes, 2001, 136–137, 142)

En definitiva, el concepto tradicional de clase social, como explica Silva-Corvalán (2001, 49), resulta ser demasiado amplio, al incluir unos parámetros que no se correlacionan de manera consistente con el comportamiento lingüístico real de los hablantes. Por ello, estudios sociolingüísticos recientes lo reemplazan por parámetros más simples y menos polémicos, como pueden ser el nivel educativo o la ocupación. Además, al constatarse la existencia de variación individual dentro de la misma clase social, se han introducido nuevos constructos teóricos, como son el del mercado lingüístico y el ya mencionado de la red social—de los que hablaremos más adelante—que sí parecen tener cierta influencia en los modelos de comportamiento lingüístico.

En esta misma línea tomamos un último apunte del trabajo de Meyerhoff (2006, 182–183), quien señala que, al igual que ha sucedido en otras disciplinas sociales, el estudio de la clase social como variable sociolingüística ha decaído en los últimos años en favor de la investigación de otras cuestiones como la identidad personal. El motivo es que muchos investigadores piensan que la categorización en clases sociales se ha utilizado de manera poco crítica, como si esta fuera un factor determinante en la vida de los individuos, algo que sustituía al análisis, en lugar de ser el punto de partida del análisis. Sin embargo, según Meyerhoff, hay razones prácticas y teóricas que justifican la necesidad de que la clase social permanezca entre las herramientas de trabajo de los sociolingüistas. Entre esas razones destaca, por un lado, el paralelismo que se ha demostrado que existe entre la estratificación de una variable según la clase social y según el estilo. Por otro lado, los atributos en los que suele basarse la clase social (profesión, aspiraciones sociales, estilos de vida) proporcionan una base útil para agrupar a las personas y suelen resultar en redes sociales que constituyen la base para el análisis de la variación y el cambio lingüísticos, y que además nos permiten ver cómo los hablantes marcan su identificación con los demás o cómo señalan su diferenciación de ellos.

9.2 LOS DESCUBRIMIENTOS VARIACIONISTAS SOBRE LA RELACIÓN ENTRE LENGUA Y CLASE SOCIAL

Aunque algunos autores como Schuchardt, a finales del siglo XIX, o Sapir en 1921, habían observado que la lengua es variable, hasta el nacimiento de la sociolingüística en los años sesenta del pasado siglo se consideraba que las unidades lingüísticas (fonemas, morfemas, sintagmas) eran invariantes o debían serlo. Sin embargo, es un hecho que existen variantes lingüísticas, es decir, para una determinada unidad lingüística puede haber un conjunto de realizaciones fonéticas de esa misma invariante que no alteren el significado, o bien podemos encontrar alternativas de decir casi la misma cosa a nivel morfológico, léxico o sintáctico. La variación, además, suele estar determinada tanto por factores lingüísticos como por factores a la vez lingüísticos y sociales.

Los estudios cuantitativos del habla, iniciados con los trabajos de William Labov en Nueva York y Filadelfia en los años sesenta y setenta, demostraron que las ciudades contemporáneas se caracterizan por estar socialmente estratificadas, y esto es algo que se refleja en el habla de sus habitantes. Esto quiere decir que la relación entre la lengua y la clase social es tal que ciertas variantes de una determinada variable lingüística son empleadas más frecuentemente por los hablantes de las clases sociales más altas, mientras que otras son más utilizadas por los hablantes de las clases más bajas. En cuanto a los individuos pertenecientes a las clases intermedias, tendrán una frecuencia también intermedia en el uso de ambas variantes, o bien utilizarán variantes intermedias propiamente dichas.

En un primer momento esas diferencias pueden pasar desapercibidas, pero cuando esas diferencias entre las distintas clases sociales se consolidan suelen actuar como marcadores sociolingüísticos que pasan a caracterizar el habla de los individuos. El modelo de estratificación social propuesto por Labov (1966) ha permitido descubrir diferencias entre los individuos. El éxito de este modelo en los estudios sociolingüísticos se explica porque en muchas comunidades hay una conciencia clara de que hay algo que permite clasificar y distinguir a las personas por estratos; es más, como ya comentamos en la introducción, los hablantes no sólo suelen sentirse miembros de una clase, sino que también se consideran capaces de clasificar socialmente a otros hablantes. Y es que, existen diferencias relativas entre los hablantes, debido a que ciertos usos lingüísticos parecen ser más propios de unas clases sociales (o bien de ciertos grupos o niveles socio-culturales, como se prefiera denominarlos) que de otras. Igualmente, se ha comprobado que estas diferencias sociolingüísticas aumentan a medida que crece la distancia social entre los individuos. Igualmente la distancia espacial y las diferencias geográficas generan los dialectos geográficos, y la distancia social potencia las diferencias de clase en el uso del lenguaje. Además, se ha reconocido el papel crucial de esta distribución social de los usos lingüísticos en el desarrollo y la difusión de los cambios lingüísticos que se van produciendo en una comunidad de habla, casi siempre en conjunción con otras variables sociales como son la edad o el sexo.

Labov (1990) definió la variable sociolingüística como aquella que se encuentra en correlación con alguna variable no lingüística del contexto social, y usó el término *indicador* para referirse a algunos rasgos lingüísticos que muestran una distribución regular por grupos de individuos según la edad, estatus socioeconómico o afiliación étnica y que son usados más o menos del mismo modo en cualquier contexto. Un ejemplo de indicador en el mundo anglosajón sería la distinción en la pronunciación de las vocales de *cot* y *caught*. Algunos hablantes pueden distinguir las dos vocales, mientras que otros no. Otro ejemplo en España sería la distinción entre [y] y [λ] en pollo/poyo. En cualquier caso, estas variables lingüísticas parecen tener poca o ninguna connotación social.

Si los contextos sociales en los que ocurren estas variables pueden ordenarse de acuerdo a algún tipo de jerarquía, se dice que esos indicadores están estratificados. Por otra parte, hay variables sociolingüísticas más desarrolladas (denominadas *marcadores*), que no sólo muestran una distribución social por grupos de edad, étnicos o socioeconómicos, sino que pueden ordenarse de acuerdo con el grado de atención que se presta al habla. De esta manera también existe la estratificación estilística. Esto quiere decir que hay una correlación de las variables lingüísticas con el contexto social y los niveles de formalidad. Así, una variable que esté sujeta a estratificación estilística en una comunidad de habla mostrará distintos usos de diferentes variantes en contextos diferentes. Por ejemplo, en el español peninsular la variante [Ø] de la variable (d), que supone la supresión de la /d/ intervocálica en participios como *terminado*, se da con mayor frecuencia en los estilos informales que en los formales.

Otro de los fenómenos fonéticos del español donde se da la variación condicionada es en el caso de la variable (s). Alcina Franch y Blecua (1980), entre otros, han confirmado que en posición final de palabra, esta consonante puede aspirarse [h] o elidir, es decir, reducirse a cero. Estas modificaciones se dan en determinadas zonas de España e Hispanoamérica. Ahora bien, "la realización aspirada es típica de las clases populares, mientras que las personas cultas intentan restituir el sonido" (1980, 353). No obstante, estudios como el de Samper Padilla (1990) en Las Palmas de Gran Canaria demuestran más bien que la aspiración está condicionada por el grupo sociocultural, el sexo y la edad de los hablantes. Así, sucede que los más jóvenes y los de nivel sociocultural más bajo favorecen la aspiración de -s. Sin embargo, esta realización aspirada no parece estar estigmatizada socialmente en Las Palmas, aunque sí lo está en otros lugares como Panamá, donde es mucho más frecuente la realización de -*s* como sibilante alveolar (Cedergren 1970; Silva-Corvalán 2001, 90). En líneas generales se puede decir que sólo los dialectos populares del Caribe favorecen la reducción a cero sobre la aspiración y la sibilancia. Las demás variedades en las que se produce el debilitamiento de -*s* (incluidas las variedades cultas del Caribe) tienden a favorecer la realización aspirada o la sibilante.

En resumen, como explican Trudgill y Hernández Campoy (2007), dentro de la lingüística secular o variacionista, las variables que reflejan estratificación social pero no están sujetas a estratificación de estilos serían los indicadores, mientras que aquellas variables cuyo uso está sujeto no sólo a diferenciación social sino también a variación estilística serían los marcadores. Los hablantes parecen ser menos conscientes de una variable indicador, que implica muy poco o nada socialmente hablando, que de una variable marcador, que sí lleva consigo cierta trascendencia social. Estos marcadores representan un estadio intermedio del cambio de las variables lingüísticas producido desde abajo en los miembros de un subgrupo de una comunidad de habla, habiendo superado ya el estatus de indicador, y por tanto, estando también ya sujeto a la variación estilística, y siendo potencialmente susceptibles de convertirse posteriormente en estereotipos, tras una estigmatización extrema, es decir, una evaluación negativa.

El *estereotipo* puede definirse como "un marcador que ya ha suscitado la atención consciente y llega a convertirse en tema de comentario abierto" (Trudgill y Hernández Campoy, 2007). Muchas de estas variantes han sufrido una estigmatización extrema y tienen connotaciones sociales o regionales. Se trata de una caracterización popular del habla de un grupo particular, que generalmente ofrece una categorización improvisada (y a menudo estigmatizada) de ese grupo, y que puede ajustarse o no a la realidad. Veamos algunos ejemplos: En el inglés americano de Boston dicen que se oye *Pahk the cah in Hahvahd Yahd*; o *boid* en lugar de *bird* en Nueva York. Por su parte, en el español canario de Las Palmas de Gran Canaria, dicen que se oye *Lan dó*, en vez de *Las dos*.

Silva-Corvalán (2001, 67) ilustra claramente un caso de estereotipo cuando "los hablantes de otras variedades de español asocian de manera exagerada y no real la pronunciación de *rr* (erre) como *l* (ele) con el dialecto puertorriqueño", y nos cuenta el caso de Antonio, puertorriqueño que se queja diciendo: me da coraje cuando me dicen: 'Ay, eres de Puelto Lico.' Y yo le digo, 'Bueno, de Puelto Jico o de Puelto Rico, pero no de Puelto Lico,' porque nunca has oído a un puertorriqueño que pronuncie la erre doble como ele."

Los variacionistas tienden a centrarse en el estudio de la distribución de aquellas variables lingüísticas que son marcadores, y pueden también explicar cómo surgen los estereotipos, pero solamente apuntan la existencia de indicadores.

➤ EJERCICIO 9.3

1. En la ciudad o pueblo donde tú vives, ¿qué variables lingüísticas podrían investigarse, es decir, qué clase de variación has notado a tu alrededor y cómo la caracterizarías usando el concepto de variable lingüística?
2. Algunas variables lingüísticas están muy marcadas, es decir los hablantes son muy conscientes de ellas. En consecuencia, el uso en una ocasión de la variante errónea puede descubrirnos algo importante sobre la persona, por ejemplo un hablante de inglés que no pronuncie la 'h' en 'house,' revelará que pertenece a la clase trabajadora, aunque estuviera haciéndose pasar por un miembro de la clase media. En relación con esto, ¿podrías dar otro ejemplo en el que alguien nos descubra algún dato sobre su pertenencia a alguna comunidad de habla mediante el uso de algún rasgo lingüístico? (Basados en Wardhaugh 2002, 143–144)

El fenómeno de los estereotipos lingüísticos está tan reconocido que se utiliza con frecuencia en la literatura para caracterizar los dialectos de los personajes. Así, se utilizan ciertos rasgos lingüísticos que se interpretan como fenómenos permanentes y no fluctuantes. Veamos algunos textos abajo. El (1) es de un extracto de la obra de José María Arguedas *Los ríos profundos* (1958), en donde el quechuahablante tiene rasgos distintos a los del español estándar. El (2) es de la obra de teatro española *El genio alegre* (1940 [1906], 70–71) de los hermanos Serafín y Joaquín Álvarez Quintero, donde los personajes de clase baja—en este caso Chacha Pepa—utilizan ciertos rasgos propios de uno de los dialectos andaluces. El último (3) está tomado de un cómic, un tipo de escrito en el que también suelen emplearse las características de las variedades no estándares. Estas suelen formar parte del estilo humorístico de algunos autores muy conocidos como el español Ivà, cuyos personajes reflejan su carácter marginal mediante el uso de un lenguaje coloquial que se caracteriza por el empleo de vulgarismos y de rasgos dialectales. La escritura fonética forma parte esencial del humor ya que la transgresión de la norma escrita provoca la risa porque conlleva rasgos de falta de educación y de pertenencia a la clase social baja.

➤ EJERCICIO 9.4

Lee los tres extractos siguientes e identifica los rasgos léxicos y fonéticos que se utilizan en cada caso para caracterizar el dialecto en cuestión:

1. Hubo una pausa. Me acerqué a la cocina y pedí picantes (. . .)
   —¿Usted es amistad de doña Felipa?—le pregunté en quechua. Ella asintió moviendo la cabeza.
   —Yo en Patibamba repartí sal a las mujeres—le dije. Sonrió.

—Mi comadre, pues, doña Felipa. Hemos botado a Don Paredes.

—¿Don Paredes?

—Ocioso, pues. A otra picantería se habrá ido.—Y volvió a sonreír.

—Para el cantor más sírvenos.

(José María Arguedas, *Los ríos profundos* 1958, 155)

2. Doña Sacramento.—Justamente. Y fue quien se hizo cargo de la niña cuando murió su padre, mi pobre hermano Rafael.

Chacha Pepa.—¡Ah, Don Rafaé! ¡Cómo ze me reprezenta a mí don Rafaé! Andaba azí, con los brazos mu meneaos. ¡Miste que cazarse ahora Don Rafaé!

Don Eligio.—¿Cómo Don Rafael?

Chacha Pepa.—Digo, Don Rafaé; pobrecito. ¿Don Alonzo ez er que ze ha cazao?

Don Eligio.—¡Don Alfonso!

Chacha Pepa.—¿qué más da don Arfonzo que don Alonzo? Y ¿con quién ze ha cazao, a la edá que tiene er güen zeñó?

Doña Sacramento.—Mujer, ya te lo hemos dicho cien veces: con una joven de Solar del Rey, donde reside.

Chacha Pepa.—¡Ay, zí, zeñora, zí! Pos zi er motivo de venirse acá la zeñorita Consolación es que no ze yeva bien con la zeñora de don Arfonzo. ¿No es verdá?

Doña Sacramento.—Verdad.

Chacha Pepa.—¿Ve uzté cómo me acuerdo mu bien? No ze enfurruñe usté, zeñó, que ya me voy. De manera que la niña viene aluego?

Don Eligio.—¡No!

Chacha Pepa.—Güeno, pos quié decí que usté me mandará una razón azina que yegue. De eza manera no incómodo. Miste que mi pobrecito Juan está impedío, y no hace más que pincharme pa que venga a preguntá por la niña. Y yo que necezito poco, pos nos juntamos el hambre y la gana e comé. [. . .] ¡Ay zeñó, cómo vuela er tiempo! Ya me voy, ya me voy. Doña Zacramento, que usté ziga güena. Don Benito, quéese usté con Dios.

Doña Sacramento.—Adiós, Chacha.

Don Eligio.—Adiós, mujer, adiós. (Váse por el portón la Chacha Pepa, charlado sola.)

(S. y J. Álvarez Quintero, *El genio alegre* 1940, 70–71)

3. ¿Me muetra ute su documentación?

Pué . . . verá . . . e queee . . .

¿Qué pasa, no tiene usté la documentación?

Sí, es que, creo que me la olvidao en casa, y . . .

Hombre . . . ¿quién toma eto . . . ?

Servidó

Eto e muy efectivo . . . ¿verdá?

Pue no sé, hase solo do día que lo tomo, y . . .

. . . yo una temporada etuve tomando biomanán. Jo, pasaba un hambre . . .
Eso sí, hambre se pasa cantidá . . . Y ademá, si deja de tomalo, disen que te
vuelve a engordá como antes . . .

¿Me permite?

Faltaría más . . .

Pue yo, con mucho sacrificio, tomando solo biomanán tre día a la semana, en
un mes llegué a rebajá casi cuatro kilo.

Pue no etá mal . . .

Ya, pero e que no compensa el sufrimiento . . .

Eso sí . . .

En cambio, eso del bio-diet, disen ques radical para perder peso . . . Una cuñada
mía de Logroño que lo tomó, en un mes se bajó quinse kilos, oiga.

Jodo!!

Quinse kilo, ¿eh? . . . oche, que se dise pronto . . .

Caramba, caramba.

Lo malo e que aquí no se encuentra . . .

Claro, como que e alemán.

Yo no tengo problema, porque me lo trae un colega, que conduse un tir y ase la
ruta a Franfur cada semana y cuando se me acaba no tengo ma que pedile . . .

Coñio, que suerte . . . hombre, pue, si no fuera abusá, . . . de paso que le trae a
usté . . . si pudiera traerme pa mi . . .

(*¡Cagontó! El gran libro de Ivà* 2003, 120–121).

9.2.1 Hipercorrección o ultracorrección

Labov encuentra otro fenómeno correlacionado con la estratificación lingüística de la
ciudad de Nueva York, a saber, la hipercorrección o ultracorrección. Esta consiste en
que los hablantes de variedades no prestigiosas suelen adoptar rasgos de otra de mayor
prestigio, llevándoles a producir formas que no ocurren en la variedad prestigiosa
objeto de imitación. Este hecho se ha explicado por el deseo de movilidad social de
ciertos grupos que quieren hablar como el grupo superior, con el que se identifican
socialmente, y ocurre con mayor frecuencia entre los individuos pertenecientes a las
clases sociales intermedias, sobre todo en los contextos más formales de habla
(Almeida 1999, 81). Ejemplos de formas hipercorrectas en español son palabras como

perito, *espléndido* o *bacalao*, realizadas como "périto", "expléndido" o "bacalado" (Trudgill y Hernández Campoy 2007).

Por otra parte, en las comunidades anglosajonas hay una fuerte interdependencia entre la variación social y la regional o dialectal, de manera que cuanto más bajo es el nivel social del hablante, más fácilmente se puede reconocer su procedencia geográfica, ya que en las clases altas está generalizado el uso de la variedad del inglés llamada 'Received Pronunciation' (RP), que varía poco entre las comunidades de un mismo país. La situación en el mundo hispánico y en otras regiones del mundo es diferente, ya que el ascenso en la escala social no tiene por qué conllevar el abandono total de los rasgos dialectales. De este modo, los hispanohablantes pueden fácilmente identificar la procedencia geográfica de los hablantes aunque sean de estatus social alto.

El estudio de las reacciones subjetivas a una serie de pruebas ha conseguido demostrar que los hablantes suelen ser conscientes de cuáles son las formas prestigiosas y cuáles no. Como señala Almeida (1999, 81), "todos los grupos, independientemente de la clase social a la que se encuentran adscritos, tienden a usar más las variantes prestigiosas según se pasa de los estilos menos formales de habla a los más formales". Las variantes subestándares suelen quedar más relegadas a los estilos y situaciones informales. Por su parte, Williams (2008, 241) comenta que a pesar de los intentos de muchos lingüistas de combatir los prejuicios lingüísticos, insistiendo en la idea de que todas las lenguas y dialectos son sistemas igual de complejos y estructurados, el habla de las clases trabajadoras sigue siendo calificada de "incomprensible, discordante y fea", adjetivos que sólo se basan en el prejuicio social. En este sentido nos recuerda el experimento de Trudgill en 1983, donde pidió a hablantes norteamericanos y británicos que valorasen una serie de acentos británicos teniendo en se cuenta sus cualidades estéticas inherentes. Curiosamente, entre los norteamericanos no reconocían las variedades británicas, pero los hablantes británicos calificaban los dialectos de las grandes ciudades (Liverpool, Londres, Glasgow y Birmingham) como los menos atractivos, lo que sugiere que las connotaciones sociales tienen una enorme influencia en los juicios estéticos. Igualmente curioso resulta el hecho de que los dialectos rurales tradicionales sean generalmente considerados "atractivos" y se evalúe a sus hablantes como personas dignas de confianza y simpáticas. Todo esto implica un proceso de revalorización simbólica por el que los valores (negativos o positivos) asociados a un determinado dialecto o lengua son transferidos a los propios hablantes. Así, en el caso del inglés es evidente que siempre ha habido una tendencia a asociar el inglés estándar o la 'Received Pronunciation' con la buena educación y otras cualidades ejemplares, mientras que el uso de las variedades no estándares se asocia con hablantes de las clases socioeconómicas más bajas y de pocos valores morales. En el caso del español, se reconoce la existencia de dos normas en el "sistema fonológico de hoy: la del sistema centronorteño peninsular y la del americano o atlántico" (Alarcos 1994, 19). Pero tradicionalmente, en España el seseo y la relajación y aspiración de los sonidos /s/ y /x/—por ejemplo, decir "hamón" en vez de "jamón"—han sido considerados incorrectos, por lo que los oyentes de la variedad castellana inconscientemente suelen seguir otorgando a aquellos cuya habla posea estos rasgos, otros rasgos extralingüísticos como el de ser graciosos, o a veces incultos, poco inteligentes, e incluso de no ser personas de fiar. Estas apreciaciones las han confirmado los datos aportados por algunos estudios (cf. González-Cruz 2006) y se comprueban porque en España algunos locutores de radio y televisión originarios de las regiones donde se usan estas variedades dialectales modifican su habla ante las cámaras, pasando a hacer gala de un correctísimo castellano, sin relajamiento de la -*s* y con distinción perfecta entre -*s* y -*z*, o sea entre los sonidos [s] y [θ] (cf. González-Cruz 1995).

A pesar del interés de todo lo dicho, muchos especialistas han encontrado algunos inconvenientes en el modelo de estratificación social. El problema principal, volvemos a repetir, es que no todos los indicadores de la clase social (ocupación, ingresos, nivel de instrucción, etc.) parecen tener la misma importancia en todas las sociedades. Esto se puede resolver, en principio, asignando un valor diferente a cada factor, pero esta estrategia no ayuda mucho cuando se quiere comparar grupos o clases sociales de distintas comunidades. Otras dificultades surgen del hecho de que el número de personas que se clasifican como pertenecientes a una determinada clase puede variar de una comunidad a otra, al tiempo que la movilidad entre las clases también varía.

➤ EJERCICIO 9.5

La hipercorrección es un fenómeno lingüístico relativamente usual. Piensa en tu comunidad lingüística y menciona algunos ejemplos. ¿Qué tipo de personas crees que suelen manifestar este comportamiento hipercorrecto? ¿En qué circunstancias? (Basado en Wardhaugh 2002, 168)

9.3 ALGUNAS ALTERNATIVAS

Los problemas mencionados antes han dado lugar al surgimiento de otros modelos como alternativas de análisis. Entre los más relevantes destacan tres que comentaremos a continuación.

9.3.1 El mercado lingüístico

Este enfoque intenta redefinir el concepto de clase social incluyendo en él los requerimientos sociolingüísticos de las distintas profesiones. Se trata, por tanto, de un "índice que mide específicamente cómo la actividad económica de los individuos, entendida en un sentido amplio, requiere, o está necesariamente asociada con su competencia en la variante socialmente legitimizada o estándar" (Sankoff y Laberge 1978, 239). Dicho índice se obtuvo a partir de las clasificaciones subjetivas que ocho sociolingüistas asignaron a los hablantes basándose en la descripción de sus historiales socioeconómicos.

Para Sankoff y Laberge—introductores del concepto—el estudio de la variación lingüística es más viable dentro de este marco que con el concepto tradicional de clase o estrato social. Para ello, hay que establecer una correlación entre las variables lingüísticas y los índices de integración en el mercado lingüístico. Al hacerlo, se comprueba que hay variantes que aparecen sobre todo en personas muy integradas en el mercado, mientras que otras variantes sólo se dan en hablantes situados profesionalmente en la periferia del mercado.

La idea central surge de los estudios del propio Labov, quien demostró que en los grandes almacenes, los empleados de trastienda usaban muchas menos variantes prestigiosas que los que atendían al público. Se comprobó, además, una correlación entre el uso que los empleados hacen de esas variantes de prestigio y el prestigio del que goza el establecimiento en el que trabajan.

Este modelo se basa en el hecho de que quienes ejercen ciertas profesiones como las de periodista, profesor o recepcionista tienden a hacer un mayor uso de las variantes lingüísticas estándares que otros individuos con el mismo estatus, nivel de ingresos o educación. En esas profesiones se realizan dos tipos de actividad: por un lado, la proyección de una imagen pública y, por otro, la socialización lingüística o promulgación de normas. En definitiva, los hablantes ocuparán diferentes lugares en el mercado, según la necesidad que tengan de hacer un uso prestigioso de la lengua.

A pesar de su interés, este modelo ha recibido algunas críticas como son la subjetividad de los procedimientos seguidos, tanto para asignar a cada individuo su índice de integración en el mercado lingüístico como para redactar los historiales socioeconómicos de los hablantes.

9.3.2 Las redes sociales

En sociolingüística el término "redes" o "redes sociales", difundido por los estudios de Milroy y Milroy (1978) y Milroy (1992), hace referencia al tipo de relaciones informales que mantienen los hablantes con cierta asiduidad. Es decir, una red está constituida por personas que se relacionan entre sí. Existen dos tipos de redes, para las que se usan dos términos que describen los tipos de relaciones: *densidad* y *multiplicidad*. Así, las redes difieren según el número de miembros y según la fuerza de los vínculos que relacionan a los individuos. En esta clase de estudios a cada hablante se le asigna un índice numérico que refleja la estructura de la red a la que pertenece, según su grado de densidad y de multiplicidad. Así, puede haber redes densas o de densidad alta, en las que todos los miembros mantienen algún tipo de relación, y redes de densidad baja, donde sólo algunos miembros mantienen relaciones mientras que otros no se relacionan frecuentemente entre sí. Cuando las relaciones que se establecen entre los miembros de una red se producen sólo en un área (ya sea por el trabajo, amistad, o por ser vecinos) se dice que estamos ante una red de multiplicidad baja. En cambio, si la naturaleza de nuestra relación es múltiple, es decir, si nos relacionamos en varios ámbitos (somos compañeros de trabajo pero también amigos que salimos juntos, o practicamos juntos algún deporte, por ejemplo), se trataría de una red de multiplicidad alta.

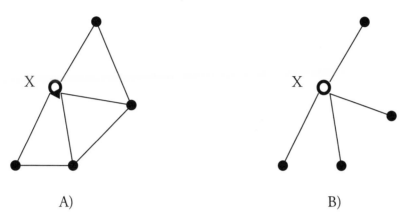

A)   B)

Fig 9.1. Redes sociales (X: centro de la red)
A: red de densidad alta   B: red de densidad baja

Parece lógico pensar que el habla de un individuo reflejará el tipo de red social a la que pertenece. Sin duda, una de las mayores influencias que recibimos proviene precisamente de las personas con las que hablamos. Si nos relacionamos con un grupo homogéneo, al que se supone que queremos pertenecer porque nos gusta, lo normal será que hablemos como ellos. Esta idea enlaza con lo que suele suceder entre los adolescentes, cuya forma de hablar siempre sigue la moda del 'slang' del grupo o pandilla a la que pertenecen, más que reflejar los usos más familiares.

En cambio, si un adulto pertenece a más de una red, probablemente de manera inconsciente su forma de hablar se adecuará a los usos propios de cada uno de los contextos en los que se mueve. En definitiva, la idea que defiende este tipo de estudios es que con quién hablamos y a quiénes escuchamos cada día constituye una influencia muy importante en nuestra forma de usar el lenguaje. Sin dejar de reconocer la relevancia de factores como la pertenencia a una clase social, el sexo, la edad o la procedencia geográfica o étnica, resulta evidente que la interacción social desempeña un papel crucial a la hora de poder explicar los diferentes usos lingüísticos.

➤ EJERCICIO 9.6

1. Siguiendo el modelo expuesto arriba, dibuja un diagrama que represente tu propia red social, basándote en el tipo de conversaciones/relaciones que mantienes en un fin de semana típico, o bien en un día entre-semana.

2. Identifica a las tres personas con las que hablas con mayor frecuencia. Si esas personas se conocen entre sí, refléjalo dibujando las líneas necesarias. Decide quiénes son las tres personas con las que, a su vez, ellas hablan con más frecuencia. Si estas últimas también se conocen entre sí, refléjalo con otras líneas, y así sucesivamente.

   ([1] y [2] basados en Holmes 2001, 185)

3. Intenta elaborar una red de tus relaciones lingüísticas para representar las distintas variedades que utilizas y en qué proporción relativa. ¿Qué dificultades surgen? (Es probable que tengan que ver con factores externos como el lugar, la circunstancia, los participantes, etc).

   [3] basado en Wardhaugh 2002, 129)

9.3.3 El modo de vida

A partir de las ideas del antropólogo danés Thomas Højrup (1983), James Milroy desarrolla este concepto, mediante el que se ponen en relación redes sociales pequeñas con otras estructuras de mayor envergadura. Según este modelo, los grupos sociales son entidades internamente estructuradas que se relacionan con otros grupos. La idea que se propugna es que el comportamiento lingüístico se debe al poder de las redes en las que se mueven los hablantes. En este tipo de estudios se da prioridad a la actividad laboral y familiar y a las relaciones que los hablantes establecen con otros miembros del grupo, que a su vez se considera una consecuencia de las estructuras fundamentales de la sociedad que hacen que la gente adquiera modos de vida diferentes. Son fundamentalmente tres los modos de vida que se proponen, y que tomamos de Moreno Fernández (1998, 53):

Modo de vida 1: Unidad primaria de producción (agricultura, pesca, pequeños servicios). Relaciones cooperativas entre compañeros de profesión. Familia implicada en la producción. Autoempleo. Escaso tiempo libre: cuanto más se trabaja, más se gana. Redes sociales densas y múltiples.

Modo de vida 2: Empleo en un sistema de producción que no es controlado por los trabajadores. Se trabaja para ganar un sueldo y poder disfrutar de periodos de tiempo libre. Relaciones laborales separadas del ámbito familiar. Cierta movilidad laboral. Redes de solidaridad con los compañeros y vecinos.

Modo de vida 3: Profesión cualificada, capaz de controlar la producción y de dirigir los trabajos de otras personas. Tiempo de vacaciones dedicado al trabajo. Se trabaja para ascender en la jerarquía y adquirir más poder. Actitud competitiva con los colegas.

Como puede observarse, los rasgos que definen a cada modo de vida están determinados por el contraste con los otros modos. Así, "la familia" es el rasgo que caracteriza al modo de vida 1, mientras que para el modo 2 sería "el ocio", y para el modo 3, "el trabajo". En este tipo de estudios se hace necesario describir en cada caso la relación entre los modos de vida y las prácticas culturales de cada grupo.

El siguiente esquema ilustra la estrecha relación que existe entre los conceptos de red y modo de vida, y la manera en que ambos se articulan, según James Milroy. Como vemos, la estructura incluye un macronivel, que corresponde a la estructura social, política y económica; un nivel intermedio, que corresponde a los modos de vida, y, finalmente, un micronivel de redes sociales. En su funcionamiento hay que decir que cuando estas redes suponen relaciones fuertes, se favorece el mantenimiento de unos usos lingüísticos propios, aunque no sean prestigiosos; mientras que si las redes establecen relaciones débiles, se favorecerían los usos de prestigio.

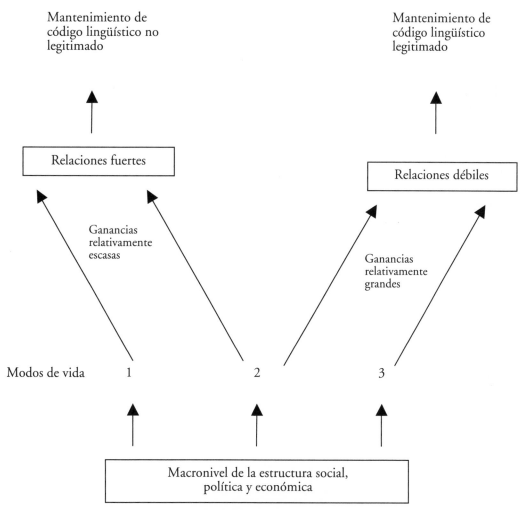

Fig. 9.2. **Estructura sociolingüística, según J. Milroy (1992)**
(fuente: Moreno Fernández, 1998, 54)

➤ EJERCICIO 9.7

¿Estás de acuerdo con la idea de que el lenguaje es otro artefacto cultural, como las propiedades o el dinero, y que se usa para la expresión del poder?

➤ EJERCICIO 9.8

En su estudio del habla de Glasgow, Macaulay (1997) observó que las diferencias en el comportamiento lingüístico debidas a la clase social aumentaban con la edad. ¿Qué crees que sugiere este hecho acerca de la estructura social de Glasgow, acerca del proceso de socialización en esta ciudad, y acerca del proceso de adquisición de la lengua?

➤ EJERCICIO 9.9

La gente suele utilizar el lenguaje como nexo de unión entre los individuos. Intenta pensar en algunas palabras comunes que puedan tener pronunciaciones diferentes para demostrar cómo los hablantes pueden usar esas variantes para identificarse con los demás.

➤ EJERCICIO 9.10

Buena parte de las enseñanzas que se imparten en los colegios a los que asisten niños de las clases trabajadoras están encaminadas a cambiar algunos aspectos de la lengua de estos niños. La mayoría de los profesores de estos niños son mujeres, y muchas proceden de la clase media baja y de la clase trabajadora alta. ¿Crees que esto puede ser motivo de conflicto? ¿Cómo impedirías ese conflicto potencial? ([9.7]–[9.9] basados en Wardhaugh 2002,12, 179, 181, 204–205, 214)

➤ EJERCICIO 9.11

Los acentos que más se asemejan a la pronunciación propia de la lengua estándar suelen ser mejor valorados que los acentos más locales. En las sociedades industrializadas, la educación generalizada y los medios de comunicación permiten que todos los miembros de los distintos estratos sociales tengan acceso a la norma estándar. Sin embargo, persiste el uso de los dialectos. ¿Podrías explicar por qué? (Basado en Coulmas 2005, 34)

➤ EJERCICIO 9.12

Piensa en la manera en que tú hablas tu lengua materna con las otras personas de tu comunidad lingüística. ¿Cómo varía en relación con la forma en que hablan otras personas que conoces? Haz una lista de rasgos comunes en cuanto a pronunciación, vocabulario, sintaxis, expresiones idiomáticas, etc., e intenta encontrar explicaciones para las diferencias entre tu forma de hablar y la de otras personas (por ejemplo, la variación geográfica, social, etc.).

➤ EJERCICIO 9.13

A menudo se considera al lenguaje como una fuente de poder en tanto que puede usarse para controlar a los demás. Piensa en la forma en que hablan algunos profesionales (médicos, abogados, profesores cuando hablan a los demás en el contexto de su trabajo, o en cómo los padres hablan a sus niños). Haz una lista de los rasgos comunes que tienen todos ellos. ([9.12] y [9.13] basados en Chacón Beltrán 2004, 41)

Obras citadas

Alarcos, Emilio. *Gramática de la Lengua Española*. Madrid: Espasa Calpe, 1994.

Alcina Franch, Juan, y José Manuel Blecua. *Gramática Española*. Barcelona: Ariel, 1980.

Almeida, Manuel. *Sociolingüística*. La Laguna, Spain: Servicio de Publicaciones de la Universidad de La Laguna, 1999.

Álvarez Quintero, Serafín y Joaquín. *El Genio Alegre*. Madrid: Colección Crisol, 1940 [1906].

Arguedas, José María. *Los Ríos Profundos*. Buenos Aires: Losada, 1958.

Berk-Seligson, Susan, y Mitchel Seligson. "The phonological correlates of social stratification in Costa Rican Spanish," *Lingua* 46 (1978): 1–28.

Bernstein, Basil. *Class, Codes and Control*. London: Routledge/Paul Kegan Books, 1970.

Cedergren, Henrietta. *Interplay of Social and Linguistic Factors in Panama*. Tesis doctoral inédita. Ithaca, NY: Cornell University, 1973.

Chacón Beltrán, Rubén. *An Introduction to Sociolinguistics*. Madrid: Universidad Nacional de Educación a Distancia, 2004.

Coulmas, Florian. *Sociolinguistics: The Study of Speakers' Choices*. Cambridge: Cambridge University Press, 2005.

González-Cruz, María Isabel. "Lengua, prestigio y prejuicios lingüísticos: algunas consideraciones sobre el español." *Revue Belge de Philologie et d'Histoire* 73.3 (1995): 715–723.

———. "Subjective reactions to two spanish accents: A sociolinguistic survey of ULPGC students." En *Lengua, Sociedad y Cultura: Estudios Interdisciplinares,* editado por M. Isabel González-Cruz. Las Palmas de Gran Canaria: ULPGC, Servicio de Publicaciones / La Caja de Canarias. Obra Social, 2006: 53–77.

Højrup, Thomas. "The concept of life-mode: A form-specifying mode of analysis applied to contemporary western Europe." *Ethnologia Scandinavica* 1–50, 1983.

Holmes, Janet. *An Introduction to Sociolinguistics*. London/New York: Longman, 2001 [1992].

Ivà. *Cagontó! El gran libro de Ivà*. Barcelona: Ed. El Jueves, S.A., 2003.

Kerswill, Paul. "Social class." En *The Routledge Companion to Sociolinguistics*, editado por Carmen Llamas, Louise Mullany, y Peter Stockwell, 51–61. London/New York: Routledge, 2007: 51–61.

Labov, William. *The Social Stratification of English in New York City*. Washington, DC: Center for Applied Linguistics, 1966.

———. "The Study of language in its social context." En *Language and Social Context*, editado por Pier Paolo Giglioli. London: Penguin Books, 1990 [1972]: 283–307.

Macaulay, R. K. S. *Language, Social Class and Education: A Glasgow Study*. Edinburgh: Edinburgh University Press, 1977.

Meyerhoff, Miriam. *Introducing Sociolinguistics*. London/New York: Routledge, 2006.

Milroy, Lesley. *Observing and Analyzing Natural Language: A Critical Account of Sociolinguistic Method*. Oxford: Blackwell, 1987.

———. *Language and Social Networks*. Cambridge: Blackwell, 1992.

Milroy, Lesley, y James Milroy. "Belfast: change and variation in urban vernacular." En *Sociolinguistic Patterns in British English*, editado por Peter Trudgill, London: Arnold, 1978.

———. "Social network and social class: Toward an integrated sociolinguistic model." *Language in Society* 21 (1992): 1–26.

Moreno Fernández, Francisco. *Principios de Sociolingüística y Sociología del Lenguaje*. Barcelona: Ariel, 1998.

Samper Padilla, José Antonio. *Estudio Sociolingüístico del Español de Las Palmas de Gran Canaria*. Las Palmas de Gran Canaria: La Caja de Canarias, 1990.

Sankoff, David, y Suzanne Laberge. "The linguistic market and the statistical explanation of variability." En *Linguistic Variation: Models and Methods*, editado por David Sankoff. New York: Academic Press, 1978: 239–250.

Silva-Corvalán, Carmen. *Sociolingüística: Teoría y Análisis*. Madrid: Editorial Alhambra, 1989.

———. *Sociolingüística y Pragmática del Español*. Washington, D.C.: Georgetown University Press, 2001.

Shuy, R., W. Wolfram, y W. Riley. *Field Techniques in an Urban Language Study*. Washington, DC: Centre for Applied Linguistics, 1968.

Thomas, Linda, y Shân Wareing. *Language, Society and Power: An Introduction*. London/New York: Routledge, 1999.

Trudgill, Peter. *The Social Differentiation of English in Norwich*. Cambridge: Cambridge University Press, 1974.

Trudgill, Peter, y Juan Manuel Hernández Campoy. *Diccionario de Sociolingüística*. Madrid: Gredos, 2007.

Wardhaugh, Ronald. *An Introduction to Sociolinguistics*. Malden, MA: Blackwell, 2002 [1986]. 2002.

Williams, Anne. "Discourses about English: Class, codes and identities in Britain." En *Encyclopedia of Language and Education. Vol. 3, Discourse and Education*, editado por Patricia A. Duff, y Nancy H. Hornberger. Vancouver/Philadelphia: Springer, 2008: 237–250.

10

~

LENGUA Y POLÍTICA

JOSÉ LUIS BLAS ARROYO

Reflexiones preliminares

1. ¿Cómo definirías la política?
2. Reflexiona sobre algunos políticos que conozcas y el modo en que estos intentan conseguir sus objetivos por medio del lenguaje.

Texto 1

If there is anyone out there who still doubts that America is a place where all things are possible, who still wonders if the dream of our founders is alive in our time, who still questions the power of our democracy, tonight is your answer.

It's the answer told by lines that stretched around schools and churches in numbers this nation has never seen, by people who waited three hours and four hours, many for the first time in their lives, because they believed that this time must be different, that their voices could be that difference.

It's the answer spoken by young and old, rich and poor, Democrat and Republican, black, white, Hispanic, Asian, Native American, gay, straight, disabled and not disabled. Americans who sent a message to the world that we have never been just a collection of individuals or a collection of red states and blue states.

We are, and always will be, the United States of America.

It's the answer that led those who've been told for so long by so many to be cynical and fearful and doubtful about what we can achieve to put their hands on the arc of history and bend it once more toward the hope of a better day.

(Discurso de la victoria del presidente Obama: 4 de noviembre de 2008)

10.1 INTRODUCCIÓN

El lenguaje político se configura como una manifestación del discurso público donde los participantes actúan movidos fundamentalmente por su papel como agentes sociales y no tanto como verdaderos individuos. Ahora bien, a la hora de delimitar el alcance de este género convendría distinguir entre el discurso político *stricto sensu* y otras formas del discurso público con potenciales implicaciones políticas. En el presente capítulo partimos de la perspectiva de análisis, según la cual, el lenguaje político es: "the real-world linguistic activities of practicing politicians" (Wilson 1990, 79). Políticos en su actividad parlamentaria, entrevistados por periodistas en los medios de comunicación, enfrentados entre sí en la refriega electoral o dirigiéndose en alocuciones públicas a masas enfervorizadas, como las que escuchaban al presidente Obama (texto 1): todos estos protagonistas, y sus discursos, representan la materia prima del lenguaje político.

En el fondo, el lenguaje político no difiere de otros tipos de lenguaje, y por ello su especificidad hay que situarla más bien en las relaciones establecidas entre el propio discurso y el contexto extralingüístico en que se enmarca. Es justamente en el marco de esas coordenadas históricas, socioeconómicas y culturales donde el lenguaje político muestra usualmente una manifestación más extrema que en otros géneros discursivos, y donde las relaciones entre los significados explícitos e implícitos adquieren una particular relevancia. Asimismo, pocas esferas del lenguaje humano se ven tan condicionadas por el poder y la solidaridad, o por las estrategias de persuasión (y manipulación), cuyas manifestaciones se despliegan por doquier en el discurso político. Los participantes en la escena política deben lidiar a diario con audiencias múltiples y heterogéneas, pero esas relaciones se hallan fuertemente condicionadas por factores institucionales, mediáticos y culturales de cuyo análisis nos ocuparemos en las páginas siguientes.

10.2 ESTRATEGIAS DE PERSUASIÓN EN EL DISCURSO POLÍTICO

La relación del político con su audiencia es muy especial, y los recursos empleados para ganar su apoyo están íntimamente relacionados con el carácter argumentativo y persuasivo del discurso político. Ahora bien, las nociones de argumentación y persuasión, componentes básicos de este género, no siempre pueden distinguirse. Una solución provisional sería partir del hecho de que, mientras que el empleo de las técnicas argumentativas no tiene por qué encerrar la intención declarada de convencer al interlocutor, este elemento intencional *sí* resulta decisivo para descubrir las estrategias de persuasión. Asimismo, la argumentación como fuente de conocimiento suele ocupar un lugar secundario entre las prioridades de los profesionales de la política, guiados las más de las veces por el deseo de seducir al electorado antes que por la voluntad de convencerlo con argumentos sólidos. Sea como sea, entre las diversas formas de influir en los demás que están a disposición de los políticos, la persuasión podría caracterizarse como un procedimiento no coercitivo, donde inicialmente la capacidad de convicción no está reñida con la libertad de elección de los interlocutores (Poggi 2005).

Para la consecución de sus objetivos, el político se hace con diversos modos persuasivos reconocidos desde antiguo: (a) el *logos*, la fuerza y pertinencia de los argumentos esgrimidos; (b) el *ethos*, en el que se cifra la credibilidad del político; y (c) el *pathos* discursivo, o la apelación a las emociones. Aunque todos estos elementos suelen estar presentes en el discurso persuasivo, en política adquiere una especial relevancia el componente emotivo, una táctica puesta en funcionamiento frecuentemente por los oradores más carismáticos, con efectos eventualmente hipnotizadores sobre la audiencia y con consecuencias trágicas, como nos enseña, tristemente, la historia.[1]

Estas estrategias persuasivas son realizadas en este discurso mediante el concurso de diversos recursos formales, bien conocidos y estudiados por la retórica clásica. Un repaso al discurso de la victoria del presidente Obama en las elecciones presidenciales de 2008, cuyas líneas iniciales aparecen en el texto 1, permite vislumbrar algunos de los más sobresalientes. Entre los más destacados figuran, por ejemplo, las preguntas, cargadas de emotividad, y que el propio presidente electo se encarga de responder.

1. Preguntas: (a) *If there is anyone out there who still doubts that America is a place where all things are possible*, (b) *who still wonders if the dream of our founders is alive in our time*, (c) *who still questions the power of our democracy*,

2. Respuesta: *tonight is your answer.*

Estas preguntas—y sus respuestas no menos retóricas—, sirven al presidente Obama para subrayar ante una audiencia compuesta por millones de testigos expectantes que su éxito es la plasmación del sueño americano y que aquellos que tradicionalmente se han visto desplazados del poder (los afroamericanos, especialmente) tal vez puedan verlo cumplido esta vez.

Con todo, el abanico de recursos persuasivos observables en este breve fragmento no se detiene ahí. Así, la "retoricidad" del discurso de Obama se presenta en otras figuras como:

2a. repeticiones, bajo la forma de paralelismos con variación (*We are, and always will be, the United States of America*)

2b. o sin ella (*It's the answer . . . It's the answer spoken . . .*)

2c. anadiplosis[2] (*. . . tonight is your answer. It's the answer told by lines . . .*)

2d. enumeraciones, entre las que ocupan un lugar destacado las tríadas, de resonancias mágicas (Atkinson 1984) (*who still doubts that . . . , who still wonders if . . . who still questions . . .*)

2e. antítesis (*It's the answer spoken by young and old, rich and poor, Democrat and Republican, black, white . . .*).

Y todo ello reproducido en un tempo elocutivo deliberadamente lento y solemne, destinado a reforzar el dramatismo y la emotividad del discurso.

En el mismo sentido cabe hablar de la utilización de diversas figuras retóricas, entre las que destaca la metáfora. Junto a otras funciones estratégicas asociadas a su empleo (como la simplificación de contenidos, recubiertos además de un ropaje intencionadamente simbólico y emotivo), los estudios sobre la metáfora en el discurso político destacan su notable capacidad persuasiva. Por un lado, las metáforas permanecen en la memoria durante mucho tiempo después de haberse acuñado, como lo demuestra la omnipresencia de algunas de ellas en el acervo cultural colectivo (el "Telón de Acero" acuñado por Churchill, "La madre de todas las batallas" con la que Sadam Hussein amenazaba con destruir a las tropas aliadas durante la Primera Guerra del Golfo, o el "Eje del mal" donde el ex presidente Bush incluía a las principales naciones enemigas de EE.UU., entre otras). Por otro lado, en esa apelación a los contenidos metafóricos se encuentra también el hecho comprobado de que existe una relación directa entre la capacidad de la gente para recordar acontecimientos políticos y la presencia en el discurso de esta figura retórica (Mio y Lovrich 1998).

➤ EJERCICIO 10.1

Busca en Internet el discurso del ex presidente de Estados Unidos J. F. Kennedy en Berlín en 1963, tras la construcción del infausto Muro de Berlín. Señala algunos de los recursos lingüístico-retóricos empleados por Kennedy para transmitir al público su ideología anticomunista.

El humor y la ironía son también armas dialécticas habituales, especialmente entre los políticos más hábiles y carismáticos. La risa, y todos los recursos humorísticos comúnmente asociados, representan a menudo una herramienta premeditada mediante la cual el político se desenvuelve hábilmente en diferentes escenarios, ya sea en el desarrollo de las campañas electorales, ya sea en su interlocución con periodistas en el desarrollo de las—no siempre cómodas—entrevistas. No en vano, y pese a su frecuente artificiosidad, el humor presenta al político con una imagen de espontaneidad y campechanía, destinada a seducir a quien le escucha. Esta parece ser la intención que anima al candidato del Partido Popular a la presidencia del gobierno español en las elecciones de 2008, Mariano Rajoy, cuando en un mitin con sus correligionarios—cuando sus acólitos le anuncian que sus palabras están siendo recogidas por televisión—bromea abiertamente acerca de unas desafortunadas palabras de su rival (José Luis Rodríguez Zapatero) en los días previos.

1. MR: (. . .) no quería que le escuchara nadie (pronunciado en voz muy baja) porque en el fondo tenía un poquito de pudor, no mucho, pero un poquito de pudor

tenía (continúa en voz baja) / pero amigas y amigos (aumenta la intensidad vocal), LO CACHAMOS (risas del público), LO ESCUCHAMOS, DIJO QUE QUERÍA TENSIÓN, DRAMATISMO Y CRISPACIÓN. ESE ES SU PROGRAMA ELECTORAL, (arrecian los aplausos), ZP ESE ES TU PROGRAMA ELECTORAL (se intensifican los aplausos).

Obsérvese como en la primera parte de la alocución el político español emplea un volumen deliberadamente bajo, como si estuviera haciendo una confidencia a sus seguidores, al mismo tiempo que parodiando el intento de su adversario por esconder sus verdaderas intenciones (crear tensión, dramatismo y crispación). La explosión de júbilo y la risa generalizada entre el público se desata cuando ese tono elocutivo cambia drásticamente mediante la elevación repentina de la intensidad vocal, el empleo de un vocabulario coloquial ("lo cachamos"), la reproducción en estilo indirecto y bajo la forma de una tríada léxica de las palabras del rival ("dijo que quería tensión, dramatismo y crispación"), y la repetición variable a la que se somete el enunciado final ("ese su programa electoral, ZP ese es tu programa electoral").

Por su parte, la ironía es también particularmente efectiva en el discurso político. Desde un punto de vista argumentativo, la ironía es un mecanismo destinado a perjudicar la imagen del adversario, del que se parodian opiniones, actitudes o acciones en el pasado con el objeto de resaltar su incoherencia. En la escena política española, el líder del Partido Popular, Mariano Rajoy,[3] era uno de los parlamentarios que más frecuentemente utiliza ese recurso, poco habitual, sin embargo, en el parlamentarismo español a diferencia de otras tradiciones políticas, como la británica. Para muestra valga el siguiente fragmento correspondiente a su debate con el presidente del gobierno (Rodríguez Zapatero) durante la campaña electoral de 2008.

2. MR: Señor Rodríguez Zapatero: ¿cuándo había que apoyarle a usted? ¿A qué Zapatero hay que apoyar? ¿Al que dice hace tres años que el Partido Comunista de las Tierras Vascas es legal? ¿O al que tres años después, ahora, porque hay elecciones y por oportunismo político, quiere ilegalizar? ¿Al Zapatero que deja pasear a De Juana Chaos[4] por la calle en San Sebastián o al que luego lo mete en la cárcel porque le conviene? ¿Al Zapatero que dice que Otegi es un hombre de paz y no actúa contra él, o al Zapatero que mete a Otegi en la cárcel? ¿Al Zapatero que dice . . . mire usted, leo: "no voy a hablar de política con ETA" o al Zapatero que dice: "hablamos de política con ETA"?

El fragmento anterior corresponde a una de las intervenciones de Mariano Rajoy durante el primero de sus debates con Rodríguez Zapatero en las elecciones generales de 2008. Como puede observarse, el líder conservador encadena preguntas retóricas en formato disyuntivo que obviamente no esperan respuesta, ya que el hablante asume que caen por su propio peso. Lógicamente, de las palabras irónicas de Rajoy solo cabe interpretar que ninguno de esos "Zapateros" merecía un apoyo de la oposición, debido a la inconsistencia y a las contradicciones demostradas por el presidente durante la fase de negación entre el gobierno y la banda terrorista ETA en la recién terminada legislatura.

Y si la ironía cumple una importante finalidad argumentativamente, las ventajas de emplearla no son menores desde el punto de vista de la imagen mediática. No en vano, el político que usa eficazmente este recurso transmite a la audiencia una imagen de contención y mesura que en absoluto resulta incompatible con su pericia en zaherir al rival, para regocijo de los seguidores más militantes.

➤ EJERCICIO 10.2

Analiza los elementos retóricos que se advierten en la intervención del político español José María Aznar en un debate electoral con su adversario, Felipe González (véase las pájina 251, texto 2). Presta especial atención a la presencia de metáforas y enunciados irónicos. Tras identificarlos en el texto, indica qué papel desempeñan en la argumentación de Aznar.

10.3 DISCURSO POLÍTICO Y MANIPULACIÓN

Habitualmente las estrategias de persuasión reseñadas esconden actitudes e intenciones mucho menos confesables que las recogidas en la tradición clásica, lo que nos adentra en el terreno resbaladizo—pero no por ello, menos real—de la manipulación.

El concepto de manipulación ocupa un lugar destacado en el análisis ideológico del discurso. Así, desde la perspectiva del llamado Análisis Crítico del Discurso, Fairclough (1998, 537) define el término así: "Linguistic manipulation is the conscious use of language in a devious way to control the others". Más recientemente, Van Dijk (2006, 360) añade otros rasgos decisivos a la manipulación política en la siguiente caracterización: "a communicative and interactional practice, in which a manipulator exercises control over other people, usually against their will or against their best interests". Así, y como subraya el propio Van Dijk (2006, 360), la manipulación: "not only involves power, but especially abuse of power" (cursiva en el original), rasgo que, eventualmente, permitiría distinguir entre la verdadera manipulación y la mera persuasión. Desde esta perspectiva, y como forma de control y abuso social que es, la manipulación entraña consecuencias tanto en la esfera cognitiva—el intento de control de la mente mediante la creación de ideologías y modelos de representación tendenciosos—como en el plano social, ya que el objetivo último de toda manipulación es confirmar la desigualdad social. E igualmente en la órbita discursiva, donde la manipulación implica la puesta en práctica de un discurso maniqueo en el que se enfatizan al máximo las cualidades propias (o complementariamente, se mitigan los errores), al mismo tiempo que se agravan los defectos del adversario.

Van Dijk (1997) ejemplifica estas prácticas en los discursos pronunciados en el Parlamento español en 2003 por el entonces presidente del gobierno, José María Aznar, para justificar la entrada de España en la guerra de Irak. Así, junto a frases que recogen una visión ideal del gobierno en el conflicto, como en (1), u otras que intentan atenuar una potencial consecuencia negativa de sus acciones, como en (2), buena parte del discurso de Aznar va destinado a demonizar al adversario, incluyendo, como en (3), una relación minuciosa de sus iniquidades, que justificarían sobradamente la participación de España en la invasión de Irak para derrotar al tirano iraquí.

1. El Gobierno, señorías, desea la paz y está trabajando activamente para asegurarla.
2. España ha mantenido siempre una actitud constructiva en el conflicto de Oriente Medio.
3. El de Sadam es un régimen de terror que no ha dudado en emplear armas de destrucción masiva en las guerras que ha promovido contra sus países vecinos y contra su propio pueblo. No ha dado cuenta del agente nervioso VX producido y no declarado (rumores); no ha explicado el destino de 1.000 toneladas de agentes químicos que conservó tras la guerra con Irán; no ha dado cuenta de 6.500 proyectiles para carga química; no ha demostrado la destrucción de 8.500 litros de ántrax; no ha detenido la producción de misiles con un radio de más de 150 kilómetros; no ha revelado el destino de 380 propulsores de misiles con agentes químicos que fueron introducidos de contrabando en el país el mes anterior.

➤ EJERCICIO 10.3

Busca en Internet el discurso de Tony Blair al Parlamento británico en marzo de 2003 donde legitima la decisión de su gobierno de apoyar a EE.UU. en la guerra en Irak. Localiza los enunciados donde se adviertan estrategias de manipulación política. Explica en qué consisten tales estrategias.

10.4 RESTRICCIONES INTERACCIONALES E INSTITUCIONALES EN EL DISCURSO POLÍTICO

En el lenguaje político, los interlocutores participan con frecuencia en relaciones interpersonales asimétricas, en las que tanto el poder como los roles que desempeñan los participantes se hallan distribuidos desigualmente. Uno de los contextos en los que se aprecia este tipo de relaciones asimétricas es, por ejemplo, el de las entrevistas políticas. Desde un punto de vista interaccional, estas se caracterizan como un tipo de actividad discursiva condicionada por normas de actuación estrictas, que, en buena medida, obedecen a las expectativas de división de los roles que desempeñan entrevistadores y entrevistados respectivamente (Heritage y Greatbatch 1991). Esta división afecta inicialmente a los derechos y obligaciones de los participantes. Así, y de acuerdo con estas normas, solo los entrevistadores pueden formular preguntas o llevar la iniciativa temática, mientras que se espera del entrevistado que coopere en esa tarea, respondiendo a las preguntas y atendiendo a los requerimientos del entrevistador.

Pese a lo anterior, diversos factores contextuales dan lugar a una notable variación de los esquemas comunicativos posibles en el desarrollo de las entrevistas. En la práctica, estas pueden oscilar entre la cooperación informal y amistosa entre periodistas y políticos hasta las formas más extremas de antagonismo y enfrentamiento verbal, pasando por otras variantes intermedias, en las que entrevistador y entrevistado se sitúan en diversos puntos de un continuum de cooperación interaccional. En ocasiones, esos factores contextuales pueden ser de naturaleza histórica y así, cambios profundos en la historia de un país permiten explicar al mismo tiempo otros cambios, no menos destacados, en la preferencia por unos tipos u otros de entrevista política. Otras veces la inclinación hacia estos se halla condicionada por factores culturales, personales y hasta ideológicos, de modo que un mismo género puede presentar considerables diferencias entre unas comunidades y otras. Al comparar las entrevistas políticas habituales en medios de comunicación británicos y españoles se comprueban estos extremos. Como destaca Piirainen-Marsh (2005), los actuales espectadores británicos de televisión no solo no reaccionan negativamente ante comportamientos abiertamente agresivos de los entrevistadores, sino que más bien, esperan que los entrevistados no puedan manipular la agenda temática de la entrevista para sus intereses. Estas prácticas periodísticas resultan, sin embargo, mucho menos habituales en el contexto español, donde lo esperable es que el entrevistador trate con guante blanco a su entrevistado, limitándose las más de las veces a formular las preguntas y a intervenir cuando aquel ha concluido. Así, actuar de un modo contrario, acompañando los turnos de pregunta con insinuaciones acerca de las intenciones ocultas del interlocutor, o poniendo en duda su sinceridad o coherencia, se interpreta todavía mayoritariamente en España como un comportamiento periodístico descortés (Fuentes 2006).

➤ EJERCICIO 10.4

Mª Antonia Iglesias, conocida periodista española, no suele esconder sus preferencias políticas (claramente izquierdistas), lo que se deja sentir, sobre todo, en sus entrevistas con líderes políticos o sociales situados en las antípodas ideológicas, como, en el presente caso, el secretario general de la Conferencia Episcopal española, Juan Antonio Martínez Camino. Localiza en el siguiente fragmento (extraído de Fuentes 2006) algunas de las estrategias utilizadas por la periodista (MAI) para poner en aprietos a su interlocutor (JMC), y explica en qué consisten.

JMC: (. . .) Nosotros creemos que los proyectos legislativos del Gobierno [matrimonio homosexual, ampliación del aborto . . .] presentan una visión deficiente de la relación del hombre con Dios.

MAI: Pues no se me ocurre desde qué argumentación pueden ustedes exigir la obligación de proteger el hecho religioso a un gobierno laico . . .

JMC: ¡Es que es el hecho religioso, la identidad del hombre como ser religioso, está en la sociedad! El problema es que, respecto de ese hecho incuestionable, el gobierno manifiesta una abierta prevención (. . .)

MAI: En cualquier caso, es difícil aceptar que un Gobierno, por muy radical que sea, persiga a la Iglesia Católica, como ustedes denuncian. A lo mejor es todo más sencillo y lo que pretende el gobierno es responder a la demanda de una sociedad libre y plural . . .

JMC: Si usted me pregunta si este Gobierno está buscando un conflicto con la Iglesia, no sabría qué responderle (. . .) En buena lógica cabría suponer que al Gobierno lo que debería interesarle es que hubiera un entendimiento con la Iglesia porque le daría más votos, ¿no cree?

MAI: Lo que yo creo es que la Iglesia Católica desearía que este gobierno guardara su programa electoral en un cajón. Pero no sé cuál sería su opinión sobre la ética de un partido que no cumple lo que promete.

Con todo, en este contexto todavía es posible encontrar manifestaciones más extremas de un periodismo militante en el que la afinidad ideológica entre entrevistador y entrevistado resulta tan palmaria que el primero acude literalmente en auxilio del segundo. Así, en la última de las entrevistas concedidas a Televisión Española por quien fuera presidente del gobierno español durante ocho años (1996–2004), José María Aznar (JMA), el entrevistador (Alfredo Urdaci, a la sazón jefe de los informativos de TVE) preludia buena parte de sus preguntas con muestras de adulación hacia el interlocutor, como las que se observan en (1).

1. U: . . . se han creado más condiciones, ¿cuáles son las condiciones para que eso se mantenga, para que esa aventura económica, cargada de éxitos, reconocido por todos, se mantenga en esa línea?

Otras veces esas valoraciones subjetivas parecen destinadas a facilitar la respuesta del político ante las acusaciones de la oposición, que de este modo, no pueden parecer más contradictorias. Una muestra significativa aparece en (2), donde Urdaci

(U) allana el camino del entrevistado, haciendo ver la contradicción entre el "milagro" económico alcanzado durante la presidencia de Aznar y la contestación en la calle.

2. U: Terminan ocho años de estabilidad política, también de estabilidad económica . . . en el momento en que España ha llegado a un desarrollo económico alabado por todos, es el momento en que se escuchan más voces decir "no estamos a gusto . . ."

En ocasiones, el periodista facilita incluso un verdadero rosario de respuestas posibles, como en el preámbulo a la siguiente pregunta sobre las estrechas relaciones entre el gobierno conservador español y Estados Unidos.

3. U: En este último año de la legislatura ha habido algo que la opinión pública en su mayoría no comparte, es esa relación tan estrecha con Estados Unidos. ¿Por qué esa vecindad, por qué esa alianza? ¿Porque nos ayudan en temas terroristas, porque nos ayudan en la seguridad de nuestro entorno? ¿Porque nos ayudan en temas económicos, en asuntos estratégicos?

En otro orden de cosas, afirmar que en este género discursivo los interlocutores parten de una situación de marcada asimetría ofrece una visión limitada de las capacidades de maniobra que los políticos despliegan en sus relaciones. Así, mientras que, canónicamente, solo el entrevistador puede formular preguntas y el político se ve obligado a contestarlas, en la práctica son frecuentes las estrategias evasivas por parte de este último. De hecho, numerosas investigaciones han demostrado que la evasión y el subterfugio (Bavelas et al. 1990, Bull y Mayer 1993, Bull 2000) son características del lenguaje de los políticos cuando se enfrentan a interlocutores que pueden ponerles en aprietos con insinuaciones, preguntas incómodas, etc.

► EJERCICIO 10.5

Graba una entrevista política en la televisión y observa cómo los políticos responden a las preguntas de los periodistas. Clasifica estas en función si son: (1) respuestas que atienden directamente al contenido de la pregunta; (2) respuestas que evaden la respuesta directa y, en el mejor de los casos, tan solo suponen una réplica indirecta; (3) no respuestas, esto es, intervenciones de réplica en las que el político responde con un tema diferente al formulado por el entrevistador.

10.5 LAS RELACIONES INTERPERSONALES EN EL DISCURSO POLÍTICO

De lo advertido hasta ahora se deduce que el cuadro participativo que caracteriza a los géneros del discurso político se hace necesariamente más complejo, especialmente en los contextos mediáticos. Así, en las entrevistas políticas se superponen el marco compuesto por entrevistador y entrevistado, con un segundo marco en el que aquel interacciona con el entorno mediático, donde la audiencia desempeña un papel relevante. Estas relaciones se complican todavía más en otros géneros, como los debates electorales o los 'talk shows,' donde la comunicación actúa a modo de círculos concéntricos (Hess-Lüttich 2007), que se alejan progresivamente del momento de la enunciación: desde la interacción directa entre los participantes inmediatos (moderador, panelistas), hasta las relaciones con la audiencia que asiste desde sus casas al espectáculo televisivo.

La audiencia, a la que en última instancia se dirigen todos los mensajes se convierte, así, en un elemento decisivo del discurso político. Aunque para ser más precisos, en este punto deberíamos hablar con mayor propiedad de audiencias (en plural), pues esta no es nunca homogénea. Junto a diferencias relacionadas con el canal de comunicación (televisivas, radiofónicas . . .) o aquellas que atienden a su estatus (ratificadas vs. no ratificadas) (cf. Goffman 1983), adquiere una particular relevancia la orientación política de los receptores. Como es de esperar, la actuación del político queda restringida en función de si estos son simpatizantes, adversarios, o simplemente un público neutral, cuyos votos pueden resultar decisivos para el éxito parlamentario o electoral. Para persuadir a estas audiencias diversas, los políticos deben alinearse con sus potenciales miembros, poniendo de manifiesto que sus acciones están impulsadas por la defensa del interés general. De ahí que los políticos más exitosos, y con un mayor potencial para influir sobre los demás, sean, justamente, aquellos que son capaces de desplegar una mayor variedad de habilidades sociales en la comunicación interpersonal.

En el discurso político este esfuerzo relacional se asocia con el grado de solidaridad y/o distancia entre el político y sus interlocutores y su realización puede llevarse a cabo mediante diferentes estrategias y recursos lingüísticos, como implicaturas, cambios de registro, uso de la ironía y el humor, etc. (Koike y Graham 2006). Especial interés tienen también en este punto las formas de tratamiento, uno de los paradigmas verbales que más estrechamente codifican este tipo de información relacional. Por ejemplo, en contextos particularmente conflictivos para el político, como los debates electorales, los intentos de ejercer el control sobre el adversario pueden materializarse manipulando las formas pronominales de segunda persona (tú, usted, *you, vous* . . .). Como lo hemos descrito en otro lugar, tras el análisis de los debates entre los candidatos a las elecciones generales españolas de 1993 (Blas Arroyo 2000) se aprecia la presencia del pronombre como sujeto explícito (usted/ustedes) en una proporción mucho mayor que la habitual en otros textos, tanto orales como escritos, en los que la deixis pronominal se integra más a menudo en los afijos del verbo (tiene/tienen). Algunos ejemplos representativos son los de (1) y (2) a continuación:

1. JMA: Mire usted, señor González, su fracaso en estos últimos años como jefe de gobierno es tan preocupante para el país . . .

2. FG: . . . no, por favor, diga usted si no es verdad que usted, ustedes han dicho que estábamos haciendo una política de pedigüeños cuando estábamos defendiendo los derechos y los intereses de España.

Con todo, más interesante suele ser el dominio que corresponde a los tratamientos de la 1 persona del plural (nosotros, *nous*, *we* . . .). Por medio de estos, los políticos pueden expresar diferentes grados de alianza interesada con su auditorio. Así, por ejemplo, un empleo significativamente elevado de *nosotros* puede servir para incrementar el grado de afectividad o la particular identificación y la solidaridad del orador con el público (De Fina 1995, de los Heros 2002–2003). Por otro lado, mediante el concurso de estas formas deícticas el político puede hábilmente establecer coaliciones con la audiencia, en las que deliberadamente se deja fuera al adversario (Blas Arroyo 1998, Koike y Graham 2006). La identificación y el compromiso con esa audiencia son especialmente claros en el fragmento siguiente. En él podemos ver como Felipe González (FG), candidato socialista a las elecciones generales de 1993, alude a *nuestro país*; un país a cuyo progreso están contribuyendo con denodado esfuerzo los socialistas (el partido de González), en colaboración estrecha con la masa anónima de españoles (est*amos* recuperando), pero no así el rival, ni la facción política conservadora a la que representa (el Partido Popular), a quienes se responsabiliza del histórico retraso español (de ahí que "teng*amos* un retraso de décadas . . .").

FG: . . . la derecha, que no ha confiado en las posibilidades de nuestro país y esto es lo que ha hecho que tengamos un retraso de décadas respecto de los países europeos, que estamos recuperando ahora con un enorme esfuerzo . . .

> EJERCICIO 10.6

En los fragmentos correspondientes a un discurso de Eva Perón, esposa del presidente argentino Juan Perón, y a la sazón figura destacada de la política de ese país en los años 40 y 50 del pasado siglo, se manipulan activamente algunas formas pronominales (de los Heros 2002–2003). Señala quiénes componen el conjunto de referencia de cada pronombre (explícito o implícito en el afijo verbal) utilizado por Eva Perón. A continuación indica quién o quiénes estarían excluidos de algunas de esas referencias deícticas:

1. EP: Nada en la Fundación [institución administradora de la Ciudad Infantil, inaugurada con este discurso] es o podría ser ajeno a la obra y a la doctrina del general Perón. Nuestros Hogares Escuelas, que abren sus puertas paternalmente a toda la niñez argentina (. . .) Ustedes saben perfectamente que los llevo yo eternamente, igual que el general Perón, en el corazón, y que no habrá fuerza en el mundo que haga cambiar de ruta a nuestros ideales o sea al pueblo: primero el pueblo y siempre el pueblo.

2. EP: No en vano tenemos como fuente de inspiración la doctrina y la obra del general Perón, que niega y rechaza el fácil halago de las promesas para exaltar el valor efectivo de las realizaciones.

(Discurso de Inauguración de la Ciudad Infantil en julio de 1949. Extraído de Susana de los Heros 2002–2003, 102)

Particularmente interesantes son los casos en los que el político usa formas pronominales inclusivas, en la que parece incluirse a toda la audiencia, cuando verdaderamente tan solo se dirige a sus correligionarios, dejando intencionadamente fuera a otros potenciales actores de la escena política. Como ha mostrado Nieto y Otero (2004), estos usos "pseudo-inclusivos" de la primera persona del plural son especialmente visibles en el discurso del presidente venezolano Hugo Chávez (HC) en sus frecuentes alocuciones al país. Así, por ejemplo, el presidente parece hablar como representante de la nación venezolana ("lo ratifico en el nombre del gobierno de Venezuela"), pero el cotexto siguiente acaba por desmentir esta referencia:

HC: Lo ratifico en nombre del gobierno de Venezuela y nosotros somos gente seria . . . nosotros no apoyamos el terrorismo (. . .) nosotros actuamos con nuestra verdad por delante.

Obsérvese como quienes "somos gente seria" no son en puridad ni Venezuela, ni el pueblo venezolano, sino el propio gobierno de Chávez, a quien se había acusado de amparar el terrorismo en otros países. Pese a ello, la hábil pseudo-inclusión en la referencia pronominal de un colectivo más amplio que el representado por las propias filas ideológicas permite al presidente presentarse a su auditorio con un manto de legitimidad.

Por otro lado, el tipo de audiencia condiciona otros aspectos no menos destacados de las relaciones interpersonales. Por ejemplo, algunas estrategias del discurso bilingüe, como la elección de lengua o el cambio de código ('code-switching'), se utilizan en situaciones de bilingüismo social para estrechar las relaciones entre los políticos y algunos sectores del público: desde el emblemático 'Ich bin ein Berliner' ("soy un ciudadano de Berlín") del presidente John F. Kennedy en su histórica alocución desde el Ayuntamiento del Berlín occidental en 1963, hasta los más recientes ejemplos de políticos de origen hispano en Estados Unidos, cuya alternancia entre el inglés y el español en actos electorales pretende fortalecer los lazos afectivos con determinados sectores del electorado (Koike y Graham 2006).

Por otra parte, las relaciones con el político son determinantes para entender las respuestas emotivas y las señales de retroalimentación ('feed-back') con las que el público reacciona ante el discurso público, correspondiendo (o no) con ovaciones, aclamaciones, risas y demás manifestaciones afectivas al discurso de los oradores. A este respecto, en el análisis del discurso político se ha dedicado una particular atención al estudio de los aplausos (Atkinson 1984, Bull 2000), ya que tanto sus caracteres intrínsecos como su intensidad pueden ser un importante índice de la popularidad de los políticos.

➤ EJERCICIO 10.7

Algunos de estos recursos se advierten con claridad en el discurso de la victoria del senador Obama en las elecciones presidenciales norteamericanas de 2008, cuyas líneas iniciales se reproducen en el texto 1. Tras localizar un fragmento audiovisual de este discurso, comprueba los momentos donde el público responde con señales emotivas. Clasifica estas señales (aplausos, vítores, etc.) e indica qué relación se advierte con las estrategias retóricas empleadas por el presidente estadounidense en su discurso.

10.6 LA GESTIÓN DEL CONFLICTO

Como hemos señalado más arriba, junto a la expresión del compromiso y la solidaridad, el discurso político es también con frecuencia la esfera del conflicto y la agresión en la escena pública. De ahí que, sobre todo en el análisis de algunos géneros discursivos, se haya llamado la atención acerca de la relevancia de una cierta descortesía normativa. Y es que, frente a lo que resulta habitual en la conversación cotidiana, donde la actividad comunicativa aparece comúnmente presidida por la búsqueda de la armonía interaccional y la acomodación entre los participantes, en escenarios abiertamente agresivos como los debates parlamentarios o electorales cara a cara, el comportamiento verbal no marcado, esto es, el más esperable y habitual, es, justamente, el descortés (Harris 2001; Blas Arroyo 2001, 2011). Y por si fuera poco, la retransmisión televisiva de estos episodios comunicativos ha reforzado el presente estado de cosas. En estas circunstancias, el debate se presenta como una verdadera batalla campal, en la que la habilidad dialéctica para noquear al rival parece mucho más importante que la solidez argumentativa o la veracidad de los datos esgrimidos. En este contexto, los políticos necesitan vencer a toda costa ante una audiencia multitudinaria para que la derrota del adversario resulte más contundente, y por ende, más beneficiosa para los intereses propios.

Estas manifestaciones de violencia y descortesía conversacional combinan estrategias de dominio y difamación del contrario, para mermar su imagen personal y social (Blas Arroyo 2001).

Texto 2

JMA: Pero si justamente de lo que tienen desconfianza los españoles señor González es de usted y de su política. ¡Pero no se da usted cuenta que a usted le han devaluado la moneda tres veces en ocho meses señor González! Pero si es que usted no tiene en este momento la confianza ni de la mayoría de los ciudadanos españoles en su política económica, ni de los principales inversores extranjeros, ni de los organismos internacionales, ni del comité monetario de la Comunidad Europea, ni de los sindicatos, ni de los empresarios (. . .) En la referencia a las políticas neoliberales y supongo que a las políticas thatcheristas, yo creo que comete usted un doble error de ignorancia, ignora lo que es el thatcherismo e ignora lo que es nuestro proyecto económico. Pero en fin, la ignorancia es una cosa que en este terreno a usted le corresponde y yo no voy a entrar más en ella. Yo sí sé, como saben la mayoría de los españoles, como todos los españoles saben en este momento, que su gobierno no solamente no ha creado empleo suficiente desde el año 1989, se han destruido 600.000 empleos en el último año, sino que además esa destrucción de empleo (. . .) Usted les dice en este momento más de lo mismo, vamos a tener un continuismo de política económica, ¿con qué objetivo señor González? ¿con el objetivo de que en vez de 3.300.000 parados como hay ahora haya 4.000.000 parados a final de este año?, si usted recobra esa confianza. Y respecto a lo que significa la crisis, pues mire usted, se lo puede preguntar usted a su anterior ministro de economía, el señor Boyer, es él el que ha afirmado que esta crisis es más profunda que la de los años 80 (. . .) Usted en lugar de equilibrar esa situación, desequilibró la situación y no solamente desequilibró la situación sino que empezaron a florecer en la economía española eso que se dio en llamar el enriquecimiento fácil, la cultura del pelotazo, problemas gravísimos de corrupción, todo aquello que no es exactamente ni lo que significa un esfuerzo de inversión, ni lo que significa un esfuerzo de ahorro, ni lo que significa un esfuerzo de capacidad productiva, y ahora pagamos los excesos en gran medida de aquellos años. Pero de esta crisis, desde luego una oferta de continuismo de su política no nos saca. España, si necesita recuperar confianza, desde luego en usted no la encuentra.

(Primer debate electoral entre Felipe González y José María Aznar durante las elecciones presidenciales españolas de 1993)

En el texto 2 se transcribe una de las intervenciones del candidato conservador, José María Aznar, durante el primero de sus debates con el entonces presidente del gobierno, y candidato socialista, Felipe González. En el fragmento advertimos claramente algunas de esas estrategias; a saber:

1. los intentos de ninguneo del rival ("pero no se da usted cuenta que a usted le han devaluado la moneda tres veces en ocho meses señor González")

2. las acusaciones de incompetencia ("la ignorancia es una cosa que en este terreno a usted le corresponde," "Usted en lugar de equilibrar esa situación, desequilibró la situación . . ."), etc.

3. la asociación del oponente con hechos muy negativos como el paro, el déficit público, la corrupción, etc. (". . . el enriquecimiento fácil, la cultura del pelotazo, problemas gravísimos de corrupción")

4. el empleo de voces de autoridad críticas, procedentes incluso de las propias filas ideológicas del adversario ("se lo puede preguntar usted a su anterior ministro de economía, el señor Boyer, es él el que ha afirmado que esta crisis es más profunda que la de los años 80"), etc.

Ahora bien, los actos de violencia conversacional hacia el interlocutor no solo se realizan mediante estrategias semánticas como las descritas más arriba. A veces, los participantes acuden a maniobras interaccionales destinadas a invadir el espacio discursivo del interlocutor, como la interrupción (Blas Arroyo 2011). Felipe González empleó con notable habilidad este recurso durante su segundo debate con Aznar en 1993, con funciones diversas tales como el deseo de controlar el debate en un momento determinado (FG: "verá usted, señor Aznar"), la solicitud de informaciones adicionales o de precisiones sobre lo dicho (o callado) por el interlocutor, en un intento por ponerlo en dificultades (FG: "diga por qué"), la negación rotunda de las palabras del rival ("FG: en absoluto"), los comentarios sarcásticos (FG: "sí, de esas [muecas], de esas hace muchas"), etc.

Pese a ello, el locutor interrumpido no suele resignarse a ver como su turno de palabra es invadido por el adversario. Junto a la táctica de no detener el curso de habla, haciendo ver que el hablante es capaz de conducir su discurso pese a las maniobras ilegítimas del rival, en el debate son habituales otras estrategias interaccionales, como reprender directamente al interlocutor (JMA: "no me interrumpa"), o elevar la intensidad de voz, al mismo tiempo que se repiten las secuencias "tapadas" por la irrupción del adversario. Otras veces, el político puede interrumpir su propio discurso hasta el momento en que considera que puede continuar sin interferencias, no sin antes encarar directamente al oponente (JMA: . . . "perdón, me quiere usted dejar hablar si es tan amable, le pido que sea tan amable de dejarme hablar"), o solicitar la intervención del moderador para restablecer el principio de justicia institucional (JMA: . . . "yo le rogaría señor moderador si es posible, que le sugiriese al señor González que se tranquilizase)".

Ahora bien, pese a lo anterior, un exceso de agresividad puede resultar contraproducente para los políticos, de ahí que en el debate destaque también la práctica de un discurso políticamente correcto, apropiado a las normas sociales e institucionales que regulan una determinada actividad discursiva (Watts 2003; Blas Arroyo 2003, 2011; Locher 2004). Dicho comportamiento comunicativo permite mostrar a los políticos más carismáticos como oradores capaces de controlar las emociones y de restringir la batalla dialéctica dentro de unos cauces civilizados, unas impresiones que contribuyen a ensalzar sus correspondientes imágenes públicas y personales.

> EJERCICIO 10.8

Lee el siguiente fragmento y localiza los enunciados donde se presenta un lenguaje políticamente correcto y contrástalos con aquellos en los que la descortesía hacia el adversario resulta más evidente. En relación con la descortesía, indica a continuación en qué consisten las estrategias utilizadas para intentar arruinar la imagen del rival.

JMA: (. . .) le voy a decir alguna cosa señor González (. . .) usted tiene encima de la mesa un asunto que afecta a su partido por ser el partido del gobierno y por lo tanto también al gobierno. Usted fue comprometido (sic) ante la opinión y usted se comprometió a exigir responsabilidades y no ha exigido ninguna, usted no tiene credibilidad para exigirle responsabilidades a nadie en ese terreno mientras usted no sea capaz, y ahora aquí usted tiene una oportunidad de responder ante los ciudadanos españoles (sic) de qué es lo que ocurre con una trama institucionalizada llamada Filesa,[5] NO TIENE NINGUNA CREDIBILIDAD y le voy a decir algo más señor González, y crea además se lo insisto no vea usted en estas palabras una actitud agresiva, tome usted la decisión de crear una comisión de investigación para investigarles a ustedes, A USTEDES, que es usted el que tiene que dar responsabilidades y el que tiene que dar cuentas en este momento ante la opinión pública.

(Primer debate electoral entre Felipe González y José María Aznar durante las elecciones presidenciales españolas de 1993)

Así las cosas, en ámbitos fuertemente mediatizados como los que enmarcan la actividad política en los últimos tiempos, el seguimiento de estas normas socialmente apropiadas se convierte casi en una obligación para el profesional de la política, que ve de este modo realzada su imagen ante la opinión pública. Esta política "amable" (Lakoff 2005) hace que la corrección se convierta para muchos en la manifestación más explícita de la sensibilidad política en los últimos tiempos. Por ejemplo, los estudios que se han detenido en analizar la manera en que reaccionan diversas clases de participantes ante la agresividad de sus interlocutores en el discurso público, muestran comportamientos notablemente diferentes entre los políticos y otros hablantes. Así, mientras que en los 'talk shows' y otros debates televisivos estos últimos reaccionan a las acusaciones de forma explícita y directa ("eso es mentira"), los profesionales de la política acuden con frecuencia a técnicas mucho más sutiles, como insinuaciones en torno al grado de conocimiento del rival ("Y usted sabe tan bien como yo . . ."), o su misma honestidad intelectual ("Si usted fuera honesto, entonces . . .") (Luginbuhl 2007). Por otro lado, en las entrevistas políticas, el político eventualmente acosado por las preguntas incómodas del entrevistador se enfrenta a estas de forma mesurada, rehuyendo formular sus objeciones en términos excesivamente personales ("y no lo digo por usted . . .") o justificando sus acciones por medio de diversas tácticas de evasión.

> ➤ EJERCICIO 10.9

Graba un 'talk show' de la televisión donde intervengan políticos y otros asistentes al plató de televisión. Analiza las estrategias de cada uno de estos protagonistas en los momentos de mayor tensión del debate, en los que deben enfrentarse a las opiniones, críticas, acusaciones, etc. de sus interlocutores.

Ahora bien, muchas veces las estrategias asociadas a este lenguaje funcionan también a modo de recurso icónico que permite realizar una lectura no literal e, inclusive, sarcástica del mensaje (Blas Arroyo 2003, 2011). Así, actos de habla y recursos semánticos habituales en boca de los políticos y asociados convencionalmente con la cortesía, tales como disculpas ("Mire, vuelve usted y perdóneme que se lo diga, porque no se lo quiero decir con ningún ánimo agresivo"), solicitud de permisos ("le pido que sea tan amable de dejarme hablar . . ."), predicados doxásticos ("La causa, en mi opinión y a mi juicio, es la política equivocada que en los últimos años ha seguido el gobierno"), etc. no son en el fondo lo que parecen. O dicho de otra manera, son disculpas, peticiones y muestras de humildad . . . claramente insinceras. De ahí que, paradójicamente, no sea infrecuente hallar dichos enunciados en las inmediaciones de los actos más agresivos, para así reforzar mejor la afrenta al adversario. Por otro lado, este hecho ayudaría a comprender la aparente contradicción que supone el hecho que a menudo los políticos más agresivos puedan ser, al mismo tiempo, los usuarios más asiduos de este lenguaje engañosamente cortés.

10.7 CONCLUSIONES

Entre las perspectivas posibles para el análisis del lenguaje político, hemos elegido aquella que se ocupa de los discursos habituales de los políticos en sus interacciones verbales públicas. El carácter persuasivo de este discurso se traduce en la aparición frecuente de figuras retóricas y recursos lingüísticos estudiados por la retórica clásica, y fundamentales para un discurso cuya función es eminentemente conativa, ya que está destinado a mover las voluntades de audiencias multitudinarias. Con todo, los límites con la manipulación política no siempre son fáciles de determinar. Incluso en los regímenes democráticos—y no digamos en los dictatoriales—la esfera discursiva se tiñe de estrategias de manipulación que desembocan con frecuencia en discursos maniqueos, en los que se subrayan hasta la náusea las virtudes propias (o se atenúan, con no menos ímpetu, los errores), al mismo tiempo que se demoniza al adversario.

Buena parte del discurso político actual tiene lugar en los medios de comunicación, especialmente la televisión. Con todo, en este último contexto, las circunstancias para el político varían considerablemente en función del contexto social, cultural o ideológico: desde entrevistas donde el político debe afrontar preguntas insidiosas sin que se le permita controlar la agenda temática o evadirse fácilmente, hasta aquellas en las que el periodista se convierte en un verdadero aliado. Por otro lado, la comunicación política en contextos mediáticos funciona comúnmente bajo una especie de círculos concéntricos, en los que varían los destinatarios. De este modo, el político sabe que no solo debe lidiar con sus interlocutores inmediatos, sean estos periodistas o rivales en la arena parlamentaria, sino también con audiencias situadas en diferentes niveles (espectadores en los platós de televisión, en sus hogares, lectores de prensa, etc.). Este juego de círculos permite el establecimiento de coaliciones y alianzas con las que el político pretende acercar a su esfera de intereses al público, y no menos importante, alejar de esa misma esfera a los rivales. Para la creación de estas alianzas los políticos se sirven de estrategias diferentes, entre las que sobresalen diversos recursos deícticos tales como las formas de tratamiento. Así, el empleo de pronombres de la primera y segunda persona, con significados referenciales diferentes—(pseudo) inclusivos, exclusivos—en cada contexto, permiten al político identificarse hábilmente con la audiencia, de cuyos intereses se convierte en portavoz privilegiado.

Ahora bien, junto a un escenario para la persuasión (o en el peor de los casos, la manipulación), el discurso político es también el dominio del conflicto y la agresividad entre los adversarios de la escena pública. De ahí que en pocos géneros discursivos como el presente se acepte como esperable la existencia de una cierta descortesía institucional, destinada a maltratar la imagen pública—y hasta en ocasiones, también la imagen personal—del oponente. Con todo, los políticos más hábiles deben saber canalizar esta descortesía por los cauces de corrección política, ya que un exceso de agresividad podría ir en contra de sus intereses.

Obras citadas

Atkinson, John Maxwell. *Our Masters' Voices*. London: Methuen, 1984.

Bavelas, Janet, Alex Black, Nicole Chovil, y Jennifer Mullet. *Equivocal Communication*. Newbury Park, CA: Sage, 1990.

Blas Arroyo, José Luis. "Estructuras triádicas en el discurso político-electoral." *Cahiers de l'Institut de Linguistique de Louvain* 24 (1998): 85–108.

———. "'Mire usted Sr. González . . .' Personal deixis in Spanish political—electoral debate." *Journal of Pragmatics* 32/1 (2000): 1–27.

———. "'No diga chorradas . . .' La descortesía en el debate político cara a cara. Una aproximación pragma-variacionista." *Oralia* 4 (2001): 9–45.

———. "'Perdóneme que se lo diga, pero vuelve usted a faltar a la verdad, señor González': Form and function of politic verbal behaviour in face to face Spanish political debates." *Discourse and Society* 14/4 (2003): 395–423.

———. *Políticos en Conflicto: Una Aproximación Pragmático-Discursiva al Debate Electoral Cara a Cara*, Bern: Peter Lang, 2011.

Bull, Peter E. "Equivocation and the rhetoric of modernization: An analysis of televised interviews with Tony Blair in the 1997 British general election." *Journal of Language and Social Psychology* 19/2 (2000): 222–247.

Bull, Peter E., y Kate Mayer. "How not to answer questions in political interviews." *Political Psychology* 14 (1993): 651–666.

De Fina, Anna. "Pronominal choice, identity and solidarity in political discourse." *Text* 15 (1995): 379–410.

Fairclough, Norman. "Manipulation." En *Concise Encyclopaedia of Pragmatics,* editado por Jacob L. Mey y R. E. Asher. Amsterdam: Elsevier, 1998: 537–538.

Fuentes, Catalina. "¿Cortesía o descortesía? La imagen del entrevistado vs. la imagen del entrevistador." *Culture, Language and Representation* 3 (2006): 73–87.

Goffman, Erving. *Forms of Talk*. Philadelphia: University of Pennsylvania Press, 1983.

Harris, Sandra. "Being politically impolite: Extending politeness theory to adversarial political discourse." *Discourse and Society* 12/4 (2001): 451–472.

Heritage, John, y David Greatbatch. "On the institutional character of institutional talk: The case of news interviews." En *Talk and Social Structure*, editado por Deirdre Boden y Don H. Zimmerman. Cambridge: Polity Press, 1991.

Heros, Susana de los. "Metáfora, referencialidad pronominal y uso de descripciones definidas en el discurso político de Eva Perón." *Pragmalingüística* 10–11 (2002–2003): 95–110.

Hess-Lüttich, Ernest. "Pseudo-argumentation in TV-debates." *Journal of Pragmatics* 39/8 (2007): 1360–1370.

Koike, Dale, y Clayton P. Graham. "Who is more Hispanic? The co-construction of identities in a U.S. Hispanic political debate." *Spanish in Context* 3/2 (2006): 181–213.

Lakoff, Robin. "The politics of nice." *Journal of Politeness Research* 1/2 (2005): 173–191.

Locher, Miriam A. *Power and Politeness in Action: Disagreements in Oral Communication*. Berlin/New York: Mouton de Gruyter, 2004.

Luginbuhl, Martin. "Conversational violence in political TV debates: Forms and functions." *Journal of Pragmatics* 39/8 (2007): 1371–1387.

Mio, Jeffery Scott, y Nicholas P. Lovrich. "Men of zeal: Memory for metaphors in the Iran-Contra hearings." *Metaphor and Symbol* 13/1 (1998): 49–68.

Nieto y Otero, María Jesús. "Comunicación afectiva en el discurso político venezolano. Estudio del pronombre pseudoinclusivo nosotros." *Spanish in Context* 1/2 (2004): 267–284.

Piirainen-Marsh, Arjia. "Managing adversarial questioning in broadcast interviews." *Journal of Politeness Research* 1(2005): 193–217.

Poggi, Isabella. "The goals of persuasion." *Pragmatics and Cognition* 13/2 (2005): 297–336.

Van Dijk, Teun A. "Discourse and manipulation: Discourse and society." 17/3 (2006): 359–383.

Watts, Richard. J. *Politeness.* Cambridge: Cambridge University Press, 2003.

Wilson, John. *Politically Speaking. The Pragmatic Analysis of Political Language.* London: Blackwell, 1990.

Notas

1. Recuérdense los objetivos de la retórica hitleriana destinada a manipular emocional y psicológicamente a millones de alemanes y que el propio líder nazi resumía con estas palabras: "An effective orator is not one that impresses a university professor but one who makes an impression on the people". (*Mein Kampf* 1924)

2. Figura consistente en repetir al final una cláusula, y al principio del siguiente, una misma palabra o expresión.

3. Electo presidente en el 2011.

4. Famoso miembro de la organización terrorista ETA, excarcelado en agosto de 2008.

5. Asunto de financiación ilegal que salpicó gravemente al Partido socialista español durante los años 90 y que estuvo entre las principales razones de su desalojo del poder en 1996.

11

LENGUA E IDENTIDAD

ANNA MARÍA ESCOBAR, MARÍA DEL PUY CIRIZA
Y CLAUDIA HOLGUÍN-MENDOZA

Reflexiones preliminares

1. ¿Cómo definirías la identidad de un individuo?
2. ¿Cómo crees que se manifiesta la identidad en una persona?
3. ¿Cómo puede usarse la lengua como un signo de identidad? Piensa en ejemplos.

11.1 INTRODUCCIÓN

Como seres sociales, los humanos vivimos en compañía y en frecuente interacción con otros individuos. Ya Saussure (1984 [1916]) enfatizaba que la lengua es un fenómeno social que se materializa en el uso de los hablantes; mientras Gumperz y Cook-Gumperz argüían que la lengua debe ser estudiada como discurso interactivo (1982, 1).

La "identidad" que adquirimos en nuestras interacciones interindividuales y grupales también se define como un fenómeno social. Es una "identidad social" ya que los humanos tendemos a participar en diversos grupos y a categorizar a todo individuo, incluso a nosotros mismos, como miembro de un grupo social (Tajfel y Turner 1986). Como seres sociales estamos predispuestos a formar grupos con algunos y a diferenciarnos de otros y de sus grupos. Algunas de estas agrupaciones sociales a las que pertenecemos son nuestra familia nuclear o extendida, los compañeros de trabajo o de estudio, los amigos del mismo género o edad o del mismo barrio, iglesia o pueblo, los amigos con los que compartimos la práctica de un deporte o de alguna otra actividad, etc. Nuestra pertenencia a estos grupos se refleja en el uso de ciertos comunes, tales como comportamientos verbales (ej. el uso de una misma lengua o dialecto, el habla de los jóvenes, el uso de 'code-switching'; cf. De Fina 2007) o no verbales (ej. el tipo de vestimenta, uso de accesorios; Macleod 2004) o una combinación de ambos (ej. los reggaetoneros caribeños; Valentín-Márquez 2009). Es la práctica social lo que une al grupo y en donde se crean estos significados sociales comunes a comportamientos específicos (Eckert y McConnell-Ginet 1995, 504; Davies 2005).

Estos grupos sociales, sin embargo, no se mantienen estáticos a lo largo de nuestra vida. Se modifican constantemente e, incluso, cambian según nuestra edad, nuestra ocupación, nuestros intereses, la composición del grupo, etc. Estas *personas* (o *personificaciones*) que adquirimos en nuestra práctica social son las *identidades* que reflejamos y que expresamos diariamente. Nuestro interés en este capítulo es considerar los comportamientos *verbales* que emplean los miembros de un grupo social y que sirven como índices sociolingüísticos de las varias identidades sociales de un individuo.

➤ EJERCICIO 11.1

En grupos, describan dos o tres grupos sociales a los que pertenece cada uno fuera del hogar y la familia. Luego describan qué aspectos verbales y no verbales comparten los integrantes de cada grupo.

11.2 LA VARIACIÓN LINGÜÍSTICA COMO FENÓMENO SOCIAL

La lengua existe en sus hablantes y la variación constituye una característica inherente de la lengua (Weinreich et al. 1968). El estudio sistemático de esta variación inherente se hizo posible mediante el método variacionista de Labov (1972a, 2001). Eckert (2009) denomina este tipo de estudios sociolingüísticos como *la primera ola de investigaciones* en las cuales el objetivo es encontrar correlaciones gruesas entre el uso de una variable lingüística y las categorías macrosociales que definen la comunidad que se estudia. Las categorías sociales primarias que propuso Labov incluyen la clase socioeconómica, el género, la etnicidad y la edad. Algunos ejemplos para el español incluyen el uso de la omisión de la /d/ en el sufijo *-ado* (*estoy cansao*) con un grupo social con menos educación formal; el empleo frecuente del diminutivo *-ito* (*estoy enfermita*) con el habla femenina; el uso de la /s/ a final de sílaba ([mós.ka], [más]) en el español caribeño con un habla más formal, entre otros.

Posteriormente, el análisis sociolingüístico se vio enriquecido con estudios etnográficos más detallados que encontraron otras categorías sociales que podían ser más relevantes según la comunidad que se estudiaba (*la segunda ola*, según Eckert 2009). Un ejemplo de este tipo para el español es el ya clásico estudio de Holmquist (1985) del elevamiento de vocales medias a vocales altas (*mano > manu, leche > lechi*) en Ucieda, Cantabria (España). Holmquist encuentra que las diferencias socio-económicas tradicionales no funcionan para esta comunidad. El elevamiento vocálico está favorecido por aquellos que tienen ocupaciones tradicionales a la región, sobre todo los pastores de animales de montaña. Concluye que aquellos que promueven el mantenimiento de las actividades tradicionales de la región, ya sea mediante su ocupación o posición política, emplean más frecuentemente el elevamiento vocálico, lo cual interpreta como un identificador lingüístico de *identidad local*.

Los estudios centrados en Latinoamérica también han debido crear nuevos índices socioeconómicos basados en varios componentes sociales para diferenciar tres o más grupos socioeconómicos. Así, Broce y Torres (2002), en su estudio sobre el uso de las consonantes líquidas /r/ y /l/ en Coclé, Panamá, adoptan cuatro componentes sociales para crear su índice socioeconómico. Combinan tres grados de ocupación (relacionados al *mercado lingüístico*), con tres grados de ingreso económico (desde dueño a empleado o agricultor), con dos tipos de vivienda (de cemento o de penca o quincha) y cuatro niveles educativos (ninguna escuela, primaria, secundaria, universidad). Igualmente otros autores han empleado criterios más sofisticados en la diferenciación social de comunidades.

Esta perspectiva y metodología variacionista se critica porque la correlación del uso de una variante de una variable lingüística con un subgrupo de una categoría social presupone una categorización previa de los hablantes según estas categorías sociales impuestas. Se considera que estas clasificaciones discretas encasillan a las personas en categorías fijas y que estas no reflejan la multiplicidad de prácticas sociales en las que una persona se desenvuelve en su vida diaria, ni consideran la diversidad de grupos sociales a los que una persona puede pertenecer. Si bien las categorías sociales labovianas son útiles en el reconocimiento de variantes no-normativas, no permiten describir el dinamismo inherente de las prácticas sociales en las que participamos diariamente en nuestras interacciones.

Eckert (2009) propone una nueva y tercera ola reflejada en estudios más recientes. En estos, los estudiosos tratan de explicar la variación interna de la lengua partiendo de la premisa que la variación representa un sistema semiótico social y fluido, que responde al dinamismo inherente de las prácticas sociales en las que los individuos participan en sus interacciones diarias con otros individuos. En este modelo, la variación no solo refleja el significado social de estas prácticas, sino que participa en la construcción de este significado social y es, al mismo tiempo, el mecanismo que promueve el cambio de significado social. Un individuo, entonces, habla de manera diferente según el contexto social en el que se encuentre. Es decir, la variación lingüística debe ser interpretada como variación estilística que tiene lugar tanto en la práctica social como dentro de una misma interacción (Rickford y Eckert 2001; Coupland 2007).

En un estudio sobre la interacción entre mujeres policías y víctimas de violencia doméstica en centros para mujeres en Cidade do Sudeste, Brasil, Ostermann (2003) analiza el uso de expresiones de segunda persona (deferencial e informal), especialmente en el habla de las mujeres policías. Encuentra que las mujeres policías emplean la expresión informal ('você') un 44% de las veces, mientras que la expresión formal ('a senhora', fem.) se emplea un 40% de las veces (la diferencia corresponde al pronombre no expreso que no analizó en detalle). La variación en el uso de las dos expresiones se explica por las diferentes identidades que la mujer policía proyecta cuando se entrevista con la víctima. Ostermann concluye que la expresión informal permite que la mujer policía exprese su identidad femenina y solidaridad con su cliente femenina. El empleo de la expresión formal le permite expresar su identidad como 'representante de la ley'.

➤ EJERCICIO 11.2

Analiza el siguiente extracto tomado de Ostermann (2003, 363). Indica por qué la mujer policía (PO) recurre a la necesidad de expresar su identidad como representante de la ley mediante el uso de la expresión formal *a senhora* en este pasaje.

1. PO Alessandra: ((pone el formulario en la máquina de escribir y escribe el número del reporte.))
2. PO Alessandra: Que que aconteceu?
   '¿*Qué ocurrió?*'
3. Karen: Bom, eu fui espancada. [Né?] '*Bueno, me pegaron, ¿no?*'
4. PO Alessandra: [Vo]cê tem MARCAS da agreSSÃO?
   '¿*Tienes marcas de la agresión?*'
5. Karen: Ele me deu tapas. Muitos tapas e [chutes na barriga—]
   '*Me dio bofetadas. Muchas bofetadas y patadas en el estómago-*'
6. PO Alessandra: [Mas a senhora]
7. tem marcas?
   '*Pero ¿tiene usted marcas?*'
8 Karen: Não. [Eu—]
   '*No. Yo—*'
9. PO Alessandra: [Tá.]
   '*OK*'
10. Karen: Até ontem eu tava com a marca dos dedos. Agora
11. sumiu. E na barriga eu passei no Hospital Monte Pascoal,
12. tomei injeção para a dor, né, [tomei injeção—]
   '*Hasta ayer tenía la marca de los dedos. Ahora desapareció. Y en el estómago fui al Hospital Monte Pascoal, me pusieron una inyección para el dolor, sabes, me inyectaron—*'

> EJERCICIO 11.3

Schilling-Estes (2004) estudia la interacción verbal de dos jóvenes amigos universitarios en la Universidad de Carolina del Norte. Lou es de origen Lumbee (amerindio) y Alex es afroamericano. El siguiente cuadro representa la frecuencia de la omisión de la /r/ posvocálica ('car,' 'four') que es un rasgo típico de la región y también típico del habla afroamericana del país. Si bien la omisión de la /r/ está presente en el habla de los dos amigos, la autora compara la frecuencia de esta variante según los temas de conversación que tienen ellos en su intercambio. Estos incluyen las relaciones raciales, la guerra civil en el siglo XIX, la familia y la universidad. Mira el siguiente cuadro adaptado del cuadro 2 de Schilling-Estes y analiza la variación en la omisión de la /r/ con respecto a la identidad de cada hablante.

Cuadro 11. 1   La omisión de la /r/ en el estudio de Schilling-Estes (adaptado del cuadro 2; Schilling-Estes 2004, 172)

	Lou	Alex
Relaciones raciales en la zona (parte 1)	14%	45%
La guerra civil (parte 1)	40%	17%
La política actual	17%	30%
La familia de Lou	41%	41%
Amigos en la universidad	31%	35%
Relaciones raciales en la zona (parte 2)	25%	67%
Guerra civil (parte 2)	61%	44%
Relaciones raciales en el sur	20%	31%
Relaciones raciales en el mundo	35%	30%

11.3 LA CONSTRUCCIÓN DEL SIGNIFICADO SOCIAL

Los significados sociales, expresados lingüísticamente, son construidos en las prácticas sociales de los hablantes y existen independientemente de sus usuarios. Los hablantes, sin embargo, también pueden emplear estas variantes expresamente para construir conscientemente una identidad social específica (Rickford y Eckert 2001). Estos usos 'performativos' se han encontrado especialmente en expresiones de identidad étnica. El ejemplo clásico es el estudio de Labov (1972a) en la isla de Martha's Vineyard, en el cual el empleo de una variante más centralizada del diptongo /ay/ por los isleños, especialmente los pescadores y algunos jóvenes, tenía el significado social de expresar su identificación con la isla. Labov encontró que los jóvenes, especialmente aquellos que deseaban vivir en la isla, hacían uso consciente de esta variante para diferenciarse de los turistas que en los meses de temporada eran más numerosos que los isleños.

Si bien el estudio de Labov muestra que los hablantes pueden usar conscientemente variantes para expresar cierta identidad (como en el caso de los jóvenes) o inconscientemente (como en el caso de los pescadores), estas variantes también pueden ser empleadas por un tercer grupo: individuos que sin ser miembros del grupo social quieren expresar estereotípicamente la identidad que se expresa mediante el empleo de esa variante. Un ejemplo es la recreación de rasgos lingüísticos de lo que se conoce como el habla 'Valley Girl' de mujeres jóvenes de clase socioeconómica alta del Valle de San Fernando en el norte de Los Angeles, California (cf. Eckert 2008b), o la entonación de 'sorority girls' (McLemore 1991). Los rasgos lingüísticos incluyen usos léxicos y prosódicos específicos. En el ámbito fonológico, Eckert (2008b) describe realizaciones consonánticas y un uso exagerado de lo que se llama el cambio vocálico de California. Este cambio vocálico incluye el adelantamiento de vocales posteriores; así 'bit' se pronuncia como [bɛt], 'bet' como [bæt] y 'bat' como [bɑt] (34). En el habla estereotípica del 'Valley girl', las pronunciaciones de /uw/ y /ow/ se diptongan y su núcleo se vuelve más frontal. Por ejemplo 'food' se produce como [fɪwd] y 'goes' se produce como [gɛwz] (29). En el nivel del discurso está el uso de *be + like* como marcador de cita (*quotative complementizer*), ampliamente estudiado (cf. Ferrara y Bell 1995; Dailey-O'Cain 2000; Buchstaller 2006), ej. 'I'm like *urgh* you know. I'd see her like banging this ehhm calculator to get it on during the exam' (ejemplos tomados de Buchstaller 2006, 362). En esta línea también están los trabajos sobre el habla *qizhi* de las mujeres jóvenes universitarias taiwanesas (Su 2008) y el empleo del rotacismo por jóvenes hombres de Beijing para expresar sofisticación (Zhang 2008). Sin embargo, más familiaridad hay con los estereotipos regionales (especialmente rurales) y sociales de clase baja.

Como se dijo, el significado social de la variante lingüística es independiente del usuario. Por tanto, el empleo de esa variante puede *otorgar* al nuevo usuario cierta *personificación*. Cutler (2008) analiza el habla de jóvenes inmigrantes europeos que viven en Brooklyn y Queens (Nueva York). Encuentra que muchos optan por emplear variantes lingüísticas y comportamientos no verbales que expresan una identidad de la cultura hip-hop y afroamericana porque la encuentran más atractiva que el modelo *blanco* mayoritario que emplean otros inmigrantes como ellos. La *apropiación* de la identidad expresada por la cultura hip-hop por los inmigrantes europeos presupone, entonces, que estos jóvenes inmigrantes están familiarizados con esta cultura e identifican las variantes lingüísticas en cuestión con un significado social específico. Este también es el caso de músicos de hip-hop de otros países (Alemania, Egipto, Corea) que emplean variantes lingüísticas de la comunidad hip-hop estadounidense para *personificar* una identidad hip-hop global (Terkourafi 2010). En este caso, la difusión mundial de la música hip-hop ha permitido la difusión de variantes lingüísticas de la cultura afroamericana y hip-hop y, también, de significados sociales asociados a la cultura hip-hop. En otros estudios, los miembros periféricos de una red social también pueden *activar* conscientemente su alianza al grupo, como encontró Labov en un barrio de Harlem (1972b) y Eckert en una red social de una escuela (2000). En un estudio sobre el español dominicano, Willis y Alba (2010) encuentran el uso consciente de la /s/ en posición implosiva por anunciadores de noticiero televisivo, en contraste al uso regional. Sin embargo, también encuentran el mantenimiento de una variante regional de la /r/, si bien no está claro si es consciente o no.

La difusión de variantes lingüísticas en nuevos grupos sociales que quieren expresar cierta identidad es más reconocida en contextos de clase social. Por ejemplo, para poder *imitar* el habla de jóvenes de clase alta, el hablante debe tener conocimiento de las variantes lingüísticas que cargan ese significado social. Es decir, la construcción del significado social de una variante lingüística que emplea un grupo social se nutre simultáneamente del *reconocimiento* por otros que no pertenecen al grupo. Por tanto, el significado social de las variantes lingüísticas se construye dentro del grupo usuario y en el *imaginario* (la percepción) de aquellos fuera del grupo.

> EJERCICIO 11.4

Con otros compañeros, busca dos estereotipos lingüísticos que existan en el español (ya sea pronunciación, uso gramatical o léxico). Luego explica qué tipo de significado social tienen y cómo se relacionan a las categorías sociales establecidas por Labov.

11.4 LAS REDES SOCIALES Y LAS COMUNIDADES DE PRÁCTICA SOCIAL

El estudio de la construcción de significados sociales que pueden expresar las variantes de ciertas variables lingüísticas enfatiza la dinámica de las interacciones individuales, así como su fluidez constante. Esta nueva perspectiva presta especial atención al contexto de la interacción interindividual y grupal, con el presupuesto que como seres sociales vivimos en constante interacción interindividual (tomado de la sociología; Wenger 1998). El concepto sociolingüístico de *comunidad lingüística* ha quedado demasiado rígido, general e inoperable para entender la dinámica que subyace a este nuevo entender de la práctica social. Más recientemente la literatura sociolingüística ha empleado dos constructos que permiten diferenciar tipos de relaciones sociales. El primero es el concepto de red social (cf. Milroy 2004) el cual se enfoca en diferenciar tipos de lazos que el hablante-foco tiene dentro de sus redes sociales (con los familiares, con los amigos; véase el capítulo sobre lengua y clase social para mayor información). El segundo concepto, comunidad de práctica (Wenger 1998), reconoce que algunos individuos tienden a pasar más tiempo con individuos con los cuales comparten una actividad (cf. Eckert y McConnell-Ginet 1992; Eckert 2008a, 2008b). Eckert y McConnell-Ginet presentan la siguiente definición de comunidad de práctica: "an aggregate of people who come together around mutual engagement in an endeavor. Ways of doing things, ways of talking, beliefs, values, power relations— in short, practices—emerge in the course of this mutual endeavor. As a social construct, a CofP (community of practice) is different from the traditional community, primarily because it is defined simultaneously by its membership and by the practice in which that membership engages" (1992, 464).

A esto, Davies agrega que: "The core of the community of practice concept resides in the importance of doing and, more particularly, doing things in a way which reinforces membership in that community of practice" (2005, 560).

Los estudios sociolingüísticos más recientes consideran que un análisis tradicional de comunidad lingüística *puede y debe* complementarse con un análisis más detallado del estudio de las prácticas sociales (y de su percepción) para entender la construcción de identidades sociales, ya sea mediante el análisis de redes sociales y/o de comunidades de práctica.

> ### EJERCICIO 11.5

Con otros compañeros, describe una *comunidad de práctica*.

1. Describe cuántos integrantes tiene la comunidad de práctica,
2. Trata de representar en un dibujo los lazos que existen entre todos los integrantes de la comunidad y tú mismo/a.
3. Da ejemplos de comportamientos verbales y/o no verbales que los unan.

11.4.1 Las identidades sociales

Los individuos tenemos muchas identidades derivadas de los diferentes tipos de interacciones que tenemos en nuestra vida diaria y según las diferentes redes sociales y comunidades de práctica en las que participamos. Por tanto, las identidades que tiene una persona están íntimamente relacionadas a su *pasado verbal* (Eckert 2008a). Los hablantes entonces tenemos a nuestra disposición el empleo de variantes lingüísticas que tienen significado social de diferentes identidades, tanto presentes como pasadas. Fought (2006) arguye que estos estudios sociolingüísticos también pueden aclarar cómo los hablantes bilingües expresan su membrecía a la comunidad de la lengua minoritaria, así como a la comunidad de la lengua dominante, incluso a la comunidad bilingüe que emplea una variedad en la que se alternan las dos lenguas ('codeswitching'; 448).

➤ EJERCICIO 11.6

Eckert (2008a, 457) describe el *pasado verbal* como las experiencias verbales que tiene todo hablante con respecto a diferentes dialectos, estilos y/o rasgos lingüísticos que tengan significado social. Describe tu *pasado verbal* considerando las diferentes variedades lingüísticas a las que has estado expuesto o en las que has participado. Compara con tus compañeros.

Los estudios sociolingüísticos de esta tercera ola, entonces, necesitan combinar el estudio del empleo de las variantes lingüísticas con estudios sobre la percepción del significado social de estas variantes. A continuación ofrecemos algunos ejemplos.

11.5 EXPRESIÓN SOCIOLINGÜÍSTICA DE IDENTIDAD

Un caso es el estudio de identidad regional en el País Vasco, en España, donde el euskera y el español están en contacto por más de 700 años.[1] Durante el último siglo, el número de hablantes de euskera en los territorios vasco-españoles ha disminuido debido, principalmente, (a) al florecimiento de la industria metalúrgica vasca a finales del siglo XIX y la consecuente inmigración de trabajadores castellano/hispanohablantes provenientes de otras regiones de España, y (b) a la opresión lingüístico-cultural del régimen franquista (1939–1975) durante el cual el uso del euskera fue prohibido en espacios públicos. Las olas migratorias han tenido un fuerte impacto lingüístico: en 1930 el número de hablantes de español era 1.200.000 mientras que el de vascoparlantes era de 400.000. El uso del euskera declinó más rápidamente en las ciudades, donde se concentraban las empresas manejadas por la nueva burguesía industrial. Con la industrialización, el euskera pasó a ser identificado con los campesinos pobres y sin educación que inmigraban a las ciudades para encontrar trabajo. El español, en cambio, fue visto como la lengua del avance social y la ciencia. Este *clasismo lingüístico* se expresaba en las *arlotadas*, un género humorístico de principios del siglo XX que se burla de los campesinos vascoparlantes, los *euskaldunes*, a través del empleo de una serie de rasgos del 'español vasco' (Echagüe-Burgos 2008); véase el cuadro 2.

Cuadro 11.2   Rasgos lingüísticos del español vasco (adaptado de Echagüe-Burgos 2008)

FONOLOGÍA

[r] con múltiples vibraciones	*Berrrmeo, trrranvía*
Elisión de /d/ en -*ado* y elevación vocálica	*contau* (< *contado*)

MORFOSINTAXIS

-*ría* en la prótasis de oraciones condicionales	*Si habrías venido, te lo habría contado*
Verbo en final de oración	*Ella buscándote estaba.*

Inconsistencia en la marcación de género (en regiones de alto contacto lingüístico) Uso de los sufijos vasco *-txu* y *-arra*	*el montaña, el fonda* *Maritxu* 'pequeña María', *Bilbotarra* 'de Bilbao'
LÉXICO Préstamos del vasco	*bururgogorra* 'cabezón', *matacherri* 'matanza del cerdo'

➤ EJERCICIO 11.7

Busca rasgos del cuadro 2 en la siguiente arlotada vasca publicada por Alberto San Cristóbal en 1947. En esta arlotada Perú, un campesino vasco, acaba de casarse con una campesina vasca, Mari-Pepa. Perú se encuentra por la calle con un amigo aldeano y le explica cómo fue su luna de miel.

Amigo: *¡Hola!. Perú . . . ¿cómo por aquí?*

Perú: *Pues, ya ves . . . En viaje de novios me he vido a Madri.*

Amigo: *¿Y . . . la mujer? ¿Dónde has dejau, pues? . . . ¿En el fonda?*

Perú: *No . . . solo he venido . . .*

Amigo: *¿Eh?* (sorprendido)

Perú: *Sí, pues . . . Una tiendecita tenemos en Lejona, sí y claro . . . por no serrar le he dicho a Mari-Pepa: Primero . . . yo me iré a pasar la luna de miel y cuando temiñe* [sic] *. . . ¡te vas tú! aquella coitada* [pobre infeliz]*, confrome, confrome* [sic] *se ha quedau . . .*

¿Qué rasgos lingüísticos emplea el autor de la arlotada para significar que Perú es vasco-hablante?, ¿Qué otros significados le atribuye el autor al campesino vasco?

La población del País Vasco ha aumentado a 2 millones y el porcentaje de vascoparlantes era de 30% en 2009. En el 2011, las características del contacto español/vasco son muy diferentes a las del periodo industrial. Después de más de 30 años de opresión lingüística bajo el régimen franquista, la llegada al poder de un gobierno nacionalista vasco supuso un cambio drástico en cuanto a las actitudes hacia el euskera y su uso. Los esfuerzos institucionales para revitalizar el euskera se centraron en universalizar la educación bilingüe mediante un sistema de modelos lingüísticos que se han llamado modelos A, B y D. En el Modelo A, el español es la lengua de instrucción y el euskera es una materia más. En el Modelo B, tanto el euskera como el español son lenguas de instrucción; y en el Modelo D, el euskera es la lengua de instrucción mientras que el español es una materia más. El éxito en la implantación de este sistema de modelos lingüísticos bilingües (72% en el Modelo D, 24% en el modelo B y 5% en el Modelo

A; Eustat 2010) y en el aumento de nuevos hablantes de euskera, especialmente de segunda lengua, se constata en el hecho de que el 57% de individuos entre 16 y 24 años son bilingües, mientras solo el 37% de individuos entre 25 y 34 son bilingües (Galparsoro et al. 2008). Paralelamente a esta revitalización del euskera, el País Vasco está viviendo también el resurgimiento de una nueva identidad cultural vasca, representado en las múltiples celebraciones en los calendarios del siglo XXI de fiestas culturales étnicas, en las cuales las madres visten a sus hijas de campesinas vascas y los niños aprenden danzas regionales. No obstante, la mayor parte de las interacciones se llevan a cabo en español.

Ciriza (2009) propone que estos cambios sociales y lingüísticos han tenido influencia en la variedad moderna conocida como el 'español vasco'. Ciriza encuentra que los rasgos antes considerados propios de regiones rurales han adquirido prestigio social derivado de los cambios sociopolíticos y también de las redes sociales y comunidades de práctica que se forman en las zonas rurales y la ciudad. Se centra en el análisis de la elisión de la /d/ en el sufijo -ado y el cierre de la vocal final en adjetivos (*cansado* [kansáw]), participios verbales (*estado* [estáw]) y sustantivos (*helado* [eláw]). Para entender la dinámica, compara la distribución de las cuatro variantes de -ado (fricativa dental [ð] [kansáðo]; fricativa más relajada [kansáᵟo]; la elisión [kansáo]; la elisión con cerrazón vocálica [kansáw]) en dos zonas con diferentes porcentajes de bilingüismo: la ciudad de Bilbao, con 2 millones de habitantes y 20% bilingüismo, y el pueblo pescador de Bermeo, con 17.000 habitantes y 74% de bilingüismo. Los datos orales provienen de hablantes jóvenes entre 20 y 25 años de edad.

El análisis del gráfico 1 revela una oposición entre [ao] y [aw]. En Bilbao, [ao] es la pronunciación más frecuente, aunque podemos notar cómo la variante [aw] ocurre también en un 26% de los casos. En Bermeo [aw] es la variante preferida, lo que lleva a que se identifique como variante de contacto puesto que Bermeo es una zona de alto contacto lingüístico. Además, el uso de la variante [aw] en Bilbao suele encontrarse más en los hablantes cuyos padres provienen de zonas de alto contacto, aunque ninguno hable euskera. Ciriza también encuentra usos de [aw] en datos de Bilbao que provienen de hispano/castellanoparlantes cuyos padres son inmigrantes.

Otra variable, también proveniente del habla bilingüe, pero extendida al habla de castellanoparlantes cuyos padres son inmigrantes, es el uso de la /r/ con dos o tres vibraciones en entornos que tienen generalmente solo una vibración en otras variedades de español (Ciriza 2009). Esta variante ocurre en final de palabra (*hablar*), en grupo consonántico (*program*a) y en posición final de sílaba (ha*r*to).[2] Si bien Ciriza encuentra que el empleo de [rrr] está mucho menos extendido que [aw], esta variante también está claramente relacionada con el bilingüismo ya que ocurre más frecuentemente en Bermeo que en Bilbao. Al igual que con [aw], la variante múltiple también se encuentra en Bilbao en el habla de hispanoparlantes cuyos padres provienen de

Gráfico 11.1   Distribución de las variantes de *-ado* por área (N = 398)

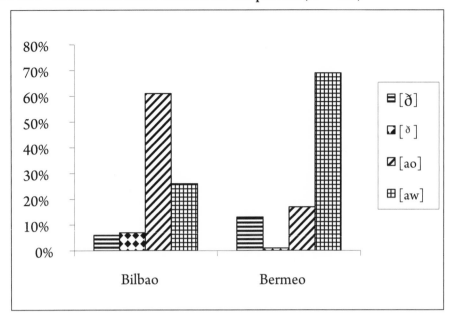

zonas de alto contacto, aunque ninguno hable euskera. El entorno fonológico más favorecedor es el grupo consonántico (*programa*).[3]

Para confirmar que estas variantes han adquirido significado social de identidad etnoregional, la autora realiza un estudio de percepción hacia estas dos variantes ([aw] y [rrr]) donde encuentra que los hablantes no asocian el uso de [aw] como propio del País Vasco, sino más bien como un rasgo propio de otros dialectos castellanos de regiones cercanas, como Castilla, León y Madrid. Asimismo, encuentra que en Bermeo la [rrr] está altamente estigmatizada y es percibida como un rasgo del "habla de pueblo y de aquellos que no saben hablar [bien el] castellano". En Bilbao, en cambio, encuentra que los hispanohablantes asocian el uso de la vibrante múltiple exclusivamente con los vascoparlantes, pese a que la vibrante es también utilizada entre aquellos que no hablan euskera. En los datos de Bilbao, Ciriza diferencia dos grupos de individuos según frecuentaran un bar nacionalista vasco o un bar español, lo cual permite asociarlos a identidades que además provienen de distintas comunidades de práctica social. El primer grupo apoya la identidad vasca (*abertzale*), mientras que el segundo se siente a la vez vasco y español. Esta autora encontró que el grupo de identidad española identifica las variantes [aw] y [rrr] como rasgos más rurales. El grupo *abertzale*, que además habla vasco, considera estas variantes como más rurales, pero admiten que ellos mismos a veces las usan en el "habla rápida."

Los resultados de Ciriza sugieren que el empleo de ambas variantes ([aw] y [rrr]) se ha extendido de las zonas más rurales y bilingües a la ciudad (Bilbao) y de hablantes

Gráfico 11.2   Distribución de variantes de /r/ por área (N = 790)

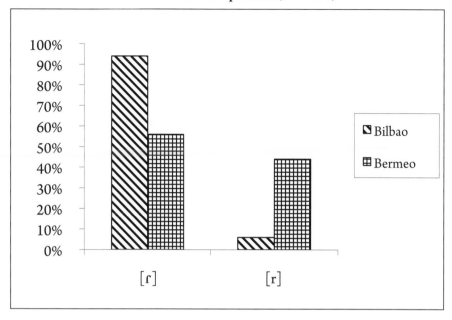

bilingües a hablantes monolingües de español cuyos padres no son necesariamente de origen vasco. Si bien los participantes consideran que las variantes [aw] y [rrr] expresan un significado social relacionado con las regiones rurales del País Vasco, el que su uso se haya extendido más de lo que consideran los mismos participantes del estudio, sugiere un cambio lingüístico en proceso.

Ciriza encuentra un alto uso de expresiones vascas en el español diario tales como (a) expresiones performativas interactivas: ¡*Agur*! '¡adiós!', ¡*Eskerrik asko*! '¡Gracias!'; (b) términos de parentesco: *aita* 'papá', *ama* 'mamá' y (c) topónimos vascos: Euskal Herria por País Vasco, Donostia por San Sebastián. Todos los hablantes indican que usan estas expresiones de identidad regional porque 'viven allí' (en el País Vasco). Ciriza (2009) concluye que el cambio lingüístico está promovido por la revitalización del vasco, por el cual variantes que antes tenían significado rural están adquiriendo significado etnoregional en el desarrollo de una nueva identidad vasca.

➤ EJERCICIO 11.8

En el estudio de Ciriza (2009), una participante describe cómo se expresa la *identidad vasca*: "Hasta por la música que escuchas, la ropa que llevas hay gente que te considera más vasca o menos. Hay gente que viste pija ('snob, elitista') pero que interiormente se siente vasca y puede ser igual de vasca que la gente que viste igual a rayas o con pantalones y camisas" (181).

El uso de camiseta a rayas y/o escuchar rock radical vasco son códigos no verbales utilizados por las comunidades de prácticas *abertzales* para indicar una identidad grupal, además de los rasgos lingüísticos antes vistos. Nombra una identidad étnica, regional o etnoregional. ¿Puedes pensar en expresiones verbales y no verbales que expresen estas identidades?

11.6 PERCEPCIÓN DE IDENTIDAD

Los estudios de percepción juegan un papel importante en las investigaciones sobre la conformación de significados sociales. Ayudan a aclarar cómo es que los hablantes perciben los diferentes significados sociales de las variantes lingüísticas y cómo el proceso de alteraciones en el sistema semiótico social cambia entre los mismos hablantes y en la construcción de identidades. Los estudios de percepción, desarrollados especialmente en la rama de la lingüística conocida como la dialectología perceptual (Preston 1999), se enfocan en las percepciones y actitudes de los hablantes hacia diferentes variedades lingüísticas. A través de ellos, los estudiosos del lenguaje pueden llegar a entender y dar cuenta de los lazos ideológicos que han unido o separado a ciertos grupos a través del tiempo, de las asociaciones psicosociológicas, así como de otros factores sociales como los valores de una comunidad, las creencias y los estereotipos sociales (Preston 1999).

A continuación presentamos un estudio perceptual en el que se indaga la percepción de estereotipos como íconos estilísticos asociados a significados sociales específicos, en este caso, los regionales y sociales. El estudio explora el significado social de ciertas variantes lingüísticas dentro de un complejo contexto social como es el de Ciudad Juárez, México, tomando en cuenta las intersecciones entre clase, género y etnicidad (Holguín-Mendoza 2009, cf. 2011). Si bien la jerarquía socioeconómica juega un papel muy importante en zonas urbanas, este estudio se centra en la identificación de una variante regional que distingue Ciudad Juárez del resto del país, especialmente del sur y de Ciudad de México. Como veremos en este estudio, la identidad regional se entremezcla con la etnicidad. Esta conexión es un producto de ideologías políticas que existen en México desde la colonia y que han sido parte de la conformación de la identidad nacional que se formó a partir de la revolución en el siglo XIX (véase Vila 2005). En 1940, la población de Juárez aproximaba los 55.000 habitantes, en contraste con el año 2000 que llegó a más de 1.2 millones. Este incremento masivo de población está relacionado con la migración interna proveniente de otras regiones de México, especialmente del sur (CONAPO 2008). Muchas personas llegan a la ciudad fronteriza con el propósito de trabajar en la industria maquiladora o de intentar cruzar la frontera hacia los Estados Unidos (Lugo 2008). Las consecuencias de estos eventos ha llevado a que las ideologías nacionalistas del norte del país y de Juárez se expresen en la lengua para reafirmarse como grupo local y diferenciarse de otros (especialmente de los inmigrantes del sur del país), exaltando elementos históricos y regionales como rasgos de su identidad (cf. Gumperz y Cook-Gumperz 1982, 5).

Este estudio de percepción encuentra que los habitantes de Ciudad Juárez, ciudad fronteriza con Estados Unidos, reconocen la entonación propia de su región y la diferencian de la entonación típica de Ciudad de México. Es decir, asocian los contornos entonacionales que se presentan con significados sociales específicos. El estudio provee evidencia de la dinámica que subyace la competencia de las diferentes variantes de entonación que se encuentran en Ciudad Juárez.

El estudio emplea la metodología del diferencial semántico (*matched-guise technique*; Lambert et al. 1960) en la cual los participantes escucharon grabaciones con tres curvas melódicas (contornos entonacionales) diferentes que se ilustran en las representaciones esquemáticas de las Figuras 11.1, 11.2, y 11.3. La primera es la que se considera como la entonación típica del norte de México, en específico de Ciudad Juárez (o *juarense*), que se representa como H + L* y el tono de frontera M% (o H%) en la notación acústica (cf. Holguín-Mendoza 2011). Este contorno melódico ha sido descrito por Hidalgo (1983), sin embargo no se había estudiado acústicamente hasta ahora (Figura 11.1).

Figura 11.1   Representación esquemática del acento nuclear H + L* y el acento de frontera M%, del habla *juarense*.

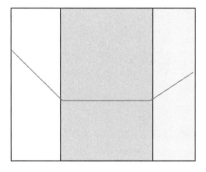

La segunda curva melódica es la entonación circunfleja, que se representa con la notación acústica: L + H* y el tono de frontera L%, siguiendo al patrón C de Martín Butragueño (2006), que correlaciona con la clase trabajadora de Ciudad de México (Figura 11.2). Este contorno representa un estereotipo de habla que se asocia con el término peyorativo "naco" que se emplea en México. Esta expresión tiene connotaciones racistas ya que se refiere a una persona de origen indígena y sin educación formal (Lomnitz 2001).

La tercera curva es la que refleja el estereotipo del habla de la clase alta en Ciudad de México (o *fresa*), que se representa con la notación acústica L* + H y el tono de frontera L%. Este estereotipo corresponde a lo que en México se llama "el habla fresa" de jóvenes mujeres de clase alta. Este contorno tampoco ha sido estudiado acústicamente hasta ahora (Figura 11.3; cf. Holguín-Mendoza 2011).

**Figura 11.2   Representación esquemática del acento nuclear L + H* y acento de frontera L%
del habla de la clase trabajadora de Ciudad de México.**

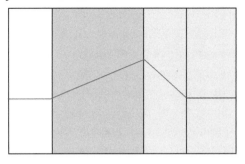

**Figura 11.3   Representación esquemática del acento nuclear L* + H y acento de frontera L%
del habla *fresa*.**

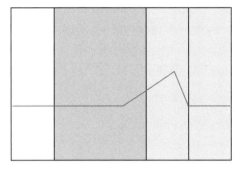

Los prototipos de estas tres entonaciones provienen de diferentes fuentes. La entonación juarense proviene de una grabación natural del corpus de Ricardo Aguilar-Melantzón de Ciudad Juárez producida por una mujer de 25 años de clase media, nativa del lugar. El ejemplo del contorno circunflejo proviene del 'performance' (o imitación) de un hombre de 40 años de clase media, originario del Distrito Federal. A él se le presentó una frase escrita y se le pidió que la produjera de acuerdo con el estereotipo de la clase trabajadora en Ciudad de México. El contorno que se obtuvo corresponde al patrón C descrito por Martín Butragueño (2006) excepto en el último movimiento, ya que en esta frase se produjo con un tono de frontera bajo L%, a diferencia del patrón C en el que se describe un tono de frontera alto H%. Se respetó, sin embargo, el tono L% del "performance" para respetar la representación estereotípica que produjo el hablante. El tercer contorno también se obtuvo mediante un 'performance' de la entonación de clase alta de Ciudad de México. La produjo una mujer de 25 años de clase alta, originaria de Ciudad de México, a la que se le pidió que produjera la frase de acuerdo con el estereotipo de "niña fresa."[4] En este estereotipo el término *fresa* se refiere a una mujer (u hombre) con dinero o que quiere aparentar que tiene dinero.

Para las grabaciones que se presentaron al jurado, se grabó a dos hablantes originarios de Costa Rica[5] y México leyendo la misma frase. Después, el F0 o frecuencia fundamental de estas grabaciones fue modificada utilizando PRAAT (Boersma y Weenink 2009) para replicar el patrón entonativo de los tres patrones presentados antes. Cada uno de estos dos modelos de habla fue modificado para cada uno de los tres contornos. Los seis ejemplos de contornos fueron presentados a un grupo de 30 personas originarias de Ciudad Juárez. El objetivo era indagar si el jurado percibía la naturalidad y la representatividad de los contornos que escuchaban como estereotipos regional y social. Luego de escuchar cada una de la seis voces, el jurado respondió un cuestionario que incluía las siguientes preguntas: *¿De dónde es esta persona?*, *¿Esta persona te parece "naco," "fresa," o "normal"?* No se dieron definiciones de estos términos, pero se eligieron por ser categorías empleadas en el habla de la calle.

Los resultados muestran que los juarenses reconocen la entonación típica de Juárez (Figura 11.1) en un 76% de los casos. La entonación circunfleja, típica de Ciudad de México en su estereotipo de clase trabajadora (Figura 11.2), fue reconocida como regional, de Ciudad de México o del sur, en un 72% de los casos y como de clase trabajadora en un 35%. Con respecto a la entonación estereotípica de clase alta de Ciudad de México (Figura 11.3), el jurado no la reconoció como estereotípica de clase alta, ni la atribuyeron a una región específica.

De acuerdo con estos resultados, se puede decir que en el imaginario sociolingüístico de los juarenses existe una entonación propia de la región diferenciada de la entonación de Ciudad de México. Se observó que esta última tiende a ser percibida además como propia de la clase trabajadora. En cuanto a percepciones de entonaciones de clase alta, no parece existir una entonación estereotípica propia, sino que como han sugerido otros estudios, los estereotipos de habla de clase alta en México están conformados por un conjunto de elementos no solo suprasegmentales y fonético-fonológicos, sino también morfosintácticos y léxicos con significados sociales contextuales (Córdova Abundis y Corona Zenil 2002; Holguín-Mendoza 2011). Es decir, el contorno entonacional de la figura 3 no tiene significado social solo, pues necesita de otros elementos lingüísticos que lo acompañen (Holguín-Mendoza 2011).

Los resultados sugieren que los estereotipos del habla en la cultura fronteriza en Juárez existen como parte de una ideología mexicana. Varios autores han hecho referencia a que en la ideología del norte de México, por razones históricas y geográficas, la población favoreció a los criollos y trató de erradicar a la población indígena de la región. Esto contribuyó a una ideología de un norte mexicano de población más alta, blanca, trabajadora, recia al duro clima desértico y con gran antagonismo hacia el resto del territorio mexicano del sur, especialmente al de la capital (Vila 2005). Paralelamente, el estereotipo de "naco" en el discurso popular expresa una connotación fuertemente clasista y racista, que produce un sentimiento de incomodidad entre los mexicanos cuando se saca de su contexto burlesco (Del Val 1999, 342). Mediante estudios de percepción podemos encontrar evidencia de los significados sociales que adquieren ciertas variantes lingüísticas, como las entonaciones de Ciudad Juárez y la circumfleja descritas aquí, que expresan y recrean a la vez identidades específicas, de identidad regional y social, respectivamente.

> ➤ EJERCICIO 11.9

En un estudio sobre las actitudes hacia el uso del 'code-switching' en Ciudad Juárez, México, Hidalgo (1988) encuentra que los juarenses en general rechazan el uso del 'code-switching'. El cuadro 3 muestra las respuestas de 85 participantes a preguntas que indagaban las actitudes hacia el uso del 'code-switching' que predomina en la ciudad de El Paso, al otro lado del Río Grande, que sirve de frontera internacional. ¿Qué datos del cuadro ejemplifican las conclusiones de Hidalgo?

[Escala: 1 = totalmente en desacuerdo; 2 = algo en desacuerdo; 3 = incierto, 4 = algo de acuerdo; 5 = totalmente de acuerdo. * Los porcentajes no llegan a 100% cuando no hubo respuestas de todos los participantes.]

Cuadro 11.3   Porcentajes de las respuestas sobre el 'code-switching' en Ciudad Juárez (adaptado de Hidalgo 1988, 10).

#		1	2	3	4	5	%
1	El español hablado en El Paso es más correcto que el español hablado en Juárez.	82	0	13	0	2	97*
2	Los mexicanos de El Paso deberían imitar el español de los mexicanos de Juárez.	12	14	14	11	49	100
3	Suena muy bonito cuando los mexicanos de El Paso cambian del español al inglés y del inglés al español.	65	9	13	5	8	100
4	Me molesta cuando los mexicanos de El Paso hablan en inglés y español al mismo tiempo.	27	10	2	13	48	100

11.7 CONSTRUCCIÓN DE UNA IDENTIDAD SOCIOLINGÜÍSTICA

Otro punto de interés en los estudios sociolingüísticos es examinar qué variantes son las elegidas para expresar significado social y de dónde provienen. Generalmente estas variantes provienen de variantes que ya tenían un significado social y adquieren otro en el proceso, como por ejemplo de un significado regional a uno social (Eckert

2008a). Sin embargo, el proceso no es claro. El cambio más común parece ser el de una variante que señalaba ruralidad a un significado que expresa identidad regional, como en el estudio de Labov sobre la isla de Martha's Vineyard (1972a). Este estudio fue replicado cuarenta años después (Pope et al. 2007). Los autores encontraron que las variantes vocálicas centralizadas seguían expresando una identidad autóctona, pero que se había extendido a otros residentes de la isla. Ya no estaba circunscrito a los pescadores y a algunos jóvenes.

Tenemos algunos ejemplos de investigaciones sobre el cambio de significado social en el español. Primero presentamos aquellos en los cuales una variante rural adquiere significado de identidad regional en la sección 11.7.1. Luego pasamos a contextos de bilingüismo y contacto de lenguas, en los que se encuentra que la variante seleccionada puede ser una variante de contacto, el empleo del 'code-switching' o la elección de una lengua en la sección 11.7.2. Terminamos con otros casos que no están claros con respecto al significado social previo de la variante en la sección 11.7.3 (véase el capítulo 8 para mayores detalles sobre significados sociales genéricos).

11.7.1 Cambio lingüístico: variante vernácula > variante regional

La difusión del uso de variantes vernáculas de regiones rurales a áreas urbanas no llama la atención desde el estudio de Martha's Vineyard (Labov 1972a). Sin embargo, estudios posteriores sugieren que el cambio de significado a identidad regional ocurre paralelamente con un incremento de usuarios que quieren distinguirse de otros inmigrantes que no son oriundos de la región. Este es también el caso del muy citado estudio de Bailey et al. (1993) donde se observa que la variante rural *fixin' to* está expandiéndose a zonas urbanas de Oklahoma y a hablantes con raíces del sur de EE.UU. De esta forma, estos hablantes muestran una identidad regional que los diferencia de los muchos inmigrantes de territorios del norte que están mudándose a la región.

El cambio de significado social de una variante vernácula y rural a una variante que expresa una identidad regional más amplia, incluyendo zonas urbanas, es lo que se observa también en el estudio de Ciriza (2009) discutido anteriormente. Como se mencionó, se sugiere que la variante [aw] está adquiriendo un significado social que se asocia con la identidad regional del País Vasco. Algo similar ocurre en Ciudad Juárez en el reconocimiento por los juarenses de una entonación que, si bien antes se atribuía a personas de las zonas rurales de la región, ahora se considera representativa de una identidad regional del norte mexicano, específicamente de la región de frontera representada por Ciudad Juárez y sus alrededores (cf. Holguín-Mendoza 2011).

Otros casos de cambio de significado rural a regional, los podemos apreciar en estudios dialectales que discuten la difusión de variantes estandarizadas. Hernández-Campoy y Villena-Ponsoda (2009) sugieren el favorecimiento y revitalización de variantes rurales en Murcia (España), a expensas de la difusión de variantes estandarizadas peninsulares. Si bien describen algunas variantes estandarizadas que se están propagando en Andalucía, también encuentran variantes rurales que resisten el cambio y expresan una fuerte identidad andaluza y del sur. Se trata, entre otras, de la omisión de la /s/ a final de palabra y de la omisión de /d/ en *-ado* y *-ada*. Los autores explican que los significados de identidad asociados con el uso de estas variantes no permiten que las variantes estándares se puedan difundir en esta región.

En los ejemplos presentados, las variantes rurales se han extendido a hablantes que antes no las empleaban. Esta difusión en la población va acompañada de un cambio en el significado social de la variante, representado por el nuevo grupo de hablantes. Por lo tanto ya no tiene significado de variante vernácula o rural, sino que adquiere otro significado social, en este caso, un significado de identidad regional.

11.7.2 Cambio lingüístico: variante de contacto > variante etnoregional

¿Qué ocurre, sin embargo, en regiones con una fuerte presencia de hablantes bilingües? En el estudio de Ciriza (2009) en el País Vasco, el uso de la [rrr], antes atribuida a hablantes vascos cuando hablaban el español, se ha extendido a vascos monolingües en español e incluso a aquellos cuyos padres provienen de otras regiones de España. La autora sugiere que hay un cambio en progreso, pues el uso de la variante se ha extendido a la población urbana y los usuarios no le atribuyen una carga negativa, sino más bien lo relacionan estrechamente al país vasco. Curiosamente, los hablantes bilingües de las zonas rurales vascas todavía le atribuyen connotación negativa. Ciriza explica que estas ideas de estigmatización tienen un origen histórico en la escolarización y la opresión lingüística del régimen franquista, especialmente marcada hacia la población rural bilingüe. Sin embargo, arguye que la difusión a otros individuos del país vasco sugiere un cambio en progreso.

Haddican (2007) estudia los efectos de la difusión de la variedad estándar del euskera, conocida como Batua, a jóvenes de regiones rurales que tienen más contacto con las zonas urbanas por su proximidad geográfica y porque se han convertido en asentamientos de los residentes urbanos. Encuentra que en estos hablantes jóvenes están emergiendo variantes locales en el Batua de la región. Los residentes de Oiartzun (País Vasco), hablantes de euskera, están favoreciendo variantes del euskera regional (la monodiptongación y el desplazamiento del dativo) e incluyéndolas en su variedad de Batua como emblemas de identidad regional. Así, estos se diferencian de los muchos inmigrantes urbanos que hablan Batua y ahora tienen residencia en su pueblo, aunque trabajan en San Sebastián.

La variante de contacto puede difundirse a la variedad regional como es el caso de la variante [m] para la /n/ en posición final de palabra (ej. *pan*) en el español de Yucatán. Michnowicz (2007) sugiere que esta variante [m], más frecuentemente en el habla de personas bilingües maya-español, se ha extendido al habla de monolingües en español y ha adquirido un significado social de identidad regional distinto al de otras partes de México. En otro estudio, Michnowicz arguye que las variantes oclusivas de kern, /b/, /d/, /g/ en posición intervocálica en el español yucateco también expresan identidad regional (Michnowicz 2009).

El uso de préstamos léxicos también puede expresar significado social. Esto se observa en el País Vasco, donde los hablantes monolingües de las zonas urbanas emplean préstamos del euskera en su español/castellano. Una participante del estudio de Ciriza hace un comentario metalingüístico sobre su uso de *aita* ('papá' en euskera): "¡Ay hija! 'papá' ¡eso me suena super español! A mi *aita* siempre le ha gustao '*aita*' y sin más, . . ." (2009, 191). Sin embargo, otro participante hace nota de la reacción a estos préstamos por otros fuera del País Vasco: "Fuimos a Palencia [. . .] mi *aita* ('papá') es que es un bocas ('que habla mucho') ¿No? y estábamos en un bar y le dice a la camarera, bueno ¡Gracias *neska* ('chica')! Y claro la pava ('chica') se quedó un poco flipada ('molesta') porque nos había visto la matrícula del coche y seguro que dijo: estos vascos ya vienen a montarla ('a crear problemas') . . ." (2009, 192). Está claro que los préstamos son empleados aquí para expresar una identidad vasca que según Ciriza (2009) surge porque las comunidades *abertzales* de las urbes son las iniciadoras del uso de estos préstamos, así como de otros relacionados con las actividades políticas del grupo (*greba* 'huelga', *muga* 'frontera'). Entre estos hablantes surgen también, aunque menos frecuentemente, ejemplos de 'code-switching' (frases en euskera que se insertan en conversaciones en español).

Los hablantes bilingües de las zonas rurales vascas, sin embargo, no utilizan préstamos vascos en su español. Un informante explica que el uso de muchos préstamos del euskera indica que "eres de Bilbao, de la ciudad" y de "aquellos vascos que no se molestan en aprender euskera". Para los bilingües de las zonas rurales, la identidad vasca se expresa hablando en la lengua vasca y que ambas lenguas deben mantenerse separadas porque representan históricamente dos entidades ideológicas diferentes. En Barcelona, Torras y Garafanga (2002) encuentran que la elección entre el uso del español, el catalán o el inglés también expresa cierta identidad social (véase también Cashman 2005).

> ➤ EJERCICIO 11.10

Marshall (2007) encuentra préstamos en el catalán de Barcelona. ¿De qué manera el préstamo 'chévere' en el siguiente ejemplo expresa identidad latinoamericana? ¿Por qué es un ejemplo especial de préstamo?

Me metí en el agua y, y estaba el agua, estaba pero super bien, y digo, "*aquesta aigua està molt* chévere [*esta agua está muy* chévere]" o sea, toda la frase en catalán pero le quedaba el *chévere* costeño allí, y y bueno me han dicho en castellano o el español me dicen "nos está jodiendo el idioma" [risas] "es que tía nos estás jodiendo el idioma" [. . .] o sea no me entienden ellos que yo haga esto pero yo qué sé, a mi me dan ganas de hacerlo, me gusta (155).

11.7.3 Otros casos

Los movimientos poblacionales de las últimas décadas han incrementado la creciente urbanización latinoamericana. Sin embargo, por el perfil multilingüe de estas regiones el movimiento poblacional también ha llevado a un contacto lingüístico y dialectal más intenso en las zonas urbanizadas, lugares donde el español y el español educado tenían el rol dominante (Escobar 2007). El cambio del perfil sociolingüístico de los países hispanohablantes está llevando a la emergencia de variantes y variedades propias de las regiones (Escobar y Wölck 2009), si bien a veces no está claro el significado social original en la variante elegida. Dos casos interesantes son los estudios de dos variantes poco comunes en el español: la glotal por /s/ y el rotacismo.

La glotal en contextos de la /s/ implosiva se encuentra en el español puertorriqueño de adolescentes, especialmente mujeres, entre 15 y 19 años de edad (Valentín-Márquez 2006). Esta variante fonética no aparece en los estudios dialectológicos de Puerto Rico. Valentín-Márquez concluye que esta variante innovadora surge en el habla de los jóvenes para construir una identidad puertorriqueña y diferenciarse de la gran cantidad de inmigrantes dominicanos que llegan a la isla, muchos para ocupar puestos de servicio. Broce y Torres Cacoullos (2002), por otro lado, encuentran un alto uso de rotacismo en el pueblo de Coclé, Panamá, a pesar de que en el habla de la capital no hay ni rotacismo ni lateralización. Concluyen las autoras que los moradores de Coclé favorecen el rotacismo para diferenciarse de aquellos que no quieren quedarse en el pueblo y prefieren migrar a la capital. El rotacismo en esta región expresa identidad regional y rural.

La construcción sociolingüística de identidad también se ha descrito en el inglés de latinos en los Estados Unidos. Carter (2007) encuentra que algunos latinos utilizan pequeñas modificaciones acústicas en el formante 1 ó 2 para expresar su identidad latina, definida en este caso como joven, urbana y hip-hop. Carter (2007) lleva a cabo un estudio longitudinal de María, una joven de origen mexicano llegada a Carolina del Norte a los ocho años. Primero, la observa a los 10 años durante dos años, cuando ella iba a una escuela mayoritariamente anglo, y luego a los 14 años, por un año, cuando ella estaba en una escuela étnicamente mixta (50% afroamericano, 30% latino y 20% anglo). Carter encuentra que a los 14, María había incorporado nuevas variantes lingüísticas que le permitían expresar otras identidades. En su nueva escuela, con sus amigos, también hacía uso de unas nuevas variantes vocálicas para expresar una identidad que la sitúa dentro de una comunidad de práctica social joven, hip-hop y urbana. Este nuevo uso lingüístico también iba acompañado de vestimenta y arreglo del cabello propios de ese grupo social. Con el tiempo, María había adquirido nuevos comportamientos verbales que tienen otros significados sociales que ella elegía emplear para proyectar otras identidades (véase también Thomas y Ericson 2007).

Las variantes fonológicas pueden ir inmersas en expresiones léxicas específicas. Así ocurre en el habla de una comunidad de práctica de adolescentes latinas en una escuela preparatoria en California. El uso de la /i/ y la /n/ en las expresiones *anything, something, nothing* y *thing*, se emplean para expresar adherencia a una pandilla, por ejemplo *everything* se pronunciaría como [ɛvri'ˌtin] (Mendoza-Denton 2008, 266–267).[6] Juntos expresan una identidad de pandillera latina, independiente de la pandilla a la que pertenezca la joven ("sureña" o "norteña"). Mendoza-Denton encuentra que estos rasgos se producen con mayor frecuencia entre los miembros centrales de las pandillas, en contraste con aquellas estudiantes que no incurren en pandillas (las *Jocks* y *Discos*). Si bien estas variantes también tienen significado de clase trabajadora en el inglés de los Estados Unidos, en el habla de chicanas jóvenes de California posee un prestigio encubierto entre miembros de pandillas. Expresa una identidad que combina identidad étnica (latina) y membrecía en una comunidad de práctica (pandillera).

En la ciudad de Nueva York, Slomanson y Newman (2004) estudian el inglés nativo de jóvenes latinos de una escuela secundaria, donde se emplean diferentes variedades de inglés y donde varios grupos étnicos están en contacto. A diferencia de la situación en el suroeste, la comunidad mexicano-americana no es la mayoritaria. Miran a tres comunidades de práctica que se afilian por el hip-hop, el uso de patines ('skaters') y de juegos de computadora ('geeks'). Encuentran que una combinación de rasgos lingüísticos que provienen de diferentes variedades lingüísticas identifican a los miembros de estos grupos como latinos y como miembros de la comunidad. Los rasgos lingüísticos incluyen una variante del contacto del inglés con el español (la /l/ en posición inicial de sílaba), del inglés vernáculo afroamericano (la /l/ en posición de coda) y de variedades del inglés británico (la /l/ *oscura* también en posición de coda). En estos estudios sobre el inglés latino queda claro cómo el conjunto de rasgos que expresa la identidad del grupo (una comunidad de práctica de jóvenes en estos casos) refleja la experiencia verbal de sus hablantes.

11.8 CONCLUSIONES

Cuando las lenguas o dialectos están en *contacto*, también están en *conflicto* (Nelde 1988). Nelde arguye que el *conflicto* se deriva de la *confrontación* de diferentes normas, su significado social y la manera como afectan la construcción de identidad social. Estas situaciones dan lugar a asimilación y convergencia lingüística, como también a procesos de divergencia y diferenciación. Estos se pueden dar entre dos (o más) grupos para expresar que no pertenecen al 'otro' grupo (ej. dominicanos y puertorriqueños, Valentín-Márquez 2006; el sur y el norte fronterizo en México, Holguín-Mendoza

2011), o para expresar solidaridad con cierto grupo y/o reforzar lazos de pertenencia a un mismo grupo social y compartimiento de una misma identidad (como en el País Vasco, Ciriza 2009; en Yucatán, Michnowicz 2007). En estas últimas situaciones, se trataría tanto de enfatizar lazos comunes en la región, como de diferenciarse de los 'otros'.

Encontramos igualmente que los hablantes tienen a su disposición diversos recursos lingüísticos para construir su identidad. Así, diferentes rasgos lingüísticos de cualquier nivel de la lengua pueden ser empleados para construir una identidad. En algunos casos se puede tratar incluso de variantes no frecuentes en la lengua, como ocurre con la glotal en Puerto Rico y el rotacismo en Coclé.

En el caso de contacto de dialectos, los hablantes pueden incluso emplear rasgos de la otra variedad para expresar cierta identidad o mantener rasgos de su variedad regional cuando emplean la variedad estándar (el caso del Batua en el País Vasco; Haddican 2007). En referencia al inglés de los puertorriqueños, Zentella (1997) ha descrito la presencia de rasgos del inglés afroamericano en el inglés de puertorriqueños neoyorquinos para expresar masculinidad.

En situaciones de contacto de lenguas, los hablantes bilingües tienen una serie de recursos lingüísticos: el uso de la lengua autóctona o vernácula o de herencia, el 'code-switching', los préstamos léxicos u otros rasgos de una de las lenguas o la interlengua (Fought 2006, 21–22). Este es el caso de Rafael y Víctor en el estudio de Woolard en Barcelona (2003). Estos jóvenes hispanoparlantes deciden asumir una identidad catalana al optar por solo hablar en catalán entre ellos cuando entran a la escuela secundaria, mientras que sus compañeros nacidos en Barcelona optan por una identidad castellana y española al elegir hablar español en la escuela y preferir el equipo de fútbol Real Madrid (cf. Torras y Gafaranga 2002; Cashman 2005). En el estudio de *El Bloque* en la ciudad de Nueva York, Zentella (1997) muestra la diversidad de tipos de alternancia de lengua y de *code-switching* que emplean sus participantes, según la identidad que quieran expresar.

Finalmente, el léxico es quizá el nivel de la lengua que más comúnmente se emplea para construir identidad; desde el uso de palabras de la otra lengua para expresar sofisticación (ej. palabras del francés como 'toilette,' 'bistro,' o del inglés como 'footing,' 'cool') hasta el empleo de préstamos vascos en el español del País Vasco para expresar una identidad vasca a pesar del uso mayoritario del español. Otro ejemplo de identidad étnica es el estudio de Marshall (2007) sobre los inmigrantes latinoamericanos en Cataluña. Encuentra que si bien aceptan el empleo de catalán como parte de su nueva identidad, insertan expresiones típicas de sus lugares de origen para expresar su otra identidad étnica.

Los estudios sociolingüísticos del español han entrado en una etapa en la cual el conocimiento de las diferenciaciones dialectales y sociolectales es imprescindible para el investigador, pues nos informa y sirve de base para hacer análisis sociolingüísticos más sofisticados. En esta nueva etapa podemos descubrir las diferentes identidades que construyen los hispanohablantes en este nuevo siglo de gran movimiento poblacional, contacto de lenguas y de dialectos. Los estudios del español están en una situación especialmente privilegiada para estudiar la variación lingüística.

➤ EJERCICIO 11.11

Schenk (2007) analiza la construcción de identidad étnica en la interacción entre tres amigos jóvenes latinos de origen mexicano. Dos nacieron en Estados Unidos, Rica y Lalo. Bela, la tercera amiga, nació en México de un progenitor mexicano y otro anglo. Schenk encuentra que los amigos emplean tres temas en su intercambio para dar autenticidad a su identidad mexicana. Se trata del lugar de nacimiento, la herencia genética y la competencia en español.

1. Analiza el siguiente extracto entre Lalo y Bela tomado del artículo de Schenk y menciona quién emplea qué criterio(s) para dar mayor autenticidad a su identidad mexicana.

Extracto Aztec Blood

1 Bela: Por qué no la presenîa = s.	18 Bela: [Más origi]nal?
2 Lalo: (1.6) Cause fool.	19 Lalo: ..are Aztec BLOOD.
3 ..Ya ves como son las,	20 Bela: Ay cál[mate]1 .
4 (0.6) Latinas de celosas.	21 Lalo: [(H) @]1[@@@]2@(H).
5 Bela: @@@	22 Bela: ⌈Tú]2?
6 Lalo: (0.7) You would know.	23 dónde nacis[te]1.
7 Bela: (0.7) She'd be [like,	24 Lalo: [Soy][PURO]2.
8 who the]1 _fuck is ⌈this] 2	25 Bela: [En dón-]2
9 Lalo:[Partly] 1	26 Lalo: Yo soy PURO.
10 [Partly] 2	27 Bela: Cuál [PURO =].
11 Bela: Este,	28 Lalo: [Soy nacido]-
12 mira mira,	29 Soy nacido aquí pero,
13 [no empieces].	30 soy PURO.
14 Lalo: [(H) @@@]	31 Bela: <MOCK Ay [sí mira mira] MOCK>.
15 Bela: Tú ni siquiera eres original.	32 Lalo: [Please man].
16 Lalo: Más original quêtú.	33 Bela: Dónde nacieron tus papas.
17 ..Both of my [parents are-]	34 Lalo: Z = acatecas Jalisco,

(continuación)

35 that's like the HEART.	42 ..That's the HEART fool.
36 [Ye]-	43 That's where the REAL Mexicans come from.
37 Bela: <MOCK [Zaca]tecas Jali = sco Hx@@MOCK>.	44 Bela: Ay mira ¿y tú?
38 Lalo: < Yeah.	45 ..De dónde [saliste].
39 my mom's from Zacatecas,	46 Lalo: [Psh that's-]
40 my dad's from—	47 that's my land fool. ((quietly))
41 (.9) from Los Altos >.	48 (0.9) I came from my mother's WOMB

2. Si tomamos en consideración que la región de Los Altos en Jalisco tiene el estereotipo de ser el lugar de origen de hombres valientes y fuertes (llamados también *entrones*) y son además conocidos en el discurso popular mexicano como *machos de Jalisco*, y que la región de Zacatecas fue la región en la que se llevaron a cabo numerosas batallas de la revolución mexicana, en la que participó Pancho Villa, ¿cómo respondería a las siguientes preguntas?

2a. ¿Qué palabras en el intercambio entre Lalo y Bela expresan una identidad mexicana relacionada a región?

2b. ¿Qué otros campos semánticos, además de *región* (Jalisco), indican también identidad mexicana?

2c. ¿Cómo se relaciona el campo semántico de *región* a los criterios presentados por Schenk?

Obras citadas

Bailey, Guy, y otros. "Some patterns of linguistic diffusion." *Language Variation and Change*, 5/3 (1993): 359–390.

Boersma, Paul, y David Weenink. *PRAAT: Doing Phonetics by Computer* (versión 5.1.15). Disponible en: http://www.fon.hum.uva.nl/praat/, 2009.

Broce, Marlene, y Rena Torres Cacoullos. "Dialectología urbana rural: la estratificación social de (r) y (l) en Coclé, Panamá." *Hispania* 85 (2002): 342–353.

Buchstaller, Isabelle. "Social stereotypes, personality traits and regional perception displaced: Attitudes towards the 'new' quotatives in the U.K." *Journal of Sociolinguistics*, 10/3 (2006): 362–381.

Carter, Phillip. "Phonetic variation and speaker agency: Mexican identity in a North Carolina middle school." *University of Pennsylvania Working Papers in Linguistics* 13/2 (2007): 1–14.

Cashman, Holly. "Identities at play: Language preference and group membership in bilingual talk in interaction." *Journal of Pragmatics* 37 (2005): 301–315.

Ciriza, María del Puy. "Dialect divergence and identity in Basque Spanish." Tesis doctoral. University of Illinois at Urbana-Champaign, 2009.

Consejo Nacional de Población (CONAPO). Migración interna en México. Disponible en: http://www.conapo.gob.mx/publicaciones/emif/emif2004.htm, 2008.

Córdova Abundis, María, y Antonieta Corona Zenil. "El habla coloquial en el discurso de 'Las niñas bien' de Guadalupe Loaeza." *Signos Lingüísticos* 4 (2002): 51–61.

Coupland, Nikolas. *Style: Language Variation and Identity.* Cambridge. Cambridge University Press, 2007.

Cutler, Cecelia. "Brooklyn style: Hip-hop markers and racial affiliation among European immigrants in New York City." *International Journal of Bilingualism* 12 (2008): 7–24.

Dailey-O'Cain, Jennifer. "The sociolinguistic distribution and attitudes towards focuser like and quotative like." *Journal of Sociolinguistics* 4 (2000): 60–80.

Davies, Bethan. "Communities of practice: Legitimacy not choice." *Journal of Sociolinguistics* 9/4 (2005): 557–581.

De Fina, Anna. "Code-switching and the construction of ethnic identity in a community of practice." *Journal of Sociolinguistics* 36 (2007): 371–392.

Del Val, José. "El balcón vacío: Nota sobre la identidad nacional a fin de siglo." En *La identidad nacional mexicana como problema político y cultural*, compilado por Raúl Béjar y Héctor Rosales. México, D.F. Siglo Veintiuno Editores, 1999: 326–366.

Echagüe Burgos, Jorge. "De los vizcaínos a los arlotes." *Cuadernos Cervantes.* Disponible en: http://www.cuadernoscervantes.com/art_43_vizcainos.html, 2008.

Eckert, Penelope. *Variation and Social Practice: The Linguistic Construction of Social Meaning in Belton High.* Oxford: Blackwell, 2000.

———. "Variation and the indexical field." *Journal of Sociolinguistics* 12/4 (2008a): 453–476.

———. "Where do ethnolects stop?" *International Journal of Bilingualism* 12 (2008b): 25–42.

———. "Three waves of variation study: The emergence of meaning in the study of variation." Disponible en: http://www.stanford.edu/~eckert/PDF/ThreeWavesofVariation.pdf, 2009.

Eckert, Penelope, y Sally McConnell-Ginet. "Think practically and look locally: Language and gender as community-based practice." *Annual Review of Anthropology* 21 (1992): 461–490.

———. "Constructing meaning, constructing selves: Snapshots of language, gender and class from Belten High." En *Gender Articulated: Language and the Socially Constructed Self*, ed. Kira Hall y Mary Bucholtz. London: Routledge, 1995.

Escobar, Anna María. "Migración, contacto de lenguas encubierto y difusión de variantes lingüísticas." *Revista Internacional de Lingüística Iberoamericana* 17 (2007): 93–107.

Escobar, Anna María, y Wolfgang Wölck. "Introducción." En *Contacto Lingüístico y La Emergencia de Variantes y Variedades Lingüísticas*, ed. por Anna María Escobar y Wolfgang Wölck. Frankfurt/Madrid: Vervuert/Iberoamericana, 2009: 9–20.

Eustat. "Eustat: Alumnado de enseñanzas de régimen general no universitario por territorio histórico, nivel, modelo de enseñanza bilingüe y titularidad." En Avance de datos 2009/ 2010. Disponible en: http://www.eustat.es, 2010.

Ferrara, Kathleen, y Barbara Bell. "Sociolinguistic variation and discourse function of constructed dialogue introducers: The Case of be + like." *American Speech* 70 (1995): 265–290.

Fought, Carmen. *Language and Ethnicity.* Cambridge: Cambridge University Press, 2006.

Galparsoro Baztarrika, Patxi, et al. *IV Encuesta sociolingüística.* Vitoria: Servicio de Publicaciones del Gobierno Vasco, 2008.

Gumperz, John J., y Jenny Cook-Gumperz. "Introduction: Language and the communication of social identity." En *Language and Social Identity*, editado por John J. Gumperz. Cambridge: Cambridge University Press, 1982: 1–21.

Haddican, Bill. "Suburbanization and language change in Basque." *Language in Society* 36 (2007): 677–706.

Hernández-Campoy, y Juan Andrés Villena-Ponsoda. "Standardness and non-standardness in Spain: Dialect attrition and revitalization of regional dialects of Spanish." *International Journal of Sociology of Language* (2009): 181–214.

Hidalgo, Margarita G. "Language use and language attitudes in Juarez, Mexico." Tesis doctoral. University of New Mexico, 1983.

———. *Perceptions of Spanish-English Code-Switching in Juarez, Mexico*. San Diego: San Diego State University, 1988.

Holguín Mendoza, Claudia. "Mexican Spanish intonation: Perceptions in Ciudad Juárez of language variation." Conferencia presentada en el 2009 Hispanic Linguistics Symposium. Octubre 21–24. San Juan, Puerto Rico, 2009.

———. "Language, gender, and identity construction: Sociolinguistic dynamics in the borderlands." Tesis doctoral. University of Illinois at Urbana-Champaign, 2011.

Holmquist, Jonathan C. "Social correlates of a linguistic variable: A study in a Spanish village." *Language in Society* 14 (1985): 191–203.

Labov, William. *Sociolinguistic Patterns*. Philadelphia: University of Pennsylvania Press, 1972a.

———. *The Logic of Non-standard English: Language in the Inner City*. Philadelphia: University of Pennsylvania Press, 1972b.

———. *Principles of Linguistic Change: Social Factors*. London: Blackwell, 2001.

Lambert, Wallace E., y otros. "Evaluational reactions to spoken languages." *Journal of Abnormal and Social Psychology* 60 (1960): 44–51.

Lomnitz, Claudio. *Deep Mexico, Silent Mexico: An Anthropology of Nationalism*. Minneapolis: University of Minnesota Press, 2001.

Lugo, Alejandro. *Fragmented Lives, Assembled Parts: Culture, Capitalism, and Conquest at the U.S.-Mexico Border*. Austin: University of Texas Press, 2008.

Macías González, Víctor Manuel. "Mexicans 'of the better class': The elite culture and ideology of Porfirian Chihuahua and its influence on the Mexican American generation 1876–1936." Tesis de maestría. University of Texas at El Paso, 1995.

Macleod, Morna. "Mayan dress as text: Contested meanings." *Development in Practice* 14/5 (2004): 680–689.

Martín Butragueño, Pedro. "El estudio de la entonación del español de México." En *Haciendo Lingüística. Homenaje a Paola Bentivoglio*, compilado por Mercedes Sedano, Adriana Bolívar, y Martha Shiro. Caracas: Universidad Central de Venezuela, 2006.

Marshall, Steve. "New Latino diaspora and new zones of language contact: A social constructionist analysis of Spanish speaking Latin Americans in Catalonia." En *Selected Proceedings of the Third Workshop on Spanish Sociolinguistics*, ed. Jonathan Holmquist et al. Somerville, MA: Cascadilla Proceedings Project, 2007.

McLemore, Cynthia. "The pragmatic interpretation of English intonation: Sorority speech." Tesis doctoral. University of Texas at Austin, 1991.

Mendoza-Denton, Norma. *Homegirls: Language and Cultural Practice among Latina Youth Gangs*. Malden, MA: Blackwell, 2008.

Michnowicz, Jim. "El habla de Yucatám: Final [m] in a dialect in contact." En *Selected Proceedings of the Third Workshop on Spanish Sociolinguistics*, ed. Jonathan Holmquist et al. Somerville, MA: Cascadilla Proceedings Project, 2007: 38–43.

———. "Intervocalic voiced stops in Yucatan Spanish: A case of contact-induced language change." En *Español en Estados Unidos y Otros Contextos de Contacto: Sociolingüística, Ideología y Pedagogía*, ed. Manel Lacorte y Jennifer Leeman. Frankfurt/Madrid: Vervuert/ Iberoamericana, 2009.

Milroy, Leslie. "Social networks." En *The Handbook of Language Variation and Change*, ed. J. K. Chambers, Peter Trudgill, y Natalie Schilling-Estes. Oxford: Blackwell, 2004: 549–572.

Nelde, Peter. "Conflict linguistics." *Folia Linguistica* 22 (1–2) (1988): 73–84.

Ostermann, Ana Cristina. "Localizing power and solidarity: Pronoun alternation at an all-female police station and a feminist crisis intervention center in Brazil." *Language in Society* 32 (2003): 351–381.

Pope, Jennifer, Miriam Meyerhoff, y Robert Ladd. "Forty years of language change on Martha's Vineyard." *Language* 83 (3) (2007): 615–627.

Preston, Dennis R., ed. *Handbook of Perceptual Dialectology*. Volume 1. Amsterdam/ Philadelphia: John Benjamins Publishing Company, 1999.

Rickford, John R., y Penelope Eckert. "Introduction." En *Style and Sociolinguistic Variation*, ed. Penelope Eckert y John R. Rickford. Cambridge: Cambridge University Press, 2001: 1–18.

San Cristóbal, Alberto. *Arlotadas: Cuentos y "Susedidos" Vascos*. Bilbao: Graf. de la Santa Casa de Misericordia, 1947.

Saussure, Ferdinand. *Cours de linguistique générale*. Paris: Payot, 1916.

Schenk, Petra Scott. "I'm Mexican, remember? Constructing ethnic identities via authenticating discourse." *Journal of Sociolinguistics* 11/2 (2007): 194–220.

Schilling-Estes, Natalie. "Constructing identity in interaction." *Journal of Sociolinguistics* 8/2 (2004): 163–185.

Slomanson, Peter A. y Michael Newman. "Peer Group Identification and Variation in New York Latino English Laterals." *English World-Wide*, 25 (2) (2004): 199–216.

Su, His-Jao. "What does it mean to be a girl with Qizhi?: Refinement, gender and language ideologies in contemporary Taiwan." *Journal of Sociolinguistics* 12/3 (2008): 334–358.

Tajfel, Henri, y John Turner. "The social identity theory of intergroup behavior." En *Psychology of Intergroup Relations*, ed. S. Worchel y W. Austin. Chicago: Nelson-Hall, 1986.

Terkourafi, Marina, ed. *Languages of Global Hip-Hop*. New York: Continuum, 2010.

Thomas, Erik R., y Holly A. Ericson. "Intonational distinctiveness of Mexican American English." *University of Pennsylvania Working Papers in Linguistics* 13/2 (2007): 192–205.

Torras, Maria-Carme, y Joseph Gafaranga. "Social identities and language alternation in non-formal institutional bilingual talk: Trilingual service encounters in Barcelona." *Language in Society* 31 (2002): 527–548.

Valentín-Márquez, Wilfredo. "La oclusión glotal y la construcción lingüística de identidades sociales en Puerto Rico." En *Selected Proceedings of the 9th Hispanic Linguistics Symposium*, ed. Nuria Sagarra y Almeida Jacqueline Toribio. Somerville, MA: Cascadilla Proceedings Project, 2006.

————. "Los sonidos del flow Boricua: Rasgos dialectales en la lengua del reggaetón." Conferencia presentada en el 2009 Hispanic Linguistics Symposium y Conference on the Acquisition of Spanish and Portuguese as First and Second Languages. Octubre 21–24. San Juan, Puerto Rico, 2009.

Vila, Pablo. *Border Identifications: Narratives of Religion, Gender, and Class on the U.S.-Mexico Border*. Austin: University of Texas, 2005.

Weinreich, Uriel, William Labov, y Marvin Herzog. "Empirical foundations for a theory of linguistic change." En *Directions for Historical Linguistics,* ed. Winfred Lehmann y Yakov Malkiel. Austin: University of Texas Press, 1968.

Wenger, Etienne. *Communities of Practice*. New York: Cambridge University Press, 1998.

Willis, Erik, y Orlando Alba. "Dominican Spanish trills in the media: Hypercorrection and awareness." Trabajo presentado en Laboratory Approaches to Romance Phonology. Setiembre 23–25. Provo, Utah: Brigham Young University, 2010.

Woolard, Kathryn A. "'We don't speak Catalan because we are marginalized': Ethnic and class meanings of language in Barcelona." En *Language and Social Identity*, ed. Richard K. Blot. Westport, CT: Praeger, 2003.

Zentella, Ana Celia. *Growing Up Bilingual*. Malden, MA: Blackwell, 1997.

Zhang, Qing. "Rhotacization and the 'Beijing Smooth Operator': The social meaning of a linguistic variable." *Journal of Sociolinguistics* 12/2 (2008): 201–222.

Notas

1. Desde el periodo de los propios orígenes del español como latín vulgar. A diferencia del catalán, gallego y español, el euskera es una lengua pre-indoeuropea de origen desconocido. Actualmente el euskera se habla en tres regiones del sur de Francia y cuatro del norte de España.

2. El euskera también posee estas vibrantes múltiples en estos mismos entornos.

3. El único contexto en el que curiosamente no se permite la variación libre [r] y [ɾ] en español estándar.

4. Este estereotipo ha sido documentado en Holguín Mendoza 2011.

5. La frase empleada por este hablante no incluía ningún rasgo dialectal que la diferenciara de la variedad mexicana.

6. Nótese que la /t/ pronunciada en su variante dental también es marcadora de etnicidad latina.

12

LENGUA E INMIGRACIÓN

ISABEL BUSTAMANTE-LÓPEZ

Reflexiones preliminares

1. ¿Hay inmigrantes donde vives tú?
2. ¿De dónde proviene la mayoría de ellos? ¿Cómo los perciben los habitantes del lugar?
3. ¿Los inmigrantes donde vives tienen problemas con la lengua?

12.1 INTRODUCCIÓN

Cada año millones de personas se mudan de un lugar a otro, en forma más o menos permanente en busca de trabajo, libertad política o de una vida mejor. Los inmigrantes traen su lengua y bagaje cultural al llegar a lugares donde se habla otro dialecto o una lengua diferente a la suya. Su presencia puede producir desconcierto entre los habitantes de los lugares a donde llegan y producir sentimientos de rechazo y xenofobia hacia los inmigrantes, a quienes se refieren con nombres o adjetivos muchas veces insultantes.

La inmigración genera una complejidad de situaciones comunicativas multiculturales y multilingües en las que participan hablantes de diferentes nacionalidades, grupos étnicos y/o raciales. Por eso, surgen problemas no solamente de índole comunicativa, sino también de índole política, económica y cultural, y de diferencias en los objetivos y aspiraciones (Gumperz 1982, 210). Asimismo, cuando el inmigrante debe aprender otra lengua o dos, como ocurre en España y en Estados Unidos, se produce un sinnúmero de fenómenos lingüísticos como son el préstamo léxico o el cambio de código. En este capítulo nos centraremos en algunos contextos multilingües, que surgen como resultado de los movimientos migratorios de hispanohablantes hacia Estados Unidos y España.

12.2 INMIGRACIÓN: EL DISCURSO SOBRE EL INMIGRANTE Y SU INTEGRACIÓN A LA SOCIEDAD RECEPTORA

En el siglo XIX solo algunos países como los Estados Unidos recibían inmigrantes. Sin embargo hoy en día la inmigración es un fenómeno global que ocurre en países tales como España, de donde antes sus habitantes emigraban a otras latitudes. Por ejemplo, el Instituto Nacional de Estadística (INE) de España estima que la población inmigrante a finales de setiembre de 2009 era de 5.342.800 personas (García 2009). Los grupos más numerosos son los ecuatorianos, bolivianos, colombianos y, en menor medida, los argentinos. En el presente también hay un gran número de inmigrantes de África (marroquíes, senegaleses y de otras nacionalidades). Los datos reunidos indican que los españoles no ven la inmigración como la situación ideal, pero si la hay prefieren al inmigrante hispano pues este comparte la lengua de una gran parte del país.

En lugares de grandes flujos migratorios se ha creado una situación en la que interlocutores de diferentes lenguas y concepciones culturales intentan comunicarse en una segunda o tercera lengua con repertorios pragmáticos, valores y normas culturales que difieren de los de la lengua del lugar que los acoge. Esto lleva a situaciones de conflicto y a la creación de imágenes distorsionadas sobre el inmigrante.

España y Estados Unidos son países lingüística, política y culturalmente diversos. No obstante, un análisis comparativo sobre las ideas que la población local en cada uno de estos países tiene sobre los inmigrantes (obtenido en fuentes periodísticas e Internet) señala muchas similitudes entre las concepciones estereotipadas de los inmigrantes (véase, por ejemplo, Vázquez Aguado 1999). En muchas de las fuentes consultadas los habitantes locales describen a los inmigrantes como invasores que ponen en peligro la nación y la identidad cultural del país. Asimismo, se retrata al inmigrante como un individuo que ha entrado ilegalmente al país de destino y muchas veces se los tilda de delincuentes. Se presentan aún como un riesgo para la salud de los ciudadanos del país de acogida y como individuos que llegan a tomar los trabajos de los que son ciudadanos legales y, por lo tanto, son causa del desempleo. Además, se piensa que no quieren asimilarse al país porque no aprenden la lengua del país receptor y viven en guetos. Por ejemplo, los inmigrantes nigerianos en España comentan que en Madrid "la gente esquivaba sentarse a nuestro lado en el metro", "nos rehuían la mirada y la palabra" (Sánchez de Horcajo 1995, 297). Checa Olmos (2002, 427) comenta que el discurso de los medios de comunicación en España repite y recrea falsas percepciones, y reproduce estereotipos negativos de los inmigrantes.

➤ EJERCICIO 12.1

¿Qué estereotipos se encuentran reflejados en los dos textos que aparecen abajo? ¿Por qué crees que se hacen estos comentarios?

1. Carta de Barcelona:

   Tengo la suerte de no haber tenido que pasar por la dureza de emigrar fuera de mi país, pero, Sr. Mosquera, las quejas sí vienen al caso. Ustedes, los inmigrantes, tienen que comprender y ponerse en nuestro lugar para entender que es muy preocupante ver cómo mezclados con las personas honestas que vienen en busca de una vida mejor, nos estamos llenando de mala gente con bandas de delincuentes y mafias. Nunca hubo tanta venta de droga (en las cárceles hay muchos más extranjeros que presos españoles). También tenemos que tolerar razas que no se quieren integrar, con creencias y costumbres que nos quieren imponer y que son muy diferentes a las nuestras. Todo este cúmulo de cosas, y muchas más, hacen que no podamos vivir con la tranquilidad e ilusión de antes y que algunas veces se despierte la parte de racismo que podamos llevar dentro de nosotros. Por eso le digo, Sr. Mosquera, que una flor no hace primavera. (Farré 2005)

   (www.20minutos.es/carta/2229/0/quejas/contra/inmigrantes)

2. En el seminario internacional 'La inmigración coreana en América Latina', realizado en el 2007, se expuso que los coreanos perciben a los chilenos como individualistas, superficiales en sus relaciones amistosas, poco comprometidos con el trabajo y con las responsabilidades, hipócritas, medio racistas, alegres y menos machistas que ellos mismos. (Instituto de Estudios Internacionales, Universidad de Chile)

   (www.ieiuchile.cl/centros/cap/noticias/not34.html)

12.3 EL INMIGRANTE EN BLOGS EN ESTADOS UNIDOS Y EN ESPAÑA

La recopilación y el análisis del discurso de participantes de blogs y páginas web tanto en España como en Estados Unidos, nos permite aproximarnos tanto a la percepción que tienen los autóctonos de los migrantes como la que tienen los inmigrantes de los habitantes del país de acogida.

Los usuarios de una lengua no solamente la utilizan para compartir pensamientos y sentimientos con otra gente, sino también para revelar y definir sus relaciones sociales y sus inquietudes, y para referirse a quienes no están presentes (Fasold 1984, 1). Esto se hace evidente en las siguientes citas tomadas de Internet. En ellas los participantes de un blog se refieren a la situación migratoria en Estados Unidos y en España. Veremos que aluden a la reticencia de los inmigrantes a aprender la lengua y la cultura del país de acogida y al poder asignado a la lengua (o variedad dominante).

Veamos algunos ejemplos:

> 'If you live in a border state you've already seen that portions of the state are almost entirely Spanish speaking and that as an English speaking immigrant or citizen you are not wanted in those areas . . . Latino immigrants no longer feel they even need to attempt to learn English. Our country has become a place where you can come and carve out your own nation within ours.
>
> This cannot possibly be good for the United States. In the past immigrants have assimilated so that they can contribute to the growth of this country. Now it seems like the word of the day is simply extending the borders of countries like Mexico into the United States through non-assimilation is the way to go.'

(Digger's Realm Weblog, "41% of Latino immigrants say they do not have to speak English to be part of American Society.")

Traducción:

> "Si uno vive en un estado fronterizo ya ha visto que en porciones del estado se habla español en todas partes y que como inmigrante o ciudadano angloparlante no se lo quiere en esas áreas . . . Los inmigrantes latinos ya no sienten ni siquiera la necesidad de intentar aprender inglés. Nuestro país ha llegado a ser un lugar donde tú puedes llegar y construir tu propia nación dentro de la nuestra.
>
> Esto de ninguna manera puede ser bueno para Estados Unidos. En el pasado los inmigrantes se asimilaban para poder contribuir al crecimiento de este país. Ahora parece que lo normal es simplemente extender las fronteras de México hacia Estados Unidos, la forma de hacerlo es que los inmigrantes dejen de asimilarse".

La cita del escritor del blog presenta una interpretación del fenómeno migratorio. El escritor cree que la llegada de extranjeros a su tierra es un problema; por ejemplo, cuando dice que la frontera de Estados Unidos se está extendiendo para incluir partes de México, el autor está indicando que se siente invadido por esos inmigrantes. También se lamenta de *una falta de poder* en esos lugares fronterizos donde se habla español pues este no sabe hablarlo. Parece expresar un sentimiento de exclusión del grupo que habla español, particularmente cuando dice que como "English speaking immigrant or citizen you are not wanted in those areas."

➤ EJERCICIO 12.2

Lee los extractos que aparecen a continuación y contesta las siguientes preguntas: ¿Qué quejas encuentras? ¿Cuáles repiten los comentarios anteriores? ¿Qué prejuicios puedes observar reflejados en ellos?

1. 'The problem with the Mexican immigrants, though, both legal and illegal, is that they really do not try and assimilate and integrate; instead, they isolate themselves, create jobs and business that are Spanish speaking only, take jobs that do not require Spanish, and force companies (which doesn't seem too hard to do) to integrate Spanish into their jobs. And the Mexicans then get upset that you, the legal resident of the USA, do not speak Spanish beyond the word "Hola!" when they have made almost no attempt to learn English. I was at a Jersey Mike's the other day, and the girl putting the sub together barely spoke a lick of English, seemed to be getting upset that I didn't speak Spanish, and it ended up with me pointing to what I wanted on my sub. Ridiculous!'

Traducción:

"El problema con el inmigrante mexicano, tanto legal como ilegal, es que no trata realmente de asimilarse e integrarse, sino que por el contrario, se aísla, crea trabajos y negocios que utilizan solo el español, aceptan trabajos que no requieren español y obligan a la compañías (lo que no parece muy difícil de hacer) a integrar el español en sus trabajos. Y los mexicanos se molestan porque usted, el residente legal de Estados Unidos, no habla más español que la palabra "¡Hola!" cuando ellos no han intentado aprender inglés. Estaba en Jersey Mike's el otro día y la chica que me estaba preparando el sándwich apenas podía hablar un poquito de inglés, y parecía que se estaba enojando porque yo no hablaba español; terminé apuntando a lo que yo quería en mi sándwich. ¡Ridículo!"

2. 'What you have is their parents never pushing the children to learn English and be part of America. They separate themselves intentionally away from the established society. Not all of them are illegals, either. In my opinion, this attitude of refusal to become part of American culture, refusal to learn English enough at least enough to communicate, to separate themselves, and to get upset when Americans do not change to accommodate Mexicans, as well as forcing all these changes on Americans, are what causes the current friction and intense interest in stopping illegal immigration. The fact that it is the law, too.' (Pirate's Cove Weblog, 2008)

(www.thepiratescove.us/2008/05/15/mexican-immigrants-do-not-assimilate-too-well-in-usa/)

Traducción:

> "Lo que ocurre es que los padres nunca animan a sus hijos a que aprendan inglés y que sean parte de Estados Unidos. Se separan intencionalmente de esta sociedad establecida. No todos son ilegales, tampoco. En mi opinión esta actitud de negarse a ser parte de la cultura americana, de negarse a aprender suficiente inglés para poder comunicarse, a separarse y a enojarse cuando los americanos no quieren cambiar para adaptarse a los mexicanos, así como querer imponer estos cambios a los americanos, son lo que causa fricción y un gran interés por parar la inmigración ilegal. El hecho es que es una ley también."

Al examinar y comparar el contenido del discurso de uno de los blogs de Estados Unidos presentado anteriormente, con el texto que incluimos abajo de un blog de España, vemos que las percepciones de los estadounidenses sobre las actitudes de los inmigrantes y hacia su aprendizaje de la lengua y asimilación cultural muchas veces son similares a la que muchos tienen en España. En el texto abajo, por ejemplo, hay una referencia a que el inmigrante vive en guetos, y que no se asimila a la cultura española ni aprende la lengua:

> Estoy de acuerdo con que el mundo es universal y que la tierra es de todos las fronteras las crearon la ambición y el poder . . . Pero también comentaré en mi humilde experiencia que parte de la inmigración y no diré mayoritariamente . . . se ha asentado aquí sin molestarse a conocer nuestra cultura, nuestra lengua, a respetar nuestras costumbres y tradiciones . . . bien cierto es que sí que hay personas que sí lo han hecho pero para mí es la minoría.
>
> Llegan aquí y crean en poco tiempo sus propios guetos bien se aplican en aprender y saber de sus derechos pero poco de sus obligaciones tanto legales como cívicas. No llamo con estas palabras, ni mucho menos a la no emigración, ni mucho menos todo ser humano tiene derecho a ir donde quiera pero sí a un respeto a la tierra donde te encuentres a sus gentes y su cultura, y como no a la integración yo pienso que se uno no se integra no puede pedir o reclamar o apelar a la no aceptación."

(García 2006)

El comentario a continuación señala también el aislamiento de la sociedad de los grupos inmigrantes en España y denuncia el desconocimiento de la lengua española. Según el autor, los inmigrantes han cambiado su mundo y siente temor de ser "aniquilado" por los inmigrantes de otras culturas y de perder su identidad.

> En este país no es posible hablar de poner límite a la inmigración sin que te tachen de xenófobo. Pero el hecho innegable es que el número inmenso de inmigrantes

que están entrando provoca guetos aislados de la sociedad nativa, y por lo tanto exclusión, y la falta de trabajo los lleva a delinquir en muchos casos (no todos, por supuesto). Además está el hecho de la pérdida de la identidad. Somos lo que somos, para bien o para mal, y mucho nos ha costado. Es fácil ahora venir aquí y subirse al carro. En pocas palabras: si seguimos así dentro de 100 años esto puede que sea una república islámica, o que el rumano sea lengua cooficial, o que 350 millones de sudamericanos se vengan a vivir aquí . . .

¿Por qué en Gran Bretaña se hace un examen del idioma y de conocimiento de la cultura para otorgar el permiso de residencia y aquí no? ¿Por qué en Suiza deportarán a los inmigrantes que delincan y aquí eres un fascista sólo por expresar la misma opinión? ¿Tenemos que pagar entre todos su brutal presión demográfica? No nos engañemos, la mayoría de niños que nacen en España son de origen inmigrante, con todo lo que eso conlleva (2500 € por niño, reducción aún mayor de la proporción de población autóctona).

Haciendo un símil, los cangrejos de río de este país han sido aniquilados por la introducción de otros de origen americano. ¿Tenemos que aceptar nosotros la misma suerte? Y la pregunta más importante de todas: ¿no podemos sacrificar mínimamente nuestro crecimiento económico en pro de no sentirnos extranjeros en nuestras propias ciudades? Porque a quien realmente beneficia el tener mano de obra inmigrante es al empresario, que no es más que una pequeña porción del total de la sociedad.

(Prisma, 2007)

El discurso de algunos habitantes del país receptor refleja la problemática de la inmigración desde otra perspectiva. En el caso de todos los escritores de blog, a pesar de que no haya una interacción cara a cara, se hace referencia a la interacción entre inmigrante y habitante de la sociedad receptora evidenciando el conflicto de poder. Es indudable que cuando el inmigrante no domina la lengua del país tiene menos poder.

Asimismo, cabe señalar que los inmigrantes también pueden tener imágenes estereotipadas del país receptor. Merino Hernando (2009) analiza algunos rasgos de sociabilidad de una pareja de migrantes limeños que viven en Madrid. En su discurso manifiestan que "los españoles son 'racistas', que ven al Perú como un país atrasado y lleno de indígenas." Además, ven a otros inmigrantes con concepciones traídas de su país de origen donde, por ejemplo, los ecuatorianos son "peor educados y menos dignos", o los chilenos "se consideran superiores" a los peruanos. Es así que "inmigrantes y españoles, en su discurso, recurren a las visiones estereotipadas de culturas concebidas nacionalmente" y que estas "visiones operan a ambos lados de la frontera nacional: los españoles lo opinan de los peruanos y estos, sobre los ecuatorianos. A su vez, los peruanos proyectan sus imágenes estereotipadas hacia los españoles" (Merino Hernando 2009, 185).

Otro ejemplo es el comentario de un inmigrante en Estados Unidos:

". . . yo vivo en USA, y sí hay mucha gente racista para qué decir que no, lo miran a uno raro o como retrasado a veces porque piensan que no sabemos hablar inglés, y es que no todos somos iguales, pero bueno, qué le vamos a hacer."

(http://espanol.answers.yahoo.com/question/index?qid = 20070705141054AAdTtzc)

12.4 METÁFORAS Y EXPRESIONES INSULTANTES EN LA VISIÓN DEL INMIGRANTE

En el discurso público de la sociedad receptora se produce una metaforización del inmigrante. La metáfora es una proyección de un ámbito semántico a otro que produce implicaciones, presuposiciones y otras asociaciones semánticas (Santa Ana 2002, 282). Así, mediante figuras discursivas que originalmente hacían referencia a un determinado objeto o idea, en ese momento se utilizan para sugerir un parecido entre el inmigrante y esos objetos o ideas.

Santa Ana (2002, 28 y 253) explica que las metáforas proporcionan un marco que ayuda a entender el comportamiento, las relaciones, los objetos y la gente, incluso hasta el punto en que el individuo se olvida de que las asociaciones semánticas creadas por la metáfora son completamente creadas y no naturales. Puesto que las metáforas son reflexiones de las maneras en las que los seres humanos comprenden el mundo social, el estudio de las metáforas sobre el inmigrante abre el camino a investigar el discurso como práctica social.

Ciertas metáforas se usan para hacer referencia a los inmigrantes como "indocumentados", "sin papeles", "ilegales" o "clandestinos". Estas excluyen socialmente a estos individuos puesto que los identifican como no pertenecientes a la sociedad receptora. Düvell (2008, 493) explica que el término "inmigración clandestina" es un constructo social que surgió a fines del siglo XX. Esta idea forma parte de nuestro universo social, investido con miedos y fantasías que operan en los ámbitos político, social, cultural y sociopsicológico. Esto se hace evidente en los comentarios de los blogs citados anteriormente.

➤ EJERCICIO 12.3

Analiza las metáforas y los estereotipos de inmigrantes en los siguientes comentarios recopilados:

1. Los inmigrantes europeos en Chile no son ilegales. Son buenos porque traen dinero, no hacen uso de los servicios de asistencia pública, vienen a pasarlo bien,

a gastar en nuestro país. En cambio los asiáticos hacen lavado de dinero. Tienen restaurantes donde no va nadie. En las tiendas supervisan bien a sus empleados y vigilan a los clientes; creen que se van a robar algo.

2. Los mojados (inmigrantes mexicanos) son ilegales, analfabetos, bandidos, abusan de la beneficencia pública, reciben asistencia médica gratis y muchos son pandilleros. Todos son católicos y tienen familias grandes.

Además de las metáforas, los hablantes del país receptor pueden recurrir a otras expresiones insultantes para referirse al inmigrante. Hill (2008, 49) expone que en momentos de enojo interpersonal y de violencia surgen ataques verbales sin razón a personas de color con un texto insultante y racista que en inglés se denomina *slur*. Estos insultos se utilizan para "herir" al interlocutor. Hill (2008, 64) lo explica con la ideología lingüística de personalismo, donde los significados de los enunciados están determinados por las intenciones de los hablantes. Si un interlocutor cree algo, va a intentar comunicarlo eligiendo palabras que hagan juego con sus creencias y con las que mejor pueda lograr sus intenciones. Una palabra revela el estado de las creencias de un hablante acerca del mundo y también revela las intenciones comunicativas del hablante para afirmar cierta verdad (Hill 2008, 64). Asimismo, como señala Hill (2008, 119–120), en Estados Unidos hay otras formas discursivas racistas "encubiertas" que reproducen estereotipos negativos de la gente de color y de hispanos (que pueden ser inmigrantes) en este caso. Entre estas formas, Hill destaca el *Mock Spanish*, un tipo de discurso que se utiliza en algunos contextos *blancos* para referirse a las poblaciones de habla española consideradas "de color". El 'Mock Spanish' contiene préstamos de palabras y sufijos asimilados a la pronunciación del inglés y cambios de significados para darles connotación humorística o peyorativa, que puede acompañarse de léxico extremadamente vulgar, lo que proporciona un tono de autenticidad estadounidense, de ser una persona real en contextos relativamente formales (Hill 2008, 134). Por ejemplo, "Hasta la vista, baby", puede considerarse 'Mock Spanish'. La explicación de un angloparlante de cómo hablar español: "In Spanish all you need to know is arrow, sombrerow, dinerrow" es otra ilustración del 'Mock Spanish'.

El uso de 'Mock Spanish' crea una identidad en el hablante que quiere parecer estadounidense "American" que censura la presencia de inmigrantes de origen hispano (Hill 2008, 142). Al mismo tiempo se ubica el español como marginal, sin orden, caótico, es decir como la antítesis de lo "americano". Además, de forma disimulada produce estereotipos negativos de la lengua española y de las comunidades que tienen el español como lengua de herencia. Hill explica que a menudo este discurso aparece acompañado de imágenes estereotipadas y ofensivas de mexicanos (o latinos en general), y que es común en contextos anti-hispanos como en páginas web que tienen una posición anti-inmigrante.

En comunidades receptoras de inmigrantes estas formas discursivas pueden aplicarse no solamente a los inmigrantes, sino también a ciudadanos del país que comparten la herencia cultural de los grupos migratorios.

> ➤ EJERCICIO 12.4

Comenta el uso de las siguientes expresiones peyorativas: *beaners, wetbacks,* ilegales, gallegos, sudacas, mojados.

12.5 LA INMIGRACIÓN, EL CONTACTO DE LENGUAS Y ALGUNOS FENÓMENOS LINGÜÍSTICOS

Los movimientos de población ponen en contacto a personas de diferentes lenguas y/o dialectos de la lengua propia. El inmigrante que intenta comunicarse con los habitantes de la región receptora en la segunda lengua a veces no tiene éxito, ya sea por la transferencia de usos lingüísticos en su lengua nativa y también de usos pragmáticos.

En algunas circunstancias, el inmigrante se traslada a un país o región donde se habla su lengua. Podríamos suponer que esta es la situación ideal, sin embargo se producen choques con los habitantes del lugar. Así, en el caso de los movimientos poblacionales de hispanohablantes hacia otros países hispanohablantes, el inmigrante se enfrenta con otra variedad del español y con otra cultura donde las reglas y repertorios pragmáticos pueden ser diferentes y los locales pueden tener actitudes negativas hacia las variedades de los inmigrantes. Por ejemplo, los hablantes de español mexicano en Houston tienen una percepción negativa hacia el español de los salvadoreños (Aaron y Hernández 2007, 341) y son los dialectos los que relativamente tienen prestigio. Por otro lado, los centroamericanos que perciben el prestigio del dialecto mexicano lo adoptan para hacerse pasar como si fueran de México (Niño-Murcia 2011).

En otras ocasiones el inmigrante trata aún de incorporar ciertos rasgos lingüísticos de su interlocutor en la sociedad a donde llega. Esto ocurre en el español de Nueva York, ciudad receptora de olas migratorias sucesivas de todo el mundo, muchos de ellos hispanohablantes. Otheguy y Zentella (2007, 293) comparan el español de los recién llegados a los Estados Unidos con el de los hablantes de segunda generación en Nueva York, y encuentran que estos últimos han aumentado su uso del pronombre explícito notablemente. Es decir, hay una tendencia a usar los pronombres del sujeto aunque no sea obligatorio hacerlo, como en *yo bailo*. El fenómeno, según Otheguy y Zentella (2007, 293), se debe a que "los bilingües neoyorquinos están expuestos a diario a la influencia del inglés, lengua donde el pronombre explícito es de uso casi categórico."

12.6 APRENDIZAJE DE LA LENGUA (O VARIEDAD) DEL PAÍS RECEPTOR

Para poder participar en una interacción comunicativa con éxito, el inmigrante que se enfrenta a una nueva lengua debe desarrollar una competencia sociopragmática diferente a la suya (ej. la habilidad de ajustar las estrategias comunicativas de una forma apropiada a las diferentes variables sociales). Si el inmigrante desconoce la lengua o la variedad lingüística también desconoce sus formas discursivas y sus estrategias, o las domina limitadamente. Por ello, el inmigrante no siempre es eficaz y en ocasiones no se le entiende o es interpretado erróneamente. Por esa misma razón, a veces tampoco puede interpretar el discurso de su interlocutor de forma adecuada. En ambos casos la comunicación falla a causa de deficiencias no solamente lingüísticas, sino sociopragmáticas.

➤ EJERCICIO 12.5

Analiza y decide si la comunicación falla en este testimonio de un inmigrante:

"El manejador 'jefe' me dijo: 'Go to the truck and drop the boxes on the bed'. [Anda a la camioneta y deja las cajas en la parte de atrás.] Llevé las cajas y las puse en el suelo. Entonces me puse a mirar en el camión y no vi ninguna cama. Le grité: 'I see no beds in this truck'. [No veo ninguna cama en esta camioneta.] Al día siguiente no me contrató."

Los inmigrantes deben aprender la lengua del lugar puesto que el grado de competencia lingüística del inmigrante es determinante no sólo de su integración social, sino de su tipo de vida.

Como hemos visto anteriormente, algunos críticos de la inmigración creen que el inmigrante no quiere aprender la lengua del lugar a donde han llegado. Esto no es siempre cierto. Hay muchos factores que pueden incidir en hacer más difícil el aprendizaje lingüístico. Así, un trabajo extenuante con un salario bajo puede impedir que el inmigrante invierta el tiempo necesario para aprender la L2. Por otro lado, cuando el aprendizaje requiere el establecimiento de relaciones intensas con hablantes de la lengua del lugar de acogida, esto puede ser un dilema: los inmigrantes no tienen estrategias necesarias para comunicarse con los locales y esto les dificulta el establecimiento de relaciones interpersonales que facilitarían el aprendizaje (Gumperz 1982, 209). Eso se observa en el testimonio de Reyes Muñoz (2002) sobre la relación con el aprendizaje de la lengua de dos mujeres inmigrantes: una mujer mexicana, estudiante de Ciencias de la Educación de la UAB (Universidad Autónoma de Barcelona), y una mujer marroquí, analfabeta en su propia lengua, quien por razones económicas emigró a España junto con su familia. Las conclusiones de esta investigación indican que hay factores internos y externos que facilitan o impiden al inmigrante comunicarse en la lengua del país de "acogida". Entre estas están la falta de escolarización en la lengua nativa, las responsabilidades familiares y aún la falta de contacto con hablantes nativos.

En el caso de los marroquíes en España, muchos de ellos manifiestan reticencia hacia los cursos de enseñanza del español ofrecidos, ya sea por grupos religiosos españoles, como por los organizados por mezquitas y/o por asociaciones de inmigrantes marroquíes (El-Madkouri 1995, 356). Cabe preguntarse si en el rechazo del aprendizaje del español incide el conflicto entre las dos culturas. Asimismo, el que los inmigrantes se dediquen a la agricultura y la ganadería y sean itinerantes puede dificultar el aprendizaje del español. En ese caso, los inmigrantes deben comunicarse con hablantes de catalán, valenciano, gallego o euskera.

De acuerdo a Lapresta et al. (2008) los inmigrantes iberoamericanos, junto a algunos magrebíes, son los más reticentes a aprender el catalán y se integran menos en la región. Lapresta et al. (2008) explican que los inmigrantes hispanoamericanos prefieren utilizar el castellano/español para mantenerse fieles a sus raíces idiomáticas y porque piensan que con él pueden cubrir sus necesidades comunicativas de la vida diaria. Los háblantes se identifican a sí mismos y a otros por el uso de su lengua y ven su lengua como un símbolo de su identidad social (Kramsch 1998, 3), por lo que puede ser que para los hispanoamericanos "el castellano es su lengua propia, la lengua que vehicula su identidad y sentimiento de pertenencia a un determinado colectivo." (Lapresta et al. 2008).

Veamos el texto que sigue en donde podemos apreciar las dificultades de aprender una lengua en un contexto migratorio. El texto es un extracto de una entrevista a un inmigrante sobre su aprendizaje del inglés y su motivación para ello:

> Cuando llegué a California hace 25 años empecé a trabajar en la pisca de tomate y de fresa. Me pagaban bien pero no aprendí mucho inglés porque todos los que trabajábamos ahí hablábamos español, incluso el manejador. Cuando tuve que aprender inglés bien fue cuando hice un curso en el colegio porque decidí quedarme y tener una profesión. Hasta anatomía tuve que aprender en inglés, si no, no me daban la licencia. Por eso me ha ido muy bien en mi negocio. Tengo clientes que hablan inglés y español.

En algunas situaciones multilingües el inmigrante puede acomodar su lengua o variedad y su cultura a una tercera, que no es siempre la de prestigio en la región de acogida. Por ejemplo, Aaron y Hernández (2007, 342) explican que debido a la situación de contacto al nivel fonológico entre el español mexicano y salvadoreño en Houston, ha dado como resultado una disminución de la reducción de /s/. El rasgo distintivo del español salvadoreño, reducción de /s/, casi se ha perdido en hablantes salvadoreños que llegaron a Houston antes de los catorce años y esto se debe a que /s/ es un rasgo importante en esa comunidad (Aaron y Hernández 2007, 342).

Los inmigrantes de una lengua o variedad entran en contacto con hablantes de otras variedades y de este modo pueden crear una tercera variedad. Este fenómeno se observa con muchos centroamericanos y sudamericanos que emigran al condado de Orange, en el sur de California, y que se asimilan dos veces (Godines 2001). Veamos el caso de una centroamericana que ejemplifica el fenómeno. La centroamericana llegó a la ciudad de Costa Mesa en 1980. Ahí aprendió rápidamente sobre la fiesta mexicana del *Cinco de Mayo* y la bandera mexicana, y también adquirió el gusto por comer las "gorditas." Admite que le han dicho que ahora habla con acento mexicano. Asimismo, algunos inmigrantes asiáticos en California deben, además de aprender inglés, familiarizarse con el español y la cultura hispana para poder tener mayor éxito comercial.

12.7 LENGUAS EN CONTACTO: EL INGLÉS Y EL ESPAÑOL EN ESTADOS UNIDOS

Hay otros tipos de fenómenos lingüísticos que se producen por el contacto de lenguas y que son incentivados por el proceso de inmigración, como ocurre con el inglés y el español en Estados Unidos. Por lo breve del capítulo nos centraremos sólo en el préstamo léxico y el cambio de código.

El préstamo de palabras y expresiones es muy común cuando hay grandes grupos inmigrantes que están en contacto por un periodo largo, como sucede con el español y el inglés en Estados Unidos. Utilizaremos la clasificación y los ejemplos de Morin (2006) para describir los varios tipos de préstamos. El préstamo de una palabra o expresión es la completa transferencia de un ítem léxico de la lengua de origen a la lengua receptora, tanto de la forma como del contenido, con grados de variación de integración fonológica y morfológica, como *escáner* 'scanner' (Morin 2006, 163, 169). Otro tipo de préstamos son los calcos que incluyen las traducciones y las extensiones semánticas en los que se adopta el significado de la lengua donante. En la traducción de un préstamo los nuevos significados son la única evidencia visible de que se ha tomado la expresión de otra lengua, como *archivo adjunto* 'attachment' y *ratón* 'mouse' (Morin 2006, 169–170). En el caso de las extensiones semánticas del léxico existente en la lengua receptora, las palabras asumen un nuevo significado que ha sido copiado o calcado de la otra lengua, como *pantalla* 'computer screen' (Morin 2006, 170). También hay préstamos híbridos, es decir, se adopta parte de la forma fonémica de la palabra o expresión y el resto se sustituye por una expresión nativa, como *mouse inalámbrico* 'wireless mouse' (Morin 2006, 171).

➤ EJERCICIO 12.6

Lee las palabras y expresiones e indica a qué tipo de préstamo pertenecen:

Llamar para atrás

Parqueadero

Computadora
Agarré su clase
Troca
Camioneta pick up

El cambio de código también surge del contacto de lenguas. Este se realiza cuando se utilizan elementos de dos lenguas en un mismo enunciado o conversación. A pesar de que muchos crean que las expresiones que parecen intercaladas son muletillas, Zentella (1997) comprueba que para poder efectuar el cambio de código las personas tienen que tener el conocimiento adecuado de las dos lenguas. No obstante, una de ellas, la principal, es aquella que se conoce mejor y en la otra se debe tener suficiente conocimiento.

Según Myers-Scotton (1995) los hablantes que cambian de código lo hacen para negociar un cambio en la distancia social entre ellos y los otros participantes en la conversación. El fenómeno tiene mucho en común con el uso de selecciones estilísticas en una misma lengua. Es como si los bilingües o multilingües tuvieran un estilo adicional cuando cambian de código. Myers-Scotton (2005) identifica dos tipos de alternancia de código: clásica y compuesta. La alternancia clásica es la que tiene lugar cuando se incluyen elementos de dos o más lenguas en una misma cláusula, pero sólo una de ellas es la fuente del marco morfosintáctico de la cláusula (Myers-Scotton 2005, 241). La alternancia de código compuesta es aquella en la que la mayor parte de la estructura morfosintáctica proviene de una lengua, pero en la que también está presente la de la otra lengua (Myers-Scotton, 242).

Por otra parte, Zentella (1997, 113) expone que el cambio de código en inglés y español es un estilo creativo de la comunicación entre bilingües que cumple funciones conversacionales y culturales. Zentella sostiene que los hablantes utilizan la alternancia de código para indicar un poder comunicativo y un estrechamiento de lazos sociales más intensos. Su estudio sobre el español puertorriqueño en Nueva York le permitió descubrir que el uso del cambio de código asume varias funciones en el intercambio comunicativo entre el hablante y su interlocutor. Este tiene una función referencial si se asigna una lengua a determinados temas y términos (por ejemplo, el inglés para hablar de los estudios y de economía) y la otra a otros temas y términos (por ejemplo, el español para hablar de temas domésticos y de familia). El uso de la alternancia en este caso suple la falta de vocabulario específico en una u otra lengua para tratar ciertos temas. Si indica la intención del hablante de influir en el comportamiento del interlocutor, el cambio de código asume una función directiva: "No te comas los *peanuts because they will make you sick.*" El cambio de código también puede tener función expresiva si indica la intención del hablante de expresar su estado psicológico: "Yo estoy *allergic* 'alérgica' a ti". Si se mantiene la comunicación por medio de expresiones como *diga* o *fíjese*, el cambio de código asume una función fática: "Para Luisa eso era difícil, *you know* 'sabes', porque nunca aprendió inglés". Si el cambio de código le permite al hablante describir su propio código, se habla de una función metalingüística: "*They are full of shit*, no saben de lo que hablan; no saben lo que hacen". Hablamos de función poética si el cambio de código utilizado por el hablante sirve para aumentar la expresividad del discurso; puede incluir metáforas, juego de palabras, etc.: "*What happened to Anita?* ¿Qué le pasó a Anita?, la que era bonita".

> ➤ EJERCICIO 12.7

Identifica las posibles funciones de los siguientes cambios de código:

> *I told my dad* que me trajera pa' tras.
> Te acuerdas de Johnny, *the one who had a pony*.
> A veces uno quiere estudiar, *but you know*, no se puede.
> Han pasado muchas cosas, señora, *I am totally devastated*.
> En inglés se llama *flower bed*.

12.8 ENCUENTROS DESIGUALES EN TÉRMINOS DE PODER

La lengua se utiliza en la sociedad y ayuda a entretejer las relaciones de poder entre los hablantes. En general, en las comunidades receptoras de inmigrantes, los habitantes del lugar atribuyen a su lengua un mayor prestigio o poder que a la lengua de los inmigrantes. Además, la lengua o dialecto del grupo o comunidad lingüística inmigrante se considera inferior en términos de poder, prestigio o nivel económico, por lo que sus usuarios también son percibidos como seres de menor valor, es decir de categoría inferior. Esto puede ocurrir aún en los casos en que la posición institucional del interlocutor no sea necesariamente inferior. Algunas veces los inmigrantes se resisten a ser identificados y marcados por la lengua que hablan y la abandonan, reemplazándola por la lengua de mayor prestigio. En ciertas ocasiones puede darse un efecto contrario. Los inmigrantes se esfuerzan en proteger y mantener su lengua y de ese modo desarrollan una identidad más vigorosa en su lengua de origen.

En el caso del sur de California, el inglés estándar tiene prestigio porque se utiliza para obtener trabajo y posiciones de influencia y poder en la comunidad local y nacional. Históricamente, quienes permiten o impiden acceso a puestos o servicios han sido los hablantes de inglés, aunque en las últimas décadas los hablantes de español lentamente han logrado acceder a estas posiciones. El español se mantiene por razones comerciales, y en algunos casos también es una lengua de prestigio.

Los cambios lingüísticos que ocurren en las áreas receptoras de grupos migratorios a través del tiempo desarrollan variedades lingüísticas propias, y en muchos casos se da un incremento de las variedades lingüísticas de estas áreas. En el caso del español hablado en Estados Unidos se pueden distinguir variedades tales como el español méxicoamericano y el español puertorriqueño. Ahora, estas variedades forman parte de un continuo lingüístico que incluye diversas variantes que se aproximan o se alejan de las variedades consideradas estándares tanto del español como del inglés. Lo que hace más interesante, y al mismo tiempo más difícil, el estudio de estas variedades es que están en evolución. Además nuevos grupos migratorios a través del tiempo refuerzan y mantienen latente los procesos de desarrollo.

12.9 CONCLUSIONES

En este capítulo se han tratado de una forma esquematizada los procesos migratorios que incentivan la interacción de hablantes de diferentes dialectos y lenguas. Hemos intentado descubrir cómo el discurso no oficial de los habitantes de un área receptora de inmigrantes refleja la problemática de la inmigración. Asimismo, se han dado ejemplos de cómo se entretejen las relaciones de poder en áreas que han recibido el impacto de la inmigración. Además se han mencionado algunos fenómenos lingüísticos en regiones que han acogido inmigrantes de diferentes lenguas y culturas. La discusión presentada en este capítulo ayuda a aproximarse al estudio de la lengua y la inmigración, especialmente en áreas en las que participan grupos hispanos procedentes de varios puntos del mundo hispano. Esperamos que esta visión panorámica permita llegar a una mejor comprensión de la situación lingüística y social que se presenta en áreas que han recibido y continúan recibiendo olas migratorias.

Obras citadas

Aaron, Jessi Elana, y José Esteban Hernández. "Quantitative evidence for contact-induced accommodation." En *Spanish in Contact: Policy, Social and Linguistic Inquiries*, ed. Kim Potowski y David Cameron. Amsterdam/Philadelphia. Benjamins, 2007: 329–343.

Checa Olmos, Francisco. "España y sus inmigrados: Imágenes y estereotipos de la exclusión social." En *La Inmigración en España: Contextos y Alternativas: Actas del III Congreso Sobre la Inmigración en España (ponencias)*, volumen II, ed. F. J. García Castaño y C. Muriel. Granada: Laboratorio de Estudios Interculturales, 2002: 421–436.

Digger's Realm. "41% of Latino Immigrants Say They Do Not Have to Speak English to Be Part of American Society." Disponible en: http://www.diggersrealm.com/mt/archives/001896.html (consultado el 7 de marzo de 2009).

Düvell, Franck. "Clandestine migration in Europe." *Social Science Information* 47 (2008): 479–497.

El-Madkouri, Mohamed. "La lengua española y el inmigrante marroquí." *Didáctica* 7 (1995): 355–362.

Farré, Elisabet L. "Carta de Barcelona" publicada el 31.01.2005 en 'Las quejas contra los inmigrantes.' Disponible en: http://www.20minutos.es/carta/2229/0/quejas/contra/inmig rantes (consultado el 15 de diciembre de 2009).

Fasold, Ralph W. *The Sociolinguistics of Society*. Oxford: Basil Blackwell, 1984.

García, Anna. "Weblog migraciones: Reflexiones cívicas. Comentario sobre estereotipos sobre la inmigración en España," 2006. Disponible en: http://weblogs.madrimasd.org/migra ciones/archive/2006/01/18/12249.aspx (consultado el 7 de marzo de 2009).

García, Bernat. "La crisis provoca el primer descenso de población inmigrante en 13 años", 2009. Disponible en: http://www.elpais.com/articulo/economia/crisis/provoca/primer/ descenso/poblacion/inmigrante/anos/elpepieco/20091024elpepieco_3/Tes.

Godines, Valeria. "'Los otros Hispanos' often assimilate twice," 2001. Disponible en: http:// www.ocregister.com/features/census/other00815cci3.shtml.

Gumperz, John L. *Discourse Strategies*. London & New York: Cambridge University Press, 1982.

Harlow, L. "Do they mean what they say?: Sociopragmatic competence and second language learners." *The Modern Language Journal* 74 (1990): 328–351.

Hill, Jane. *The Everyday Language of White Racism*. West Sussex, UK: Wiley-Blackwell, 2008.

Instituto de Estudios Internacionales (Universidad de Chile). "Exitoso seminario sobre inmig ración coreana en América Latina," 2008. Disponible en: http://www.ieiuchile.cl/centros/ cap/noticias/not34.html (consultado el 15 de diciembre de 2009).

Kasper, Gabriela. "The role of pragmatics in language teacher Education." En *Beyond Methods: Components of Second Language Teacher Education*, ed. K. Bardovi-Harling and B. Hartford. New York: McGraw-Hill, 1997: 113–136.

Kerswill, Paul. "Migration and language." En *Sociolinguistics/Soziolinguistik: An Internacional Handbook of the Science of Language and Society*, vol. 3, ed. Klaus Mattheier, Ulrich, Ammon y Peter Trudgill. Berlin: Mouton de Gruyter, 2006.

Kramsch, Claire. *Language and Culture*. Oxford/New York. Oxford University Press, 1998.

Lapresta, Cecilio, Judit Janés, y Mónica Querol. "Hispanoamericanos y magrebíes en el sistema educativo catalán. El multilingüismo y multiculturalismo no siempre valorado," 2008. Disponible en: http://docs.google.com/gview?a=v&q=cache:lS4Mm3FbXVkJ:web.udg .edu/ice/simposi/doc/re_clapresta.pdf+Cecilio+Lapresta+L%C3%A9rida+y+Osona &hl=en&gl=us&sig=AFQjCNGKYiUnuT56hHgqCzK46BXLblV3dQ (consultado el 1 de noviembre de 2009).

Merino Hernando, Asunción. "Procesos de incorporación de la inmigración peruana en España: más allá de los estereotipos nacionales y culturales." *Revista del Ministerio de Trabajo y Asuntos Sociales* 80 (2009): 173–188.

Morin, Regina. "Evidence in the Spanish language press of linguistic borrowings of computer and Internet-related terms." *Spanish in Context* 3 (2006): 161–179.

Myers-Scotton, Carol. "Social motivations for codeswitching: Evidence from Africa." Oxford: Oxford University Press, 1995 [1993].

———. *Multiple Voices: An Introduction to Bilingualism*. Malden, MA: Wiley-Blackwell, 2005.

Niño-Murcia, Mercedes. "Variation and Identity in the Americas," En M. Díaz-Campos, ed., *The Handbook of Hispanic Sociolinguistics*. Malden, MA: Blackwell, 728–746, 2011.

Otheguy, Ricardo, y Ana Celia Zentella. "Apuntes preliminares sobre el contacto lingüístico y dialectal." En *Spanish in Contact: Policy, Social and Linguistic Inquiries*, ed. Kim Potowski y David Cameron. Amsterdam/Philadelphia: Benjamins, 2007: 275–295.

Pirate's Cove, The. "Mexican immigrants do not assimilate too well in USA." Disponible en: http://thepiratescove.us/2008/05/15/mexican-immigrants-do-not-assimilate-too-well-in-usa/ (consultado el 7 de marzo de 2009).

Prisma, economy weblog. "Comentario sobre '¿Hay demasiados inmigrantes en España?'" Disponible en: http://economy.blogs.ie.edu/archives/2007/06/hay_demasiados.php (consultado el 7 de marzo de 2009).

Reyes Muñoz, Edith. "Inmigración y lenguaje. Para una didáctica de acogida y hospitalidad." Disponible en: www.ub.edu/ice/portaling/seminari/seminari-pdf/23reyes.pdf (consultado el 26 de febrero 2002).

Sánchez de Horcajo, Juan José. "Cultura. Lengua e integración social de los inmigrantes nigerianos en Madrid." *Didáctica* 7 (1995): 289–300.

Santa Ana, Otto. *Brown Tide Rising: Metaphors of Latinos in Contemporary American Public Discourse*. Austin, Texas: University of Texas Press, 2002.

Vázquez Aguado, Octavio. "Negro sobre blanco: inmigrantes, estereotipos y medios de comunicación." *Comunicar* 12 (1999): 55–60.

Yahoo respuestas, blog. "¿Qué opinan de la inmigración en USA, es buena o mala y qué opinan de cómo tratan a los inmigrantes?" Disponible en: http://espanol.answers.yahoo.com/question/index?qid = 20070705141054AAdTtzc (consultado el 15 de diciembre de 2009).

Zentella, Anan Celia. *Growing Up Bilingual*. Malden, MA: Blackwell, 1997.

Nota

1. Los inmigrantes de la Unión Europea en España tienen libertad de tránsito y de trabajo. Sin embargo, la mayoría de los inmigrantes son extracomunitarios y deben respetar la Ley de Extranjería española que vincula el permiso de residencia al empleo. Los inmigrantes en España deben conseguir y renovar cada año los permisos de residencia y trabajo y se insertan en nichos ocupacionales permitidos por la política migratoria (Merino Hernando 2009).

13

~

LENGUA Y EDUCACIÓN

ANA ISABEL GARCÍA TESORO

Reflexiones preliminares

1. ¿Cómo definirías el concepto de educación?
2. ¿Qué relación crees que existe entre la lengua y la educación?
3. ¿Crees que debe utilizarse un tipo determinado de lengua en la escuela o en contextos académicos? ¿Por qué?

13.1 INTRODUCCIÓN

En este capítulo vamos a abordar la relación entre la lengua y la educación en el mundo hispanohablante, relación que entraña gran complejidad pues en ella intervienen multitud de factores: sociales, psicológicos, políticos e incluso económicos, así como numerosos agentes sociales: gobiernos, lingüistas, profesores, estudiantes y familias. En primer lugar, trataremos de desentrañar el papel que juega la asignatura de lengua en la escuela, para qué y de qué manera se enseña la lengua en las escuelas y cuáles son las habilidades lingüísticas que se esperan desarrollar. Veremos que las propuestas varían en función de las perspectivas teóricas y prácticas de enseñanza de la lengua que se adopten, y que estas se han modificado considerablemente en los últimos años.

Por otro lado, nos plantearemos una cuestión fundamental que surge a la hora de planificar la asignatura de lengua en los sistemas educativos: ¿Qué español se debe enseñar y utilizar en clase? La respuesta a esta pregunta es aún motivo de controversia. Existen diferencias en el castellano (español) que se habla en cada uno de los países hispanohablantes (en el léxico, la entonación, la pronunciación) e incluso también dentro de los propios países. Sin embargo, solo algunas variedades son seleccionadas como medios de comunicación en el ámbito educativo. Comprobaremos que, en general, la tendencia es promover la lengua estándar, que es aquella que goza de un alto prestigio y aceptación como modelo para los hablantes, aunque con algunas características propias en cada país (la lengua estándar es distinta en cada nación hispanohablante).

Asimismo, hemos considerado importante tratar la enseñanza de la lengua española en ámbitos hispanohablantes con situaciones seculares de bilingüismo, por ejemplo, en países como Perú, Guatemala o México, donde el español convive con lenguas como el quechua, las lenguas mayas o el náhuatl. En estos contextos los presupuestos teóricos y metodológicos de la enseñanza del español cambian, pues se plantea como una L2 y tiene otras repercusiones en el rendimiento escolar, las actitudes lingüísticas hacia las lenguas, etc.

Presentaremos un breve panorama del papel del español y de las lenguas minoritarias en los sistemas educativos de los países hispanohablantes bilingües o multilingües, y analizaremos con más detenimiento el caso de Guatemala, donde se hablan 21 lenguas mayas además del español.

Por último, abordaremos las repercusiones que ha tenido el aumento de alumnado inmigrante en la enseñanza de la lengua de los sistemas educativos de países hispanohablantes receptores de inmigración, como Argentina o España. Examinaremos de qué manera se ha considerado esta nueva realidad, así como las estrategias para manejar la presencia de diferentes lenguas y variedades de español en sus aulas, prestando especial atención al caso argentino.

13.2 LA ENSEÑANZA DE LA LENGUA EN EL SISTEMA EDUCATIVO

La enseñanza de la lengua se revela como un aspecto fundamental en el diseño de los programas educativos y del modelo pedagógico que se quiera utilizar. Los programas escolares normalmente se basan en un enfoque pedagógico que apoya, y a su vez desarrolla, la competencia lingüística de los registros más académicos y formales de los alumnos (en el caso de sociedades que ya hablan la lengua utilizada en el sistema escolar), o la adquisición de una competencia comunicativa y lingüística avanzada de aquellos estudiantes que entran en el sistema escolar con una lengua distinta a la lengua adoptada en el sistema académico. Así la competencia lingüística, entendida en un sentido amplio, se ejercita para capacitar el uso y reconocimiento. Para capicitar el concimiento de diversos géneros, estructuras, registros y ámbitos de uso de la lengua en cuestión, de los enunciados y situaciones en que se formulan (escolar, profesional, informal, formal), las funciones comunicativas que cumplen (la intencionalidad: una petición, una sugerencia, una orden), así como la información que transmiten, pero también el reconocimiento de las diversas identidades de los individuos que los formulan (social, étnica, cultural) y de las relaciones sociales que se establecen entre ellos (imposición, sometimiento, negociación).

Tradicionalmente la enseñanza-aprendizaje de la lengua en los países hispanos se centraba en la corrección gramatical y ortográfica y en el aprendizaje del léxico, lo cual se llevaba a cabo desde planteamientos básicamente descriptivos acerca del funcionamiento de los elementos de la lengua aislados unos de otros (fonemas, morfemas, palabras, sintagmas, frases). De esta forma, el estudio de la lengua se convertía en un conjunto de abstracciones cuya finalidad era describir la estructura y funcionamiento del sistema lingüístico. Asimismo, los esfuerzos de los docentes se centraban en definir conceptos como *fonema* o *sintagma verbal*, o en analizar sintáctica y morfológicamente oraciones.

En los últimos años, la enseñanza de la lengua se plantea desde el punto de vista educativo como la capacitación para reconocer, comprender y crear enunciados lingüísticos completos. Así, se enseñan no solo elementos teóricos sintácticos y semánticos, sino también pragmáticos y discursivos, orientados al uso adecuado del lenguaje en diferentes situaciones, canales y registros (coloquial, formal) y con distintas finalidades: exponer, argumentar, pedir o rebatir (Cassany et al. 1994). Por ello, en las aulas ahora también se emplea tiempo en hacer narraciones orales, diálogos, dramatizaciones, exposiciones, entrevistas, críticas, argumentaciones, esquemas, resúmenes y comentarios de textos. En definitiva, el propósito de los nuevos enfoques es que prevalezca en mayor medida el uso de la lengua frente a la reflexión teórica sobre la misma, por supuesto siempre siguiendo y promoviendo en todas las actividades el modelo de lengua estándar.

Así pues, la gramática textual y el análisis del discurso, junto con la pragmática, son disciplinas que han cobrado una gran importancia en el desarrollo de los currículos escolares en la materia de lengua española. Estos han aportado un modelo teórico que sustenta esta orientación hacia el uso de la lengua como una herramienta que debemos saber manejar con éxito en nuestro entorno social. Es decir, la lengua se ve como una habilidad social y no como un mero objeto de reflexión teórica. Desde esta perspectiva el objeto de estudio es el texto o enunciado, que se convierte así en una unidad de comunicación que da cuenta no solo de la información literal del mensaje, sino de las circunstancias que rodean al sujeto discursivo (ej. la situación social, cultural, étnica, psicológica), las cuales también son importantes en la medida que condicionan y determinan el uso del lenguaje. En definitiva, el enunciado se considera el objeto de estudio más adecuado para dar cuenta de la complejidad, diversidad y dinamismo de las interacciones humanas (González Landa 2007).

Visto así, el enunciado o texto resulta ser una composición gramatical (desde la perspectiva sintáctica y morfológica) que trasmite contenidos semánticos de diferente índole o temática (perspectiva semántica) y que a su vez sirve como herramienta de uso para cubrir necesidades comunicativas (perspectiva pragmática). Por ello, autores como Peirce (1988) o Halliday (1982) proponen que las prácticas educativas pongan mayor énfasis en una o varias de estas tres perspectivas:

1. Una perspectiva donde las prácticas enfaticen el conocimiento del código lingüístico y de las relaciones establecidas entre sus distintos componentes. Esta procede del concepto de lengua como un sistema de signos que busca la corrección gramatical y precisión semántica para evitar anacolutos, faltas de concordancia, errores de ortografía, pobreza o inadecuación léxica y errores similares.

2. Una perspectiva donde las prácticas se centren en las relaciones de los signos lingüísticos y los objetos del mundo referidos por ellos. Así se pueden construir discursos coherentes en los que se planteen eficazmente introducción-desarrollo-conclusión, las causas y las consecuencias, un problema y su solución, planteamiento-nudo-desenlace, etc.

3. Una perspectiva donde las prácticas focalicen su interés en las interacciones entre las personas y los signos lingüísticos, así como la interpretación que se hace de ellos en función del contexto, el emisor, el destinatario, la intencionalidad, la efectividad o la adecuación del enunciado. En este tipo de actividades lo importante son las funciones que llevamos a cabo con el lenguaje: comunicación interpersonal y social, identificación de la conducta propia y la ajena, etc., con las que logramos objetivos comunicativos sociales, profesionales y culturales de los que dependen nuestras relaciones, supervivencia, bienestar e incluso el significado de nuestra existencia.

➤ EJERCICIO 13.1

Lee las siguientes propuestas de actividades para la clase de lengua española y piensa si su objetivo es una reflexión teórica sobre la estructura de la lengua o una aplicación práctica de la misma. Justifica tu respuesta.

13.1.a   Cuadro del análisis sintáctico de la siguiente oración:

Si muero sin conocerte, no muero, porque no he vivido. (Luis Cernuda)

Si muero sin conocerte					no muero		porque no he vivido		
Nexo	Núcleo verbal	Prep.	Núcleo Verbal	C D	Adv. Negación / C. Circunstancial	Núcleo verbal	Nexo	Adv. Negación / C. Circunstancial	Núcleo Verbal
		Prop. Sub. Sust. C. Cir. Modo			Predicado			Predicado	
Prop. Sub. Adv. Condicional					Prop. Principal		Prop. Sub. Adv. Causal		

13.1.b   "Secuencia didáctica: Enseñar a argumentar a través de los medios de comunicación.

Primera sesión: Exploración de las ideas previas. Se buscará que los alumnos respondan a las preguntas '¿Qué sabemos sobre [el tema propuesto]?' y '¿Qué nos gustaría saber?'

Segunda sesión: Investigación en distintas fuentes: prensa, Internet, informes de ONG, entre otras.

Tercera sesión: Categorización de la información, de manera tal que los estudiantes puedan distinguir los textos que brindan información de aquellos que muestran opinión, con el fin de iniciar el reconocimiento de los textos argumentativos.

Cuarta sesión: Lectura y análisis de un editorial.

Quinta sesión: Análisis en pequeños grupos de editoriales y puesta en común.

Sexta sesión: Realización de un debate televisivo creado por los propios alumnos.

Séptima sesión: Elaboración grupal de una propuesta escrita para enviar a un Ayuntamiento.

Octava sesión: Revisión de los textos."

(Tomado y resumido de Silvia Eva Agosto, "Aprender a argumentar mediante los medios de comunicación", grupo DIDACTEXT, Universidad Complutense de Madrid: www.didactext.net).

¿Qué perspectivas de las mencionadas anteriormente crees que predominan en las dos actividades?

13.3 ¿QUÉ MODELO DE LENGUA ENSEÑAR?

La cuestión del modelo de lengua que se debe enseñar en la escuela, así como la metodología y procedimientos apropiados, es un debate aún no resuelto por los lingüistas y los pedagogos. El planteamiento tradicional, vigente en la mayoría de centros educativos, opta por un modelo normativo de alto prestigio y aceptación y rechaza aquellos rasgos propios del lenguaje considerado vulgar e informal así como la mayoría de regionalismos y dialectalismos. Por ejemplo, las faltas de ortografía o los dialectalismos como la geminación[1] de la /s/ en grupos /sk/ (escoba [ękkó⁻ba], asco [ákko]) son considerados vulgares y propios de personas de bajo nivel sociocultural, en consecuencia, serían inmediatamente corregidos en la escuela. Asimismo, un fenómeno propio de la variedad de español guatemalteco, como el empleo del artículo indefinido seguido de un posesivo y un sustantivo (ej. *una mi amiga*), que es común y frecuente en la lengua hablada, es igualmente excluido de la norma escrita estudiada en la escuela. La enseñanza de la lengua estándar como modelo a seguir de alguna forma jerarquiza las variedades lingüísticas, pues superpone un modelo de lengua prestigioso sobre otras variedades regionales, y en consecuencia, muchos fenómenos que no son propios de la variedad estándar son considerados vulgares. La escuela, junto con otras instituciones y los medios de comunicación, es la encargada de la difusión de esa norma y de la idea de su superioridad.

La Real Academia Española (RAE) es la encargada de establecer y difundir el modelo normativo de la lengua española por medio de publicaciones como el *Diccionario de la lengua española*, el *Diccionario de dudas y dificultades de la lengua española*, la *Ortografía de la lengua española* y más recientemente en la *Nueva gramática de la lengua española*[2], material de consulta indispensable en centros docentes, editoriales, redacciones de periódicos, etc. La RAE goza de una notable aceptación en el mundo hispano, a pesar de que tradicionalmente se ha guiado por un modelo de español basado en el estándar peninsular en el que no existen algunos fenómenos del estándar americano como el seseo o el voseo. De esta forma han sido y aún son excluidas de la norma estándar variantes del español que, dependiendo de diferentes convenciones lingüísticas y sociales, no están prestigiadas. En favor de la RAE hay que señalar que en los últimos años, gracias a la intensa colaboración con las Academias de los diferentes países hispanohablantes, se están aceptando los estándares de cada país. Además se van reconociendo palabras, expresiones y giros comunes y totalmente aceptados en las variedades de los países hispanoamericanos y que no tienen nada de incorrecto *per se*. Esta mayor apertura responde también al hecho de que, en la práctica, en los diferentes países hispanohablantes se aceptan también para el modelo de lengua estándar rasgos y vocabulario de la variedad de lengua prestigiosa de cada país o área lingüística. Dicha variedad normalmente se corresponde con el habla de las clases con alto nivel social y de instrucción de los grandes centros urbanos: México D.F., Lima, Buenos Aires, Madrid, y normalmente muchos de sus rasgos principales son aceptados y estudiados, o al menos no censurados, en la escuela como parte de la lengua estándar de cada país.

De lo expuesto hasta ahora podemos entender que la norma estándar, aunque pretenda ser uniforme, no es rígida. Veamos como ejemplo el fenómeno del leísmo, esto es, el empleo del pronombre *le/les* para objetos directos masculinos en lugar de la forma etimológica *lo/los*. Este es un rasgo común en las variedades de español de la mitad noroccidental de la península y cada vez más presente en medios de comunicación como la televisión, la radio o los periódicos en España. Probablemente un andaluz o un mexicano percibirá el leísmo como algo extraño, pero los hablantes del centro peninsular lo aceptan plenamente. Más aún, el leísmo de persona singular, que incluso está admitido por la Real Academia, no se censura en la escuela y aparece en los libros de texto. De la misma manera, la aspiración de la /s/ al final de una palabra en el español andaluz es un rasgo propio de esta variedad. Aunque en la escuela se estudia la pronunciación normativa, no se muestra una actitud negativa hacia la misma.

➤ EJERCICIO 13.2

¿Qué rasgos lingüísticos son considerados "vulgares" en tu comunidad de habla? ¿Son corregidos en la escuela? ¿Crees que los hablantes tienen derecho a utilizar estas formas? ¿El sistema educativo debe corregirlos? ¿Sería importante diferenciar entre registros escolares y no escolares? ¿Hay alguna institución que se encargue de establecer el modelo de lengua culta o estándar del inglés y del francés? ¿Es respetada y seguida por los hablantes, instituciones y medios de comunicación?

Como hemos mencionado anteriormente, el modelo normativo de lengua, propio de la mayoría de los sistemas educativos, se erige como filtro que impide la estandarización de muchas variedades del español. Además, este modelo normativo determina las actitudes de los hablantes hacia las variantes dialectales de su lengua, incluyendo la propia. En muchas ocasiones puede despertar actitudes negativas hacia los hablantes de otras variedades, e incluso llevar a algunos hablantes a abandonar su variedad a favor de la más prestigiosa. Recordemos que la variedad estándar no es por sí misma mejor o peor que otras, sino que normalmente se corresponde con el habla de las clases urbanas con alto nivel social. El modelo de lengua es identificado con el prestigio social de estos grupos, y en consecuencia, seguido y considerado más prestigioso (véase una reseña de diferentes trabajos realizados sobre actitudes lingüísticas en el mundo hispano en Blas Arroyo 2005, temas X y XI).

Veamos como ejemplo un estudio realizado en Ciudad de Guatemala sobre las actitudes hacia las variedades del español como L2 de los mayahablantes (Ramage 2004). En este estudio se pidió a un grupo de voluntarios que primero escucharan grabaciones de varios hablantes con distintos acentos y que luego indicaran el nivel educativo de cada uno de estos. El estudio reveló que a aquellos hablantes universitarios cuyo acento se identificaba como español de mayahablantes se les atribuía un nivel de educación más bajo del que tenían. Por ello, no sorprende que los universitarios mayas intenten "pulir" su español y acercarlo al prestigioso. En efecto, en el mismo estudio se constató que a algunos estudiantes mayas no se les podía identificar por su español, es decir, estos indígenas habían logrado adquirir una variedad de español similar o prácticamente igual a la de la capital.

Por otro lado, es ventajoso que para una lengua como el español, hablada por más de cuatrocientos millones de personas, exista un modelo de lengua culta común, especialmente para la lengua escrita. El hecho de que la variedad estándar escrita de los diferentes países hispanohablantes no presente muchas diferencias permite a los hablantes comunicarse en ámbitos como la enseñanza, la investigación, los medios de comunicación, el mundo editorial, Internet, etc. (Blecua 2004; Demonte 2003; Hernández Alonso 2004).

➤ EJERCICIO 13.3

Une cada una de estas palabras con su equivalente y señala cuál es la palabra de la norma estándar en México y en España:

patata, carro, gambas, acá, plata, me enfadé, carne de res, melocotón, coche, mesero, móvil, carne de vaca, zumo, manejar, jalar, celular, camarones, se demo-raron, camarero, dinero, papa, tirar, jugo, me enojé, conducir, tardaron, durazno, aquí

México	España
1. _____	1. _____
2. _____	2. _____
3. _____	3. _____
4. _____	4. _____
5. _____	5. _____
6. _____	6. _____
7. _____	7. _____
8. _____	8. _____
9. _____	9. _____
10. _____	10. _____
11. _____	11. _____
12. _____	12. _____
13. _____	13. _____
14. _____	14. _____

➤ EJERCICIO 13.4

Lee el siguiente texto. ¿Estás de acuerdo con la consideración que la autora expresa del inglés sureño? ¿Hay alguna variedad o variedades del inglés que se considere más o menos alejada del estándar? ¿Qué características tiene? ¿Cuáles son las actitudes hacia esas variedades?

Crecí hablando inglés sureño y dejé el Sur cuando ya era una adulta joven. Cons-cientemente, fui cambiando mi dialecto con los años porque descubrí que revelaba rasgos de lo que en ese tiempo eran características no estándares del idioma inglés. Como estudiante de postgrado en cursos de lingüística, me di cuenta más claramente de los estereotipos negativos que provocaba mi dialecto sureño. Ahora, en mi vida diaria en California, uso una variedad de inglés diferente que puede ser caracterizada como "inglés californiano educado". Supe, por mis compañeros en el postgrado, que mi forma de hablar provocaba que me juzgaran como "tarada", "ignorante" o "demasiado dulce". No quería perder mis raíces sureñas, pero al mismo tiempo no quería usar un dialecto que provocara estos estereotipos. Mis compañeros me ayudaron a detectar, entre otros rasgos, el acento fuerte con que pronunciaba algunas combinaciones silábicas (/*Ju*ly/ en vez de /Ju*ly*/) y algunos patrones fonéticos ("pen" y "pin" eran iguales en mi dialecto), que se diferenciaban de la tendencia principal del inglés. (Ramage 2004, 1–2)

➤ EJERCICIO 13.5

Observa la foto de este cartel de un restaurante del centro de Madrid. ¿Sabes qué variedad del español representa? ¿Qué rasgos propios de esa variedad se han intentado reflejar? ¿Por qué crees que se ha escrito así y no siguiendo la norma estándar?

13.4 LA EDUCACIÓN BILINGÜE EN PAÍSES HISPANOHABLANTES

Existen múltiples situaciones seculares de bilingüismo o multilingüismo cuya consideración y tratamiento ha variado enormemente a lo largo de la historia en Hispanoamérica y España. En España se hablan, además del castellano (también llamado español) otras lenguas romances: gallego en Galicia, catalán en Cataluña, parte de Aragón e Islas Baleares; valenciano en la Comunidad Valenciana y euskera en el País Vasco. Durante la dictadura franquista se impuso un largo periodo de monolingüismo en español en los ámbitos públicos y oficiales, al que la Constitución Española de 1978 puso fin al reconocer oficialmente todas las lenguas en la Península. Desde entonces, las provincias bilingües cuentan con una agenda de recuperación y normalización lingüística y programas de educación bilingüe. En América el panorama es más complejo, pues el español coexiste con más de 400 grupos etnolingüísticos. Algunos tienen unas pocas decenas de miembros (p. ej. muchos grupos indígenas de la Amazonía), mientras que otros grupos cuentan con millones de hablantes, como la comunidad quechuahablante en los Andes y la maya quiché en Guatemala. Dada la extensión y los objetivos didácticos de este capítulo, resulta imposible abarcar y explicar todas las situaciones de plurilingüismo en el mundo hispano y su respuesta desde el punto de vista educativo. Por ello, únicamente analizaremos a modo de ejemplo el caso de Guatemala, país con una presencia de lenguas indígenas muy relevante.

13.4.1 La educación bilingüe en Hispanoamérica y el caso de Guatemala

En la Hispanoamérica colonial, la Corona Española se preocupó intensamente por la evangelización e instrucción de la población indígena y encomendó esta tarea a los misioneros. Desde el principio los misioneros, siguiendo los preceptos del Papa y los principios de predicación de la doctrina católica, se entregaron con empeño a la labor evangelizadora privilegiando esta labor a la de instrucción del castellano. Por ello, muchos sacerdotes aprendieron las lenguas de la población indígena para predicar con mayor rapidez y eficacia. Esta práctica no siempre contó con la aprobación de las autoridades civiles y provocó una serie de debates que conllevaron una política lingüística cambiante durante casi tres siglos. El debate lingüístico se orientó, esencialmente, en relación a unos objetivos religiosos, es decir, para asegurar la unidad de la fe y no para promocionar ninguna lengua. Así, aunque el modelo de predicación no tuvo mucho de altruista, contribuyó en gran medida al mantenimiento de las lenguas amerindias hasta la actualidad. De hecho, en Hispanoamérica, en el momento de la independencia de España, solamente una tercera parte de la población hablaba español, y en algunos países como Bolivia o Guatemala, la difusión del español entre la población indígena es un fenómeno relativamente reciente que afecta a dos o tres generaciones (Lodares 2004).

El mayor debilitamiento de las lenguas amerindias en Hispanoamérica devino a partir de 1840 con el proceso de industrialización y de extensión del comercio, que vino acompañado además de una creciente emigración europea y unas políticas que apostaron decididamente por un sistema educativo uniforme y centralizado en español. Las lenguas amerindias, más bien, fueron vistas como motivos del atraso entre los indígenas (Rodríguez et al. 1983, xix). En la actualidad, el guaraní es la única lengua amerindia en estado de florecimiento o vitalidad[3]. En un segundo nivel se situarían las lenguas en estado de resistencia, amenazadas por el creciente bilingüismo entre la población y por la falta de alfabetización en muchas escuelas, pero que resisten porque aún cuentan con un número elevado de hablantes y cumplen la función de vínculo comunicativo en los ámbitos personal y familiar. Este es el caso del náhuatl en México (821.000 hablantes); el caqchiquel, queqchí, mam y quiché (entre 250.000 y 900.000) en Guatemala; el quechua (7.000.000) en Ecuador, Perú, Bolivia y Noroeste de Argentina; el aimara (2.080.000) en el sudeste de Perú y Bolivia, norte de Chile y noroeste de Argentina; y el mapuche (440.000) en el sur de Chile y sudeste de Argentina. El último estadio sería el de declinación y obsolescencia, en el que estarían incluidas la mayoría de lenguas amerindias (Margery Peña 2005).

En el siglo XX, especialmente a partir de la Declaración de los Derechos de los Pueblos Indígenas, contenida en el Convenio 169 de la Organización Internacional del Trabajo (OIT) en 1987, y gracias a la acción de antropólogos, lingüistas, educadores y movimientos indigenistas, se puso en evidencia la necesidad de visibilizar y considerar en los ámbitos legislativo y educativo las realidades plurilingües de la mayoría de los países latinoamericanos. Este proceso comenzó con el reconocimiento constitucional en los años 90 de la mayoría de las lenguas amerindias. Actualmente los países latinoamericanos ofrecen, con diferentes resultados, un marco legal y un modelo de educación intercultural bilingüe (EIB) para las lenguas indígenas mayoritarias. Este modelo consiste en comenzar la alfabetización en la lengua primera (L1), para posteriormente introducir la alfabetización en la segunda lengua (L2), ambas como lenguas instrumentales y de estudio. Se parte de la premisa de que la lengua es un derecho para sus hablantes (Ambadiang 2004; Hamel 1997; Milian i Massana 2004), elemento fundamental para la cohesión cultural y la identidad de cada comunidad. El único fin de la EIB, al menos en la teoría, no es la integración de la población indígena en la sociedad hispana y el abandono de su lengua materna, sino una formación bilingüe que integre el conocimiento y la valoración tanto de su propia cultura como de la nacional, de ahí el adjetivo "intercultural". Asimismo se persigue la revitalización de las lenguas amerindias, especialmente en aquellos casos de lenguas en proceso de extinción, en los que la educación resulta imprescindible para garantizar la alfabetización en un idioma y también la supervivencia de la cultura que expresa. Por último, la EIB se propuso también como el medio más adecuado para rebajar las tasas de analfabetismo en los países latinoamericanos, que entre la población indígena alcanzaba porcentajes muy elevados. Véase como ejemplo la tabla que sigue en la que se indican las tasas de analfabetismo en 1970 (tomada de Varese y Rodríguez 1983, 16).

País	Porcentaje de población indígena	Porcentaje de analfabetismo	
		Nacional	Indígena
Argentina	1.5	7.1	46.21
Bolivia	59.2	—	—
Brasil	0.2	20.6	—
Chile	5.7	10.2	20.5
Colombia	22.2	22.4	53.7
Costa Rica	0.8	10.2	—
Ecuador	33.9	23.7	43.8
El Salvador	2.3	40.3	—
Guatemala	59.7	21.2	76.3
Honduras	3.2	40.5	—
México	12.4	23.7	79.43
Nicaragua	8.0	41.8	58.6
Panamá	6.8	20.6	78.7
Paraguay	2.3	19.5	—
Perú	36.8	26.3	79.8
Venezuela	1.5	22.9	80

➤ EJERCICIO 13.6

Observa la tabla anterior. ¿Qué tres países presentaban una mayor tasa de analfabetismo general? ¿Por qué crees que ocurría eso? ¿Crees que tiene relación con factores lingüísticos (bilingüismo) o con factores económico-sociales? ¿En qué países el porcentaje de analfabetismo es más bajo? ¿A qué crees que se debe?

A pesar del acuerdo teórico sobre un modelo educativo intercultural en Latinoamérica, las implicaciones reales de su implementación desde los años 80 han sido más bien limitadas. La aplicación práctica de la EIB se ha encontrado con numerosos problemas, específicos en cada país, pero podemos señalar los más importantes: la falta de recursos económicos y de personal indígena capacitado, la carencia de materiales apropiados, las pugnas entre las comunidades a la hora de elegir la norma estándar y de establecer los alfabetos, la tendencia a privilegiar la enseñanza en español y, en general, un escaso desarrollo institucional en las regiones indígenas (Margery Peña 2005, 132). Muchos estudios constatan las deficiencias en la implementación de los programas de educación bilingüe (podemos citar: Romaine 2000; Raymundo 2003; Grendi Ilharreborde y Acuña Sanhueza 2004; Baldauf y Kaplan 2007, entre otros). No obstante, se evidencia un cambio de actitud y en algunos casos se han logrado resultados positivos.

➤ EJERCICIO 13.7

Reflexiona sobre algún programa de educación bilingüe que conozcas. ¿Por qué se estudia en dos lenguas? ¿Qué objetivos se pretenden conseguir con la educación bilingüe? ¿Es un modelo intercultural?

Guatemala, el país que presentamos como ejemplo de educación bilingüe en Hispanoamérica, presenta una compleja situación lingüística: además del español, se hablan veintiuna lenguas mayas en la zona central y suroeste del país, la lengua xinka y el criollo garífuna. De los catorce millones de habitantes de Guatemala se calcula que el 45% de la población pertenece a alguna etnia indígena y la mayoría habla alguna de las lenguas mayas. Los datos del censo oficial llevado a cabo en el año 2001[4] señalan que existen 3.112.427 hablantes de lenguas mayas (el 21,52% de la población nacional). Las lenguas mayoritarias, con más de 400.000 hablantes, son el quiché (922.378), el queqchí (726.723), el mam (519.664) y el caqchiquel (475.889). Las lenguas minoritarias, con menos de 100.000, son el qanjobal (99.211), el poqomchí (69.716), el ixil (69.137), el achi (51.593), el tzutujil (47.669), el popti (38.350) y el chuj (38.253). El akateko, el awakateko, el chorti, el itza, el mopan, el poqomam, el sakapulteko, el sipakapense, el tektiteko y el uspanteko cuentan con menos de 15.000 hablantes. Las lenguas habladas en Guatemala que no pertenecen al tronco maya, el xinka y el criollo garífuna, constituyen el porcentaje menor, menos del 1% de la población.

Como ocurre con otros grupos indígenas americanos, las comunidades mayas mantienen un alto grado de bilingüismo entre el maya y el español. Adquieren el maya en el núcleo familiar y aprenden el español oralmente para desenvolverse en la escuela, el trabajo y otros ámbitos de la vida diaria. Actualmente no se dispone de datos definitivos sobre el porcentaje de población monolingüe en lenguas mayas, aunque se estima que no supera el 3% o el 4%.

El proceso de bilingüismo orientado al aprendizaje del español sin duda ha sido motivado por la situación de diglosia entre el español y las lenguas mayas: el español es la única lengua oficial, la lengua de las instituciones, de la educación y de los medios de comunicación; mientras que las lenguas mayas se han visto relegadas al ámbito local y familiar (García Tesoro 2004).

El aprendizaje del español como L2 es muy importante y la escuela, el único medio para recibir una educación formal en español, hasta hace poco fue un considerable fracaso. Muchas personas de las comunidades mayas acudían a la escuela uno o dos años y después la abandonaban, bien porque eran mujeres y no se les permitía estudiar, bien por el fracaso escolar derivado precisamente de la ausencia de un sistema educativo adaptado a sus necesidades. Durante años la población indígena aprendió el español de forma oral, en la calle, en el trabajo, mediante el comercio fuera de la comunidad y en otros ámbitos de carácter informal, y en muchas ocasiones en la edad adulta. Esto motivó en muchos casos un aprendizaje incompleto en el que se incorporaron numerosas interferencias de las lenguas mayas a su variedad de español (García Tesoro 2008). Es importante señalar que este aprendizaje imperfecto no se debe a una incapacidad propia de los hablantes de lenguas mayas, sino a dos factores: (a) no han recibido una enseñanza adecuada del español; (b) en sus comunidades no se hablaba español, por lo que no estaban lo suficientemente expuestos a la segunda lengua y han carecido de un modelo de autocorrección. Hasta el año 1986 no existió un programa de educación intercultural bilingüe en Guatemala y los hablantes de lenguas mayas han tenido serias dificultades para adaptarse al sistema educativo en español. En consecuencia, el absentismo escolar y el analfabetismo son comunes, incluso en la actualidad, en muchas regiones guatemaltecas (Becker y Richards 1999; Najarro Arriola 1999; Zimmermann 1997). Esto ha causado que muchas personas conserven recuerdos traumáticos de la escuela y de su relación con los maestros; sin duda, el proceso de imposición del español en la escuela también ha tenido repercusiones y ha suscitado resultados negativos en el aprendizaje del español por parte de los mayas[5].

➤ EJERCICIO 13.8

Lee el siguiente chiste e indica en qué medida refleja las actitudes negativas hacia el español hablado por los indígenas mayas. ¿Qué rasgo se está parodiando?

Un predicador en el altiplano a la muchedumbre de feligreses: "¡Denme una J!"
Toda la gente grita entusiasmada: "¡¡JO-TA!!"
"¡Denme una E!"
Todos, más entusiasmados aún: "¡¡EEEEE!!"
"¡Denme una S!"
La gente grita fascinada: ¡¡"E-SSSSSEEEEE!!"
El predicador los motiva aún más: "¡Denme una . . . U!"
Los feligreses, todos: "¡¡¡UUUUU!!!"
El predicador sigue animándolos: "¡Denme una . . . S!"

Y la gente con júbilo: "¡¡¡EEEE-SSSSEEEE!!!"
El predicador resume, ya un poco ronco de la gritadera: "¡JE-SÚUUUS!"
Y toda la mara, entusiasmada, iluminada, repite: "¡¡¡JU-SÚUUUSSSS!!!"

El Programa Nacional de Educación Bilingüe (PRONEBI) de Guatemala se creó en 1986. Este asumió una postura más moderna respecto a la educación al amparo de un movimiento maya creciente, asumiendo el respeto y la conservación de las lenguas mayas como una herencia cultural por medio de la educación bilingüe. En solo cuatro años, desde 1986 hasta 1990, PRONEBI expandió su cobertura de las cuarenta escuelas modelo del Proyecto Nacional de Educación Bilingüe, a un proyecto con más de 400 escuelas. Así ha proporcionado instrucción bilingüe desde preprimaria hasta cuarto grado[6]. En 1995 la provisión estatal de educación bilingüe fue consignada bajo la Dirección General de Educación Bilingüe Intercultural (DIGEBI) del Ministerio de Educación. En la Propuesta Maya de Reforma Educativa elaborada en junio de 1996, se plantea que "la Reforma (Educativa) debe llevar a la Nación guatemalteca hacia relaciones interculturales". En los Acuerdos de Paz, específicamente en el Acuerdo sobre Identidad y Derechos de los Pueblos Indígenas, vienen suscritos varios pasos para lograr la educación bilingüe intercultural que el Gobierno se ha comprometido a impulsar.

En la actualidad, PRONEBI sirve a ochocientas escuelas en las cuatro regiones de los idiomas mayoritarios, así como en las regiones qanjobal, ixil, poqomchí y tzutujil, donde solamente se ofrecen programas hasta preprimaria. Se aplica un programa educativo denominado "paralelismo", el cual requiere la enseñanza paralela de la lengua maya y el español desde la preprimaria hasta el cuarto grado. En definitiva, el sistema de educación bilingüe está firmemente instalado en la sociedad y en el sistema educativo guatemaltecos. Sus dirigentes, no obstante, expresan su esperanza de que la educación bilingüe se expanda hasta cubrir toda la educación primaria y secundaria, y en todos los idiomas mayas. Consideran que aún queda mucho por hacer, pero que el PRONEBI ha salvado obstáculos formidables, como el rechazo de buena parte de los profesores y familias, y ha contribuido a reducir el fracaso y abandono escolar entre la población indígena.

13.4.2 La educación y la inmigración en contextos hispanohablantes

El continuo movimiento de personas de diferentes culturas y lenguas que caracteriza el mundo actual ha generado un replanteamiento de la organización social y de la enseñanza de la lengua en sistemas educativos de todo el mundo, y también de varios países hispanos. Son muchos los investigadores que abogan por un modelo de educación intercultural en el que se respeten las diferencias existentes entre los grupos sociales y culturales que conviven en un mismo espacio, con el fin de revalorizar la diferencia y superar la desigualdad. Para este enfoque teórico la cultura no es un todo homogéneo e inamovible, sino un proceso en continua construcción y transformación, un proceso flexible y de cambios progresivos. También supone otras implicaciones como que las personas participen y se enriquezcan en el proceso educativo, con una actitud abierta, una escucha activa y una crítica constructiva de la realidad que les rodea. Asimismo se intenta facilitar la máxima información a las familias, introducir la interculturalidad como eje transversal, y modificar y adaptar el material escolar. Los objetivos marcados serían tres: conocerse mejor, relacionarse mejor y comprender mejor el mundo (Fernández Batanero 2004).

Las autoridades políticas y educativas tienden a considerar la presencia de alumnado inmigrante, especialmente el que procede de zonas empobrecidas, como un "problema" íntimamente relacionado con la lengua. Los centros suelen argumentar como motivos de estos problemas la falta de recursos económicos y las dificultades para cumplir los objetivos curriculares establecidos por ley, pero siempre enfocando la causa en el alumnado extranjero, no en las instituciones receptoras (Alegre Canosa 2008, 61) o en la preparación del profesorado y materiales escolares (Grupo de investigación sobre multiculturalismo 1995). En este contexto la lengua es fundamental para determinar las necesidades educativas del alumnado inmigrante, aunque también lo son otros factores como la edad de llegada e inicio de la escolarización, el aprendizaje desarrollado en su país, la participación del alumnado inmigrante en las actividades del centro o su relación con los alumnos autóctonos. Ambos, los estudiantes que hablan lenguas extranjeras y los que hablan variedades diferentes de español, se enfrentan con importantes dificultades lingüísticas (Ambadiang, García Parejo y Palacios 2008, 2009; Palacios 2007).

➤ EJERCICIO 13.9

Estudia el siguiente extracto del Plan Andaluz de Educación de Inmigrantes de la Consejería de Educación y Ciencia de la Comunidad Autónoma de Andalucía. ¿Crees que cumple con los principios de la educación intercultural? Justifica tu respuesta. ¿Crees que se lleva a la práctica en su totalidad?

OBJETIVOS	MEDIDAS Y ACTUACIONES
Facilitar la escolarización de todas las niñas y niños pertenecientes a familias inmigrantes, en las mismas condiciones que el alumnado andaluz.	1.1. Divulgación, entre familias y colectivos de inmigrantes, de los aspectos básicos del proceso de escolarización, organización del sistema educativo en Andalucía y de las convocatorias de becas y ayudas al estudio.

	1.2. Campañas de sensibilización entre la población inmigrante, para la escolarización de las niñas y niños en la etapa de educación infantil. 1.3. Dotación de recursos humanos y materiales extraordinarios a los centros que escolaricen un número significativo de alumnado inmigrante. [...]
Favorecer que los centros elaboren, faciliten y promuevan proyectos de centros interculturales, que faciliten y promuevan procesos de intercambio, interacción y cooperación entre culturas.	2.1. Formación y asesoramiento específico al profesorado de los centros que atienden al alumnado perteneciente a familias inmigrantes. 2.2. Publicación de materiales de apoyo y asesoramiento para los centros y el profesorado.
Potenciar programas de apoyo para el aprendizaje de la lengua española.	3.1. Creación de aulas temporales de adaptación lingüística. 3.2. Formalización de convenios con entidades sin ánimo de lucro, para apoyar el aprendizaje de la lengua de acogida, con personal cualificado que conozca la lengua propia del alumnado.
Facilitar el aprendizaje de la lengua materna, para que el alumnado no pierda su cultura de origen.	4.1. Apoyo a programas para el aprendizaje y desarrollo de la lengua y la cultura maternas. 4.2. Elaboración de materiales didácticos para la enseñanza de la lengua materna del alumnado inmigrante. 4.3. Gestión ante los países de origen que faciliten profesorado, para que las alumnas y alumnos inmigrantes tengan un buen dominio de su lengua materna y para que el resto del alumnado del centro tenga opción de aprenderlas.

Reflexiona sobre cómo se enfoca la inmigración en el sistema educativo de Estados Unidos. Busca alguna ley o proyecto de centro que trate el tema de la inmigración desde el punto de vista educativo y coméntalo en clase con tus compañeros.

13.4.3 La educación y la inmigración en Argentina

En este apartado centraremos nuestra atención en el caso de la inmigración a Argentina de hablantes procedentes de países bilingües vecinos y de zonas bilingües propias.

Expondremos cómo los centros docentes de Buenos Aires de educación primaria y secundaria están respondiendo a esta nueva realidad lingüística y los planteamientos teóricos propuestos para afrontar con éxito este reto.

En Argentina actualmente se hablan doce lenguas amerindias de las familias quechua, tupí-guaraní, guaycurú, mataco-mataguaya y chon. Muchas personas de provincias donde se hablan estas lenguas y las variedades de español influidas por las mismas, como Santiago del Estero, han emigrado a los grandes centros urbanos, especialmente a Buenos Aires, en busca de una oportunidad de trabajo y condiciones de vida mejores. A esta compleja realidad lingüística se ha sumado en los últimos años la llegada de inmigrantes bilingües procedentes de Bolivia, Perú y Paraguay. Estos no solo traen su lengua materna, sino la variedad de español que hablan—boliviano, peruano y paraguayo—y que igualmente presenta variaciones por el contacto con el quechua, el aimara o el guaraní. Como ocurre en el caso de la Península, la legislación reconoce esta situación y se muestra a favor de las minorías lingüísticas y su plena integración en el sistema educativo argentino. Así, el prediseño curricular para la EGB[7] de 1999 del Gobierno de la Ciudad de Buenos Aires reconoce el derecho de los estudiantes a hablar sus lenguas maternas en la escuela como espacio plurilingües y hace mención de la diversidad de lenguas y variedades de español como motivo de enriquecimiento lingüístico (datos tomados de Martínez 2004). Sin embargo, la realidad educativa del día a día muestra un panorama complejo, pues los centros educativos no han recibido suficientes recursos ni la orientación pedagógica adecuada. Por otro lado, los docentes carecen de la formación necesaria sobre el contacto de lenguas para saber afrontar la problemática de sus aulas. El resultado, una vez más, es que cuando la alfabetización no se lleva a cabo en la lengua materna se agravan los problemas en la competencia lecto-escritora de los estudiantes y, en consecuencia, el fracaso escolar. Esto conlleva el desánimo y el abandono de la escuela en edades tempranas por parte de estos sectores de la población.

Con el fin de crear estrategias pedagógicas que aporten soluciones al panorama planteado, un grupo de investigadores ha puesto en marcha desde el año 2000 un proyecto denominado "Etnodiversidad y escuela: Hacia una didáctica integradora", que creemos relevante reseñar, pues consiste en una interesante aplicación de la lingüística variacionista a la didáctica de la lengua (disciplinas que lamentablemente en muchas ocasiones los investigadores de uno u otro campo consideran enfrentadas). En primer lugar, estos investigadores valoraron aspectos sociolingüísticos que rodeaban la situación de contacto lingüístico estudiada, esto es, conocimientos y prejuicios de los profesores respecto a la realidad multilingüe del aula y sus creencias sobre la relación que esta tiene con el rendimiento escolar. Con respecto a los estudiantes, interesó conocer su entorno familiar, lenguas que hablaban y actitudes hacia las mismas; en general los estudiantes bilingües rondaban el 15–20% de la población estudiantil de los centros, la vitalidad de las lenguas que hablaban era relativamente estable en el seno familiar y su grado de contacto se presentaba en un *continuum* que iba desde los que tenían la lengua indígena como L1 hasta los que solo entendían expresiones aisladas (Balmayor y Martínez 2008). Asimismo, se examinaron los materiales didácticos y se constató que los docentes carecían de estrategias pedagógicas y conocimientos para valorar y tratar las necesidades lingüísticas de sus estudiantes bilingües. Por último, desde una perspectiva etnopragmática (Martínez 2009) se analizaron los cambios lingüísticos observados en los estudiantes motivados por el contacto con las lenguas amerindias, centrándose en el uso de: la concordancia de género y número, la concordancia de los tiempos verbales, el empleo de los pronombres átonos de tercera persona, la presencia/ausencia del artículo determinante y el uso de las preposiciones (Arnoux y Martínez 2000).

En la actualidad, este grupo trabaja en centros educativos de Buenos Aires impartiendo formación técnica a los profesores para mejorar su capacitación técnica y sus actitudes frente a la diversidad lingüística. Con ese fin, elaboran materiales didácticos que ofrecen estrategias para atender la cuestión del contacto lingüístico y los cambios mencionados que son comunes en las variedades de contacto con el quechua y el guaraní (como en Arnoux 2009; Dante y otros 2007; Martínez 2009). En estas publicaciones se cuestiona el concepto de norma y se proponen actividades en las que se trabajan los aspectos lingüísticos relacionados con el contacto, desde un punto de vista respetuoso con las variedades y lenguas de los inmigrantes. Asimismo, se trabajan aquellos aspectos específicos que necesitan estos estudiantes con ejercicios orientados a una mayor integración en el aula heterogénea.

➤ EJERCICIO 13.10

Estudia la siguiente actividad sugerida a los profesores para trabajar las concordancias de género y número en español, y coméntala. ¿Qué modelo de lengua están proponiendo? ¿Crees que cumple los postulados de la educación intercultural?

A continuación transcribimos algunos fragmentos de 'Fiesta ritual de la Pachamama.' Marcá en ellos expresiones que, según la lengua estándar, se alejarían de la norma (lo 'correcto').

1. La mesa que se prepara a la Pachamama es la Q'oa de forma circular y sus componentes son de colores, al cual se complementa con la coca algunas comidas secas y bebidas no alcohólicas.
2. El humo durante la ceremonia tiene que subir al cielo de forma circular eso significa que las deidades lo reciben, si el humo se esparce a los alrededores significa que las deidades están molestos por los malos actos del hombre.
3. En Varela se vivió algo diferente este año, coincidieron la fecha con el día de la Independencia de Bolivia y parte del grupo autóctono, estuvieron los caporales de Morón que alegró la fiesta en honor a la Pachamama.

Generalmente, las marcas gramaticales que provienen de otra lengua se señalan como errores cuando, en realidad, manifiestan algún rasgo de la visión del mundo de la otra cultura. Por ejemplo, las expresiones marcadas anteriormente puede leerse como huellas que la lengua primera de esos usuarios (en este caso, el quechua) deja sobre la segunda (el español) . . ." (Tomado de Dante y otros 2007, 47)

13.5 CONCLUSIONES

De lo expuesto en este capítulo podemos concluir que en la actualidad la enseñanza de la lengua en los sistemas escolares hispanos se orienta al desarrollo de una competencia lingüística entendida en un sentido amplio, esto es, referido al uso correcto del lenguaje en diferentes situaciones y con distintas finalidades. Asimismo se pretende que los estudiantes conozcan y manejen la lengua estándar que, aunque sigue las recomendaciones generales de la RAE, no es totalmente uniforme y varía en cada país.

Así como hemos visto que existe una pluralidad de variedades, el español también presenta distintas situaciones de contacto lingüístico e intercultural con otras lenguas, principalmente con otras lenguas románicas en España y con lenguas indígenas en Hispanoamérica, y hemos examinado algunas de las propuestas educativas para abordar la enseñanza de la lengua en dichos contextos. Por ejemplo, la EBI se está revelando como un modelo adecuado para los países latinoamericanos. Hemos analizado con más detenimiento el caso de Guatemala en el que la enseñanza del español se plantea en términos de L2. De esta forma se impulsa el aprendizaje formal del español, a la vez que se permite mantener y revalorizar las lenguas minoritarias, así como la cohesión e identidad cultural de las diferentes comunidades lingüísticas. Este modelo tiene desafíos formidables por delante, como la aceptación de las comunidades implicadas o la reducción del fracaso y abandono escolar.

Igualmente, la presencia de alumnado inmigrante en países como España o Argentina supone un desafío importante en el ámbito educativo para gobiernos, sociedades receptoras, investigadores, profesores y alumnos. Las respuestas no se han hecho esperar, desde el nivel legislativo con reformas de las leyes educativas, hasta el nivel local con una reorganización de la enseñanza de la lengua en el currículum escolar de numerosos centros. Pero aún quedan retos pendientes, como responder a las necesidades de los estudiantes migrantes y así lograr una mayor participación e integración de los mismos en el sistema escolar, superar el fracaso escolar y la formación continua del profesorado y lograr un modelo de educación intercultural respetuosa con la diversidad lingüística y cultural.

En todo caso, en estas páginas hemos expuesto unas someras pinceladas de la realidad. Si te interesa conocerla mejor, bienvenido al mundo del español.

Obras citadas

Alegre Canosa, Miguel Ángel. "Educación e inmigración. ¿Un binomio problemático?" *Revista de Educación*, 345 (2008): 61–82.

Ambadiang, Théophile. "Derechos lingüísticos y política lingüística." *Lenguas vivas en América Latina / Llengües vives a l'Amèrica Llatina*, ed. Ariadna Lluís i Vidal-Folch y Azucena Palacios. Barcelona: Institut Català de Cooperació Iberoamericana, 2004: 29–55.

Ambadiang, Théophile, Isabel García Parejo, y Azucena Palacios. "Fronteras en el ámbito educativo: el caso de la inmigración ecuatoriana en Madrid." En *Fronteras exteriores e interiores: Indigenismo, género e identidad en América Latina*, ed. Isabel García Parejo, Azucena Palacios y Inés Rodríguez. Múnich: Lincom Europa, 2008.

———. "Diferencias lingüísticas y diferencias simbólicas en el discurso de jóvenes ecuatorianos en Madrid." *Círculo de Lingüística Aplicada a la Comunicación* 40 (2009).

Arnoux, Elvira N. "Variaciones lingüísticas: usos alternantes." En *Pasajes*, coordinadora Elvira Narvaja de Arnoux. Buenos Aires: Biblos, 2009: 179–203.

Arnoux, Elvira N., y Angelita Martínez. "Las huellas del contacto lingüístico. Su importancia para una didáctica de la escritura." En *Temas Actuales en la Didáctica de la Lengua*, ed. María Cristina Rébola y María Cecilia Stroppa. Universidad Nacional de Rosario, 2000: 175–197.

Baker, Colin. *Foundations of Bilingual Education and Bilingualism*. Clevedon: Multilingual Matters, 2001.

Baldauf Jr, Richard B., y Robert B. Kaplan, eds. *Latin America: Language, Planning & Policy*. Clevedon: Multilingual Matters, 2007.

Balmayor, Emilce, y Angelita Martínez. "Políticas educativas: variedades lingüísticas en contacto." En *Estudios en Lingüística y Antropología. Homenaje a Ana Gerzenstein*, ed. Cristina Messineo, Marisa Malvestitti, y Roberto Beis. Buenos Aires: Universidad de Buenos Aires, 2008: 457–464.

Becker Richards, Julia, y Michael Richards. "Educación maya: análisis histórico y contemporáneo de la política de educación en idiomas mayas." En *Movimiento cultural maya*, ed. Fischer y R. McKenna Brown. Guatemala: Cholsamaj, 1999.

Blas Arroyo, José Luis. *Sociolingüística del Español*. Madrid: Cátedra, 2005.

Blecua, José Manuel. "Unidad, variedad y enseñanza." Congreso de la Lengua de Española de Valladolid, 2004. Disponible en: http://congresosdelalengua.es/valladolid/ponencias.

Cassany, Daniel, Marta Luna, y Gloria Sanz. *Enseñar Lengua*. Barcelona: Graó, 1994.

Dante, Patricia, y otros. *La Lectura y la Escritura en la Escuela Media: Diseño e Implementación de Secuencias Didácticas Diferenciadas*. Buenos Aires: Ministerio de Educación, Ciencia y Tecnología, 2007.

Demonte, Violeta. "Lengua estándar, norma y normas en la difusión actual de la lengua española." *Circunstancia: Revista de Ciencias Sociales del Instituto Universitario de Investigación Ortega y Gasset* 1 (2003).

Fernández Batanero, José M. "La presencia de alumnos inmigrantes en las aulas: un reto educativo." *Educación y Educadores* 7 (2004): 33–44.

García Tesoro, Ana Isabel. "Lenguas y cultura en Guatemala." En *Lenguas Vivas en América Latina / Llengües Vives a l'Amèrica Llatina*, ed. Ariadna Lluís i Vidal-Folch y Azucena Palacios. Barcelona: Institut Català de Cooperació Iberoamericana, 2004: 173–194.

————. "Guatemala". En *El Español en América. Contactos Lingüísticos en Hispanoamérica*, ed. Azucena Palacios. Barcelona: Ariel, 2008: 75–115.

González Landa, Mª Carmen. "Aprender y enseñar el dinamismo de la comunicación discursiva: desde el área de lengua castellana y literatura." En *La Competencia en Comunicación Lingüística en las Áreas del Currículo*, coordinado por Teodoro Álvarez Angulo y Pilar Fernández Martínez. Madrid: Ministerio de Educación, Secretaría General Técnica, 2007: 39–78.

Grendi Ilharreborde, Alain Jean-Pierre, y Susana Soledad Acuña Sanhueza. "Propuesta para la ejecución de una política educativa que permite enfrentar un problema de carácter intercultural en el sistema escolar chileno," 2004. Disponible en: www.espaciologopedico.com.

Grupo de investigación sobre multiculturalismo. "La reflexión compartida del profesorado como respuesta a la diversidad de una escuela multicultural." *Didáctica* 7. Madrid: Servicio de Publicaciones de la UCM (1995): 257–264.

Halliday, Michael A. K. *El Lenguaje Como Semiótica Social. La Interpretación Social del Lenguaje y el Significado*. México: Fondo de Cultura Económica, 1982.

Hamel, Rainer E. "Linguistic rights for Amerindian people in Latin America." *International Journal of the Sociology of Language* 127 (1997): 105–133.

Hernández Alonso, César. "¿Qué norma enseñar?" Congreso de la Lengua de Española de Valladolid, 2004. Disponible en: http://congresosdelalengua.es/valladolid/ponencias.

Lodares, Juan Ramón. "Lenguas y catolicismo en la América virreinal." En *Lenguas Vivas en América Latina / Llengües Vives a l'Amèrica Llatina*, ed. Ariadna Lluís i Vidal-Folch y Azucena Palacios. Barcelona: Institut Català de Cooperació Iberoamericana, 2004: 71–81.

Margery Peña, Enrique. "Las lenguas indígenas en los sistemas educativos de los países hispanoamericanos: problemática y situación actual." En *La Educación Plurilingüe en España y América*, ed. Hernán Urrutia Cárdenas y Teresa Fernández Ulloa. Madrid: Dykinson, 2005: 123–140.

Martínez, Angelita. "Lenguas amerindias en la Argentina." En *Lenguas Vivas en América Latina / Llengües Vives a l'Amèrica Llatina*, ed. Ariadna Lluís i Vidal-Folch y Azucena Palacios. Barcelona: Institut Català de Cooperació Iberoamericana, 2004: 127–139.

————, Coord. *El Entramado de los Lenguajes*. Buenos Aires: La crujía ediciones, 2009.

Milian i Massana, Antoni. "Las lenguas amerindias y su protección institucional." En *Lenguas Vivas en América Latina / Llengües Vives a l'Amèrica Llatina*, ed. Ariadna Lluís i Vidal-Folch y Azucena Palacios. Barcelona: Institut Català de Cooperació Iberoamericana, 2004: 11–28.

Najarro Arriola, Armando. *Alfabetización Intercultural Bilingüe: Experiencia y Perspectivas*. Guatemala: Universidad Rafael Landívar, 1999.

Palacios, Azucena. "Cambios lingüísticos de ida y vuelta: los tiempos de pasado en la variedad emergente de los migrantes ecuatorianos en España." *Revista Internacional de Lingüística Iberoamericana* 10 (2007): 109–125.

Pavlenko, Aneta. "Access to linguistic resources: Key variable in second language learning." *Estudios de Sociolingüística* 1(2) (2000): 85–105.

Peirce, Charles. *El Hombre, un Signo*. Barcelona: Crítica, 1988.

Ramage, Katherine. "Actitudes hacia los usuarios del español guatemalteco." *Boletín de Lingüística y Educación*, C.A. 103. Guatemala, C.A. (2004): 1–11.

Raymundo, Jorge. "La educación bilingüe en Guatemala." *Boletín de Lingüística y Educación*, C.A. 83. Guatemala (2003): 1–16.

Richards, Michael. *Atlas Lingüístico de Guatemala*. Guatemala. Serviprensa, 2003. SEPAZ/ UVG/URL/USAID. www.ebiguatemala.org/filemanager/list/26.

Rodríguez, Nemesio J., Elio Masferrer K., y Raúl Vargas Vega. *Educación, Etnias y Descolonización en América Latina*. México: Unesco, 1983.

Romaine, Suzanne. "Multilingualism, conflict, and the politics of indigenous language movements." *Estudios de Sociolingüística* 1 (1) (2000): 13–25.

Varese, Stefano, y Nemesio J. Rodríguez. "Etnias indígenas y educación en América Latina: diagnóstico y perspectiva." En *Educación, Etnias y Descolonización en América Latina*, ed. Nemesio J. Rodríguez, Elio Masferrer K., y Raúl Vargas Vega. México: Unesco, 1983: 3–23.

Zimmermann, Klaus. "Modos de interculturalidad en la educación bilingüe. Reflexiones acerca del caso de Guatemala." *Revista Iberoamericana de Educación* 13 (1997): 113–127.

Notas

1. La *geminación* se refiere a casos en donde se repite la pronunciación de un fonema.

2. Los diccionarios se encuentran disponibles para su consulta en: www.rae.es.

3. Dado que es reconocida como oficial en Paraguay, es hablada por más de la mitad de la población en diferentes situaciones comunicativas y es enseñada en la escuela.

4. Datos tomados de Richards (2003).

5. Sobre la influencia de los factores emocionales que intervienen en la adquisición de una segunda lengua se puede ver el manual de Baker (2001) y Pavlenko (2000).

6. Equivalente al primer ciclo de la Educación General Básica.

7. Educación General Básica.

PARTE IV

LENGUA Y COMUNICACIÓN

14

~

LENGUA Y PERIODISMO

NIEVES HERNÁNDEZ FLORES

Reflexiones preliminares

1. ¿Por qué crees que la lengua es importante en el periodismo?
2. ¿Crees que en los periódicos hay un recuento objetivo de los hechos? ¿Por qué?
3. De los periódicos que tú lees con mayor frecuencia, ¿cuál es tu favorito y por qué?

14.1 INTRODUCCIÓN

En los estudios lingüísticos, el tema del uso de la lengua en el medio periodístico ha sido estudiado tradicionalmente desde perspectivas sintácticas, léxicas y retóricas, situándose el enfoque con frecuencia en la relación interdependiente de la lengua de los medios y la lengua de uso común (con temas como las estrategias retóricas usadas por los medios, su uso de modismos o barbarismos, su influencia en los usos y cambios lingüísticos de la lengua común, etc.). En los últimos veinte años, con el desarrollo de la lingüística aplicada y en especial de los estudios discursivos, pragmáticos y sociolingüísticos, la relación entre lengua y periodismo ha pasado a ocupar otro lugar menos estrictamente lingüístico y más interdisciplinario, y así a ofrecer un extenso campo de posibilidades en la enseñanza de la lengua en uso. En efecto, el discurso periodístico ofrece numerosas muestras de la aparición por medio de la lengua de aspectos sociales como el poder, la identidad, las clases sociales, el género, la política, las ideologías, las actitudes discriminatorias, etc. A estos aspectos (ampliamente estudiados por la corriente denominada Análisis Crítico del Discurso) se podrían añadir otros más relacionados con el campo de la interacción social, como es el caso de la imagen social (*face*), la cortesía y los roles sociales. Por otra parte, visto como material de estudio, el lenguaje periodístico abarca un amplio campo de medios de comunicación que iría desde el medio escrito (prensa) al medio audiovisual (radio, televisión) o la combinación de ambos (Internet), todos ellos de fácil acceso para el estudiante interesado en estudiar la lengua en contexto. De esta manera, la lengua periodística supone un campo de estudio y aprendizaje de la pragmática con múltiples posibilidades, tanto por la amplitud de materiales que ofrece como por la posibilidad de trabajar con perspectivas teóricas y metodológicas interdisciplinarias.

En este capítulo vamos a centrarnos en las posibilidades del estudio de la lengua periodística desde una perspectiva pragmática, si bien, dada la amplitud del tema, vamos a concentrarnos en un área de estudio concreta tratada desde una determinada perspectiva metodológica: el periodismo en lengua escrita (prensa) desde la perspectiva del Análisis Crítico del Discurso, de forma que este capítulo se conecta con el dedicado en este mismo volumen a esta disciplina. El objetivo de usar esta aproximación es ofrecer al estudiante un instrumento de análisis que le permita acercarse a la lengua periodística de forma crítica: el análisis de estrategias lingüísticas y discursivas utilizadas y la reflexión sobre su relación con los aspectos sociales, culturales, políticos o económicos vigentes en las comunidades de habla. El material utilizado para ejemplos y ejercicios está extraído de la prensa española.

14.2 LA LENGUA EN EL DISCURSO DE LA PRENSA

Afirma Montgomery que el periodismo es seguramente el "sistema textual más importante de la modernidad" (2007, 1). En efecto, gracias a las posibilidades técnicas y económicas actuales de producción y difusión, los textos periodísticos son el medio escrito más accesible (podríamos decir que junto a la publicidad) para la gente común. Estas propiedades hacen del medio periodístico un importante vehículo de información y transmisión de ideologías, lo que finalmente significa que es un instrumento para ejercer el poder.

Yendo por partes, los manuales y estudios de periodismo coinciden en destacar que en el tratamiento de la noticia el ideal es tratarla con imparcialidad, es decir, narrar los hechos sin que aparezcan la opinión o subjetividad de los periodistas. En las situaciones concretas, este ideal funciona en efecto como ideal, pues conseguir la objetividad absoluta es imposible, bien por presiones directas (como pueden ser los intereses comerciales o ideológicos del medio periodístico), bien indirectas (la presión que ejerce sobre el/la periodista el discurso social aceptado y consentido mayoritariamente por la comunidad), aparte de la subjetividad que en sí todos manifestamos. Así, en primer lugar, afirma Fowler (1991) que la noticia es el producto de una selección entre los hechos que ocurren en el mundo, lo que significa que da una visión parcial de este. Los sucesos seleccionados para convertirlos en noticia (denominados *news events*) se eligen de acuerdo con unos criterios (más o menos conscientes) de selección de sucesos, criterios que se basan en valores construidos socialmente. El origen de estos valores (denominados *news values*) es complejo y diverso, pudiendo ir desde la naturaleza de la noticia, a valores sociales consensuados o convenciones que dan lugar a estereotipos. Así, entre los valores manejados cita Fowler la frecuencia con que aparece el suceso, la proximidad cultural, la predictibilidad (y también la impredictibilidad), la referencia a naciones o personas de la élite y la referencia a aspectos negativos. De esta manera, un hecho desgraciado (las catástrofes, los asesinatos) tiene más posibilidades de convertirse en noticia. Asimismo tienen posibilidades de convertirse en noticia los hechos que se repiten con frecuencia (p. ej., los accidentes de tráfico en época de vacaciones en España), los hechos que acaecen en países de élite (como los Estados Unidos, frente a los que, por ejemplo, acaecen en países africanos, de escasa repercusión en los medios) o en países próximos tanto geográfica, como histórica o culturalmente (p. ej., noticias referentes a México son más frecuentes en la prensa española que en la del norte de Europa).

➤ EJERCICIO 14.1

En parejas o en grupos, haced una lista de noticias que se repiten con frecuencia en los medios de vuestros países y discutid a qué se debe el interés por esas noticias. Haced lo mismo con las noticias que pensáis que se repiten en los medios de algún país de habla española.

Por otra parte, un suceso que se repite con cierta frecuencia es habitual que se convierta en un estereotipo. El estereotipo es definido por Fowler como un casillero mental que nos sirve para clasificar las múltiples experiencias que vivimos a diario, de forma que al clasificarlas se hacen más comprensibles. El estereotipo es creativo, está construido socialmente y varía según las comunidades culturales; en ellos clasificamos acontecimientos e individuos, en suma, proyectamos el mundo para darle un sentido. Pues bien, observa Fowler que por su simplicidad y accesibilidad, los estereotipos intervienen en la creación de noticias, de forma que cuanto más firme es un estereotipo, más probable es que sea noticia, y cuanto más se repite un suceso (el *news event*), más se fortalece el estereotipo. De esta forma, el periodismo contribuye no sólo a difundir estereotipos, sino también a afianzarlos. Por ejemplo, un hecho (*event*) sobre un atentado terrorista que ocurre en un país donde el terrorismo es frecuente es elegido por los medios para convertirlo en noticia (pasa a ser *news event*), confirmando al lector su idea previa de que ese país es un lugar peligroso y reforzando de esta manera el estereotipo.

➤ EJERCICIO 14.2

Afirma Fowler (1991, 11–12) que los medios de comunicación no son ventanas que dejan ver la realidad tal como es al otro lado del cristal. Los medios, de una manera u otra, dan una representación de la realidad desde un punto de vista determinado. Ante este hecho, se puede responder con algunas posturas como las que vienen a continuación. Discutid la validez de estas opiniones:

1. "Es cierto que hay periódicos con tendencias muy claras hacia una ideología o un partido político. Sin embargo, hay otros que son imparciales, que informan de la verdad de forma objetiva."

2. "Que la prensa tenga tendencias políticas (o ideológicas en general) se debe a su conexión con los medios de producción capitalista. Es decir, la prensa es sustentada y financiada por una base económica que tiene el poder y que marca la tendencia del periódico. Si se cambiara el sistema de financiación de los periódicos se acabaría con las tendencias ideológicas que distorsionan las noticias."

3. "Es normal, y positivo que la prensa tenga diferentes posturas porque vivimos en una sociedad democrática, con libertad de prensa. Por ello, el lector de periódico tiene que leer detenidamente las noticias en los diferentes medios y compararlas entre sí para llegar a la verdad de la noticia."

Vemos, por tanto, que ya desde el proceso inicial de selección de noticias, la prensa se aleja de los ideales de *neutralidad* y *objetividad* del periodismo.

Al entrar en la segunda fase (la reproducción de noticias mediante recursos lingüísticos) estos ideales de neutralidad y objetividad siguen siendo el objetivo de los periodistas en su tratamiento de la noticia. Por esta razón, los llamados *libros de estilo* de los periódicos recomiendan la búsqueda de la claridad en la expresión lingüística. Sin embargo, el uso de expresiones oscuras y ambiguas es habitual en la prensa, como es el caso de los eufemismos, expresiones que en palabras de Gómez Sánchez presentan "una determinada realidad de forma atenuada" (2003, 473). Por ejemplo (476), los términos *mesas de diálogo* o *búsqueda de espacios de consenso* son sustitutos eufemísticos (por su significado connotativo positivo de *comunicación* y *acuerdo*) del término *negociaciones políticas* entre partidos centrales y regionales en España, con connotaciones de conflicto y, por tanto, más negativas. Las finalidades del uso del eufemismo en la lengua periodística son, según Gómez Sánchez (2003 y 2005), de tipo social: no ofender a un colectivo (tratando de mejorar su imagen), evitar herir la sensibilidad de los lectores y evitar la alarma social (destacando lo positivo). Estas finalidades pueden acabar con el ideal de objetividad periodística, a la vez que pueden estar supeditadas a los intereses ideológicos del periódico.

De esta manera, vemos que la lengua no es el instrumento inocente y con finalidad puramente comunicativa que los estudios lingüísticos formales han querido ver. En realidad ésta, además de ser un instrumento de acción con impredecibles repercusiones (como ya aparece constatado desde los estudios de los actos de habla), puede tener unas repercusiones sociales considerables. Se podrían poner muchos ejemplos para mostrar esto, desde conflictos producidos por el uso de determinadas expresiones en el trato interpersonal diario, a conflictos diplomáticos debidos a declaraciones políticas o a la transmisión de ideologías (p. ej. a través del discurso político) que pueden cambiar la dirección histórica de todo un país. En el caso de la prensa, al usar la lengua de una forma determinada (p. ej. usos léxicos y modales, entre otros) se está transmitiendo una determinada visión de los acontecimientos, lo que afecta al discurso social aceptado y reconocido por la comunidad. Uno de los casos más evidentes en el manejo de la lengua con finalidades ideológicas es el de periódicos que pretenden afianzar a un determinado partido político o difundir una ideología determinada. En el caso de España, algunos de los términos más utilizados por los medios con un sentido positivo son *democracia* o *Europa*, lo cual es explicable en el contexto histórico de un país que vivió una larga dictadura y un aislacionismo que impidió un progreso paralelo al de otros países vecinos.

➤ EJERCICIO 14.3

Veamos cómo una misma noticia, en este caso la autorización por parte del gobierno socialista español de la venta sin receta médica de la llamada *píldora postcoital*, se trata de forma diferente en diferentes medios. Comparemos los titulares de dos periódicos españoles, *El País,* situado políticamente a la izquierda y afín al gobierno socialista, y *ABC,* periódico conservador afín al partido de la oposición, contrario a la medida. Analizad desde la argumentación y la lengua en contexto cómo es tratado el tema en los titulares.

El País (http://www.elpais.com/articulo/sociedad/pildora/poscoital/libre/aborto/ elpepisoc/20090512elpepisoc_1/Tes)

REPORTAJE

La píldora poscoital ya es libre. Y no es aborto

España venderá sin receta el fármaco tras demostrarse eficaz en otros países para evitar embarazos—La medida irrita a sectores conservadores—La OMS la considera un "fármaco esencial"

MARÍA R. SAHUQUILLO 12/05/2009

ABC (http://www.abc.es/hemeroteca/historico-12-05-2009/abc/Nacional/sanidad-abre-las-pildoras-postcoitales-a-las-menores-sin-limite-de-edad-y-sin-receta_92826561807.html)

Sanidad abre las píldoras postcoitales a las menores sin límite de edad y sin receta

DOMINGO PÉREZ 12-5-2009 02:52:39

> EJERCICIO 14.4

Buscad una misma noticia en diferentes periódicos y comparad su tratamiento. Puede tratarse de medios de dos países de habla hispana o de medios con diferente ideología política dentro de un mismo país. Discutid cómo es el tratamiento lingüístico y discursivo de la noticia y su posible vinculación con la ideología o los intereses de esos medios.

Sobre los instrumentos lingüísticos o discursivos usados en la prensa, ha tratado ampliamente la corriente del Análisis Crítico del Discurso. En lo que sigue vamos a revisar su aproximación teórica y metodológica en textos de prensa.

14.3 LA LENGUA PERIODÍSTICA EN LA REPRESENTACIÓN DE MINORÍAS: APROXIMACIÓN DESDE EL ANÁLISIS CRÍTICO DEL DISCURSO (ACD)

Como se explica en el capítulo 7 dedicado al ACD, el discurso es visto como una forma de práctica social, es decir, como la relación dialéctica entre un hecho discursivo y las situaciones, instituciones y estructuras sociales que lo enmarcan (Fairclough y Wodak 1997). El discurso ayuda a sostener, reproducir y/o transformar la situación social, lo que supone que es influyente y origina manifestaciones de poder. Por esto el discurso es utilizado y acaparado por los grupos de élite (la clase política, económica y legal, principalmente). Entre los vehículos para transmitir a la gente ese discurso estaría, precisamente, el de los medios de comunicación, de forma que el discurso periodístico constituye una forma de difusión de ideologías aceptadas desde los grupos de poder. Pensemos, por ejemplo, en los valores que constituyen la base discursiva empleada continuamente por la clase dirigente: la libertad, la democracia, la igualdad, la paz, los derechos humanos, el progreso social y económico o, recientemente, la protección del medio ambiente. Estos valores son reproducidos en los medios, de forma que, por ejemplo, una manifestación popular por un motivo político y reprimida con violencia por la policía puede aparecer criticada y rechazada por medio de las estrategias lingüísticas, en virtud de valores como la libertad, la democracia o los derechos humanos. El uso de estos valores, sin embargo, es manipulado por los grupos de poder, de forma que una guerra (*a priori* contraria a la ideología dominante en virtud del valor de paz) puede presentarse discursivamente de forma positiva si se relaciona con otros valores comunes aceptados como los de libertad, democracia e incluso paz.

Esta manipulación se puede llevar a cabo de dos formas: mediante el uso de una denominación eufemística como *conflicto bélico*, la cual oculta la naturaleza violenta de la guerra, o mediante el uso del adjetivo calificativo positivo *justa* en la expresión *guerra justa*, lo cual permite justificar la guerra. Vemos entonces que el discurso es manipulable, y que los medios de comunicación, a pesar de su ideal de independencia de los poderes políticos y económicos, se hacen eco de este discurso: lo reproducen, lo confirman o incluso, lo renuevan.

Pues bien, como explica Van Dijk (1997), el medio periodístico, además de favorecer el discurso de la élite mediante la difusión de noticias que atañen a personas e instituciones poderosas (como políticos, banqueros y jueces), incorpora una perspectiva desde el grupo social dominante, conformado en la sociedad occidental por personas de raza blanca, sexo masculino, occidentales y de clase media. De esta forma, las noticias concernientes a las minorías (en razón de etnia, nacionalidad, origen social, religión o sexo) tienen tradicionalmente una menor presencia en los medios. Ahora bien, cuando las noticias son sobre las minorías con frecuencia no es por causas positivas o valoradas positivamente en la comunidad dominante, sino más bien por cuestiones denigradas y rechazadas socialmente. Es decir, en los medios de comunicación hay una presencia de prejuicios, actitudes discriminatorias e incluso, en ocasiones, racistas hacia las minorías.

Para acercarnos a cómo estudia el ACD el medio periodístico, vamos a seguir los estudios realizados por la profesora Adriana Bolívar y su grupo de investigación de la Universidad Central de Venezuela. En concreto, presentaremos una selección de sus planteamientos metodológicos (cubrirlos en su totalidad excedería los propósitos de este volumen) como muestra de las posibilidades de esta disciplina en el análisis de textos periodísticos. En particular nos fijaremos en tres perspectivas de análisis basadas en la metodología del ACD y expuestas en Bolívar (1996): el acceso a la palabra, la presentación de los agentes y la selección de temas.[1]

14.3.1 El acceso a la palabra

Esta aproximación, siguiendo la propuesta de Bolívar (1996)[2], consiste en analizar qué personas, grupos o instituciones tienen posibilidad de manifestarse verbalmente en los textos periodísticos y qué medios lingüísticos se usan para reproducir su opinión. En cualquier texto periodístico está claro que es el periodista quien fundamentalmente tiene la palabra. No obstante, en aras de la objetividad y la amplitud de información, es habitual que incorpore otras opiniones en su texto. A quién da la palabra, qué opiniones introduce, cuánto espacio le otorga y qué lugar del texto le asigna son decisiones del propio periodista. También la forma de introducir este discurso ajeno varía: puede ser directa (sin verbos que introduzcan las palabras literales) o indirecta, usando como nexo la preposición *según* o los llamados verbos de reporte (como *decir, afirmar, asegurar*). Veamos algunos ejemplos extraídos de la noticia "Un pueblo 'pesca' a un traficante de inmigrantes" (*El Mundo*, 27-11-2001).

1. "Las Salinas es un pequeño pueblo de pescadores" (Se trata de la voz del periodista informando sobre este pueblo).

2. "A las siete de la tarde del domingo, Aurora Hernández, propietaria del restaurante Los Caracolitos, estaba con unos niños en el exterior, cuando observaron en el mar un bulto que se acercaba a la costa." (Aquí, aunque es el periodista el que narra la noticia, suponemos que es la voz de la testigo Aurora Hernández la que se introduce para contar su versión de los hechos, si bien no hay verbo de reporte que introduzca esta opinión).

3. "El patrón (. . . .) iba armado con un cuchillo de *enormes dimensiones*, que, según los vecinos, no utilizó en ningún momento." (En este ejemplo se introduce la voz de los vecinos mediante la parte entrecomillada sin nexo de reporte *enormes dimensiones* y a continuación mediante la preposición *según*).

Que el periodista introduzca el discurso sin verbo de reporte puede significar una identificación de este con las opiniones de las personas a las que da voz. De esa forma se puede confundir cuál es la voz del periodista y cuál la de las personas introducidas en la narración de la noticia. Esta conclusión puede extraerse de los ejemplos, si bien es una reflexión condicionada por el hecho de que la acción del pueblo tiene una valoración positiva, pues en casos negativos el discurso directo tiene un valor acusador, como en el siguiente ejemplo.

4. "Sabrá nadar y si no, que se ahogue" (*El País*, 6-2-2002)

La frase de discurso directo, en la posición de titular de la noticia, alude a las palabras que dos testigos escucharon decir al portero de una discoteca al lanzar al agua a un cliente ecuatoriano (quien por ello murió ahogado), lo que resulta claramente acusador hacia el portero. Sin embargo en el siguiente ejemplo, el titular en otro diario recogía las declaraciones del portero ante el juez, también en estilo directo:

5. "Pensé que saldría del agua solo" (*La Vanguardia*, 12-2-2002)

Aquí el periodista otorga la palabra al acusado y coloca su declaración (una justificación de los hechos al presentarse como involuntarios, es decir, como un accidente) en la parte más importante de la noticia, el titular, lo que lleva a pensar que el periodista acepta, al menos parcialmente, esta justificación.

El interés en esta perspectiva de análisis parte de la hipótesis de que, aunque sean protagonistas de una noticia, las minorías tienen menos acceso a los medios a la hora de hacer oír su voz. Así, en la noticia mencionada del crimen de la discoteca, en una revisión de los diferentes periódicos que cubrieron la noticia, sorprende comprobar que en ella opinaron testigos, policías, otros porteros y el propio acusado, pero en ningún momento los amigos que acompañaban a la víctima (y que también fueron testigos), ni sus familiares, ni ninguna asociación (laboral, sindical, del colectivo ecuatoriano) que la representara. En realidad, de la víctima sólo se informó de su nombre y nacionalidad.

En otros casos el periodista otorga la palabra a otras personas utilizando verbos de reporte. En ocasiones, estos no son los verbos de lengua esperados, que son más apropiados para conseguir la objetividad periodística (como *decir, afirmar, comentar, expresar*), sino otros de tipo mental (como *pensar, creer, saber, dudar* o *temer*) o de percepción física (como *ver* o *escuchar*). Los verbos de reporte mentales o perceptivos suponen una interpretación por parte del periodista sobre cuáles son las intenciones del hablante, es decir, no son tan neutros ni objetivos. El tercer tipo de verbo de reporte citado por Bolívar (1996) es el de tipo perlocutivo (como *reclamar, exigir, advertir, proponer*, entre otros) donde al significado puramente verbal se une un efecto perlocutivo. Es decir, se va más allá de una acción verbal al conllevar otras consecuencias en el campo de la acción. Veamos algunos ejemplos siguiendo con la noticia del asesinato de la discoteca en los diarios:

6. "El acusado **explicó** ante la policía (. . . .)" (*La Vanguardia*, 12-2-2002)

El verbo de reporte (*explicar*) es un verbo típico de lengua que simplemente recoge la opinión de esa persona.

7. "Quería darle una *lección* y **pensó** que, como mucho, se resfriaría." (*La Vanguardia*, 12-2-2002)

La primera frase "quería darle una *lección*" no tiene verbo de reporte y se confirma así la identificación de la voz del periodista con la del acusado en su defensa con una nueva justificación, la cual continúa en la siguiente frase, introducida por el verbo de reporte *pensar*, de tipo mental, donde el periodista introduce las opiniones y sentimientos que le atribuye al acusado.

8. "(. . .) el sumario del caso **revela** la absoluta indiferencia con la que los acusados cometieron presuntamente el crimen" (*El País*, 6-2-2002)

Por el contrario, en este último ejemplo de otro diario se da voz a las autoridades judiciales: *el sumario del caso* y la fuerza ilocutiva del verbo de reporte utilizado no se limita a lo verbal, sino que tiene un efecto perlocutivo, pues *revelar* supone contar algo que estaba oculto, lo que en el medio jurídico puede tener efectos penales. De esta manera, a diferencia de los ejemplos 6 y 7, el periodista adopta una posición acusadora hacia los presuntos autores del delito (el portero enjuiciado y otros que lo acompañaban).

Finalmente, otros aspectos interesantes para analizar desde esta perspectiva de la voz son la cantidad de texto asignada a cada hablante, la extensión y complejidad de las oraciones (si son subordinadas o coordinadas) y su posición en el texto (siendo las partes más destacadas de la noticia, aparte del titular, el comienzo y el final).

➤ EJERCICIO 14.5

El artículo "Las dos caras del campamento ilegal de temporeros rumanos en Albacete" (*El Mundo*, 9 de agosto de 2007)[3] que presentamos abajo, trata sobre un grupo de trabajadores temporales rumanos que montaron un campamento junto a un pueblo durante el período de la recogida del ajo, con la consiguiente protesta de los vecinos.

EL CAMPO LOS NECESITA Y LOS VECINOS LOS TEMEN
Las dos caras del campamento ilegal de temporeros rumanos en Albacete
La Guardia Civil ha denunciado a 362 de los inmigrantes por acampar de manera ilegal
OLGA R. SANMARTÍN

LA HERRERA (ALBACETE).– El polémico asentamiento ilegal de 2.000 inmigrantes rumanos al lado del acueducto Tajo-Segura, cerca de un pueblo de Albacete, tiene, como todo en la vida, dos caras.

Por un lado, el alcalde de la localidad, de 400 habitantes, denunció el posible problema de salud pública por el uso que estas personas estaban haciendo del agua del trasvase. Además, trasladó a las autoridades la sensación de inseguridad que generaban entre sus convecinos. Por otro, los agricultores de la zona están inquietos. No quieren que se les vaya lejos la mano de obra que necesitan para recoger el ajo.

El campamento comenzó a formarse el pasado mes de junio, los inmigrantes llegaron hasta este pueblo para trabajar en el campo. Se instalaron junto al canal, en cuyas aguas se bañaban y lavaban su ropa y los enseres de cocina. Además, encendían barbacoas y se iluminaban por las noches con hogueras—ya que no tiene electricidad—a pesar de que la Junta de Castilla-La Mancha tiene prohibido hacer fuego durante el verano. Dormían en tiendas de campaña, colchones y camas hechas con paja a lo largo de dos kilómetros de forma paralela al canal.

El alcalde, Pablo Escobar, había denunciado al Ministerio de Medio Ambiente, a la Junta de Castilla-La Mancha y a la subdelegación del Gobierno en Albacete que podía existir un problema de salud pública por tal uso del agua, extremo que ha sido rechazado por fuentes de la Confederación Hidrográfica del Tajo. Estas aseguran que las aguas van a los embalses y de allí, a las depuradoras, donde se filtran y se hacen aptas para el consumo humano. "La zona va muy cargada de agua, lo que se pueda contaminar es nimio", dicen en la Confederación.

Sin embargo, tal y como ha hecho público el subdelegado del Gobierno, José Herrero, los agricultores están inquietos "por si estas personas se van a otros sitios", ya que los necesitan para las campañas.

Herrero precisó que estos trabajadores han realizado faenas de recogida de ajo, una campaña en la que se han recolectado entre cuatro y cinco millones de kilos de ajo, y esperan a que a finales de agosto comience la de la cebolla, de la que se espera obtener entre 24 y 30 millones de kilos.

Por otra parte, este jueves la Guardia Civil ha denunciado a 362 de los inmigrantes por acampar de manera ilegal, aunque como recordó el subdelegado del Gobierno, "no se pueden tomar más medidas contra ellos porque son ciudadanos europeos y pueden estar en territorio español", informa EFE.

14.5.a. Leed atentamente el artículo. En una primera impresión y antes del análisis, ¿qué opinión os parece que se está transmitiendo sobre el asentamiento de inmigrantes en España y su relación con los nativos?

14.5.b. Numerad las líneas del texto y haced una lista de las personas (individuales o colectivas) que aparecen nombradas. Dividid el texto en oraciones ortográficas (separadas por puntos) y determinad quién tiene la palabra en cada oración. Por ejemplo, la frase que ocupa el titular ("Las dos caras del campamento ilegal de temporeros rumanos en Albacete") es la voz de la periodista. La frase "Por un lado, el alcalde de la localidad, de 400 habitantes, denunció el posible problema de salud pública (. . . .)", incorpora la voz del alcalde. Contad el acceso a la palabra que tiene cada una de estas personas (incluyendo la periodista) y expresadlo en el siguiente cuadro. Instrucciones para analizar: partimos de la idea de que es normalmente el periodista el que acapara la palabra. Lo interesante será analizar a quién le da la palabra y a quién no.

Cuadro 14.1   El acceso a la palabra

TOTAL	La periodista	El alcalde	...	...	...
Número de frases con acceso a la palabra					
Porcentaje					

14.5.c. Clasificad las oraciones donde el periodista da la palabra a otras personas, según el tipo de reporte utilizado:

- Con verbo de acción **verbal** (tipo *decir*)
- Con verbo de acción **mental** (tipo *pensar*) o de **percepción física** (tipo *ver*)
- Con verbo de acción **perlocutiva** (tipo *reclamar*)
- **Sin verbo** de reporte
- Con la preposición introductoria *según*.

¿Indica algo el uso de esos recursos? Instrucciones para analizar: partimos de la idea de que los verbos más neutros (y por tanto imparciales y objetivos, ideal del periodismo) son los de acción verbal. Nos fijaremos, entonces, en la mayor o menor presencia de reporte sin verbos de acción verbal.

Cuadro 14.2   Los verbos de reporte usados

Personas con acceso a la palabra	El alcalde				
Verbos de acción verbal					
Verbos de acción mental					

Cuadro 14.2 Los verbos de reporte usados (continuación)

Verbos de acción perlocutiva	Denunció				
Sin verbo de reporte					
Sin verbo de reporte, con SEGÚN					

14.5.d. Haced algunos comentarios sobre cómo está distribuido el acceso a la palabra (cantidad de texto, extensión de la frase, posición del texto) en el artículo.

14.5.e. Comentad los resultados. ¿A qué tipo de conclusión os permite llegar este análisis? ¿Coincide esa conclusión con vuestra primera impresión del artículo (pregunta 14.5.a.)?

14.3.2 La presentación de los agentes

Esta perspectiva, presentada por Díaz Campos (1996)[4], se centra en cómo aparece narrada la acción en las noticias y, en concreto, cómo es la percepción sobre las personas que realizan la acción. El enfoque se centra en los verbos de acción empleados en el texto y en la designación de los agentes. En cuanto a la designación de los agentes, podemos encontrarnos con nombres propios de persona (*Aurora Hernández*) o de instituciones (*Cruz Roja*), o bien nombres comunes (*el patrón, los inmigrantes*). Designar a una persona con su nombre y apellidos en una situación positiva le confiere autoridad y respeto, en una situación negativa es más bien acusatoria. En caso de usarse un sustantivo común es interesante fijarse si se trata de un génerico (*un hombre, un joven, una persona*), que es la denominación más neutra, o si el sustantivo pertenece a un campo semántico concreto (profesión, nacionalidad, etnia, religión profesada). Así podemos apreciar qué aspecto de la persona recibe el foco de atención y podremos plantearnos si este es el más relevante para lo que se está contando, o más bien responde a una determinada imagen que se trata de resaltar de la persona. En cuanto a los nombres colectivos, adquieren más autoridad los grupos homogéneos, bien establecidos, con una función propia, una normativa interna y una dirección—es decir, los que constituyen asociaciones, agrupaciones o instituciones—que los grupos heterogéneos formados por azar, sin propósito común ni asociación entre sus miembros, como *los emigrantes*.

Desde un punto de vista sintáctico podemos fijarnos, en primer lugar, en si hay verbos en voz pasiva, y si en este caso se explicita el agente o se deja implícito. De esta forma podemos observar si hay o no un enfoque hacia la persona que realiza la acción y qué consecuencias puede tener para la presentación de esta. Así, véase la diferencia entre esta frase extraída de un diario:

1. "Al llegar a la dársena portuaria, los inmigrantes fueron atendidos **por un dispositivo de la Cruz Roja**" (*El Mundo*, 4-1-2010).

Y su posible equivalente:

2. Al llegar a la dársena portuaria, los inmigrantes fueron atendidos.

En la frase hipotética (2) el foco de atención está puesto en el paciente (los inmigrantes) mientras que el agente (las personas que los atendieron) no se explicita, pero en la frase real (1) el agente sí se ha explicitado, pasando el foco de atención de los afectados (los inmigrantes) a los responsables de la atención sanitaria. De esta manera, la Cruz Roja obtiene una valoración social claramente positiva, pues atender a personas rescatadas del mar es una labor digna de elogio. Vemos, entonces, cómo la base para el análisis está constituida por una serie de valores aceptados y consensuados socialmente. Por ejemplo, *vida, paz, libertad, democracia, ley, orden, higiene, salud, convivencia, progreso* o *trabajo* podemos considerarlos valores positivos, frente a otros como *muerte, violencia, represión, dictadura, ilegalidad, caos, insalubridad, enfermedad, enfrentamientos, falta de progreso* o *desempleo*, de cariz negativo. Con esta base de valores comunes presupuestos, un siguiente paso en el análisis es la clasificación de los verbos de acción del texto según su valoración social positiva, negativa o neutra. Por ejemplo *salvar* tiene un significado positivo por asociarse con valores como *vida, solidaridad* o *ayuda*; *atacar* tiene un significado negativo por asociarse con *violencia*; y *ver*, neutro porque en principio sólo implica una percepción física[5]. Con estos mismos criterios podemos clasificar la valoración que recibe la designación del agente, los adjetivos que lo califican y los complementos verbales que determinan su acción. Veamos un ejemplo de adjetivos:

"No es la primera vez que a este tranquilo pueblo de Fuerteventura llegan inmigrantes **irregulares**" (*El Mundo*, 27-11-2001)

En este ejemplo, el adjetivo *irregulares* determina negativamente al agente (los inmigrantes) por asociarse con *ilegalidad*, y además contrasta con el adjetivo *tranquilo*, aquí de cariz positivo, que califica al pueblo y por tanto a sus habitantes.

"Cuatro porteros de bares del Puerto de Barcelona se ensañaron **cruelmente** con Wilson Leónidas Pacheco" (*El País*, 6-2-2002).

En este ejemplo, se ha utilizado un complemento verbal (el adverbio *cruelmente*) que enfatiza la negatividad de la acción, ya manifiesta en el verbo *ensañarse*.

➤ EJERCICIO 14.6

El artículo "Dos inmigrantes roban en el chalé de Rafael Blasco en Alzira y agreden a su guarda" de *El Mundo* (19 de enero de 2008) trata del robo que sufrió en su casa un dirigente del gobierno autónomo valenciano.

Dos inmigrantes roban en el chalé de Rafael Blasco en Alzira y agreden a su guarda

Actualizado sábado 19/01/2008 12:01 (CET)

EL MUNDO.ES

VALENCIA.– Dos personas de nacionalidad extranjera entraron con violencia sobre las diez de la noche del pasado jueves en el chalé que el conseller de Inmigración y Ciudadanía, Rafael Blasco, tiene en Barraca de Aigües Vives, una pequeña población cercana a Alzira.

Los dos delincuentes saltaron la valla que rodea la vivienda, aprovechando que a esa hora el guarda de llaves se encontraba aún realizando trabajos de limpieza y mantenimiento en terrenos aledaños y por tanto no había conectado las alarmas perimetrales que controlan el acceso al recinto.

Fue en ese momento cuando estas dos personas, que se expresaban en un idioma extranjero que el guarda no pudo identificar, se abalanzaron sobre él y le golpearon repetidamente en la cara y la cabeza. Posteriormente, lo amordazaron y lo inmovilizaron, atándole a un árbol.

A continuación, penetraron en la vivienda del conseller Blasco en busca de joyas y dinero. Allí permanecieron cerca de una hora, rebuscando entre el mobiliario y los cuadros de las distintas estancias, sin que hallaran caja fuerte alguna.

A pesar de que no llegaron a sustraer objetos de valor, los daños causados en la vivienda fueron, según los testigos, considerables. A las doce de la noche, una hora después de que se marchasen los ladrones, el guarda pudo liberarse y avisar a la Policía, que aún no tiene ninguna pista sobre ellos.

(http://www.debatimos.com/foros/inseguridad-ciudadana/dos-inmigrantes-asaltan-el-chalet-del-consejero-rafael-blasco-%28valencia%29/)

14.6.a. Leed atentamente el artículo. En una primera impresión antes de analizar, ¿qué opinión os parece que se está transmitiendo de la noticia sobre un robo supuestamente realizado por inmigrantes?

14.6.b. Numerad las líneas del texto, dividIdlo en oraciones gramaticales (cada oración tiene un solo verbo) y clasificad la designación del agente en cada frase (con términos individuales o colectivos, o con nombres propios). Instrucciones para analizar: Nos fijaremos en si los términos individuales corresponden a un nombre propio o no, y sus consecuencias: ¿le da al agente más autoridad o por el contrario resulta acusador? Si no se usa el nombre propio, ¿a qué campo semántico pertenece el sustantivo usado? (profesión u ocupación, religión, etnia, nacionalidad), ¿o simplemente se usa un genérico más neutro (*un hombre*, *un joven*, *una persona*)? ¿Por qué?

Cuadro 14.3   Los agentes de la noticia y su designación

Término individual	El conseller de Inmigración y Ciudadanía Rafael Blasco	...	...		
Término colectivo	Dos inmigrantes	...			

14.6.c. Contad las veces que aparece cada agente en la noticia, es decir, cada persona que realiza la acción descrita (p. ej. "La policía entró en la casa", el agente es la policía). Instrucciones para analizar: al leer la noticia, tenemos algunas ideas de quién fue el agente principal (la persona o personas que por lógica suponemos que más han actuado). Comentaremos quién es el que más acción ha realizado, y si ese resultado coincide con nuestro presupuesto. En caso contrario, discutiremos las posibles razones.

Cuadro 14.4   La presencia de los agentes en la noticia

Agentes	Rafael Blasco	Los inmigrantes					
Número de apariciones y porcentaje							

14.6.d. Valorad el significado de los verbos según una clasificación: positiva, negativa o neutra. Usaremos un *sistema de valores* de acuerdo con lo que en nuestra cultura occidental es un valor apreciable (p. ej., la justicia, la seguridad, el orden) y lo que no lo es (p. ej., la injusticia, la inseguridad o el caos).

Cuadro 14.5   El significado de los verbos empleados para designar la acción

Agentes	Rafael Blasco	Los inmigrantes					
Significado positivo							

Cuadro 14.5   El significado de los verbos empleados para designar la acción (continuación)

Significado negativo							
Significado neutro							

14.6.e. Valorad los adjetivos que designan a los agentes en una clasificación: positiva, negativa o neutra. Para ello clasificaremos los adjetivos referidos a los agentes según su significado positivo, negativo o neutro de acuerdo al *sistema de valores* consensuado.

Cuadro 14.6   El significado de los adjetivos empleados para designar al agente

Agentes	Rafael Blasco	Los inmigrantes					
Significado positivo							
Significado negativo							
Significado neutro							

14.6.f. Valorad los complementos verbales que se refieren a la acción realizada: adverbios (p. ej., *bien, mal, perfectamente*) o complementos preposicionales (p. ej., *por la noche, en la cárcel, con violencia*) según una clasificación positiva, negativa o neutra.

Cuadro 14.7   El significado de los complementos verbales

Agentes	Rafael Blasco	Los inmigrantes					
Significado positivo							
Significado negativo							
Significado neutro							

14.6.g. ¿A qué tipo de conclusión os permite llegar este análisis? ¿Coincide esa conclusión con vuestro primer análisis del artículo (desde la perspectiva de la voz)?

14.3.3 Los temas preferidos

Este enfoque descrito por Pereda (1996)[6] se centra en dos aspectos. En primer lugar, se trata de determinar cuáles son los temas de que trata la noticia, y en segundo lugar cuáles son las estrategias discursivas que tratan de atenuar, encubrir o negar actitudes discriminatorias. El primer enfoque se centra en los temas elegidos por el periodista ante una determinada noticia, es decir, en qué aspectos se fija. Así, por ejemplo, ante un artículo que trata de la situación de una comunidad de inmigrantes en una ciudad española, el periodista puede cubrir tanto temas que son vistos de forma positiva por la sociedad mayoritaria (como la ocupación laboral, la integración social o la riqueza cultural), como otros asociados con la extrañeza ante *el otro* (sus diferentes costumbres, su *exotismo*) o temas abiertamente negativos (el desempleo, la delincuencia, la falta de integración, etc.). Para determinar los temas de un artículo sintetizamos el de cada oración gráfica en unas pocas palabras (como los ejemplos mencionados) y contamos el número de apariciones de cada uno a lo largo del texto, para finalmente determinar cuáles son los temas privilegiados de la noticia y cómo esta selección configura la imagen que se presenta del inmigrante. Veamos un ejemplo concreto extraído de un diario de Barcelona:

"De un plumazo, una comunidad discreta como la pakistaní ha pasado a estar en el escaparate, a la vista de todo el mundo en los medios de comunicación." (*La Vanguardia*, 22-1-2008)

En esta oración, el tema se podría sintetizar como "aparición pública súbita de la comunidad pakistaní."

En cuanto al segundo enfoque, centrado en estrategias discursivas de encubrimiento y atenuación, parte del supuesto de que en el tratamiento de minorías puede haber actitudes discriminatorias encubiertas lingüísticamente que tratan de camuflar o atenuar dichas actitudes. Estas estrategias discursivas son observables en los cuatro aspectos siguientes.

14.3.4 La designación de las minorías

Por ejemplo, en la noticia: "Desmontan una moto robada en noviembre para pasarla de contrabando a Marruecos" (*El Mundo*, 16-1-2010) compárese el subtítulo:

1. "Cádiz / Dos **marroquíes** detenidos en la aduana de Tarifa"
   con este otro hipotético:
2. Cádiz / Dos **personas** detenidas en la aduana de Tarifa

En la frase hipotética (2) los agentes están indeterminados, mientras que en la utilizada por el periódico (1) se incide en la nacionalidad, información que en lo que se refiere a la noticia (una detención por un acto ilegal en un puesto fronterizo) es irrelevante. El hecho de haber elegido esta designación apunta a que el enfoque va hacia el marcaje de la diferencia (marroquíes residentes en España en contraste con los españoles, por tanto, un grupo social excluido del grupo mayoritario). Al tratarse de un hecho negativo (ser detenido) en un contexto donde se asocia extranjería con delincuencia, la alusión a la nacionalidad de los protagonistas en la narración de un hecho delictivo resulta en una presentación negativa de la colectividad marroquí.

14.3.5 El uso de indicadores de distancia

Esta estrategia discursiva, que marca de nuevo la separación entre los grupos minoritarios y mayoritarios, se realiza mediante partículas con valor deíctico o anafórico como el demostrativo *ese* o el posesivo *su* (indicadores gramaticales), o términos que aluden a la lejanía (indicadores semánticos), como vemos en los siguientes ejemplos extraídos de la noticia sobre la comunidad paquistaní de Barcelona.

> "Es verdad que sólo en el barrio de Raval viven 4.500 personas originarias de **este país asiático**" (*La Vanguardia*, 22-1-2008).

El uso del demostrativo *este* junto al adjetivo *asiático* otorga una característica de lejanía al país, lo cual marca un distanciamiento entre el grupo mayoritario y las minorías.

14.3.6 Diferenciación explícita entre *ellos* (aludiendo a las minorías) y *nosotros* (al grupo mayoritario)

> "De ser un grupo de **exóticos** pasaron a convertirse en **nuestros** vecinos" (*La Vanguardia*, 22-1-2008).

Obsérvese la diferencia entre *nosotros* (los no marcados, por no ser exóticos) y *ellos* (marcados por el exotismo, es decir, la diferencia).

> "Y aceptaban el matrimonio acordado por sus padres, la práctica habitual en el país, que siguió incluso Benazir Bhutto" (*La Vanguardia*, 22-1-2008).

Esta oración incide en la diferencia de costumbres entre la sociedad mayoritaria y la minoría.

14.3.7 Señalamiento de características negativas

> "**Ensimismados en su propia tradición**, callados—las más de las veces por **desconocimiento del idioma**—buenos **cumplidores del undécimo mandamiento** (no molestar), los pakistaníes de Barcelona están dolidos por el trato recibido por las fuerzas de seguridad y los medios de comunicación" (*La Vanguardia*, 22-1-2008).

En esta frase aparecen tres características de la comunidad pakistaní: cerrada ("ensimismados en su propia tradición"), no integrada ("desconocimiento del idioma") y—sospechosamente—imperceptible (*"buenos* cumplidores del undécimo mandamiento [no molestar]").

El centro de atención es qué términos se usan para presentar a esta comunidad y qué asociaciones tienen en la mayoritaria. Así, en este artículo sobre la comunidad paquistaní se encontraron numerosas alusiones a su nacionalidad o etnia (paquistaní), a su religión (musulmanes), al exotismo (grupo de exóticos), al sometimiento de la mujer ("no salen de casa si no es acompañadas de algún hombre; la mayoría carece de independencia económica") o a su rápido crecimiento ("Los **más** de 13.000 pakistaníes empadronados en la ciudad en enero de 2007 **multiplican** por **más de cuatro** las cifras de 2001"). Todo ello, en suma, se centra en la diferencia, en aspectos denigrados por la sociedad de acogida y en la amenaza social.

➤ EJERCICIO 14.7

Leed de nuevo el artículo "Las dos caras del campamento ilegal de temporeros rumanos en Albacete" (ejercicio [14.5]) y dividid el texto en oraciones ortográficas (separadas por puntos).

14.7.a. Determinad cuál es el tema o temas principales que trata cada oración. Haced una lista de estos temas, tratad de sintetizarlos en temas generales y contad su número de apariciones. Expresad los resultados en un cuadro. Instrucciones para analizar: observaremos el número de aparición de los diferentes temas y qué enfoque reciben, teniendo en cuenta la valoración de nuestra sociedad hacia esos temas.

Cuadro 14.8   Los temas

Temas	Número de apariciones	Porcentaje

14.7.b. Buscad en el texto:

14.7.b.1. La designación de las minorías. Buscamos los nombres y adjetivos empleados para designar a los grupos minoritarios y determinamos qué tipo de representación suponen: por ejemplo, genéricos (personas), género (mujeres), origen étnico o geográfico (paquistaníes), religión (los musulmanes), profesión (agricultores), condición social y jurídica (inmigrantes ilegales), representación estadística (medio millón de personas), etc. Instrucciones para analizar: observaremos en qué aspecto semántico se fijan las denominaciones y las razones para el uso de esas designaciones.

Cuadro 14.9   Designación de las minorías

Párrafo y línea	Designación	Tipo de representación	Número de casos

14.7.b.2. La posible presencia de indicadores de distancia, es decir, partículas con valor deíctico o anafórico que marcan el significado de distancia entre los grupos mayoritarios y las minorías (p. ej., "ciudadanos de **ese** país asiático"). Instrucciones para analizar: analizamos e interpretamos el uso de esos señaladores de distancia en el conjunto del artículo.

Cuadro 14.10   El uso de indicadores de distancia

Párrafo y línea	Datos

14.7.b.3. Si hay diferenciación entre *ellos/nosotros* y cómo. Nos fijamos en todas las alusiones a los inmigrantes en que se marca que no son parte de *nuestro* grupo, sino de un grupo aparte. Este aspecto se puede explicar en relación con los resultados del cuadro 9.

14.7.b.4. Si hay representación positiva y negativa de *los otros* (las minorías) y cómo se hace.

Cuadro 14.11   La representación positiva/negativa de los otros

Párrafo y línea	Representación	Asociaciones

14.7.c. Extraer algunas conclusiones de tu análisis.

14.4 CONCLUSIONES

En definitiva, en este capítulo hemos tratado de mostrar cómo los medios de comunicación, en particular la prensa, además de su función de ser vehículos de información, son parte de la transmisión, creación, confirmación o redefinición de ideologías. En este sentido, los medios forman parte, junto con los grupos políticos, económicos, religiosos, sociales y artísticos, de los grupos de élite de nuestra sociedad. De hecho, muchas de las opiniones que escuchamos en la calle no son propias de la persona que las emite, sino que son parte del discurso manejado por estos grupos de élite entre los que se encuentran los medios de comunicación. La metodología del ACD nos permite adentrarnos en esta cuestión ideológica, en este caso para mostrar actitudes diferenciadores y discriminatorias hacia determinados grupos de población. Aquí nos hemos centrado en los inmigrantes; ahora bien, de la misma forma podríamos profundizar en la representación en la prensa de actitudes discriminatorias hacia las mujeres o hacia otros colectivos sociales, políticos o religiosos. En definitiva, el texto periodístico pasa a ser para el analista del discurso un exacto muestrario de las actitudes ideológicas vigentes en nuestra sociedad.

Obras citadas

Bolívar, Adriana. "El control del acceso a la palabra en la noticia periodística." En *Estudios en el Análisis Crítico del Discurso,* Cuadernos de Postgrado 14, ed. Adriana Bolívar. Caracas: Universidad Central de Venezuela, 1996: 11–45.

Díaz Campos, Manuel. "La expresión del agente y la asignación de responsabilidades." En *Estudios en el Análisis Crítico del Discurso,* Cuadernos de Postgrado 14, ed. Adriana Bolívar. Caracas: Universidad Central de Venezuela, 1996: 47–64.

Fairclough, Norman. *Media Discourse.* London: Arnold, 1995.

Fairclough, Norman, y Ruth Wodak. "Critical discourse analysis." En *Discourse Studies. A Multidisciplinary Introduction, vol. 2: Discourse as Social Interaction*, ed. Teun A. Van Dijk. London: Sage, 1997: 258–284.

Fowler, Roger. *Language in the News.* London: Routledge, 1991.

Gómez Sánchez, María Elena. "Expresiones eufemísticas en los textos informativos: normas y prácticas." *Interlingüística* 14 (2003): 473–480.

———. "Los sustitutos eufemísticos y la claridad del texto informativo." *Estudios Sobre el Mensaje Periodístico* 11 (2005): 309–327.

Martín Rojo, Luisa, y Rachel Whittaker, eds. *Poder-Decir o el Poder de los Discursos.* Madrid: Arrecife, 1998.

Montgomery, Martin. *The Discourse of Broadcast News: A Linguistic Approach.* London: Routledge, 2007.

Pereda, María H. "Un análisis de los tópicos privilegiados en la noticia periodística." En *Estudios en el Análisis Crítico del Discurso*, Cuadernos de Postgrado 14, ed. Adriana Bolívar. Caracas: Universidad Central de Venezuela, 1996: 65–84.

Richardson, John E. *(Mis)Representing Islam. The Racism and Rhetoric of British Broadsheet Newspapers*. Amsterdam/Philadelphia: John Benjamins, 2004.

———. *Analysing Newspapers: An Approach from Critical Discourse Analysis*. New York: Palgrave Macmillan, 2007.

Van Dijk, Teun. *Racismo y Análisis Crítico de los Medios*. Barcelona: Paidós Comunicación, 1997.

———. *Racism and Discourse in Spain and Latin America*, Amsterdam/Philadelphia: John Benjamins, 2005.

Notas

1. Los ejemplos y ejercicios han sido extraídos de noticias de la prensa española sobre el tema de la inmigración durante la última década. Varios de ellos han sido usados anteriormente en cursos sobre prensa y ACD en universidades danesas.

2. Para una presentación más amplia de esta perspectiva de análisis ver Bolívar (1996, 11–45).

3. www.elmundo.es/elmundo/2007/08/09/espana/1186670443.html

4. Para una explicación más amplia ver Díaz Campos (1996, 47–64).

5. En caso de verbo transitivo, es necesario incluir el objeto directo en la consideración del significado semántico del verbo. Por ejemplo, *atacar a una persona* tiene un valor social negativo por su asociación con la violencia, mientras que *atacar al virus* es positivo por la asociación con *curación* y, por tanto, salud.

6. Para una presentación más amplia de esta perspectiva ver Pereda (1996, 65–83).

15

LENGUA Y GLOBALIZACIÓN

MERCEDES NIÑO-MURCIA

Reflexiones preliminares

1. En el siguiente texto ¿qué significan *globalizado* y *comunicación global?* "Uno de los rasgos que definen el actual mundo *globalizado* es la movilidad incesante entre personas que atraviesan fronteras políticas, económicas, culturales y lingüísticas. Todos los días millones de personas se desplazan de un país a otro, hablan por teléfono o envían mensajes por correo electrónico y acceden a medios de comunicación y páginas de Internet originarios de los lugares más remotos. La única condición para disfrutar del acceso a todo este tipo de información y *comunicación global* es ser capaz de entenderse en una o varias lenguas" (www .casamerica.es/casa-de-america-virtual/literatura/articulos-y-noticias/el-espanol-entre-6-900-lenguas-vivas).

2. ¿Qué factores influyen en que una lengua se considere global? ¿Por qué no todas las lenguas pueden ser consideradas como tales?

3. ¿Crees que hay factores del mundo moderno que fomentan la globalización de una o más lenguas?

15.1 INTRODUCCIÓN

El término *globalización* está presente en todos los campos del quehacer humano hoy en día. Se suele asociar con cambios económicos y tecnológicos que han surgido en los últimos años. Muchas publicaciones tienen este término en su título y todos hablan de ella. Sin embargo, como anota Giddens (1999), la globalización ha sido pobremente conceptualizada y marca como posiciones extremas los "hiperglobalizadores" y los "escépticos". Para los primeros es un fenómeno concluido mientras que para los últimos no es un tema nuevo sino uno que está de moda. Pero, como en todos los debates, entre los dos extremos hay matices y diferentes aspectos, particularmente los que conciernen a las lenguas y a la comunicación, tema de este capítulo.

El discurso de la globalización lleva consigo terminología con la que se habla de este ya sea para ensalzarlo o para denigrarlo. Aquí vemos el discurso y sus dos dimensiones: (a) como práctica discursiva, y (b) como práctica social. En el primer caso nos referimos al discurso que se genera sobre un tema o asunto particular, que circula, se distribuye y se consume en la sociedad. En el segundo, a los efectos ideológicos y procesos en los cuales el discurso opera. En ambas dimensiones vamos a resaltar el papel que juega el discurso en la construcción de la globalización (Blommaert 2005 y Fairclough 2006).

Finalmente, anotemos que el fenómeno de la globalización no tiene que ver con la escala global sino con las nuevas formas de relación entre lo global y las entidades espaciales particulares como son la nación, las regiones dentro de la nación y las ciudades con respecto a otros subsistemas o en diferentes combinaciones. En estas combinaciones diferentes imaginarios se asocian con diferentes estrategias, discursos y narrativas y las escalas se construyen socialmente (Fairclough 2006, 22). Asimismo, el concepto de nación y el papel de las lenguas en su conformación han sido reconceptualizados y desafían el postulado que la gente debe identificarse con una sola comunidad imaginada (Block y Cameron 2002, 6–7).

La globalización es un constructo analítico y no existe concretamente en ninguna parte, excepto en su materialización concreta en una sociedad particular. Esta realización cambia en el espacio y en el tiempo y además, genera tensiones y conflictos. De allí que hablar de globalización implique movimiento y cambio tanto como asimetría de los procesos en diferentes regiones. En este capítulo discutiremos el proceso y estos conceptos utilizados para definirlo. Ofreceremos muchos ejercicios y ejemplos de muchas lenguas, sobre todo del inglés y del mundo hispanohablante.

15.2 EL DISCURSO DE LA GLOBALIZACIÓN

Podemos detectar diferencias entre los procesos que ocurren en la realidad del mundo y el discurso de la globalización. La palabra misma "globalización" se usa dentro de otros discursos como el de la "modernización", "lucha contra el terrorismo", "democracia", "libre comercio", "internacionalización" y otros más. Estos discursos contribuyen a crear y moldear el proceso mismo de la globalización. Por otro lado, diferentes sectores sociales tienen una voz distintiva, un discurso propio, de allí que distingamos el discurso académico del discurso de los medios de comunicación; el discurso de las entidades gubernamentales del de las entidades no gubernamentales y el discurso de la gente común y corriente.

Fairclough (2006, 39–40) discute las estrategias de la globalización en relación a los discursos sobre esta lo cual abarca el discurso tanto de agencias públicas gubernamentales o no gubernamentales. Fairclough menciona seis postulados del globalismo que representan una versión del neoliberalismo económico de manera condensada y que son, explícitos o no, en el discurso globalista:

1. La globalización trata de la integración global de los mercados.
2. La globalización es inevitable e irreversible.
3. Nadie está a cargo de la globalización.
4. La globalización beneficia a todos.
5. La globalización refuerza la propagación de la democracia en el mundo.
6. La globalización requiere la guerra contra el terror.

Este tipo de discurso justifica la estrategia de difundir el libre mercado del capitalismo a todos los países del mundo y ha sido respaldado por países, corporaciones privadas y múltiples agentes y agencias. Por ello, el discurso globalista se ve también como una narrativa y una ideología que legitima y encubre la asimetría creciente en el mundo en cuanto al poder y a la riqueza se refiere. Esta clase de discurso es recurrente en el tiempo y poco a poco se ha ido naturalizando en diversos espacios ya sean centrales o periféricos a los focos de donde emana este discurso (por ejemplo, los Estados Unidos y la Gran Bretaña).

Tomemos como punto de partida la percepción diferente del espacio y del tiempo que tenemos hoy en comparación con cómo se percibían en la década de los 80 y cómo dicha manera de percibirlos tiene consecuencias en la comunicación (Huber 2002). Al percibir el tiempo y el espacio de manera diferente se consideran por un lado (a) el proceso (o procesos) que han transformado el "espacio" de las relaciones sociales y transacciones, los flujos entre regiones y continentes y las redes sociales de actividad y poder, y por otro (b) la rapidez de la interconexión e interdependencia que caracterizan la percepción del "tiempo" en la vida moderna (Fairclough 2006; Tomlinson 1999).

Aquí nos incumbe explorar las interrelaciones entre la globalización, las lenguas y los sistemas locales y globales de la comunicación con la nueva percepción del espacio y del tiempo en el mundo de hoy. Cuando se habla de las relaciones sociales mundiales sin limitaciones geográficas, no puede dejar de mencionarse la lengua. La lengua es el medio primario con el cual se construye y se negocia la interacción humana, la identidad y la representación, de modo que una de las primeras cuestiones que nos planteamos es cómo este proceso de globalización afecta los sistemas de comunicación ya sean orales o visuales. Es evidente que hoy en día, las redes sociales se extienden fuera del espacio local, y nos comunicamos con "otro(s)" en lugares remotos. Ahora, si bien la ubicación geográfica del otro no es relevante gracias a los aportes de la tecnología, la lengua sí lo es. La comunicación global no solamente puede ser inmediata y requerir un canal compartido (Internet, Skype o video-conferencias) sino también un código lingüístico compartido para los flujos que se generan (Block y Cameron, 2009, 1). Es entonces donde los asuntos referentes a las lenguas de comunicación en el mundo de hoy adquieren relevancia.

La nueva economía globalizada, ciertamente, está ligada a transformaciones de identidades y relaciones con las lenguas, a las tensiones que han surgido entre instituciones gubernamentales y prácticas de grupos minoritarios y, finalmente, a las tensiones entre el intento de uniformar y la realidad—omnipresente—de la hibridez (Heller 2003; Niño-Murcia 2003; Giddens 1999).

Antes de abordar el tema de las lenguas es preciso anotar algunos conceptos asociados con el fenómeno de la globalización. La referencia a flujos globales generalmente se refiere al proceso económico, social, cultural y demográfico que trasciende las naciones. Las interconexiones de carácter global suelen ser de tipo monetario, productos de consumo, entre gobiernos y agencias internacionales, pero estas han activado e intensificado el flujo humano. La gente se moviliza ya sea como emigrantes, turistas o como miembros de organizaciones gubernamentales y/o corporaciones financieras. Con este flujo humano se forma también un circuito de representaciones del otro que permean la producción en cada campo en la música, el cine, los símbolos y el arte en general. Se llevan y se traen, se crean y re crean imágenes de uno mismo y del otro.

En cierta manera el trasnacionalismo expande el espacio nacional y se traslapa con globalización aunque su esfera es más limitada. Los llamados procesos globales están descentrados de sus respectivas naciones, mientras que los transnacionales se anclan en una o varias naciones entre las cuales compiten por lograr la hegemonía. Se usa el término *transnacional* para referirse a la migración de ciudadanos de un país a otro o las grandes corporaciones que tienen la sede en un país con operaciones en varios países (Kearney 1995). El transnacionalismo se alinea con nacionalismo en cuanto a proyecto político mientras que la globalización ocurre sin referencia a las naciones.

➤ EJERCICIO 15.1

Señala las diferencias entre los siguientes términos: globalización, transnacionalización e internacionalización. Ilustra las definiciones con ejemplos.

Observa y compara los dos sufijos en los términos que se refieren a los procesos mencionados: *-ización* e -ismo

¿Cuáles son las dimensiones ideológicas que se reflejan en el uso de dichos sufijos?

Como ya dijimos, la globalización es un tema que ha suscitado posiciones polarizadas: algunas la ven como un hecho y otras como algo ideológicamente prefabricado.

Otro punto de discrepancia gira en torno al efecto homogeneizador de la globalización. Algunos lo miran como una forma de uniformar la diferencia, otros, por el contrario, resaltan la reacción local o proceso de hibridización llamado *glocalización* (Robertson 1995). Con este término, tomado del japonés *dochakuka* usado por la comunidad de negocios en el Japón para referirse a asuntos de marketing, se quiere representar la relación entre lo local y lo global, la interacción entre los dos sin privilegiar un aspecto sobre otro (Kumaravadivelu 2008, 45). Ya Robertson indicaba que "la globalización entraña la universalización del particularismo, así como la particularización del universalismo" (1995, 45), es decir que hay aspectos del fenómeno que están en una relación dialéctica. Para resolver la ambigüedad, Robertson cree que sería conveniente usar *globalización* para referirse al proceso y *globalidad* para referirse a sus resultados.

No obstante, el intento de homogeneizar o de uniformar se ha conectado directamente con el origen geopolítico de las fuerzas globalizadoras. Unos consideran que la globalización es un fenómeno de la hegemonía de Occidente, y otros lo ven más concretamente como una extensión del poder de los Estados Unidos, una versión de la llamada McDonaldización del mundo (Ritzer 1999); es decir, enfatizan el carácter homogeneizador en contraposición al proceso ya mencionado de la glocalización que resalta la hibridización.

> ► EJERCICIO 15.2

La globalización se presenta a veces como un agente de cambio mientras que otras como el resultado de la agencia de otras entidades y factores. Por ejemplo, "*La globalización* ha abierto las fronteras y derribado obstáculos al flujo de mercancías" (agente). "Las innovaciones diarias de la tecnología han posibilitado que *la comunicación inmediata se haya globalizado*" (resultado). En los siguientes textos tomados del Internet, decide si la globalización se usa como agente o como el resultado de procesos mundiales.

1. "la competencia derivada de la economía global y; la dinámica del desarrollo tecnológico, que además de generar las condiciones para la consolidación de un cierto sistema, imponen a escala planetaria un nuevo paradigma del quehacer eficiente" (www.mailxmail.com/curso-recurso-humano-empresas/proceso-globalizacion-introduccion-tema-1).

2. "La globalización, en palabras muy simples para explicar este fenómeno tan complejo, es el proceso que involucra a todo el saber y conocimiento humano pero principalmente la imposición de un sistema económico en movimiento que tiende a acercar y unificar este conocimiento y saber en un esquema de comprensión que sirva para enmarcar la manera de interrelacionar los países de la humanidad, sus procesos de producción e intercambio y sus modelos de trabajo y

producción" (http://es.shvoong.com/law-and-politics/politics/1867307-la-globalizaci%C3%B3n-mundial-en-la/).

3. "La apertura de la economía española ha permitido explotar beneficiosamente el proceso de globalización ya que ha ido reduciendo su déficit comercial, ha conseguido superávits en cuenta corriente gracias a los crecientes ingresos netos por turismo que, en 1998, alcanzaron los 22.300 millones de euros cuando el déficit comercial era de 16.600 millones" (www.esi2.us.es/~mbilbao/global.htm).

Para Ritzer, el mundo desencantado busca solaz en el consumo donde las experiencias comercializadas sirven de sustituto de las experiencias auténticas, lo que otros denominan McMundo o 'McWorld'. Ejemplos de la comercialización de las experiencias son los parques temáticos que tratan de vender la experiencia de la selva, o un safari en el África, o la visita a castillos góticos, los canales de televisión que venden productos, la compra y venta de bienes y servicios por Internet, y la promoción de giras por lugares que recrean (o inventan) las "tradiciones" y experiencias de los antepasados (Heller 2003). Estas experiencias "empaquetadas" buscan ofrecer a quien paga por consumirlas *la experiencia* sin salir de su país o de su región o incluso de su casa. Mientras unos aplauden este fenómeno como un factor homogeneizador, otros lo censuran como la "americanización" del mundo. En resumen, la globalización desde este punto de vista es percibida como la "occidentalización" del mundo y como la consecuencia de un nuevo orden monetario en el mundo. En Internet podemos encontrar anuncios de viajes a un lugar determinado o experiencias exóticas sin salir de la ciudad donde se vive, por ejemplo, un safari sin salir de San Francisco o un viaje a Marruecos sin salir de Madrid.

No falta quien considere que la globalización ha agenciado a los grupos con menos poder o subalternos que se han organizado para resistir los intentos de estandarizar su diferencia cultural y afirmar su identidad particular.

➤ EJERCICIO 15.3

¿Crees que en tu ciudad o donde vives se ofrecen estas experiencias "empaquetadas"? Si tu respuesta es afirmativa, da algunos ejemplos, si no lo es busca algunos ejemplos en Internet y tráelos a clase para su discusión.

La globalización ha enriquecido más a los países ricos y empobrecido más a los pobres. Las diferencias entre pobres y ricos se han intensificado en lugar de haberse reducido. Incluso en el mundo corporativo y financiero se reconoce esto. Como señala el Nobel de Economía, Joseph Stiglitz:

While the institutions seem to pursue commercial and financial interests above else, they do not see matters that way. They genuinely believe the agenda they are pursuing is in the "general interest." In spite of the evidence to the contrary, many trade and finance ministers, and even some political leaders believe that everyone will eventually benefit from trade and capital market liberalization. Many believe this so strongly that they support forcing countries to accept those "reforms," through whatever means they can, even if there is little popular support for such measures (2003, 216)

Por otro lado, el planteamiento de la "McDonaldización de la sociedad" propuesto por Ritzer es bastante gráfico. Sin embargo, se lo puede rebatir con el argumento que ninguna cultura local es monolítica ni mucho menos homogénea y mientras McDonalds y la Coca-Cola se han extendido por el mundo, la comida china, el sushi, los tacos y la pizza se han extendido de igual manera y en su expansión también toman elementos locales. Es decir, una cultura es siempre híbrida, en constante proceso de negociación y renegociación de productos y valores que transitan por el mundo y tampoco los recibimos pasivamente ni sin nuestro asentimiento. Un ejemplo de esto es la difusión de los restaurantes McDonald por todo el mundo y que para prosperar se han tenido que adaptar a las sociedades y culturas receptoras y adaptar su menú a la clientela del lugar. Al lado de las hamburguesas estándares que deben ofrecer en todos los lugares se incluye un *Maharaja Mac* en la India, una *Burguesa Samurai* en Tailandia, un *McHuevo* en Uruguay y un *Alpenburger* en Alemania (Huber 2002, 17). Igualmente, ofrecen comida *kosher* en Israel, comida *halal* en los países islámicos y comida vegetaríana en la India (Kumaravadivelu 2008, 44–45).

➤ EJERCICIO 15.4

1. ¿Has visitado un restaurante McDonalds en otros países? ¿Crees que comer en un restaurante como estos significa lo mismo en todos los países? ¿Piensa en los nombres de los menus que no cambian en todos los países y están en inglés como *Mac, Double Mac* y *McFlurry* vs. las opciones en el menú que cambian en España (Gazpacho), México (Pechuga guacamole) o Perú (Chicha Morada) ¿Crees que cada país transforma las importaciones culturales?
2. Los vinos y los toros son íconos de la cultura castellana como el fútbol es ícono de los países latinoamericanos. ¿Podrías nombrar íconos culturales de varios países?

15.3 FENÓMENOS ASOCIADOS CON LA GLOBALIZACIÓN

15.3.1 Desterritorialización y/o reterritorialización

Las personas en un mismo espacio geográfico no siempre comparten un mismo inventario cultural ni un mismo código lingüístico. Muchos se han desplazado de su lugar de origen y muchas veces se instalan en zonas distantes a las suyas donde se habla(n) otra(s) lengua(s) (véase capítulo 12 sobre la inmigración). La "de- o re-territorialización", el transnacionalismo y la diáspora están relacionados en tanto que se producen con los movimientos de la población a través del espacio en donde se experimentan flujos de dinero, bienes, servicios y se experimenta una "nueva diversidad" (Huber 2002, 19–20). En todo ello las lenguas juegan un papel esencial. Por lo tanto, los sistemas mencionados de la comunicación global han tenido repercusiones sociolingüísticas tales como la formación de géneros o estilos especializados de la comunicación. Pensemos en la comunicación dentro de las corporaciones internacionales o de los canales de televisión como CNN con sede en los Estados Unidos que exporta una versión de las noticias al mundo. Otro ejemplo sería el discurso, las narrativas y representaciones tales como el discurso neo-liberal, el discurso ambientalista, el discurso de los derechos humanos. En este sentido, nos dice Fairclough (2006), es la lengua la que está globalizando y está siendo globalizada.

Como resultado de la nueva economía, la lengua y la identidad se comodifican por separado o conjuntamente (Heller 2003). En medio de la tendencia general hacia la uniformidad de la comunicación y de cómo se negocian los intercambios lingüísticos en términos de la multiplicidad de lenguas, ciertas maneras de hablar o ciertas lenguas han adquirido un mayor capital simbólico y por ende, se han convertido en "bienes" apetecibles de adquirir y poseer.

15.3.2 Call Centers

Una de las formaciones en las que podemos analizar las lenguas y la globalización es la de los llamados 'Call Centers'. Como Jacquemet (2005) señala, estos centros dispersos por el mundo tienen la función de proveer servicio al cliente desde lugares remotos. Para dar la sensación de cercanía geográfica tienen en su cubículo relojes con la hora local, el clima y otra información de la ciudad de donde proviene la llamada. Así, los operadores telefónicos pueden contextualizar la llamada al dar el saludo correspondiente a la hora local del cliente y hacer comentarios culturales apropiados a la ubicación del cliente aunque el centro se encuentre en Bangalore, India, y no sean ni remotamente similares a lo que ocurre el otro punto del planeta. No obstante, la importancia de la variedad lingüística que se usa en estas llamadas debe ser similar a la del cliente. Los entrenamientos incluyen adiestramientos en cierta variedad de la lengua para imitar el acento apropiado ya sea del inglés británico o del americano. Los empleados escuchan diálogos en programas de televisión en inglés que deben mimetizar, continúa Jacquemet, mientras que los mismos empleados del centro se comunican en su lengua nativa y participan de la cultura local en la India. De allí que Jacquemet (2005) haya acuñado el término *prácticas transidiomáticas* para designar la comunicación que resulta de conversaciones multilingües entre hablantes de reterritorializados y por medios electrónicos, en contextos altamente estructurados por códigos sociales y semióticos (Jacquemet 2005, 265). El tipo de comunicación en ambientes transnacionales, entre personas físicamente cercanas o lejanas, o personas en una diáspora interactuando en diferentes lenguas ha modificado nuestras nociones de un nexo natural entre el espacio donde tiene lugar el intercambio lingüístico y las prácticas culturales y las identidades locales. Se da un flujo de audiencias deterritorializadas (flow of deterritorialized audiences). Al conectarnos a dicho flujo, lo "local" adquiere nuevos sentidos y nos encontramos participando en contextos transnacionales no con nuestras maneras locales de hablar, sino con una forma estandarizada de una lengua internacional en uso en la corporación o compañía en cuestión.

➤ EJERCICIO 15.5

Mira el anuncio que adjuntamos abajo e indica cómo refleja este concepto de prácticas transidiomáticas.

Welcome to **Global Propaganda** (http://www.globalpropaganda.com/)
   The world is now becoming a global market for an ever-increasing and varied number of companies with a common aim: to sell their products to as many consumers as possible. However, the globalization of the market also means that companies nowadays are addressing an incredibly varied target, with many different languages and, more importantly, cultures.
   At **Global Propaganda** we believe that international advertising in the 21st century is not about ignoring or overriding cultural differences, but about understanding, accommodating and harnessing them in the service of global brand building. That is why our focus is on providing localisation services to clients who demand local copywriting and marketing expertise on top of translation skills.

Ahora bien, en los casos mencionados anteriormente, las destrezas en una lengua internacional adquieren importancia. Nos ocuparemos de dos lenguas internacionales diferentes: el español y el inglés en el mundo de las comunicaciones de hoy.

15.4 EL INGLÉS Y EL ESPAÑOL COMO LENGUAS INTERNACIONALES

15.4.1 El inglés y la globalización

El uso del inglés como una lengua internacional se ha considerado como un efecto de la globalización. Esto, a la vez, ha localizado otras lenguas potencialmente globales, como el francés, y es precisamente en tales contextos culturales, relegados recientemente a lo "local," lo que en realidad tiene más peso en las prácticas diarias (Santos 1998, 349).

Existe la idea que el mundo entero hoy habla inglés, pero en realidad eso no corresponde a la realidad. Aunque el inglés se haya convertido en una *lingua franca* y en diferentes partes del planeta se lo maneje con mayor o menor nivel de competencia, también es cierto que su expansión ha provocado que se hable de muchas variedades del inglés hablado por quienes no son nativos. De ahí que se use el plural 'World Englishes' para referirse a las muchas variedades utilizadas en el mundo. Es cierto que en varios lugares del mundo ciertos grupos aspiran a dominar el inglés porque lo ven como una puerta a mejores oportunidades y una forma de capital simbólico. Esto no quiere decir que el uso del inglés no sea contrarrestado y que también otras agencias promuevan otras lenguas al insistir en usar primero las lenguas nacionales propias, como es el caso de Francia.

➤ EJERCICIO 15.6

1. ¿Si has viajado fuera de EE.UU. has encontrado que el inglés es o no la lengua para la comunicación entre gente de esos países? ¿Has sentido que saber una segunda o tercera lengua te ha resultado útil? ¿Crees que cada país transforma las importaciones culturales?

2. ¿Notaste que el inglés en diferentes partes del mundo presenta características diferentes? ¿Son estas características diferentes de naturaleza estructural, léxica o de pronunciación?

3. ¿Encontraste diferencias en el inglés hablado o escrito? ¿O en ambas modalidades?

4. Si el chino es la lengua hablada por 1.051 millones de personas en el mundo y el inglés lo hablan 510 millones, ¿por qué crees que se hable el inglés como una lengua global pero no se considere el chino como tal? (Cifras proporcionadas por Crystal 2003)

La situación con el inglés hoy en día ha producido una tensión: por un lado se lo desea como un instrumento para participar en la sociedad como consumidor y por otro, se lo resiente por verlo como vehículo de la americanización en el mundo. Esto ha hecho que el estudio del inglés haya pasado de ser una actividad educativa y un instrumento de aprendizaje a ser considerado un objeto de consumo. Crystal anota que hoy en día el número de hablantes de inglés como una segunda lengua sobrepasa la cifra de los hablantes nativos en una proporción de 3 a 1. En la República Checa, por ejemplo, los trabajadores en las fábricas de Toyota y de Peugeot funcionan en inglés (Crystal 2003). El fenómeno del inglés fuera del mundo anglosajón se ha estudiado también en Argentina (Friedrich 2003), en el Brasil (Rajagopalan 2003), en el Perú (Niño-Murcia 2003), y en Colombia (Vélez-Rendón 2003) entre otros. Estudios similares se han hecho con el francés estándar en Quebec, Canadá (Heller 2003). Es decir, el dominio de una lengua se ha comodificado de forma que se compra y se vende como un bien del mercado, y por ende, está sometido a la ley de la oferta y la demanda. No cuestionamos el dominio del inglés en las sociedades en diferentes puntos del mundo, sino su aceptación como una lingua franca, como proyecto impuesto desde arriba (Niño-Murcia 2003).

La propagación del inglés ha sido representado espacialmente en tres círculos concéntricos: interno, externo y un tercero, en proceso de expansión. El interno abarca aquéllos países donde el inglés se usa como lengua nativa; el externo abarca los países en los cuales el inglés se ha adoptado como lengua nacional, a veces junto con otra lengua nativa (como en las Filipinas, por ejemplo); y finalmente, el círculo en expansiónes donde el inglés se enseña y se usa como una lengua extranjera (como en los países latinoamericanos) (Kachru 1997). Esta representación describe la expansión de una lengua a través del espacio no uniforme, sino con notables diferencias y coexistiendo con otras lenguas no relacionadas, cada una de ellas con cierto grado de autonomía. Este es el caso de CNN: para poder llegar a segmentos de mercado tuvo que recurrir a producir las noticias en diferentes lenguas.

Estudios en diferentes partes del mundo analizan los impactos en la enseñanza de la lengua en contextos nacionales diferentes. Citemos como ejemplo a Japón (Block y Cameron 2002) donde la frase "lengua extranjera" se asocia con el inglés, aunque el discurso nacionalista sobre la lengua y la cultura japonesa no hayan perdido vitalidad, de ahí que se vea en el inglés el vehículo para explicarle al mundo lo que es el Japón (Kubota 2002).

En otros casos con perfiles lingüísticos diferentes también se resienten las relaciones asimétricas entre el inglés, la(s) lengua(s) nacional(es) y sus usuarios. Incluso países occidentales como Canadá y Francia tienen una legislación especial que protege su diversidad artística e identidad nacional al imponer límites a la entrada de películas producidas en Hollywood y otros bienes culturales en su mercado. Estos consideran que Hollywood exporta no sólo entretenimiento sino valores culturales encapsulados muchas veces en términos léxicos en inglés. Incluso la UNESCO (Press Release No. 2005-128, 20 de octubre 2005) adoptó una nueva pauta que anima a los diferentes países 'to preserve and protect the diversity of cultural expressions', aprobada con 148 votos, 4 abstenciones y 2 votos en contra. Uno de los votos de oposición fue de los Estados Unidos (Kumaravadivelu 2008, 40).

El predominio de publicaciones científicas en inglés en el mundo entero recibe críticas en varias partes del mundo. Así, por ejemplo, Rainer Enrique Hamel (2003, 24), entre otros, advierte que el "monolingüismo científico" no sólo agrava las desigualdades existentes en el acceso a los resultados científicos, sino que amenaza la misma creatividad y la diversidad intelectual, bases del desarrollo de la ciencia como tal. Hamel teme que el inglés se convierta en un monopolio que aniquile la diversidad lingüística, aunque haya observado que los hablantes de otras lenguas no siempre lo aceptan como algo inevitable pues han dado serias muestras de resistencias. Evidencia de esto es el hecho que no siempre el inglés es la única lengua de los eventos internacionales, sino que se escogen varias lenguas para la comunicación, por ejemplo en los juegos Olímpicos y torneos internacionales. La expansión del inglés se ve como una forma nueva de colonialismo o imperialismo cultural (Huber 2002, 14–15).

➤ EJERCICIO 15.7

Analiza los términos en que el texto de abajo trasmite que saber inglés es una necesidad básica:

Usted sabe lo importante que es hablar inglés en el siglo XXI. El inglés no es solo el idioma que se habla en los Estados Unidos. Es un idioma universal que no conoce límites o fronteras. Hoy en día, el dominio del idioma inglés es una necesidad básica. Por esto es que *Inglés sin barreras* está aquí para ayudarle. (Anuncio de *Inglés sin barreras*)

15.4.2 El español como lengua internacional

Las Naciones Unidas tienen cinco lenguas oficiales—inglés, francés, español, ruso y chino—pero la mayoría de sus operaciones se llevan a cabo en inglés (Crystal 2003). La lengua española ha estado expandiéndose por el mundo como lengua internacional y a la vez, formas localizadas de la lengua han devenido en importantes marcadores de identidad (Niño-Murcia et al. 2008). Hoy el español es hablado aproximadamente por 450 millones de personas en 21 países en los que tiene un estatuto oficial. En el resto del mundo, 100 millones de personas lo usan como lengua dominante o como segundo idioma (Cancino 2006, 109). En esta sección comentaremos los movimientos constantes que han operado en la historia del español: la localización que se ha globalizado y la globalización que se ha localizado.

La localización del castellano, hoy denominado por muchos como español, en la Península Ibérica y su difusión por las Américas constituye un movimiento de expansión globalizada, hasta llegar a convertirse en una lengua internacional. En España, el español entró en contacto con otras variedades románicas (catalán y gallego) y con la lengua vasca con las cuales siempre ha convivido, con tensiones a veces más pronunciadas que otras. A la vez, en las Américas esta lengua entró en contacto con el portugués, una multitud de lenguas originarias y con el inglés en los Estados Unidos. Con estos contactos prolongados se localizaron marcadas diferencias. Estos fenómenos se combinan en una relación dialéctica. Ante un fenómeno globalizador hay una reacción localizadora y viceversa. Estas dos tendencias, aunque parezcan excluirse la una a la otra, se complementan (Cf. Niño-Murcia, Godenzzi y Rothman 2008).

Desde el punto de vista del contacto lingüístico, el español en la convivencia con otras lenguas ha adquirido rasgos que lo caracterizan (fonológicos, morfológicos, sintácticos y/o léxicos), según la región geográfica y la clase social (véase el capítulo 9 sobre la clase social). Desde el punto de vista del ambiente en el que se encuentra, es la lengua hegemónica en Castilla, en otras regiones de la península (ej. Andalucía) y en los países hispanoparlantes de las Américas. No obstante, está en una posición subordinada en algunas de las autonomías españolas (ej. Cataluña, el país vasco y Galicia) y en los Estados Unidos. Esta diferencia en la ecología sociolingüística en que se encuentra el español hace que esa misma lengua tenga funciones indéxicas diferentes, esto es, en unos contextos la lengua y sus hablantes son considerados con prestigio y por lo tanto con atributos positivos. En otros contextos, la misma lengua y sus hablantes se identifican con características negativas. En el primer caso tendríamos el hablante de español en un país donde las lenguas indígenas llevan un estigma y, en el segundo, el hablante de español en un contexto como el de los Estados Unidos, donde el español está en una posición subordinada (Niño-Murcia, Godenzzi y Rothman 2008).

En el caso del español hablado en los Estados Unidos, hay dos hechos lingüísticos que le dan una forma diferente de localización: por una parte, el contacto prolongado con el inglés y por otra, el con una variedad de dialectos latinoamericanos, cada uno con sus particularidades. Aunque los latinos en los Estados Unidos son en su mayoría procedentes de México los hay de muchas otras nacionalidades, lo cual produce una forma de nivelación dialectológica.

Otro fenómeno relacionado con los procesos de globalización es el resultado de formas híbridas, entre ellas el llamado *Spanglish* con sus respectivas variedades geográficas o de sustrato, ya sea este el cubano, el puertorriqueño o el mexicano. Estas tres grandes variedades corresponden a los grupos de más población trasladada a los Estados Unidos. Otros grupos están también creciendo, como los centroamericanos, los colombianos y los dominicanos. Algunos miran a esta variedad lingüística con desdén por considerarla una mezcla o interlengua sin categoría mientras que otros se enorgullecen de identificarse mediante su uso (Zentella 2002). Ahora, aunque el español no sea la lengua de una de los centros mundiales económicos ha llegado a posicionarse como una lengua hablada para asuntos políticos mundiales e inclusive en la producción de ciencia y tecnología. Más aun, el español está en constante expansión (Aguilar Zinser 2000).

➤ EJERCICIO 15.8

Observa y lee el anuncio de Rosetta Stone para aprender español y explica cómo se conceptualiza esta lengua ahí. (Por favor—mira la página de Rosetta Stone en la red para analizar la propaganda que se hace para el español.)

Español (España), niveles 1, 2 y 3 Set
   Comuníquese y conéctese con el mundo a medida que aprende español. Construya una base con el vocabulario fundamental y la estructura esencial del idioma. Desarrolle sus habilidades lingüísticas en español para disfrutar de interacciones sociales como viajar, ir de compras y aprender a compartir sus ideas y opiniones en español.

Un último punto que trataremos brevemente se refiere a la planificación de la enseñanza del español categorizado como global. En los Estados Unidos es un hecho que esta lengua goza de vitalidad como lo confirma el número de alumnos que se matriculan para estudiarla en las instituciones educativas a todo nivel. Ese valor no se puede cuantificar exactamente pero se hacen cálculos positivos como el siguiente:

> El profesor Ángel Martín Municio estimó en 2003 el valor en el 15% del PIB de España, sumando todas las actividades relacionadas con la lengua, o sea aprox. 150.000 millones de euros. Ese valor se refleja en hechos intangibles: facilita la integración social y laboral de los inmigrantes que recalan en países que hablan su idioma (España principalmente) o lo tienen muy desarrollado (Estados Unidos). (Cancino 2006, 111)

Ahora bien, esta expansión del español ha conllevado a la creación de un mayor número de programas e instituciones que promueven y facilitan su aprendizaje. Mar Molinero y Paffey (2009) señalan que este proceso se ha ido concentrando en España, la nación con mayores recursos y con una mayor cercanía al bloque económico de poder central mundial quien bajo una promoción ideológica ha podido consensuar su rol central. En efecto, bajo la noción de hispanofonía (del Valle 2005) ha reforzado una ideología de control lingüístico que viene desde el siglo XIX y que enmascara la idea de un conjunto de controles sobre los usos de la lengua con una desigual repartición del poder. De todos modos, el español es una lengua pluricéntrica, lo cual significa que la gran variación en sus formas se reconoce y se acepta casi universalmente, y tratar de imponer una única norma ha mostrado ser un esfuerzo no solo infructuoso sino indeseado.

15.5 CONCLUSIONES

La globalización como agente o como resultado tiene múltiples facetas superpuestas y contrapuestas que si bien altera la identidad cultural y lingüística de los pueblos también las remodela. En cuanto a las lenguas, la instauración de una lengua como una lengua global es de doble filo, para los hablantes de dicha lengua genera una actitud de suficiencia que disminuye o anula la motivación de aprender otras lenguas y para los hablantes de otras lenguas, en algunos casos se percibe la falta de dominio de la lengua global como un déficit. Surge también el peligro de mirar la diferencia cultural como inferior o deficitaria. Desde un punto de vista positivo, el predominio de una cierta lengua provoca una reacción de mayor apoyo a las lenguas locales o lenguas de minorías. Es en la lengua local, en la lengua propia que sus hablantes construyen y expresan sus propias identidades.

La gente circula más hoy en día que a principios del siglo XX. Asimismo, los textos van y vienen con gran rapidez, y la comunicación es inmediata aunque se esté en un lugar remoto. En las interacciones lingüísticas no se necesita compartir un territorio, de allí que las diásporas y el transnacionalismo hayan intensificado el aumento de la comunicación entre individuos y corporaciones. Mayor cantidad de gente interactúa con personas de lenguas y culturas diferentes y se aumenta el sentido de un mundo desterritorializado.

Obras citadas

Aguilar Zinser, Adolfo. "Globalidad en español". *Reforma*, 06 octubre 2000 en: http://jherrerapena.tripod.com/politica1/aguilar.html.

Appadurai, Arjun. "Global ethnoscapes: Notes and queries for a transnational anthropology". En *Recapturing Anthropology: Working in the Present*, editado por Richard G. Fox. Santa Fe, NM: School of American Research Press, 1991: 191–210.

Arteaga, Deborah, y Lucia Llorente. *Spanish as an International Language: Implications for Teachers and Learners*. Bristol: Multilingual Matters, 2009.

Block, David, y Deborah Cameron. "Introduction". En *Globalization and Language Teaching*. London/USA/Canada: Routledge, 2002: 1–10.

Blommaert, Jan. *Discourse: A Critical Introduction*. Cambridge: Cambridge University Press, 2005.

Cancino, Rita. "El español—la empresa multinacional: El impacto de la lengua y cultura española en el mundo actual". *Discurso y Sociedad* 10 (2006): 109–120.

Crystal, David. *English as a Global Language*, 2nd. ed. Cambridge, UK: Cambridge University Press, 2003.

Fairclough, Norman. *Language and Globalization*. New York: Routledge, 2006.

Friedrich, Patricia. "English in Argentina: Attitudes of MBA students". *World Englishes* 22.2 (2003): 173–184.

Giddens, Anthony. 1999. *Runaway World: How Globalization Is Reshaping Our Lives*. London: Profile, 1999.

Hamel, Rainer Enrique. "Regional blocs as a barrier against English hegemony? The language policy of mercosur in South America". En *Languages in a Globalizing World*, editado por Jacques Maurais, y Michael A. Morris, 111–156. Cambridge: Cambridge University Press, 2003.

Heller, Monica. "Globalization, the new economy, and the commodification of language and identity". *Journal of Sociolinguistics* 7.4 (2003): 473–492.

Huber, Ludwig. *Consumo, Cultura e Identidad en el Mundo Globalizado*. Lima: Instituto de Estudios Peruanos, 2002.

Jacquemet, Marco. "Transidiomatic practices: Language and power in the age of globalization". *Language and Communication* 25 (2005): 257–277.

Kearney, Michael. "The local and the global: The anthropology of globalization and transnationalism". *Annual Review of Anthropology* 24 (1995): 547–565.

Kubota, Ryuko. "The impact of globalization on language teaching in Japan". En *Globalization and Language Teaching*, editado por David Block y Deborah Cameron. London and New York: Routledge, 2002: 13–28.

Kumaravadivelu, B. *Cultural Globalization and Language Education.* New Haven: Yale University Press, 2008.

Mar Molinero, Clare, y Darren Paffey. "Globalization, linguistic norms and language authorities: Spain and the panhispanic language policy". En *Español en Estados Unidos y Otros Contextos de Contacto. Sociolingüística, Ideología y Pedagogía / Spanish in the United States and Other Contact Environments. Sociolinguistics, Ideology and Pedagogy*, editado por Manel Lacorte, y Jennifer Leeman. Madrid: Iberoamericana/Vervuert, 2009: 159–173.

Niño-Murcia, Mercedes. "English is like a dollar: Hard currency ideology and the status of English in Peru". *World Englishes* 22.2 (2003): 123–143.

Niño-Murcia, Mercedes, Juan Carlos Godenzzi, y Jason Rothman. "Spanish as a world language: The interplay of globalized localization and localized globalization". *International Multilingual Research Journal* 2.1–2 (2008): 48–66.

Rajagopalan, Konavillil. "The ambivalent role of English in Brazilian politics". *World Englishes*, 22.2 (2003): 91–101.

Ritzer, George. *Enchanting a Disenchanted World: Revolutionizing the Means of Consumption.* London: Sage, 1999.

Robertson, Roland. "Glocalization: time-space and homogeneity-heterogenity". En *Global Modernities*, editado por M. Featherstone, S. Lash, y R. Robertson. London: Sage Publications, 1995: 25–44.

Santos, Boaventura de Souza. *De la Mano de Alicia: Lo Social y lo Político en la Postmodernidad.* Bogotá: Ediciones Uniandes, 1998.

Tomlinson, John. *Globalization and Culture.* Chicago: University of Chicago Press, 1999.

del Valle, José. "La lengua, patria común: Política lingüística, política exterior y el postnacionalismo hispánico". En Roger Wright y Peter Ricketts, editores, *Studies on Ibero-Romance Linguistics Dedicated to Ralph Penny*. Newark, DE: Juan de la Cuesta Monographs (Estudios Lingüísticos no. 7): 391–416, 2005.

Vélez-Rendón, Gloria. "English in Colombia: a sociolinguistic profile". *World Englishes* 22.2 (2003): 183–198.

Zentella, Ana Celia. "Latin languages and identities". En *Latinos! Remaking America*, editado por Marcelo Suárez-Orozco y Mariela Páez. Berkeley: University of California Press, 2002: 321–338.

COLABORADORES

Sarah E. Blackwell Es profesora asociada en la Universidad de Georgia (Athens, Georgia) donde enseña semántica, pragmática y análisis del discurso así como lingüística aplicada y general. Sus investigaciones se enfocan en el efecto de factores pragmáticos, cognitivos y socioculturales en el discurso.

José Luis Blas Arroyo Catedrático de Lengua Española en la Universidad Jaume I (Castellón, España). Su actividad investigadora está dedicada a la sociolingüística y al contacto de lenguas, así como a diversas líneas de investigación en sociopragmática y análisis del discurso.

Diana Bravo Catedrática de la Universidad de Estocolmo en el Departamento de Español, Portugués y Estudios Latinoamericanos. Es especialista en la teoría de la pragmática y sociopragmática. Fundadora y directora del proyecto EDICE (Estudios sobre el discurso de la cortesía en español). Ha publicado sobre la cortesía y descortesía en el español en distintos países de habla hispana.

Isabel Bustamante-López Es profesora de lingüística hispánica y directora del programa de lenguas extranjeras en la Universidad Politécnica del Estado de California en Pomona. Enseña cursos de morfología, sintaxis e historia del español. Sus áreas de interés incluyen sociopragmática, lengua e inmigración, identidad y bilingüismo.

Holly R. Cashman Es profesora asistente del Departamento de Lenguas, Literaturas y Culturas en el área de español en la Universidad de New Hamsphire. Su investigación se centra principalmente en el español en los Estados Unidos y la conversación y las identidades de bilingües en interacciones sociales.

María del Puy Ciriza Profesora asistente en el Departamento de Lenguas y Comunicaciones en la Universidad del Norte de Texas-Dallas. Su trabajo se enfoca en los fenómenos lingüísticos nacidos de situaciones de contacto, más específicamente entre el vasco y el español. También se interesa en el español médico y las actitudes al español de sureste de los Estados Unidos.

Anna María Escobar   Es profesora asociada en la Universidad de Illinois en Urbana-Champaign, Departamento de Español, Italiano y Portugués donde enseña cursos de lingüística. Sus investigaciones y publicaciones son en el campo de la variación y el cambio lingüístico, desde la sociolingüística y el contacto de lenguas. Su trabajo se enfoca en el contacto entre el español y el quechua.

César Félix-Brasdefer   Es profesor asociado en la Universidad de Indiana (Bloomington campus) en el Departamento de Español y Portugués donde enseña cursos de lingüística general, pragmática y análisis del discurso. Sus áreas de interés incluyen la teoría de los actos de habla, estudios pragmáticos sobre los encuentros en servicios públicos, pragmática intercultural y de segundas lenguas, así como de la variación pragmática.

Nieves Hernández Flores   Ph.D. en Lenguas y Estudios Interculturales por la Universidad de Aalborg (Dinamarca). Profesora asociada de la Facultad de Inglés, Lenguas Germánicas y Románicas de la Universidad de Copenhague. Su investigación y enseñanza giran en torno a temas de cortesía, análisis de medios y análisis del discurso.

Susana de los Heros   Profesora del Departamento de Lenguas Clásicas y Modernas de la Universidad de Rhode Island en el área de español y lingüística. Sus investigaciones se enfocan en la sociolingüística y la pragmática del español principalmente sobre el género y la lengua, la (des)cortesía y las ideologías lingüísticas en el mundo hispánico.

Claudia Holguín-Mendoza   Trabaja como profesora asistente en el área de lingüística hispánica en la Universidad de Oregón (Eugene, Oregón). Sus áreas de investigación comprenden la variación y cambio, sociofonética, variación pragmática, lenguas en contacto y bilingüismo, identidad y el habla de los jóvenes.

Ana Isabel García Tesoro   Es profesora asociada en la Universidad de Tokio. Sus investigaciones giran en torno al español hablado en América, especialmente las variedades de contacto con lenguas amerindias. Está preparando un libro sobre el español en contacto con lenguas mayas en Guatemala. Su investigación también abarca otros campos como la educación en contextos bilingües y la enseñanza de español como segunda lengua.

María Isabel González-Cruz   Es profesora titular de filología inglesa en el Departamento de Filología Moderna en la Universidad de Las Palmas de Gran Canaria, España. Tiene numerosas publicaciones sobre el contacto lingüístico y cultural del inglés y español en Canarias. También publica sobre temas sociolingüísticos y de literatura de viaje en inglés en Canarias. Se encuentra trabajando en aspectos pragmáticos del español de Canarias.

Dale A. Koike   Profesora del Departamento de Español y Portugués en la Universidad de Texas en Austin. Especialista en pragmática, análisis del discurso, y la adquisición del español como L2 y del portugués como L3. Sus publicaciones tratan la variación pragmática, el diálogo, la adquisición, y los marcadores de identidad en el español de la frontera.

Gonzalo Martínez Camino   Doctor de Lengua española y profesor contratado en la Universidad de Cantabria (Santander, España). Su actividad investigadora está dedicada a la socioprágmatica teórica y aplicada a la publicidad televisiva, la enseñanza a través de computador, la correspondencia comercial y el español como lengua extranjera.

Mercedes Niño-Murcia   Profesora y directora del Departamento de Español y Portugués de la Universidad de Iowa. Su área de interés es la sociolingüística. Su trabajo busca integrar teorías de la lengua, las prácticas sociales de la escritura en la literacidad en el Perú.

Memoria C. James   Estudiante de posgrado en lingüística hispánica en la Universidad de Texas en Austin. Su campo de especialidad es la gramaticalización en español y portugués.

Virginia Zavala   Sociolingüista peruana y profesora asociada del Departamento de Humanidades de la Pontificia Universidad Católica del Perú. Sus publicaciones tratan de temas educativos, especialmente en relación a la problemática de la literacidad en las zonas indígenas y al análisis del discurso.

INDICE

La letra 'n' después de un número de página se refieren a los materiales en notas.